A Fernand...
que tiene...
sociedad le gama,
un fuerte abraz...

Bettino, Río de Plata
de 1980

LEZAMA LIMA

PERSILES-182
SERIE *EL ESCRITOR Y LA CRÍTICA*

EL ESCRITOR Y LA CRÍTICA

Directores: RICARDO Y GERMÁN GULLÓN

TÍTULOS DE LA SERIE

Benito Pérez Galdós, edición de Douglas M. Rogers.
Antonio Machado, edición de Ricardo Gullón y Allen W. Phillips.
Federico García Lorca, edición de Ildefonso-Manuel Gil.
Miguel de Unamuno, edición de Antonio Sánchez-Barbudo.
Pío Baroja, edición de Javier Martínez Palacio.
César Vallejo, edición de Julio Ortega.
Vicente Huidobro y el Creacionismo, edición de René de Costa.
Jorge Guillén, edición de Biruté Ciplijauskaité.
El Modernismo, edición de Manuel Durán.
Miguel Hernández, edición de María de Gracia Ifach.
Jorge Luis Borges, edición de Jaime Alazraki.
Novelistas hispanoamericanos de hoy, edición de Juan Loveluck.
Pedro Salinas, edición de Andrew P. Debicki.
Novelistas españoles de postguerra, I, edición de Rodolfo Cardona.
Vicente Aleixandre, edición de José Luis Cano.
Luis Cernuda, edición de Derek Harris.
Leopoldo Alas «Clarín», edición de José María Martínez Cachero.
Francisco de Quevedo, edición de Gonzalo Sobejano.
Mariano José de Larra, edición de Rubén Benítez.
El Simbolismo, edición de José Olivio Jiménez.
Pablo Neruda, edición de Emir Rodríguez Monegal y Enrico Mario Santí.
Julio Cortázar, edición de Aurora de Albornoz.
Gabriel García Márquez, edición de Peter Earle.
Mario Vargas Llosa, edición de José Miguel Oviedo.
Octavio Paz, edición de Pere Gimferrer.
El Surrealismo, edición de Victor G. de la Concha.
La novela lírica, I y II, edición de Darío Villanueva.
El «Quijote» de Cervantes, edición de George Haley.
Gustavo Adolfo Bécquer, edición de Russell P. Sebold.
«Fortunata y Jacinta», de B. Pérez Galdós, edición de Germán Gullón.
Juan Benet, edición de Kathleen M. Vernon.
Juan Carlos Onetti, edición de Hugo J. Verani.
José Lezama Lima, edición de Eugenio Suárez-Galbán.

TÍTULOS PRÓXIMOS

Lope de Vega, edición de Antonio Sánchez-Romeralo.
El Naturalismo, edición de José María Martínez Cachero.
Manuel Azaña, edición de José Luis Abellán y Manuel Aragón.
Ramón del Valle-Inclán, edición de Ricardo Doménech.
José Ortega y Gasset, edición de Antonio Rodríguez Huéscar.
«La Regenta», de Leopoldo Alas, edición de Frank Durand.
Novelistas españoles de postguerra, II, edición de José Schraibman.
Teatro español contemporáneo, edición de Ricardo Doménech.

LEZAMA LIMA

Edición
de
EUGENIO SUÁREZ-GALBÁN

taurus

Cubierta
de
ANTONIO JIMÉNEZ
con viñeta
de
MANUEL RUIZ ÁNGELES

© 1987, Eugenio SUÁREZ-GALBÁN
© 1987, ALTEA, TAURUS, ALFAGUARA, S. A.
TAURUS EDICIONES
Príncipe de Vergara, 81, 1.º - 28006 MADRID
ISBN: 84-306-2182-2
Depósito legal: M. 19.476-1987
PRINTED IN SPAIN

ÍNDICE

IV

LOS CUENTOS DE LEZAMA

V

LA OBRA POÉTICA

VI

OBRA ENSAYÍSTICA

A la memoria
de Jorge Enjuto
¡«Qué amigo de sus amigos»!

NOTA PRELIMINAR

Su hora llegó tarde, pero no tanto como él creía [1]. Entre los más viejos del «boom», este fenómeno (por llamarlo de algún modo) literario-publicista lo arrastró con su oleada a la orilla de la fama. Arribó no exento de cierta ironía: él, que nunca la buscó, sino que más bien se resignó a su ausencia, murió rodeado de admiradores, epígonos y homenajes.

No obstante, para entender a fondo lo que se propuso toda su vida José Lezama Lima, quizá sería más conveniente recordarlo como era antes de que sonara esa hora, alejado, pues, de cualquier aureola de fama, siempre incidental a su vida, al fin y al cabo. Por otro lado, también es verdad que nada cambiará esencialmente a partir de ese reconocimiento, porque, tanto antes como después de él, el caso de Lezama es uno claro de la montaña que va a Mahoma: a pesar de su indiferencia frente a la fama, ésta viene tocando a la puerta de Trocadero, pero su habitante no trueca nada a cambio. Hermético, enigmático, convencido como siempre de su estética, el Lezama que nos deja en 1976 es básicamente el mismo que unos cuarenta años antes, en plena juventud literaria, decide sumergirse en aguas profundas, de las que ya no saldrá, porque «sólo lo difícil es estimulante» [2].

---

[1] Al menos, eso es lo que parece desprenderse de una carta que escribe Lezama a Carlos M. Luis, donde comenta su novela, *Paradiso,* y termina afirmando: «Todo eso se verá con claridad de aquí a treinta años.» Véase Eloísa Lezama Lima, editora, José LEZAMA LIMA, *Cartas (1939-1976),* Madrid, Editorial Orígenes, 1979, p. 94.

[2] Véase Eloísa LEZAMA LIMA, «Mi hermano», *ibid.,* p. 19.

Esos cuarenta años hacia atrás, nos remontan a sus primeras publicaciones, entre ellas, curiosamente, algunos de los pocos cuentos que llegó a escribir [3]. Curioso, porque sabido es que Lezama es, ante todo, poeta, y que es como poeta que llega a la novela, esa gran suma de metáforas e imágenes que se enredan y entrelazan, hasta formar el gran, apretado tejido poético de *Paradiso,* proceso que ha de continuar *Oppiano Licario* después. Y curioso, porque ya desde esa prosa primeriza de sus cuentos, se refleja inconfundiblemente la invariable dificultad que caracteriza toda la obra de Lezama, sin excluir el ensayo, recordemos de paso [4]. Luego, conviene también meditar sobre el significado literario y biográfico de esa insistencia en seguir en la soledad del hermetismo estilístico. Porque, a pesar de formar y encabezar la generación de Orígenes, Lezama fue un solitario [5]. Y si alguna vez su estilo llegó a contagiar a otros, no resulta convincente, aún a estas fechas, asignarle a su poesía una escuela heredera. Parece ser más bien que ocurre con el maestro cubano lo que a él, de joven, le ocurrió con su maestro español, Juan Ramón: el ejemplo vital, el estímulo humano, pesan más que cualquier influencia literaria [6]. Esa soledad, esa voluntad de seguir el camino apartado y recóndito por parte de Lezama, se traduce, en términos humanos, en una manifiesta integridad y honestidad artísticas e intelectuales, de la misma manera que su singulari-

---

[3] José Ángel VALENTE, «El pulpo, la araña y la imagen», en José LEZAMA LIMA, *Juego de las decapitaciones,* Barcelona, Montesinos Editor, 1982, p. 11, nota 2, recoge las fechas de los respectivos cuentos, empezando con la de 1936 para «Fugados».

[4] Estamos conscientes de que Abel PRIETO, en *«Fragmentos a su imán* (Notas sobre la poesía póstuma de Lezama)»*, en Cristina VIZCAÍNO, editora, *Coloquio internacional sobre la obra de José Lezama Lima,* Madrid, Fundamentos, 1984, pp. 209-223, tomo I, *Poesía,* arguye con indudable solidez «una *mutación* en el concepto lezamiano de la poesía» (p. 220) durante su última etapa. Esta hipótesis, sin embargo, no nos parece invalidar nuestro uso del adjetivo «invariable» para la dificultad lezámica, la cual nos sigue pareciendo una constante a lo largo de toda su trayectoria poética, visión que tampoco contradice necesariamente este trabajo de Prieto, al menos de forma explícita.

[5] Cintio VITIER, en «Introducción a la obra de José Lezama Lima», José LEZAMA LIMA, *Obras completas,* tomo I, México, D. F., 1975, p. 19 afirma lo contrario, pero no hay diferencia entre nosotros, ya que aquí simplemente extendemos la noción de hermetismo, hasta incorporar la de soledad, o aislamiento, estético, y no vital o existencial, como ya hemos señalado al aludir al papel de Lezama en cuanto a la generación de «Orígenes», del cual seguiremos hablando.

[6] Ya lo señaló Aurora DE ALBORNOZ, en «Juan Ramón, Cuba, Lezama Lima y otros poetas cubanos», *Ínsula,* 416-417, julio-agosto, 1981, p. 7.

dad estética ahora, podrá crear contagios y epígonos, pero difícilmente seguidores originales, de tan fuerte y único como es su sello personal.

En realidad, tampoco hay que enrarecer demasiado esta tenacidad lezámica ante los principios estéticos. Ni tampoco hay que dejarse llevar de los clichés, y explicar el olvido editorial de un autor tan simple o exclusivamente por las ínfimas condiciones que pueden caracterizar el mundo del libro en su país, continente o época. Sin dejar, por supuesto, de ejercer influencia muchas veces esos factores (y muy especialmente en el mundo latinoamericano, por supuesto también), no hay que olvidar nunca que siempre ha existido ese tipo de escritor incondicional que no está dispuesto a pactar ni con modas ni con beneficios materiales. Nuestro siglo, ciertamente, no desconoce el fenómeno, y si bien un Joyce o un Faulkner, tras tantos trabajos, terminan por ser reconocidos en vida, al igual que Lezama, pues, no así Kafka, por ejemplo, o un escritor de la talla de Herman Broch (tan cercano a Lezama, por cierto, en varios sentidos), cuya obra es manejada por sólo una minoría de coetáneos. En fin, no hace falta apurar el tema, de tan obvio como es. Lo hemos traído a colación ahora, simplemente para recordar que Lezama pertenece a esa casta de escritores inamovibles, tan convencidos de su estilo personalísimo, que no vacilan en elegir la posibilidad del olvido antes de hacer cualquier concesión. Y esto, a la luz de las relaciones sicológicas entre creación artística y necesidad síquica de reconocimiento, inmortalidad, aprobación, etc. (teorías elaboradas esencial y precisamente en nuestro siglo), vuelve a subrayar esa nota de compromiso a los principios estéticos, de honestidad artística. Sin embargo, no la recordamos ahora para admirarla una vez más, y sin más, sino para relacionarla más bien con una faceta de Lezama tal vez no tan estudiada como debiera serlo.

Nos referimos a su labor de editor, y lo imbricado que ésta puede estar con su propia obra literaria. ¿Qué duda cabe que el editor de *Orígenes* veía esa labor como una parte integrante más de su labor literaria total? Pero ésta, desde luego, tampoco debe limitarse a escribir y editar, sino que comprehende, además, una actitud existencial abarcadora de la propia vida. Fundador de revistas, de tertulias, de grupos literarios, Lezama no hace otra cosa que vivir al máximo la literatura en todas sus posibilidades a través de estas actividades que, dicho sea de paso, desmienten otra vez cualquier idea de un escritor cerrado en su mundo, al menos en lo que a sus vivencias respecta. Un sueño privado, y otro colectivo, nacional, así llegarán a unirse en esa labor. Plenamente consciente de las limitaciones editoriales de aquella Cuba de su juventud literaria, el poeta no vacila en combinar labor editorial con publicación poética propia. Significativo resulta, pues, que *Verbum,* primera revista fundada por Lezama, nace en (1937) justo en el momento en que se empieza a publicar su obra. *Muerte de Narciso,* primer poemario, es de ese mismo año, en el cual inicia también otra de sus facetas literarias, la de conferenciante [7], mientras que un año antes, como recordamos en la nota 3, había publicado su primer cuento. *Orígenes,* la revista, pero también la editorial que de ella se desprende —esporádicamente como sea su ritmo de producción a veces— recogerá en lo sucesivo varios escritos lezámicos, desde libros de poemas, a capítulos de *Paradiso,* en la revista estos últimos, claro está, sin necesidad de mencionar poemas sueltos y obras de carácter ensayístico [8]. Ni la incomprehensión —Mañach— ni la indiferencia más terrible, logran quebrantar esa fe en la obra propia, la cual seguirá entregando sin tregua a un mundo hostil, ciego, sordo.

Mientras, con verdadera generosidad, y también agudo criterio criollo, impulsa Lezama simultáneamente a toda una generación de poetas y escritores que quedará como única dentro de la literatura latinoamericana. En este sentido, cumple en Cuba una misión semejante a la que llevó a cabo en Europa Ezra Pound. Finalmente, fiel al profundo espíritu universalista que desde joven lo caracterizó, y que en indudable medida representa uno de los factores que dota de gran dificultad a su obra, hasta convertirla, efectivamente, en una «sólo para superdesarrollados» [9], *Orígenes* asume también el papel de divulgador de los últimos movimientos y tendencias internacionales, que así se van incorporando a la literatura nacional. Y cuando la oficialidad husmea

---

[7] Eloísa LEZAMA LIMA, «Vida, pasión y creación de José Lezama Lima: fechas claves para una cronología», en «Introducción» a su edición de *Paradiso,* Madrid, Cátedra, 1980, p. 25. 1937 es también el año de su primer ensayo, «El secreto de Garcilaso», conforme recuerda ahora VALENTE, art. cit., p. 10.

[8] Si bien pueden encontrarse con relativa facilidad escritos sobre la revista y el grupo «Orígenes», no así en cuanto a la publicación de libros por parte de Lezama y el grupo con ese mismo nombre editorial.

[9] Título del trabajo de Cristina PERI ROSSI, en Pedro SIMÓN, editor, *Recopilación de textos sobre José Lezama Lima,* La Habana, Casa de las Américas, Serie «Valoración Múltiple», 1970, pp. 267-277.

las ventajas de reconocer —y aprovecharse de— esta labor suya, no vacilará el poeta en denunciar y rechazar dicho oportunismo [10].

Tarde, y también algo inesperada a la luz de las circunstancias históricas, le llegó su hora. Los años sesenta, cargados como estaban mundialmente —pero más en la patria de Lezama— de vientos revolucionarios que pedían estéticamente un arte comprometido, ciertamente no favorecen, ni mucho menos, la publicación de una obra tan difícil y hermética como la lezámica. Por otro lado, el fervor ante los valores nacionales que acompaña ese cambio, contrapesa esa lógica, y termina por propiciar la publicación de *Paradiso*. Lanzado Lezama dentro de su propio país, no tardaría su obra —tanto la poética como la escrita en prosa— en pasar a las imprentas extranjeras con inusitada rapidez. De Cuba salía ahora una obra que cumplía bíblicamente esa verdad literaria de que en el principio era el verbo.

Este resumen biográfico-literario de una vida dedicada a las letras en pleno sentido vital, nos plantea a nosotros el nada fácil problema de cómo reflejarla con mayor justicia en esta antología crítica que quiere recordar algo de lo más valioso que se ha editado sobre la obra de Lezama. Si decimos «algo», es para admitir ya la inevitable limitación a que está sujeto el tomo, el cual no pretende, ni mucho menos, ser exhaustivo, sino más bien representativo; y al decir «editado», recordamos que la colección en que aparece esta antología, especifica que los trabajos recogidos en ella deben haberse editado antes. Para evitar duplicidad, hemos procurado no incluir trabajos que han aparecido en otras colecciones de ensayos, aunque no hemos seguido este criterio cuando consideramos que podría perjudicar otro objetivo general de mayor prioridad: asegurar que toda la obra de Lezama (poesía, narrativa, ensayo) quede bien cubierta por la crítica aquí seleccionada. Por eso, no hemos vacilado en incorporar trabajos anteriormente antologizados, cuando éstos resultan, efectivamente, necesarios para esa visión abarcadora [11]. Y si en

---

[10] Recuérdense aquí sus famosas palabras al cumplirse los diez años de la revista *Orígenes:* «Si andamos diez años con vuestra indiferencia, no nos regalen ahora, se lo suplicamos, el fruto fétido de su admiración», conforme las recoge VITIER, en versión más completa, en art. cit., pp. 25-26.

[11] Parece ser que el mundo literario tuvo tanta prisa en reconocer la obra de Lezama durante los últimos diez años de su vida, que intentó recuperar el tiempo perdido y la ausencia de bibliografía crítica mediante una verdadera explosión de homenajes, lo que dificulta aún más cualquier recopilación de trabajos representativos sin recurrir a estas antologías críticas.

algún momento —y hubo varios— nos vimos enfrentados con la posible elección de dos o más trabajos para un mismo apartado temático, la selección final se basó en una serie de factores, que podrían variar desde una mayor representatividad del trabajo elegido respecto a ciertas constantes de Lezama, a simplemente una mayor relación ahora con ciertos aspectos tratados por otros trabajos del tomo, a razones del todo contrarias a esta última, o sea, por presentar el análisis seleccionado un aspecto o enfoque que no recoge ningún otro.

En todo caso, difícil es hacer justicia a un Lezama. Como todo gran escritor, es siempre inalcanzable, en última instancia.

Madrid, noviembre 1985   EUGENIO SUÁREZ-GALBÁN

I

TRABAJOS BIOGRÁFICOS
Y GENERALES

ELOÍSA LEZAMA LIMA DE ÁLVAREZ

MI HERMANO

— Muerto Licario, el dueño de las excepciones morfológicas, no puedo yo, una inconsciente infusa, aprovecharme de su herencia, si Vd. no me insufla el aliento de la imagen —le dice Ynaca Eco Licario, hermana de Oppiano, a José Cemí [1].

De niña me decía: «Yo creator, tú magistra.» Y eso soy. Esencialmente una maestra. Para hablar de mi hermano hay que ser poeta y traducirlo del barroco al barroco. Tratar de interpretarlo es más que hazaña peligrosa, e intentar traducir su código interno de señales y símbolos a los valores de un significante sobrepasa la insensatez.

«Pero ahora es cuando hay que creer con verdadera sustancia paulina, hay que empezar por la resurrección. El diablo sólo cree en la muerte, sólo cree en la no creencia.» (Carta fechada en febrero de 1964.) Y yo estoy obligada a sustentar esa resurrección y ésta es una forma. No puedo llevarme lo que no me pertenece. Debo irlo entregando. Porque de mi hermano hay que penetrar: 1) su obra literaria, esa urdimbre intrincada que dará para centurias de estudio; 2) su labor como promotor de la cultura; 3) sus cartas, las que nos enseñarán a un hombre que logró «el ritmo sistáltico» (el pathos) y el «ritmo hesicástico» (sofrosine, serenidad); y 4) los diálogos de aquel Platón que jadeaba

---

[1] Copiado del manuscrito de la novela póstuma de LEZAMA LIMA, *Oppiano Licario*. Todas las citas de este trabajo fueron tomadas del manuscrito, pero como ya la citada novela fue publicada por las Ediciones Era, de México, 1977, a esta edición haremos referencia: p. 134.

— 19 —

al reírse y que se llevó con él tomos maravillosos saturados de sensualidad barroca desbordada y que lo sitúan como el más grande conversador que tuvo La Habana de entonces. Se comentaba que muy pocos habían acumulado y procesado poéticamente una suma de información semejante a la de mi hermano.

Compartíamos entonces nuestro paradiso. Con un «rompecabezas» de trozos de madera impresos con letras, y a manera de juego, me enseñó a leer. Era en esos tiempos cuando me repetía con frecuencia: «Yo pasaré a la posteridad.» Ese concepto fue en mi mente infantil tan abarcador que lo traduje así: Mi hermano no morirá nunca. Cuando recibí la increíble noticia de su muerte y repasé sus versos, allí encontré la respuesta. El tema de la muerte se entrelaza siempre con el de la resurrección, según vemos en su *Poesía completa* (La Habana: Instituto del Libro, 1970, pág. 46):

> Forrando su jazmín la muerte acrece.
> Una mitad, la tierra inclina y llora.
> Otra, en nueva cita inclina, y resplandece.

«Tiene que haber una alegría en el otro extremo de la balanza donde está la muerte. Yo diría que por la existencia de la muerte tiene que existir también una alegría. ¿Qué es? ¿Cómo se manifiesta? No lo sabemos. Pero está en la raíz misma de la vida» —me dice en una de sus cartas. «La poesía es el anticipo de la Resurrección. El poeta es el hombre que ya prepara la Resurrección en la poesía. A la resurrección de la carne. En el sentido paulino, en el sentido absoluto».

En las últimas páginas de *Paradiso* aparecen unos versos que deja Oppiano Licario al morir:

> La araña y la imagen por el cuerpo,
> no puede ser, no estoy muerto.

Y finalmente es José Cemí el que:

> Corporizó de nuevo a Oppiano Licario. Las sílabas que oía ahora eran más lentas, pero también más claras y evidentes. Era la misma voz pero modulada ahora en otro registro. Volvía a oír de nuevo: ritmo hesicástico, podemos empezar [2].

---

[2] José LEZAMA LIMA, *Paradiso,* México, Ediciones Era, 1976, p. 490.

José María Andrés Fernando Lezama Lima nació el 19 de diciembre de 1910, en la ciudad de La Habana, Cuba, en el Campamento Militar de Columbia. Era el segundo hijo de un matrimonio joven, feliz, de clase media alta. Mi padre, ingeniero y arquitecto, coronel del ejército, un triunfador; mi madre, una mujer fina con la cultura típica de una criolla de su época. Toda la infancia de mis dos hermanos transcurrió en campamentos militares. Rosa era un año y nueve meses mayor que él y fue en sus primeros años su compañera de juego. Juntos fueron al Colegio del Apostolado, en la ciudad de Marianao, contigua a La Habana, dirigido por monjas católicas. Mi madre contaba que como Rosita era mayor aparentaba ser de más carácter que él; después fue la más apocada y desdichada de los tres; es la Violante de *Paradiso,* que en los primeros capítulos llamó Violeta por su timidez. Con motivo de la carrera militar de nuestro padre, la familia se trasladaba a EE. UU. con alguna frecuencia, aunque siempre por cortos períodos de tiempo. En uno de esos viajes, nuestro padre de 33 años contrae una tonta pulmonía y muere. Muerte que constituye un patético capítulo de *Paradiso,* donde se sigue la narración que mi madre rememoraba con bastante frecuencia y que siempre nos conmovía en extremo. Aquella hecatombe marca nuestra infancia en el recuerdo y en la cotidianidad.

A la muerte de nuestro padre, siguiendo las tradiciones de la época, mi madre, una viuda de 31 años con dos hijos y embarazada de un tercero —yo—, creyó prudente ir a vivir a casa de mi abuela en la calle Prado número 9. La calle Prado era en aquel entonces una de las avenidas habaneras donde vivían clase alta y media alta.

Mi abuela era ya también viuda desde joven y había casado a todas sus hijas y sólo le quedaban dos solterones, Alberto y Horacio, personajes harto pintorescos, pero antitéticos. Alberto, un tarambana; Horacio, un neurótico triste y solitario.

Mi hermano ingresó a los nueve años en el Colegio Mimó —colegio prestigioso de la época donde se había educado mi padre—, para iniciar su educación. De su paso por la escuela gustaba narrar anécdotas de profesores y compañeros, que ocupan largos capítulos de *Paradiso.* Fue un destacado alumno de Historia y Literatura, pero le causaba algún fastidio el Quadrivium, algunas ramas de la ciencia. A los nueve años interpretaba el *Quijote:* «Don Quijote se me hacía una figura tan larga que se me perdía en la extensión de la llanura» (J. L. L.). Por aquellos tiempos lo recuerdo frente al espejo de una gran consola haciendo ejercicios oratorios con los discursos de José Martí, que se sabía de memoria: tenía una memoria hipertrofiada.

Pero volvamos a Prado número 9, a aquella casa que mi madre mantenía y ordenaba, pero que era, no obstante, la casa de mi abuela. Ésa es la clave de bóveda que explica el entra y sale familiar que nutriría Paradiso.

De aquellos tiempos sólo quedó en el recuerdo de mi hermano «lo poetizable». En sus cartas me pide que yo narre «lo poetizable» de la parte de la familia que huyó al destierro. Había que decantar lo «no poetizable», había que eliminar todo lugar común y después envolverlo en una fina textura. Es por eso que hablar de mi hermano es siempre para mí entrañable y después, un arrepentimiento.

La estrategia familiar, que él borda en Paradiso, fue, sin duda, la que conformó nuestra personalidad. Las mujeres de aquella familia invertían gran parte del tiempo en incesantes diálogos que se interrumpían para proseguir la cotidianidad y se volvían a hilar con una técnica perfeccionada. Esos diálogos dieron a los niños de la familia una cultura insuperable. Contrariamente al estilo que después se implantó, los niños comían con los adultos. Aquellas sobremesas eran esperadas como un gran espectáculo. Allí se hablaba de herencias, de poemas, de histerias, de sexo, de sueños, de comidas, de política y se resolvían las anécdotas familiares de antaño. Y aquellas conversaciones volvían a repetirse cada cierto tiempo con frescura e interés inusitados. Y los niños oíamos con asombro aquellos embrollos que, en silencio, manejábamos casi igual que ellos. Cuando se iba a tocar algún tema que hiriera nuestra inocencia se hacían señas tan poco discretas que sólo servían para alertarnos. Y era casi siempre la Leticia de Paradiso la que, una vez convencida de que habíamos entendido, subrayaba «que era mejor que supiéramos de todo». Y el Dr. Santurce insistía en que «los niños tendrán derecho a hablar el día que las gallinas puedan orinar». Y cuando la conversación llegaba al paroxismo de la exageración, mi abuela juraba por la salvación de su alma. Y nosotros los niños la imaginábamos dando saltitos en medio de una hoguera. Hay que insistir en que todos manejaban el arte de la conversación, de la narración y de la paremiología. La tradición oral que nos fue transmitida enriqueció nuestro inconsciente. Más tarde, el joven poeta lo iría sometiendo al prisma de su caleidoscopio. En ese medio, tan exuberante, va mi hermano incubando su gran novela. No olvidemos que mis dos hermanos habían vivido en campamentos militares. Y aquel niñito que gustaba de vestirse de soldadito para imitar al padre rechazará para siempre el militarismo, pero sí los tres hermanos quedaríamos tocados por un sentido de la disciplina de la que no podríamos jamás prescindir.

De aquellos años recuerdo a los amigos que lo buscaban para jugar al ajedrez. También salía a jugar a la pelota. Pero sobre todo, ya citaba versos que contrastaban con las horribles estrofas de Núñez de Arce y Campoamor que las Lima recitaban lánguidamente.

Lo recuerdo con sus continuos ataques de asma, que remediaba con inhalaciones de unos polvos franceses que venían en una cajita de madera. Dormía en una forma irregular porque los ataques de asma no tenían horario. Muchas noches vi la luz de su cuarto alumbrada a las 4 a.m. Y siempre me decía que era la mejor hora para leer e «invocar»:

A las dos de la madrugada Oppiano Licario sintió como si despertase en tierra desconocida. Eran las horas pertenecientes a lo que los Evangelios llaman los hijos de la promesa, el primer aposento en la tierra desconocida. Era insomne de nacimiento, diríamos sin exagerar, siguió sin dormir, cada noche eran cuatro y seis tabacos [3].

Las últimas asignaturas del bachillerato las hizo en el Instituto de La Habana. Fue en tiempos en que los militares dirigían la institución. Los alumnos tenían que ir uniformados militarmente y él se escondía en el trayecto. El uniforme hacía aún más gallarda su excelente figura. Ya graduado de Bachiller en Ciencias y Letras ingresó en la Escuela de Leyes de la Universidad de La Habana. Fue un buen estudiante porque su increíble memoria lo ayudaba, a pesar de que rechazaba esos estudios. En *Oppiano Licario* califica de «una concretera conocida con el nombre de Legislación Hipotecaria» una de las materias del currículo de Leyes.

Una vez graduado de abogado fue nombrado Secretario del Consejo de Defensa Social, cuya sede estaba en el Penal de La Habana. Allí vivió días de horror por las insurrecciones de los penados y su desconocimiento del manejo de armas. Es interesante subrayar que estos hechos no fueron aprovechados en sus

---

[3] *Oppiano Licario,* p. 93.

novelas. Años después pasaría a ocupar un empleo subalterno en el Ministerio de Educación, cargo donde no podía emplear su talento. A la llegada de Fidel Castro, un grupo de intelectuales lo propuso para ocupar la Dirección de Cultura, pero no fue nombrado. Más tarde le dieron la Subdirección del Departamento de Publicaciones del Instituto de Cultura. Su negativa a politizar el departamento le trajo dificultades. Fue trasladado a la Biblioteca de la Sociedad Económica de Amigos del País; allí desempolvó a José Antonio Saco, a Juan Clemente Zenea y a otras grandes figuras del siglo XIX de la literatura cubana. Allí logró un ritmo más «hesicástico». Y siempre me comentaba: «Prefiero empleos donde no tenga que prostituir mi vocación». Igualmente estuvo escribiendo una columna en uno de los principales periódicos de La Habana, pero cuando quisieron imponerle temas a tratar presentó su renuncia, a pesar de los imperativos económicos de sus ingresos. De los artículos publicados quedaron páginas bellísimas que aparecen en *Tratados en La Habana*.

En 1964 muere nuestra madre y eso lo sume en una tristeza infinita. Ya estaba en el destierro toda la familia. A los pocos meses se casa con mi amiga y compañera de la Universidad de La Habana, doctora María Luisa Bautista, quien lo acompañó hasta morir.

Poco después logra el retiro y se dedica por completo a su obra. Ensayo, poesía, narrativa son trabajados en estos años con gran asiduidad y perfeccionamiento. Muere el 9 de agosto de 1976 en plena producción literaria y deja al morir una obra que lo consagra como una de las grandes figuras de la literatura hispanoamericana.

Durante mis últimos años en Cuba tenía el secreto convencimiento de que el convivio estaba tocando a su fin. Todos los días con premura y temblor recorría el Malecón de La Habana, que era el puente que me llevaba al «Santuario de Delfos» —así llamé siempre a la habitación de nuestra casa materna donde mi hermano vivía rodeado de libros, con paredes tapizadas de cuadros, de estatuitas de ídolos indios.

Los años de mi adolescencia coincidieron con la incomprensión hacia su obra. La cultura oficial ni mostraba interés. Y el «no lo entiendo», tan simplista como mal intencionado, me hacía saltar de pasión. Ya intuía la trascendencia de su vida y de su obra y pretendía defenderlas con una greguería de Gómez de la

Serna: «¿A usted le gustan las ostras? ¿Y usted las entiende?»; ya después me apoyé en Novalis: «La crítica de la poesía es un absurdo.»

La poesía había bajado tanto de categoría que su función era la recitación. Labor titánica fue el tránsito para darle el rango de pureza que le correspondía. «Había que buscar un lenguaje sagrado para la poesía» —al decir de Stendhal.

Fue enemigo de publicar poemas precoces. Ése era un consejo que le escuché muchas veces cuando adolescentes pretendían colaborar en *Orígenes:* «No se puede saltar de octavo grado a Rimbaud». Su formación cultural era clásica y rigurosa. Recopiló algunos poemas adolescentarios en un cuadernillo escrito en maquinilla. Nunca lo publicó. No sé si lo destruyó. Su obra poética se inicia con «Muerte de Narciso», poema escrito a los veintiún años y publicado algo después. Es un poema con dominio de la forma y que sirvió para que Juan Ramón Jiménez le otorgase la categoría de poeta.

El año 1936 representa para mi hermano un importante hito en su vida. Llegó a La Habana Juan Ramón Jiménez y descubrió a ese joven que tenía la cordura y el equilibrio de un hombre experimentado y era un conocedor profundo de lo cubano esencial. Se publicó su «Coloquio con Juan Ramón Jiménez» y, aunque oficialmente no pasó nada, los que lo negaban lo hicieron en voz un poco más baja.

Allí —en el «Santuario de Delfos»— dialogábamos cada día; allí recordábamos a Goethe cuando decía que un poema es tanto mejor cuanto más inconmensurable y menos accesible es al conocimiento. La poesía «es posible porque es imposible». (J. L. L.). Es una urdimbre que hace una circunstancia más expresable.

Y no dudábamos con Verlaine de que las cosas cuando se dicen claramente pierden las dos terceras partes de su valor. Allí aprendí a respetar la cultura; allí aprendía a descubrir a los que venden su alma al diablo disfrazados de intelectuales; allí aprendí a respetar la cultura; allí aprendí a descubrir a los que mulante». (J. L. L.). Todo dentro de una caracola de alegría y orillado de una gran sencillez.

Mi hermano nunca buscó la extravagancia. Iba hacia el infinito posible. Se fue adentrando en un mundo misterioso y desconcertante. Cuando el lector cree que le va a dar el jaque mate sale el alfil y le hace una mueca. «Además, hay lo que André Gide llamaba el laberinto de clara vía y hay lo que Paul Valéry llamaba la claridad desesperada. Ya a estas alturas claridad y oscuridad se han mezclado tanto que es difícil sacarlas de la oreja del conejo, cada una por su lado. La oscuridad se ha hecho evidente, un poco evidente, un poco cenital, y lo claro se ha enmarañado un poco como una gorgona etrusca. La imagen es la realidad del mundo invisible... la realidad está allí, es lo otro, y de la única manera que podemos establecer un puente entre ella y nosotros es por la imagen. Creo que la imagen es una forma de diálogo, una forma de comunicación. Si desapareciera la imagen, que es una de las formas más expresivas del diálogo, el mundo quedaría en tinieblas y no podríamos casi expresarnos.» Y recalcaba mi hermano que «si no fuera por la imagen, una especie de ceguera tenebrosa rodearía la naturaleza haciéndola imposible de penetrar al hombre». (J. L. L.)

Se ha dicho que mi hermano tardó 20 años en escribir *Paradiso:* eso es totalmente falso. Escribía capítulos, interrumpidos por largos espacios de tiempo y —a manera de técnica cinematográfica— los ensamblaba. Toda su obra tiene como constante la elaboración más exquisita, no hay improvisación. Todo el tiempo estaba consciente de que estaba escribiendo una obra maestra. Llegó mi hermano a escribir en ese lenguaje de la poesía pura que casi exige aprender a leer de nuevo —como sugería Valéry para interpretar a Mallarmé. «Escribo, luego existo. El ser tiene un existir derivado.» (J. L. L.)

Su concepto de flujo poético queda aclarado en su novela póstuma:

Lo creado, metáfora, se unifica con lo increado, la imagen... / No es lo mismo el flujo que el continuo temporal... / El flujo poético es una cabalgata cuya finalidad ondula y desaparece. El continuo temporal se afina en el tiempo espacio... / La imago es un potencial, es una fuerza actuante, una superación del espacio y del tiempo... / ¿Cómo puede ser algo que se compone de lo que no es? La única respuesta posible no está en el tiempo ni en el espacio, sino en la *imago.* La expresión de Heidegger *salir al encuentro,* sólo puede tener sentido acompañada de otra, *nos viene a buscar:* la instantaneidad coincidente de ambas expresiones es la imago [4].

Vivía en una torre de marfil a la que tenía acceso todo el que quisiera respetar las reglas del juego. En 1970 el crítico mexica-

[4] *Ibid.*, p. 135.

imagen distinta a múltiple-(creado)
increado.

no García Turón llegó a La Habana y expresó su deseo de llegar a Lezama Lima. Se lo calificaron de «egoísta, presuntuoso e insufrible», pero apenas lo hubo conocido se tornó en un gran amigo «La integridad moral y el genio de Lezama Lima herían a los mediocres» —fue su conclusión—. Un pintor, un músico, un poeta, aprendiz o consagrado, podía llenarle los pulmones de aire y rompía con vitalidad a dialogar. Si el aprendiz mostraba la constancia que exige Rilke, se le enseñaba la artesanía, el camino, y se le brindaban las páginas de *Orígenes* para publicar. En aquella habitación, inolvidable para mí, se rendía culto y se decantaban los más puros valores del espíritu y de la sensibilidad. La conversación más sencilla iba cobrando calidad y finalmente el ambiente se caldeaba con volutas barrocas incrustadas en el más nítido clasicismo. Mi hermano fue el más barroco de los clásicos y el más clásico de los barrocos, usando un juego de palabras de que él mucho gustaba. Sus conversaciones impartían una lujuriante exuberancia tropical y un pensamiento clásico, renacentista, casi místico.

Hablaba como nadie: en forma espontánea manejaba el endecasílabo gongorino. No había para él placer comparable al arte de la conversación, al diálogo. Era amigotero. Construía con imágenes, con mitos. «Los hombres devuelven el aire en forma de divinidad.» Para él la palabra es el don divino que expresamos en la respiración, cada vez que se respira nos expresamos en un lenguaje culto y maravilloso: «Respirar es ya hablar.» Estamos fundamentados en la palabra. Mi hermano confiaba en que uno de los misterios que une el espacio interior con el espacio exterior es la palabra. Obsérvese cómo se sigue el principio bíblico de la palabra y cómo se interrelaciona conservando la misma jerarquía que el acto físico de respirar.

Refiriéndose a la censura que sufrió *Paradiso* en España, dice mi hermano: «No sé cuál es el motivo, su raíz es innegablemente ecuménica, es católica. Algunos insolentes han afirmado que en mi obra hay elementos pornográficos, pero no solamente es una injusticia sino que hasta puede ser una canallada, porque precisamente si algún autor se ha caracterizado por la gravedad de su obra he sido yo. Mi obra podrá ser censurada por defectos de estilo, pero jamás por motivos éticos, puesto que su raíz es esencialmente la de un auto sacramental».

En carta-respuesta a Juan Goytisolo, mi hermano insiste: «En relación con el otro extremo de su carta, nunca he leído esa obra que usted me cita (se refiere a *La Coquito* de Joaquín Belda), ni creo que sea necesario más para la lectura de ese capítulo VIII, que lo que allí se muestra. Algunos versículos de *Las Leyes del Manu* y sobre todo el *Kamasutra* (capítulo dedicado al Opoparika o unión bucal) leídos en la niñez y mantenidos con sensual relieve por la memoria. Los únicos libros pornográficos que he leído son la Biblia (Génesis) y Platón...» [5].

En cierta ocasión un periodista le preguntó directamente si él era católico y que cuál era el sentido que tenía para él la idea de Dios. Su respuesta dejó sentado que no era un católico militante, pero que se debía a la tradición de Occidente: «A griegos y romanos, a antiguos y a modernos, a todos soy deudor». Y deliciosamente insiste en que siempre a la hora de comer recuerde la copla de San Pascual Bailón: «Baile en su fogón / San Pascual Bailón. / Oíga mi oración / mi Santo Patrón / Y de mis pecados me dé remisión».

Mi hermano era un monje y un reidor. Era un sabio y era un niño. Era un monje reidor y un sabio niño. Era un hombre lleno de humor y un melancólico. La exuberancia de sus escritos son el espejo de las polaridades barrocas que llevaba entre pecho y espalda: «En todo americano hay un gongorino manso que habla cuando toma vino confortante». (J. L. L.).

Era mi hermano un mago que podía sacar de su sombrero transformaciones increíbles: podía rehacer un familiar mediocre, podía formar un personaje multicolor con tres parientes incoloros —técnica muy usada en *Paradiso*—. Para descifrar lo anecdótico de su obra hay que tener la clave. La primera lectura de *Paradiso* fue para mí un divertimiento (me refiero a la primera parte de la novela) [6]. Fui descifrando todos y cada uno de los personajes. Fui descubriendo el rejuego y el chispazo que en cada ocasión había herido la sensibilidad de mi hermano. En la segunda parte de la novela los personajes son coordenadas para poder desarrollar su sistema poético del universo. «Aún el mismo José Cemí es y no es mi persona. Es el hombre que busca el conocimiento a través de la imagen, el poeta. Y Oppiano Licario es el que le enseña el conocimiento puro, el infinito causalismo

---

[5] Juan GOYTISOLO, *Disidencias*. Barcelona, Editorial Seix Barral, 1977, ensayo titulado «La metáfora erótica: Góngora, Joaquín Belda y Lezama Lima», pp. 783-784.

[6] Cuando se publica *Paradiso*, ya yo estoy en el destierro.

del Eros cognoscente. Es el mito de la lejanía, lo que se ve allá en el mundo tibetano, donde lo invisible se confunde con lo visible, el mundo del prodigio... Un Fausto americano devorado por un conocimiento infinito y por una memoria hipertrófica... Creo que mi novela tiene los tres temas que pueden interesarle más al hombre: la madre, la amistad y la infinitud»[7].

Ya por aquel entonces los sofismas se hacían innecesarios. Los grandes críticos captaron la trascendencia de *Paradiso*. Los estudiosos despejaban sus textos. Y yo diría sin petulancia, que pocos textos literarios sirven mejor para ser estudiados como ejemplo a la luz de las nuevas corrientes de la crítica: la Semiótica y la Lingüística. La pragmática del simulacro modal de una realización ausente, las premisas de Chomsky —competencia y actuación— parecen haber sido términos manejados en la técnica de mi hermano.

Octavio Paz dijo al recibir *Paradiso:*

Es el punto lento del vértice que gira en torno a ese punto intocable que está entre la creación y la destrucción del lenguaje, ese punto que es corazón, el núcleo del idioma... Una obra en que usted cumple, Lezama, con la promesa que le hicieron al español de América Sor Juana, Lugones y otros más. *Paradiso* ha transformado el mundo de los símbolos preexistentes inventariando el pasado, alterando la historia y hasta la ortografía de la lengua española[8].

Los ojos de mi hermano se abrieron desmesuradamente y vieron lo que nadie podía ver. Descubrió cómo haciendo girar su caleidoscopio esas imágenes se entrelazaban con infinitas posibilidades y podían ofrecer combinaciones ilimitadas. La clave estaba en saberlas traducir, en buscar el lenguaje capaz de expresarlas en la adecuada composición. En *Oppiano Licario,* Fronesis se gana un canuto de marfil que, a manera de caleidoscopio, permite que la imagen se refracte incesantemente por la luz; después quedarán soldados los distintos fragmentos y podrá ver la imagen privilegiada. En una de sus cartas me dice: «La realidad y la irrealidad están tan entrelazadas que apenas distingo lo sucedido, el suceso actual y las infinitas posibilidades del suceder.» Lo recuerdo discutiendo que «en arte hay que negar el

---

[7] Referencias a cartas, conversaciones o revistas, en apuntes sueltos.
[8] *José Lezama Lima,* La Habana, Serie Valoración Múltiple, Casa de Las Américas, 1970, p. 316.

pesimismo de Eliot; el arte podrá siempre soportar nuevas combinaciones y creaciones».

«Soy un mulo con orejeras que va a su destino», era frecuente oírle decir. ¡Qué seguridad en su empeño literario!, nada lo desviaba de su destino, nada lo hacia claudicar. «Como soporté la indiferencia con total dignidad, ahora soporto la fama con total indiferencia. En eso me considero insensible a la diatriba y al elogio. No vivo en este mundo» —afirmó después del éxito de *Paradiso*—. Y algún tiempo antes, no presintiendo el éxito de su obra, me había dicho: «Creo que tendrán que pasar algunos años para que la novela sea captada en toda su esencia. Yo creo que, sencillamente, es algo muy importante que ha sucedido en la literatura cubana. Si tengo tiempo añadiré un primer piso para que todo quede aclarado.»

Era un sibarita y un devorador de lecturas. Vivía con un modesto sueldo que empleaba, en gran parte, en libros. Después se encerraba en su «Santuario de Delfos» a disfrutarlos, lleno de esa peculiar alegría: «Leo con incansable voracidad, leo como mortificación, como distracción y como salvación». A su muerte quedó una biblioteca calculada en más de diez mil volúmenes.

Los recuerdos de mi infancia y juventud se convierten en festín por su presencia. Mientras comíamos inventaba juegos y nos comunicábamos en jitanjáforas: «Dame la sal, saladita, ¡qué dulce!» Había creado un juego, un entendido entre nosotros, para adivinar quién era el invitado del día, de acuerdo con la calidad del menú: Quevedo, Lope, Góngora. Recuerdo también sus mágicas preguntas: «¿Cuáles son los animales más misteriosos?» La respuesta correcta era: «El cangrejo, la rana o la araña». Pero me aclaraba sentencioso: «Los más misteriosos son las arañas, mi hermana, porque segregan su tela, igual que los poetas, para crearse un espacio y así se acercan al hombre para oírle sus conversaciones». Anécdota repetida, pero muy característica, es la del periodista despistado que le preguntó: «¿Y usted sigue escribiendo?» A lo que respondió, rápido como una saeta: «No, ahora me dedico a exportar cisnes y flautas para Inglaterra».

Después de tener la experiencia y madurez de tres revistas, *Verbum* (1973), *Espuela de Plata* (1939-1941) y *Nadie Parecía*

(1942-1944), surge *Orígenes* (1944-57), que fue la plenitud. «Cada número que publicaba era un festín. Era una maravilla oler los ejemplares frescos, dejarse envolver por el aroma a pan que tiene la tinta, a trigo fresco, a saludo de la mañana.» (J. L. L.). Fue un renacimiento de las letras cubanas, pero sin subvención oficial. Reunió a su alrededor a poetas, músicos y artesanos de la tipografía. Era una vuelta a los talleres del espíritu. Fue una revista que buscó lo cubano, pero plenamente universalizada. *Orígenes* centró trece de los mejores años de su vida. Cuando un incidente entre los editores dio fin a la publicación de la revista, yo me lamentaba con insistencia y él me argumentaba que ya la revista había cumplido su destino y que ese tiempo le urgía para proseguir su obra.

Los que lo conocieron estaban de acuerdo en «esa condición de *centro* que tornaba efectivamente séquito todo lo que estaba en torno, ese natural dominio que uno ve a veces en caracteres aún oscuros, aunque siempre de excepción, padres de familia de numerosa descendencia, dueños de alguna comarca vasca, ese esencial privilegio de criatura solar, llena de fuerza y de distancia, en quien impresiona más que la luz, la capacidad de crear un movimiento puro en torno»[9].

Orígenes fue valorada internacionalmente con grandes elogios y resonancias: Octavio Paz afirmó que era lo mejor que se hacía en el idioma y Vicente Aleixandre opinó sin remilgos que era una revista donde había poetas que tenían mucho que enseñar a los poetas españoles.

Era un termómetro capaz de otear lo telúrico, lo sobrenatural: «Así como llegué de niño a la cultura como un ciervo herido, mi alergia irrita mi sensibilidad al menor cambio de temperatura». (J. L. L.) Su penetración traspasaba los cristales y las rejas de la soledad de sus últimos años. Presintió su muerte días antes de enfermarse. En unas cuantas horas murió de una «tonta»[10] pulmonía.

En sus últimos poemas —los que forman parte del volumen póstumo de poesía *Fragmentos a su imán*— versifica como un predestinado. Trata el tema de lo que se espera y no llega. Hace un repaso de su juventud y descubre el *tokonoma*, el vacío, la compañía insuperable. En otro de los poemas del mismo libro,

---

[9] García MARRUZ, *ibid.*, p. 279.
[10] Adjetivo que mi hermano siempre utilizó para definir la muerte de nuestro padre. Después, él morirá de la misma enfermedad.

«La Fabulilla de Dánae», trata el tema inverso, lo que llega sin ser esperado atravesando los cerrojos. ¿Por qué no la muerte?...

¿Por qué no termina mi hermano las veinte o treinta páginas que hacía tiempo me repetía que le faltaban a *Oppiano Licario*? (A su muerte apareció un diagrama de la novela completa.) ¿Estaría relacionada su actitud con la de Oppiano Licario, que vemos en las páginas 141-142 de la novela?

«La posición de Licario era en extremo peculiar y arquetípica. No tenía relación con escritores novedosos y arriesgados en sus formas, ni con los *dilettanti* periodistas, ni con los que escriben en las seudo revistas boletines de los centros oficiales de cultura. No tenía relaciones con los genios ni con los muchos genios ni con los geniecillos pimpantes. Le parecía imposible que existiese la clase intelectual, pasando ante la taquilla para recoger el boleto de entrada, olfateando la conciencia de la especie, en el desfile amaestrado de zorros, cabrones y perros lobos.»

Toda la obra de mi hermano es un gran texto, con un gran tema. Es una historia de deseos, es nuestra orfandad, es su falta de aire que lo llevó a crear en una campana de cristal. Sabía crear con o sin contacto con la cotidianidad. En una de sus cartas fechadas en agosto de 1964 dice: «Recen porque pueda vencer la *tristitia rerum*. Hace un año que apenas salgo de la casa... No somos dioses y nos asombra el cáliz que hemos tenido que apurar. No podemos apoderarnos de su profundo sentido y temblamos».

En nuestras desesperantes conversaciones a través de la distancia, en el ir y venir de la onda telefónica, el ritmo se apresuraba. Temía que no se nos concediera el diálogo soñado. Yo inquiría sobre una imagen, una fecha, un personaje. Quería aclarar más y más empates freudianos arriesgados de críticos epatantes: que si complejo de Edipo, que si homosexual, que si el padre... Su respuesta era siempre una gran risotada. Después la explicación la encontré en su verso: «sabemos, qué carcajada, que lo lúdico es lo agónico». Por eso su barroquismo termina siempre en una escala de sonrisas.

Sí intentó hacer de la familia un clan poético: «Orlandito, te voy a bajar la luna para que puedas jugar mejor con ella como pelota» —le decía a mi pequeño hijo—. La distancia y la imaginación hicieron que transformara al niño en un griego lanzador de jabalinas de oro y a las niñas de la familia en estatuas florentinas. A mí me besaba poro a poro en sus cartas y ojalá ningún crítico trasnochado no nos paralele con José Asunción Silva y su hermana, sacando a relucir los versos de cualquier nocturno.

A su muerte nos deja su novela *Oppiano Licario* [11] y el mencionado volumen de poesías, *Fragmentos a su imán*. Nos había prometido como segunda parte de *Paradiso* el «Inferno»; pero es obvio que siente como un rechazo literario a poner al desnudo lo no «poetizable». Y en *Oppiano Licario* busca o intenta buscar personajes de pura ficción, a través de los cuales asomará él mismo en forma picaresca. Y nos entrega «la corona del barroco» [12]. Su sicología lo lleva a ese barroco climático que ya estaba en su torrente circulatorio. Pero el describir un sentimiento se ovilla y queda atrapado con gran fuerza; él mismo enredado en sus propias palabras. Valga destacar esa inmovilidad de sus últimos años, ese encierro involuntario.

Oppiano Licario se gesta en un momento de su vida cuando escasean los nutrientes naturales. Necesita fagocitarse. Su obra ya no se puede nutrir de su vida, sino su vida de su obra. Y ya se ha desvanecido la casa trepidante del entra y sale familiar. Es una casa llena de sombras donde sólo viven dos personas y el recuerdo de los ausentes. En uno de sus registros más patéticos me dice: «En mi vida no hay ya anécdotas, perdona que sólo te hable de cosas intelectuales». ¿Cómo adentrarnos en sus últimos años sin recalcar que ese «peregrino inmóvil» creaba de la nada anecdótica? Ovillándose en Licario se descubre:

La mente de Licario era ya en sus últimos años una caja de imágenes. Sus sentidos se bifurcaban e iniciaban sus aventuras, sin que él perdiese las correas de cada uno de sus corceles... Las piezas de su ajedrez estaban en constante vuelo, la mano llevaba la torre al último cuadrado horizontal... Hay quien cubre toda la llave con la mano, pero hay quien en la medianoche se sienta en el quicio y cuando penetra en su casa la puerta sonríe y está abierta... Cuando murió ya estaba acostumbrado a prescindir de su cuerpo [13].

---

[11] A la muerte de Lezama Lima, el manuscrito de la novela aparece con el nombre de *Oppiano Licario*. Cuando me hacía referencia al libro, lo titulaba *La vuelta de Oppiano Licario*.
[12] Así lo calificó Severo Sarduy al recibir el texto de *Oppiano Licario*.
[13] *Oppiano Licario*, p. 182.

Estábamos aún en nuestro paradiso cuando me dijo que había llegado al punto exacto de profesionalidad al escribir. Que cada idea le surgía con su exacta cobertura, una sola, mientras que en los inicios lo atolondraba un tropel de formas para cada idea. Y que cuando el poema pugnaba por salir, ya podía precisar su extensión. Los que convivimos con él podemos asegurar que escribía sus poemas con absoluta fluidez, sin esas elaboraciones y alambicamientos que algunos le han atribuido. Pero él mismo nos señala su método en: *Fragmentos a su imán* (México: Ediciones Era, 1978, p. 47): «... obtener con un poco de humo / la respuesta resistente de la piedra / y volver a la transparencia del agua.»

Oppiano Licario era un compromiso. A mi entusiasmo por *Paradiso* y a mi insistencia en que escribiera una segunda novela me contestaba que él no era esencialmente un novelista. Y que *Paradiso* ya era su novela, su única gran novela. Consideremos, pues, a *Oppiano Licario* como la continuación de *Paradiso,* como ese primer piso anunciado. Y, sin embargo, *Oppiano Licario* es, en su brevedad e interrupción, más novela que *Paradiso.* Como toda su obra, cada página es un poema aislable. No obstante, el carácter narrativo de la obra es obvio. Y es coincidente con dicho carácter que su poesía última se torne también más novelesca, más narrativa al «lezámico modo»[14]. La novela no fue para mi hermano un problema de técnica, ni un problema de estructura, sino un problema de lenguaje, un problema de expresión. Concepto que se aleja de la novela realista y se acerca a los cronistas de Indias.

Oppiano Licario es la búsqueda de la gran respuesta. La misma respuesta que buscará un Platón o un Aristóteles. Pero en mi hermano es la respuesta a esa ausencia de respuesta. El personaje Oppiano Licario era el que nos debía dar la respuesta. Ya la pregunta aparecía iluminada en las *Eras Imaginarias,* pero se presume que es Licario el que nos la va a ofrecer en forma integral, o al menos, satisfactoria. Ynaca Eco Licario, la hermana de Oppiano, entrega la respuesta, es decir, le entrega a Cemí el manuscrito de la obra de su hermano muerto, cuyo revelador título es «*Súmula, nunca infusa, de excepciones morfológicas*»[15]

---

[14] Expresión clásica usada por Cintio Vitier.

[15] *Súmula:* suma, compendio o sumario que contiene los principios elementales de la Lógica. *Infusa:* palabra que hoy sólo tiene uso hablando de las gracias y los dones que Dios infunde en el alma. *Morfología:* tratado de las formas de la palabra, de la cual Licario nos va a dar las excepciones: el mundo del prodigio.

No hay más contestación que la respuesta a esa ausencia de respuestas porque un ras de mar entró en el estudio de Cemí, un perro abrió la caja china donde éste guardaba el manuscrito y las aguas borraron la escritura: «El agua había borrado la escritura, aunque al arrugarse el papel le otorgase como una pátina, como si al volatilizarse el carboncillo de la tinta quedase en la blancura de la página un texto indescifrable. Se acercó a la caja china y en su fondo preciso unas páginas donde aparecía un poema colocado entre la prosa, comenzó a besarlo»[16].

A la muerte de mi hermano, fue encontrado el manuscrito de su novela *Oppiano Licario,* pero el largo poema prometido no aparecía. Había dejado un espacio en blanco para interpolarlo. Persistirá el vacío. Cemí seguirá siendo el portavoz y protagonista de su propia concepción del mundo.

Hurgo y recuerdo: la ciudad de La Habana era frecuentemente abatida por ciclones que precedían al ras de mar. Las aguas de la bahía se volcaban sobre los alrededores y los moradores tenían que abandonar sus casas. Vivíamos en Prado número 9, la casa escenario de casi todos los capítulos de *Paradiso.* Corría el año 1926. Cuando el huracán fue arreciando, la policía nos ordenó abandonar la casa porque había peligro de derrumbamiento. Nos llevaron al juzgado cercano. Me visualizo a horcajadas de un policía. Y a mi hermano lo recuerdo indignado por tener que abandonar la casa. Al cruzar la calle perdió sus zapatos y, como se sentía tan abochornado, no quiso entrar en el edificio. No hablaba con nadie. Y me dijo que le preocupaba que se le fueran a mojar sus libros. Al leer su novela póstuma y ver que el manuscrito de Licario se había desdibujado por un ras de mar, he recordado aquella ordalía que vivimos siendo él un adolescente.

Su última novela es un racimo de poemas y un intento de respuesta. El mismo intento de todo ese gran texto que es la obra de mi hermano. Es la realización de Mallarmé de escribir *El Libro* —poesía, prosa, simbiosis de ambas—. El galgo detrás del señuelo, una carrera desesperada por atrapar la cultura: «... es una obligación llevar la poesía al laberinto donde el hombre

---

[16] *Oppiano Licario,* p. 155.

cuadra y vence la bestia. En fin, la total victoria de la poesía contra todos los entrecruzamientos del caos» (J. L. L.).

Sobre sus personajes, él mismo nos dio pistas. En *Oppiano Licario* hay más novelización. Su técnica llega a la «súmula». No hay nutrientes: sólo recuerdos, su conocimiento del universo poético y un inconsciente enriquecido por lecturas sin límites de espacio y tiempo.

Elemento fundamental en los dos volúmenes inéditos que deja al morir es la constante del recuerdo. No hiperbolizo al decir que en su obra no es difícil para mí descubrir la varilla mágica que tocó al poeta, la estocada, el germen. Muchas veces no es un acontecimiento, es una palabra, un nombre, el color de una piel.

Gustó a toda edad del circo. La llegada de los grandes circos a La Habana era siempre para nosotros un festín. Y es ahora en *Oppiano Licario:*

Cuando pasaron los años y la reminiscencia le devolvía el espectáculo, lo que le acudía a los ojos era una pieza de metal amarillo, pulido, brillante, como un poliedro de ágata que lanzaba chispas incesantes. Todo reluciente, las sedas y lentejuelas de los payasos entraban en la barra de metal amarillo y las chispas parecían bailar, darnos pequeños manotazos y saltar como disparadas por un resorte. El olor entremezclado de los animales enjaulados lograba unificarse y dispersarse por instantes, como separados por puñaditos de arena[17].

En nuestra vida real, esos puñaditos de arena formados por los hombres del circo para disipar el olor entremezclado de los animales y su excremento, se convertían sinestésicamente en una necesidad social al «lezámico modo».

El era para mí un Oppiano Licario y en toda discusión salía ganador y gananciozo. Había un agregado familiar que quería estudiar periodismo: era de mente escasa y hasta tenía dificultades en la grafía. El objetaba el daño que yo le hacía al personaje en cuestión contribuyendo a semejante insensatez. Argumentos van y vienen. Cuando creí haber triunfado en la discusión, lo ví bajar la cabeza y reflexivamente, casi con tristeza, musitó: «Y

---

[17] *Ibid.*, pp. 226-227.

entonces, ¿quién formará los puñaditos de arena para ocultar el excremento de los elefantes en el circo?»

En ese tipo de diálogo-adivinanza en que hablábamos, me preguntaba qué era más barroco, el mar o la tierra. —El mar, mi hermana, el mar.

Como buen barroco y habanero, recrea en su novela pasajes sucedidos en nuestras costas.

Gustaba de la playa en su juventud y ya después se conformaba con largas caminatas y paseos por el Malecón de La Habana, por la orilla del mar. Me decía que el aire yodado limpiaba los pulmones y acompañaba la conversación con respiraciones profundas, con lujuriante voluptuosidad.

Los huracanes —ciclones tropicales— que azotaban nuestra Isla eran temidos y temibles, pero también «tenían un contraste de aleluya, un ambiente verbenero que como comparsa avanzaba de acantilado a barrio, de barrio a serpiente que iba jadeando y suspirando por toda la ciudad» [18].

En cada cubano late un barroco y en cada perturbación de la naturaleza ese barroco se volcaba. Cuando aún no había llegado el vórtice del ciclón, pero ya se sentían las fuertes ráfagas, los jóvenes salían a «ciclonear». Jocelyn [19], mi hermano, se jugaba un ataque de asma, se armaba de capa y espada y se paseaba por la cercanía de los acantilados del Malecón para disfrutar los mil y un espectáculos que espontáneamente se suscitaban. Después fue el capítulo VI de su novela el que nos hará revivir aquellos días en que éramos tan felices y no lo sabíamos.

Ese regalo cosquilleaba a los habaneros. En las pocetas del malecón, adolescentes impulsados por el día de excepción, abandonaban sus ropas sin importarles la certeza de su recuperación y lucían su abullonada geometría. Una esbeltez sin provocaciones que era contemplada con avidez disimulada. Un dios irritado, cautelosamente traslaticio y engañador, cuya cólera, al alcanzar su plenitud se hacía dueña de toda la llanura, era recibida con chumba, con risotadas, con hollejos volantes, con paga doble en las cantinas. Con risitas y orinadas en todas las esquinas. Antes de la llegada del dios, irritado, se preparaba un gigantesco espejo en semi-luna, en cuyo centro oscilaba una llama fálica [20].

---

[18] *Ibid.*, p. 139.
[19] Así gustaba él que yo lo llamase. Y me advertía: Jocelyn, con c y con y como el personaje de Lamartine.
[20] *Oppiano Licario*, pp. 139-140.

Otro pasaje marino de una esplendidez barroca y de un perfeccionamiento descriptivo incomparable, es la zambullida casi mortal de Foción en busca de Fronesis.

Día a día mi hermano terminaba sus paseos por el malecón, sentándose en un banco donde pudiese respirar el aire del mar, la yerba marina. Allí encontraba diversión al ver a los nadadores tirarse al mar para rescatar monedillas. Allí atravesaba con su mirada el fondo de los mares. En esos mismos bancos sienta a Foción. Y lo enmarca dentro de una anécdota real o irreal.

Las alusiones constantes a la cultura etrusca dan explicación al sobrenombre de El Etrusco de La Habana Vieja, con que mi hermano firmaba algunas de sus cartas: «aldea etrusca», «religiosidad etrusca», «altísima jerarquía a la cultura etrusca».

Dentro de su universalismo y su devoción por estas culturas, había un insustituible epicentro cubano. «No concibo otra cosa que ser cubano», «no podría escribir fuera de Cuba». Fuerza su cubanía en la flora, en la fauna. Era cubanísimo y, sin embargo, no era fácil insertarlo en el contexto cubano de su momento. Hacer estudio de su cubanía exige más detenimiento. Sus últimas páginas muestran aún más preocupación por entrar en estudios semánticos de «cubanismos». El capítulo en que Fronesis deleita a los invitados con recuerdos de Cuba, deja páginas antológicas. Pero gran parte de la novela se desarrolla fuera de Cuba, como si no se quisiera comprometer, o como si quisiera viajar en la «imago».

Debo subrayar que mi hermano, que conocía lo cubano esencial, no fue tendencioso a degradar su refinamiento en función de la cubanía. Sólo describe «lo poetizable». Se ha dicho que era cubano, pero parecía no tener que ver nada con Cuba. «Su quehacer literario necesitaba un aislamiento sumergible» [21].

Aún después de muerto:

Licario llegó a la Plaza de la Catedral, se había pasado el día paseando por librerías y bibliotecas y al llegar la noche comenzó a dar volteretas sin finalidad hasta llegar al cuadrado mágico de la fundación [22].

---

[21] Manuel MORENO FRAGINALS, «Prólogo», *Oppiano Licario*, La Habana, Editorial Arte y Literatura, 1977, p. 10.

[22] *Oppiano Licario*, p. 96.

Al igual que Licario, sé que hay cafés de La Habana Vieja que tienen que estar impregnados y estremecidos por las metáforas y las risotadas de El Etrusco.

Cuando fui a París por primera vez, mi hermano vivía; recuerdo que cuando visité la Sorbona y me encontré frente a la estatua de Montaigne me quedé alucinada. Mi hermano con frecuencia remedaba diálogos con el ensayista francés, los que iniciaba diciendo: «En mi último viaje a París...» Todo era textual: la Universidad, el Sena, la Ciudad... «Cuando entramos en una zona de hechizo, asumimos de inmediato la sobrenaturaleza.» (J. L. L.). También Licario había hecho una incursión para visitar el Perseo... Y de Venecia, cuántas veces me describió la Plaza de San Marcos, con un realismo delirante. «Y cuando llegues al Museo del Prado, no pierdas tiempo, búscalo, busca a El Bosco.» Y yo me llené de fastidio al pensar que él nunca había podido comprobarlo. Cuando yo escuchaba el engranaje de los misterios orientales supe siempre que su irrealidad era más real que lo existente.

Y ya nos hemos deslizado dentro de la novela, del novelizar, de la cantidad novelable. «El simple existir se nutre siempre de la cantidad novelable... La creación, la poesía, no tienen que ver ni con el presente ni con el futuro, creación es eternidad... Presente y pasado son una extensión recorrida por la cantidad novelable. Como la extensión crea el árbol, por la imago el árbol se convierte en casa, en hombre, como expresión de la cantidad novelable» [23].

Los estudiosos de la crítica literaria han dividido el cosmopolitismo en cosmopolitismo de vanguardia y cosmopolitismo simbólico. Es obvio que mi hermano puede ejemplificar el lado hispanoamericano del cosmopolitismo de vanguardia. Expliquemos:

De niño fue, en diversas ocasiones, a Estados Unidos, por períodos muy cortos de tiempo. Ya de adulto fue diez días a México y otros pocos días a Jamaica. Estos cortos viajes enriquecieron su inconsciente —¿qué no?—, pero no creo que conociera mejor a México que a París. No creo que hubiera una realidad extratextual.

El puerto que visitaba Oppiano Licario y que después su hermana visita para homenajearlo, es una creación insuperable, mágica. Dice Ynaca Licario: «este pueblo había sido una crea-

[23] Ibid., p. 136.

ción etrusca y él era un estudioso de esa cultura». Sirva esta descripción como apoyo a un cosmopolitismo de vanguardia.

Amaba su Isla y siempre insistía en que también Goethe y Proust habían viajado poco. La «imago» era su navío. Pero siempre aclaraba con sorna: «No es que no me guste viajar. Es que he viajado poco». En cierta ocasión lo convidó la UNESCO a París para un conversatorio sobre Gandhi. Y me comentaba: «Me siento tan desolado, indolente y abúlico, que lo que en otros tiempos hubiera sido un motivo de honda alegría, ahora lo es de hondas preocupaciones. El sentirse solo, sin familia, sin respaldo, te va debilitando en tal forma que pierdes el entusiasmo y la decisión.» No pudo asistir.

Él, que también gustaba llamarse «El habanero universal», se consideraba un «peregrino inmóvil».

Estábamos citados en cualquier lugar del mundo para realizar el sueño de un reencuentro; con su muerte terminó ese sueño irrealizable que nos acompañó durante quince años.

— Sólo me queda por cumplir el legado de Licario —dijo Ynaca—. Voy a buscar el cofre donde guardó su obra. No tengo que subrayar que es para usted una responsabilidad trágica la custodia de estos papeles. Si desaparecieran, Licario se convertiría en esas yuxtaposiciones fabulosas que son el fundamento de la tradición oral, pero se moriría de verdad tan pronto nosotros nos fuéramos a oír los diálogos de Proserpina con Ascáfalo, el Chismoso [24].

Tema para un largo ensayo es el tratamiento de la mujer que hace mi hermano en su última novela. También el volumen de poemas está ilustrado con la dimensión femenina del amor: la madre, la esposa, la hermana, poemas todos de gran delicadeza y temas que no abundan en sus libros anteriores, «textos quizá más humildes, pero entrañables» [25].

El reencuentro de José Cemí con Ynaca Eco Licario ocurre a la salida de la Biblioteca Nacional, ubicada entonces en una fortaleza española. Allí concurríamos estudiantes y estudiosos porque era la mejor biblioteca del país. Allí concurría mi hermano con tal asiduidad que los empleados de aquel entonces recuerdan a aquel jovencito que leía con fruición desesperada los

[24] *Ibid.*, p. 136-137.
[25] Cintio VITIER, «Prólogo». José LEZAMA LIMA, *Fragmentos a su imán*, La Habana, Editorial Arte y Literatura, 1977, p. 14.

textos más inesperados. Allí, ha dicho mi hermano, que nació para él «la cantidad hechizada». Cuando Cemí le toca por primera vez la mano a Ynaca «la aprieta con lentísima sudoración». Ese síntoma sicosomático ocurría en él en ocasiones extraordinarias. Los amores heterosexuales están descritos dentro de una belleza floral delicada. Ynaca Licario, además de ser el puente entre Licario y Cemí, además de ser celadora de la obra de su hermano, es la que tiene el «don de ver la flora y la fauna que se encuentran entre lo telúrico y lo estelar».

Como los románticos, describe una mujer inexistente, cuyo simbolismo traspasa la realidad. Sin embargo, Ynaca, ese etéreo personaje, se entrega. Casada con un impotente, hace el amor con Cemí, con Fronesis. El coito de Ynaca con Cemí son las páginas, desde el punto de vista novelable, más sutiles de la novela: «En ella queda la semilla de Cemí. Sus nidos oscuros se humedecían en contraste con el extenso blancor de la piel... el sexo es una gruta barroca» [26]. Quiere separar lo intelectual del deseo, después barroquiza el acto de amor, y lo envuelve en un ritual.

Otro personaje femenino es Lucía, la novia de Fronesis. Lucía es una joven sencilla. Pero una vez que Lucía le declara a Cemí su embarazo de Fronesis, ya se torna respetable para él. La maternidad como atributo y como premio al amor:

La metafísica de la cópula sería la única gran creación posible frente a la destrucción total que se avecina. Destruida la tierra por el fuego nuclear, los cuarenta millones de espermatozoides recogidos y conservados por el calor pueden poblar de nuevo la tierra en un cuarto de hora [27].

Ynaca Eco Licario es una mujer enigmática, tal vez una sacerdotisa, simbiosis de las mujeres que estuvieron cerca de la vida de mi hermano. Es un ejemplar soñado, perfecto, novelable y novelado, creado para el texto, de una realidad irreal. Y, sin embargo, Ynaca será transformada en Ecohé, término ñáñigo muy empleado en Cuba. Pero Ynaca Eco Licario es también una hermana que cumple una misión.

---

[26] *Oppiano Licario*, pp. 150 y siguientes.
[27] *Ibid.*, p. 181.

Dice Licario:

Mi hermana y yo buscamos, quizá no lo encontremos nunca, el nexo de esos prodigios, lo que yo llamo las excepciones morfológicas que forman parte del rostro de lo invisible. Digo que quizá no lo encontraremos nunca porque somos tan sólo dueños de una mitad cada uno. Yo tengo la mitad que representa las coordenadas o fuerza asociativa de reminiscencia, ella la visión de reconstruir los fragmentos en un todo. Si yo lograra el nexus de la reminiscencia en el devenir y ella pudiera recordar en su totalidad la fatalidad de cada movimiento, o la necesidad invariable de lo que sucede, lograríamos como una especie de esfera transparente [28].

[José Lezama Lima, *Cartas* (1939-1976), Madrid, Editorial Orígenes, 1979.]

Ibid., p. 171.

MARÍA ZAMBRANO

HOMBRE VERDADERO: JOSÉ LEZAMA LIMA

Jésus dit: «Heureux l'homme qui s'est soumis à l'épreuve, il a trouvé la vie».

L'Evangile selon Thomas, Logion 58.

El hombre verdadero al morir crea la libertad en la certidumbre que trasciende la imposibilidad de ser hombre, de la realidad de ese ser, árbol que se yergue entero sobre sus raíces múltiples y contradictorias, José Lezama Lima, árbol único y como él, idéntico ya, a sí mismo, más allá de él mismo, como atravesando su vida hacía entrever y enteramente sentir y saber. Árbol único plantado en el campo donde lo único florece. Y así lejos de ocultar trae con su presencia la presencia de los árboles únicos, de los animales únicos, de los seres únicos que se nos hayan ido dando a ver y aún la de algunos que sólo nos habían rozado con su clara sombra.

(Surge y sube la luz como una palma real. La palma que en el breve atardecer se mece levemente y por ligereza y no por veleidad como respuesta de su médula blanca en la que se cría un corazón al rayo de luz verde que no siempre la mirada alcanza a ver cuando el sol de fuego se ha hundido en la mar.)

Muerte auroral de comunión de evaporada escondida forma, de forma más pura allá de su promesa. Por mínimamente que ofrezca comunión en ella, se anegan esperanza y promesa, presencia de lo inacabable y que a ello remite sin poso temporal: no hay un después y.el maleficio del futuro queda abolido. Ni tan siquiera es *ahora,* vencido el fluir temporal, y el *siempre* tampoco acecha con su engaño como sucede en los momentos de la historia, de los éxtasis de esos claros de la historia y en los éxtasis del historizado amor.

. Memoria, sí. Todo era memorable desde el principio. Ya que el principio en lo humano se hace memorable arriesgando perderse en su cauce como el océano que entra en el río y tiene luego que salir en hilillos de agua que a la mirada se le pierden, que se escapan de la inmediata visión huyendo de todo cálculo para ir a formar manantiales diferentes, araña que rodea la tierra y teje desde dentro la tela que contiene y envuelve al caos y ese fuego que devora, que atraviesa el mar de llamas y permite al hombre inevitablemente arrojado a él, transitarlo, encontrar el sutilísimo paso y todavía en la vida inmediata ir memorizando el verbo.

Memorizaba el verbo Lezama Lima, araña que extraía de su propia sustancia el hilo inasible, la intangible memoria que reproduce en los aires el laberinto que hace permisible habitar el lugar justo del guardián de los inferos mirándolos sin desafío, con la necesaria «fijeza». Ser en la fijeza sin enamoramiento.

Y así se libró sin esfuerzo de ser un hechicero, de hechizarse él mismo con el verde de su propia mirada habiendo sabido de antemano que la «physis» tiende en sus singulares dones la insinuación del ejercicio de ese poder terrorífico de la belleza (o paralizador al menos), fundamento del hechizo adueñándose de la memoria que prisionera crea o finge ciénagas inacabables, con su flora y fauna inverosímil en la atmósfera que sólo ellas respiran. Fingido paraíso irrespirable, agua y pan negados desde el principio. La memoria hechizada se enreda sobre sí misma aprisionando su contenido ancestral sustraído sin duda a un paraíso primero y subsistente que el guardián en su fijeza dará solamente en meditación. Una meditación es el Paradiso de Lezama Lima, una meditación sobre el principio en el tránsito en que se hace origen, sobre el Padre y la Madre donde el laberinto del hijo se aclara, se ha ido aclarando en la memoria comprendida la inevitable historia y el historizado amor. Y él, que apenas respirar podía, estigma de la physis, daba respiro desde el lugar del origen. Y aún en la vida inmediata desde ese «Orígenes» donde la palabra en su aire propio llamaba sin engaño a las palabras librándolas a ellas y a sus dadores del «Enemigo Rumor»: de la falacia, empezando por ese enemigo rumor de las entrañas confinadas y de sus espejismos. Y que la araña de la memoria se instale arriba, negra memoria sin origen, sin raíz desprendida, ciega habitante de la soledad encenagada. Sólo el verbo en el hombre verdadero se memoriza.

La fijeza no se hizo nunca columna ni ninguna otra figura de la ostensible fortaleza. Y los límites que establecía su meditación no quedaban señalados por la piedra que funda. Sabía desde el principio que si la poesía sigue las leyes de la arquitectura se hará sierva de ella en vez de enseñorearla, señorío irrenunciable para el poeta que sabe que no se le dará nunca más en su propio reino. Si Orfeo con nítido lamento no ahogado, dicen, quedó condenado por alguna maldición desconocida de Apolo, dios de la luz y de la poesía, queda el Ángel, decimos. Mas no se quedó propiamente sino que surgió de los abismos de la luz. Y así la fijeza del guardián custodiaba los secretos pasos del agua de la luz, de la palabra en el laberinto donde podía quedarse aprisionado para siempre. Y el agua, sustancia de todas las cosas vivientes, evaporarse en el fuego oscuro que sale de la tierra, madre enconada por la ofensa del padre y del hijo endiosados, falsos dioses escapados de sus entrañas o arrancados a ellas cuando no habían alcanzado rostro aún. El fuego reacio al aire y que nunca llegará a ser aliento si el poeta guardián no lo conduce a ser llama dándose él mismo en ella, si es preciso como salamandra que danza y se escapa luego en el aire y en la luz. La fijeza ha liberado la movilidad de los elementos, «raíces del ser», para que la sustancia y la palabra se manifiesten sin desarraigarse. Y el hombre como árbol único alcance su verdad última. Lo inmóvil crea el ordenado movimiento. Y el centro de la rueda del mundo es una quieta acción. Lo que por una vía no aristotélica, Lezama supo viviéndolo en su meditación incesante. Orficocatólico en diversas e indelebles formas se confiesa, se dice más bien, pues que su conciencia se templaba en un incesante bañarse en el «Agua Ígnea»;

Un agua salta,
quema las conchas y las raíces.
Tiene de la hoguera y del pez,
pero se detiene y nombra el aire,
llevándolo de choza en choza,
quemando el bosque después de las danzas
que se esconden detrás de cada árbol.
Cada árbol será después una hoguera que
hablara.
Donde el fuego se retira salta la primera
astilla del mármol.
El Agua Ígnea demuestra que la imagen
existió primero que el hombre,
y que el hombre adquirirá ¿dónde?

(Las siete alegorías en la revista *Golpe de Dados*, VII Colombia).

Y el Ángel de la fijeza «es más que nada un movimiento, él ha de abrir paso al agua ígnea que hace de cada árbol una hoguera que habla» y él lleva el aire al que ha dado nombre de choza en choza. Sin él, el poeta que no nombra el Ángel se queda haciéndolo con su mirada fija en la que su propio ser se despliega, se escalona sin salirse de la quietud, sin romperla, atravesando los diversos planos de lo real y de lo que quiere serlo, de lo que va a serlo; de lo que en la infinitud será; la infinitud y no el futuro calculable. Guardián de lo que ha dejado de ser cuando iba a serlo para que entre a través del paso cegado, abriéndolo con el pensamiento que se prosigue en sueños. Mirada-pensamiento enclavada en el lugar privilegiado del sueño donde la imagen que aguarda a cada sustancia real, al hombre mismo, al hombre sobre todo, responsable ante ella porque la vislumbra.

Y así el poema sostiene, haciéndose responsable ante la imagen de cada ser a medias nacido, y de la suerte de la imagen que aguarda ser habitada, convertirse en «forma sustancial». A pesar de que la vía órfico-católica por él seguida no pase por la vía aristotélica roza sin detenerse la platónica; no las ignora ni les opone una incompatibilidad de «doctrina y que a hacerse doctrina él no va». Retoma el interrumpido avatar de Orfeo, se detiene al pie del arco oculto, recoge el hilo que no salió del laberinto, sirviéndose de una Ariadna menos ávida que la Ariadna mítica, y que al ser abandonada no llora invocando lo perdido; no la engañada por el héroe en su reivindicativa fogosa pasión, que luego se enrosca al héroe para ascender. Es la Ariadna que en el mito de plurales sentidos asciende a solas a ser pensamiento. Para que allá en la infinitud al hombre encomendada y no sólo prometida la imagen sea memoria-pensamiento, se vaya dando la encarnación, la sustancialización de la imagen en la que lo amorfo de la sustancia se redime y su muerte inevitable se encamine así a la resurrección.

Dice: «Condenado el poeta a que su metáfora suprema sea la resurrección, es la gratuidad y la exigencia, allí donde todo se nos regala y todo se nos quita». —El árbol quemado en la hoguera y que luego habla es así la imagen del poeta, árbol que hunde sus raíces en lo hondo y oscuro de la Tierra, persistente Perséfone, gratuita como madre, devoradora como esposa, aprisionada en los inferos. Perséfone, centro oscuro de la llama, redimida hermana del poeta, se consume en la hoguera que habla como espejo de resurrección. —La Zarza Ardiente ¿fuente quizás del «Agua Ígnea»?

El agua ígnea que «tiene de la hoguera y del pez — pero se retiene y nombra el aire», se nos figura que sea el Mar de Llamas en el que se baña una y otra vez junto con los Dioses el Hombre Verdadero y a la vez el río que los deposita al borde de la Zarza Ardiente del Dios único, que abrasará los Dioses que le rendirán su esencia. Y hará del Hombre llama suya dándole una muerte aurora, señal del sacrificio aceptado.

> «Oh luz manifestada
> que iguala el ojo con el sol.»

12-16 de agosto 1976

[*Poesie*, 2 (1977) pp. 26-28.]

ARMANDO ÁLVAREZ BRAVO

ÓRBITA DE LEZAMA LIMA

La validez de un universo poético solamente se demuestra por su permanencia, por su solidez ante el tiempo. La obra que no resiste incólume el paso de los años, que no les hace frente y los desafía, no merece ser tenida en cuenta. La única que importa es la que se impone, la que prevalece.

Esta admirable vigencia empapa la obra de Lezama Lima. Más de veinticinco años de quehacer constante, de acendrada fidelidad a una vocación que ha sufrido los más recios embates, le han ganado la posición que hoy ocupa en el marco de nuestra poesía y, trascendiéndolo, en el de la poesía contemporánea. Su nombre resuena con fuerza y derecho entre el de los grandes poetas de América.

Quizás estas palabras basten para otorgar una seguridad. ¿Pero qué hay detras de mi afirmación?

Antes de contestar, una aclaración. He hablado de algo vago y sugerente: de un universo poético. Del universo poético de Lezama Lima. Algunos pensarán: pero Lezama Lima también ha hecho crítica, ensayo, cuento, novela. De acuerdo. Mas si nos adentramos en estos aspectos de su producción, conociendo de antemano su poesía, veremos que no son otra cosa que una prolongación de ésta. El análisis de cualquiera de estas facetas arroja una sola conclusión: Lezama Lima es un poeta. No hay que darle más vueltas al asunto.

Ahora a la pregunta. Para contestarla se deben tener en cuenta varios factores íntimamente vinculados. Nunca ha sido fácil el ejercicio de la poesía —ni tampoco de otras actividades intelectuales y artísticas— en Cuba. El creador siempre se ha visto obligado a dividir su tiempo y energías entre sus inquietudes y empeños ajenos a las mismas: lo que hace muy ardua la fidelidad y la constancia a una expresión determinada. Nuestra circunstancia así lo ha determinado. Todavía han de pasar muchos años para que la dedicación absoluta sea una realidad. Ya ciñéndonos a la poesía, jamás hemos apreciado que la conciencia general, o por lo menos un amplio sector de la misma, la haya reconocido como una presencia necesaria. Que la haya dado el valor que ésta tiene para un pueblo. Aún la pelea está por ganar. El poeta necesita moverse en un ambiente civilizado. Le doy a esta palabra su sentido más amplio. Únicamente en este ambiente encuentra su adecuación. En su libro *Civilization,* el ensayista inglés Clive Bell escribió unas líneas que esclarecen mis palabras al respecto. Dice Bell:

Sea como fuere, para ser completamente civilizado, para experimentar los más intensos y exquisitos estados de la mente, manifiestamente un hombre debe disfrutar de seguridad y holgura. Debe tener asegurado lo suficiente para comer y beber, debe tener calor, abrigo y una cierta comodidad, todo lo que es necesario a la vida y aun algo de lo que le es superfluo. También el ocio es esencial. Debe disfrutarlo para educarse para el disfrute de lo mejor y para su obtención. También debe tener libertad: libertad económica que lo pone por arriba del destructor dominio de la circunstancia y que le permite vivir cómo y dónde se le antoje; y libertad espiritual —libertad para pensar, sentir, expresarse y experimentar—. Debe ser libre para cultivar su receptividad y ponerla siempre en términos de aventura. Para obtener lo mejor, un hombre siempre debe vivir para lo mejor.

Lezama Lima jamás disfrutó de estas condiciones ideales. Todo lo que hizo fue contra viento y marea. Y lo hizo bien. Si consideramos esta contradicción y sumamos las aportaciones del poeta: una nueva forma de ver las cosas, un peculiar sentido del lenguaje, una profundización de la realidad, una inquietante y misteriosa trascendencia, un renunciamiento al facilismo y el descubrimiento de un secreto sentido en lo cubano, comprenderemos por qué aún en estos momentos Lezama Lima es un desconocido, una incógnita. Despejar esa incógnita es una tarea insoslayable. Por Lezama Lima y por nosotros. No se puede integrar un todo restándole partes. No se puede romper impunemente una continuidad. Ésas no son maneras de dar forma y cohesión a una cultura.

Para acercarnos a Lezama Lima debemos despojarnos de cualquier vestigio de reserva y frialdad que podamos abrigar con respecto a su obra y su persona. Hay que descartar esa sarta de adjetivos —oscuro, hermético, aburrido, ajeno, barroco, incomprensible— que adornan todo lo que le concierne. Tener en cuenta que de un modo u otro todos hemos tenido, tenemos que ver con Lezama Lima y que él se encuentra en las cruciales puertas de su madurez, terminando ya el primer ciclo de su obra, enfrentando el momento clave de su existencia: el de la confrontación. La postrera batalla contra el tiempo. Y además, ser muy conscientes de lo que postula el crítico Ernst Fischer, en su libro *La necesidad de arte,* cuando dice:

Un artista sólo puede experimentar lo que su tiempo y sus condiciones sociales pueden ofrecerle. Por lo tanto, la subjetividad de un artista no consiste en que su experiencia sea fundamentalmente distinta a la de otros de su tiempo y clase, sino en ser más fuerte, más consciente y más concentrada. Debe descubrir nuevas relaciones sociales, de tal manera que otros se harán también conscientes de ellas. Tiene que decir *hic tua res agitur.* Incluso el artista más subjetivo trabaja para la sociedad. Por el hecho mismo de escribir sentimientos y condiciones que no han sido descritos antes, él los encauza desde su «yo», aparentemente aislado, hacia un «nosotros» y este «nosotros» puede ser reconocido aun en la subjetividad rebosante de la personalidad de un artista.

Con esta actitud es como debemos ir a Lezama Lima. ¿Pero qué es Lezama Lima?

La pregunta es una brasa ardiente. La respuesta no está en la punta de los dedos. No se sabe casi nada de Lezama Lima. No existe ningún estudio orgánico de su obra. Y los materiales dispersos, si bien aclaran algunos aspectos de ésta, son fragmentarios. Si no conociera a Lezama Lima personalmente, lo más probable es que no me hubiese atrevido a escribir estas páginas. Pero este afortunado conocimiento, me reveló el camino a seguir. Para conocer y asimilar su universo poético debemos conocer su universo cotidiano. Porque Lezama Lima es la reiterada presencia del impulso familiar y doméstico; en esencia del impulso materno.

LOS PRIMEROS AÑOS

Lezama Lima, José María Andrés Fernando, nació en el Campamento de Columbia el 19 de diciembre de 1910. Su padre, José María Lezama y Rodda, era un coronel de artillería que formaba parte de esa *élite* castrense que se constituyó en los albores de la República. Su madre, Rosa Lima y Rosado, era hija de emigrados revolucionarios. Conoció el exilio y se formó en los Estados Unidos, donde los suyos se arruinaron ayudando a la causa independentista.

Coincide el nacimiento del poeta con el traslado de la familia a la Fortaleza de la Cabaña, y el nombramiento del padre como director de la Academia Militar del Morro.

Con estos antecedentes, huelga decir que sus primeros años, sus experiencias iniciales, están ligados al mundo de la disciplina. Sus juegos tienen como escenario la explanada donde las tropas realizan maniobras bajo las órdenes de su padre.

Sin embargo, él no guarda un áspero recuerdo de este tiempo. El cuadro familiar, según dice, era muy risueño. La fe en el futuro era la divisa, y las imágenes que captaba componían una grata secuencia. Uniformes de gala, caballos, desfiles, viajes al extranjero y fiestas, llenaban su imaginación, perfilando ilimitadas posibilidades.

Pero este mundo encantado no duraría mucho. Cuando estalla la Primera Guerra Mundial, su padre se ofrece como voluntario para servir en las tropas aliadas, y se dirige a Fort Barrancas, Pensacola, a prepararse. Allí, el 19 de enero 1919, encuentra la muerte. La influenza da cuenta de él y de siete de sus oficiales. Cuatro meses después nace la hermana menor del poeta.

Este golpe inesperado pone fin a lo que parecía no tenerlo. Todavía niño, Lezama Lima ve comenzar una vida distinta y, en su fuero interno, se resiste a aceptarla. No se explica la ausencia del padre. No comprende cómo la mesa siempre colmada ha quedado desierta. Cómo la madre apenas se alimenta y pasa largas horas contemplando un descomunal retrato. Cómo cambia sus trajes. Cómo su conversación no progresa, sino que se vuelve e indaga. Cómo una invisible presencia parece rondar los contornos.

Ante los hechos, la familia se traslada a la casa de la abuela materna. En Prado 9 el convencimiento de lo irreparable empieza a formularse dolorosamente.

La pérdida de su padre hace que la enfermedad que padece Lezama Lima desde los seis meses, el asma, se recrudezca. Los fuertes ataques le obligan a permanecer largas temporadas en cama, impidiéndole participar en los juegos infantiles. Encerrado en su habitación se estrecha el contacto con la madre, al mismo tiempo que se inician sus lecturas.

En 1920, ingresa en el colegio Mimó y lee el *Quijote*. Este libro, a pesar de los pocos años del poeta, le impresiona profundamente y le hace intuir que en la literatura existe una realidad ajena al tiempo y a las circunstancias.

Pasan cinco años y termina sus estudios primarios. En 1926 se matricula en el Instituto de la Habana. Ya no es el escolar que se pasaba horas enteras repasando una historia de España que le obsequió el director del colegio. Ahora es el joven que sabe tiene ante sí una serie de obligaciones. Hijo de un ingeniero, a pesar de su inclinación por las letras, estudia con ahínco álgebra, matemáticas, geometría, viendo en ello un secreto homenaje al padre.

En 1928, se gradúa de bachiller y tiene lugar un nuevo cambio de perspectiva cuya influencia será decisiva en su vida.

EL JOVEN

Cambiar de casa es una ruptura. Hace abandonar muchas cosas; enfrentar algo nuevo. Cuando en 1929 el poeta y su familia abandonan la casa de la abuela y se mudan a Trocadero 162, Lezama Lima se da cuenta de esto. Si Prado 9 significaba la unión palpable con el pasado, Trocadero 162 representa la separación: un nuevo estilo de vida.

Un juego sutil determina que este cambio de casa coincida con un cambio en la vida nacional. El país abandona la ingenuidad y la esperanza de sus primeros años, y se sumerge en una adultez turbulenta. Así también las familias. El viejo orden, al que pertenecen los abuelos y los padres del poeta, desaparece como tal. Si éste encarnaba la seguridad, los problemas resueltos, el nuevo orden se define como un momento de estrechez, de zozobra. En Trocadero hay que dedicarse a resolver los problemas que ya no frena el afecto familiar. El desahogo se sustituye por una ceñida pensión, que obliga a Rosa Lima a hacerse fuerte en su prudencia para sostener la casa y educar a los hijos.

Es en este año 29 cuando se inicia la fusión del poeta con su madre. Fusión que cristalizaría, haciéndose total, envolvente, a la vuelta de unos años, cuando ambos quedan solos en la casa. No es aventurado proponer que el Lezama Lima que se encuentra entre nosotros nace en ese momento. Y nace a partir de sus meditaciones, que le hacen comprender que la muerte de su padre determinó su entrada al mundo de la imagen, que no es un mundo de superficiales contactos, sino de profundas entregas. Un mundo que únicamente se aprehende a través de la absoluta conciencia de las experiencias vitales y las lecturas, de la formación integral.

Las presiones económicas impiden al poeta dedicarse de lleno a esta formación. Su tiempo debe dividirse entre ella y sus estudios de leyes; llevándole su presencia en la Universidad de La Habana a la necesaria lucha con que se pretende poner coto a los desmanes cometidos por el gobierno. De su participación en la misma queda un testimonio concluyente en las palabras que escribió sobre su intervención en la protesta del 30 de septiembre de 1930:

Ningún honor yo prefiero al que me gané para siempre en la mañana del 30 de septiembre de 1930... Al lado de la muerte, en un parque que parecía rendirle culto a la sombría Proserpina, surgió la historia de la infinita posibilidad en la era republicana.

Basadas en la acción estudiantil, las autoridades machadistas clausuraron el recinto universitario. Sin posibilidades de estudiar, encontrar trabajo o abandonar el país, Lezama Lima se sumerge en los libros. Ante la descomposión de la realidad, busca el equilibrio en los clásicos y en los contemporáneos que se anuncian como tales. Incesante, indagador, los mezcla, los funde, los lleva a un todo. Góngora y los gongorinos menores le apasionan. El conocimiento que tiene de ellos es profundo, erudito, personalísimo. Si existe alguna duda al respecto, basta leer su ensayo «Sierpe de Don Luis de Góngora», quizás uno de sus mejores trabajos en prosa, donde descubre un sendero nuevo para la comprensión del poeta de las *Soledades,* al que no ve como una figura renacentista, sino como un hombre del medioevo. Pero no sólo es el rico lenguaje del cordobés y su cenáculo o la sobria palabra de Guevara la fragua donde su idioma se matiza. También los franceses, más cercanos en el calendario, determinan su visión, su toma de conciencia. El hermético Mallarmé, el racionalista Valéry, el atormentado Rimbaud, el detonante Lautrémont y ese poeta descomunal, Marcel Proust, desatan un torbellino de inquietudes que se traduce en una labor que no vacila ante las incorporaciones, porque se sirve de ellas para mostrar un ámbito propio.

Como es de esperar, este contacto con un gran mundo lejano lleva a Lezama Lima a indagar en lo secreto. Un encuentro fortuito canaliza esta curiosidad. En 1932 conoce a un joven poeta que se prepara para ser sacerdote, Ángel Gaztelu, que lo inicia en los estudios teológicos, los que Lezama Lima combina con los históricos y, por supuesto, con los de los textos más conspicuos del misticismo oriental.

Estos fructíferos años de copiosa lectura se interrumpen con la caída de Machado y el retorno a las aulas. Pero el que vuelve no es el mismo que salió. En él se ha operado un cambio. Ha comprendido que no es un hombre de acción; y, aunque se siente orgulloso de su ejecutoria, ve que su verdadero mundo es el de la cultura.

La llegada de 1936, y con ella la del poeta Juan Ramón Jiménez, es para él un sésamo ábrete. Los jóvenes buscan al que consideran maestro, ven en su figura venerable el fin de una anquilosada vida intelectual. Entre ellos está Lezama Lima, que redacta un *Coloquio con Juan Ramón Jiménez* (1937), donde se plantean los temas del insularismo y la peculiar sensibilidad de las islas. Al *Coloquio* le sigue una revista universitaria, *Verbum,* alrededor de la cual empieza a cohesionarse un grupo en el que figuran entre otros Gaztelu, Vitier, Portocarrero y Mariano.

Aún en la Universidad, Lezama Lima publica, en 1937, su poema *Muerte de Narciso,* una verdadera eclosión desde su primer verso:

Dánae teje el tiempo dorado por el Nilo, hasta su última y alucinante estrofa:
Si atraviesa el espejo hierven las aguas que agitan el oído.
Si se sienta en su borde o en su frente el centurión pulsa en su costado.
Si declama penetran en la mirada y se fruncen las letras en el sueño.
Ola de aire envuelve secreto albino, piel arponeada que coloreado espejo sombra es del recuerdo y minuto del silencio.
Ya traspasa blancura recto sinfín en llamas secas y hojas lloviznadas.
Chorro de abejas increadas muerden la estela, pídenle el costado.
Así el espejo averiguó callado, así Narciso en pleamar fugó sin alas,

que nos entrega un tiempo fabuloso en el que el poeta no era otra cosa que un ser lleno de asombros que toma la palabra para vivir en ella y por ella. Que rompe con las clasificaciones y hace que la naturaleza irrumpa en el recinto de la fábula que hace historia o de la historia que hace fábula.

Poco tiempo después de publicado *Muerte de Narciso,* en

1938. Lezama Lima se gradúa y comienza a trabajar en un bufete. Ya ha terminado la época universitaria, ha conocido a la mayoría de los que le acompañarían en su trayectoria y sabe perfectamente cuál es su camino. Con grandes esfuerzos edita, conjuntamente con sus compañeros de generación, *Espuela de Plata*, que, a diferencia de *Verbum*, es una revista íntegramente literaria. La publicación alcanza una vida de seis números e introduce en nuestro ambiente la vitalidad de los textos, de las concepciones más en boga de la inteligencia europea, así como las actitudes que con respecto a ellas toman y traducen en sus escritos los miembros de la redacción.

La vida de bufete, a pesar de las buenas relaciones que allí mantiene, llega a cansar a Lezama Lima, y en 1940 abandona su despacho para trabajar en el Consejo Superior de Defensa Social, siendo destinado al Castillo de El Príncipe, donde permanecerá varios años.

Con una constancia innegable, cuatro años después de *Muerte de Narciso*, reúne sus poemas en un libro que lo sitúa definitivamente como El Poeta: *Enemigo rumor* (1941).

El título de este poemario es de por sí enigmático. ¿Por qué *Enemigo rumor* y no *Rumor*? Hay una carta de Lezama Lima a Cintio Vitier que aclara este punto y la concepción de su poesía. Dice:

Se convierte a sí misma, la poesía, en una substancia tan real, y tan renovadora, que la encontramos en todas las presencias. Y no es el flotar, no es la poesía en la luz impresionista, sino la realización de un cuerpo que se constituye en enemigo y desde allí nos mira. Pero cada paso dentro de esa enemistad, provoca estela o comunicación inefable.

Sirven estas palabras para inaugurar la lectura del primer poema de *Enemigo rumor*: «Ah, que tú escapes». En él se aprecia cómo los conceptos de la carta se fundamentan clarificando. Con sólo tomar los dos primeros versos:

Ah, que tú escapes en el instante
en el que ya habías alcanzado tu definición mejor.

el lector se da cuenta que en ellos se establece un distanciamiento entre el poeta y la sustancia poética. Si tomamos dos de los últimos:

Ah, mi amiga, si en el puro mármol de los adioses
hubieras dejado la estatua que nos podía acompañar,

vemos como Lezama Lima, el poeta, ve que siempre tiene que ir
en busca de algo conocido fugazmente y no esperar que ese algo
venga a él. Ese algo, el enemigo rumor, lo que escapa, la poesía
que engendra la poesía en el hacer.

Esta búsqueda de otro espacio para una realidad continúa en
«Una oscura pradera me convida». La pradera representa la
lejana zona poética donde se ven:

.... ilustres restos
cien cabezas, cornetas, mil funciones
abren su cielo, su girasol callando.

Como es de esperarse, ese incesante ir plantea una desazón
en el corazón del poeta. ¿No quedará solo cuando le falten las
fuerzas? La pregunta surge en los «Sonetos a la Virgen»:

¿Y si al morir no nos acuden alas?

Y encuentra su respuesta en lo religioso:

Pero sí acudirás: allí te veo,
ola tras ola, manto dominado
que viene a invitarme a lo que creo;
mi Paraíso y tu Verbo, el encarnado.

Es significativo cómo la noción de ser salvado —fundamental en Lezama Lima— no se manifiesta en esta bella estrofa
como una cosa simple; sino que la unidad se tiene que integrar
basada en dos factores: su Paraíso (el poético) y el Verbo encarnado (lo religioso).

Más adelante, en «Noche insular: jardines invisibles», nos
acercamos a Lezama Lima en cubano. Sirviéndose de un hecho
cotidiano, nuestra noche, el poeta, trazando una fiesta, ironiza
sutilmente. Característica ésta que vemos casi como una constante en su obra. Pero este ironizar no es violento, sino doloroso.
Se percibe una secreta angustia, un sentirse desarraigado y a la
vez presente. Lo evidente se transforma por la imaginación y al
llegar a un punto insostenible busca la redención por la luz, el
día. El irónico se sosiega y se llena de esperanza, aunque en su
interior todavía se mueva la angustia.

Se cierra *Enemigo rumor* con un *tour de force:* «Un puente. Un gran puente.» Este poema es una de las más violentas confesiones de nuestra literatura. El poeta reconoce todo lo que le rodea, todo lo que convive con él, analiza sus sueños, su figura que desea el reposo que, sin embargo, le niega su propia imaginación. Y a través de todo este aquelarre poblado por seres reales y seres irreales, tanto más terribles por su condición, acata su destino y se dispone a seguir su camino atravesando el puente, dispuesto a morir

....como el rey
      que ignora que ha sido destronado
      y muere cosido suavemente a la fidelidad nocturna.

A pesar de la descarga de energía que supone la publicación de un libro, Lezama Lima continúa escribiendo; cohesionando lo que integraría un sólido bloque, *Orígenes.*

En 1943, edita con Gaztelu diez números de una revista enteramente poética, *Nadie Parecía,* en la que el motivo religioso y el mirar hacia los clásicos es palpable.

Terminado el año 43, Lezama Lima se siente seguro, firme; se siente El Poeta. A esto ha contribuido en gran parte la figura de la madre, que ante todos los contratiempos le ha acicateado, obligándolo a seguir adelante. Para Lezama Lima no hacerlo significa traicionarla. Y el poeta se pone en marcha.

EL POETA

1944 es un año clave en la trayectoria de Lezama Lima porque es el año en que empieza a publicarse *Orígenes,* se integra una generación a su alrededor y queda solo con su madre.

Este fenómeno que se llamó *Orígenes,* y que llegó a convertirse en la revista más importante del idioma, era dirigido por Lezama Lima y José Rodríguez Feo. Desde su primer número se señaló como un paso de avance de las letras cubanas y como uno de los pocos órganos de expresión intelectual con personalidad propia y vigencia internacional que ha tenido Cuba. En sus páginas colaboraron los que formaban el grupo que tomó su nombre, escritores extranjeros de gran jerarquía y los jóvenes que en aquel momento empezaban a hacer literatura en nuestro país.

La sostenida y activa vida cultural del grupo que encabezaba el poeta, se manifestó en diversas direcciones y llena todo un gran momento.

Un año después de iniciada esta empresa, Lezama Lima comienza a trabajar en la Dirección de Cultura, y publica *Aventuras sigilosas* (1945).

Aventuras sigilosas prefigura un poco el mundo de *Paradiso*, la novela de Lezama Lima. Más que integrar elementos palpables, las *Aventuras* giran alrededor de una experiencia vital en el deseo que se concretará con el tiempo, en cierto sentido, en una novela. En ellas se ve bien claro el inicio de esa fusión del poeta con su madre, fusión que en páginas anteriores dije cristalizaría al quedarse ambos solos en la casa de Trocadero. Pero esa fusión toma en este caso específico un sentido especulativo, como si Lezama Lima presintiera un hecho y no tratara de indagar en sus consecuencias, sino en sus raíces. Así, aspectos de la niñez que podríamos catalogar como literarios, se mezclan con el ya conocido deseo de fugarse de un mundo que él sabe envolvente y, a su vez, necesario para su existencia. Y la fuga, si se logra, es una fuga misteriosa, porque aquello de que se huye acompaña invisiblemente al poeta. No obstante estar integrado este poema con perfiles de auto sacramental dentro de la órbita poética que más tarde devendrá sistema, es una cima aparte, solamente unida al macizo por la tierra, en este caso la experiencia sensible.

El tiempo que media entre la publicación de *Aventuras sigilosas* (1945) y de *La fijeza* (1949) es fecundo en trabajo y meditaciones. Lezama Lima pronuncia conferencias, ensancha sus contactos y con la presencia de su madre, de sus recuerdos («...yo era una de las muchachas que recibió al primer presidente. Cuando estuve cerca de él, le pregunté: ¿No se acuerda de mí, Don Tomás? Y él me dijo...») y las impresiones personales, inicia una labor ambiciosa donde todos sus estudios y lecturas, todo lo que hasta ahora ha tenido importancia para él, buscará concretarse en un sistema que dé un sentido poético al mundo.

Ese año 49, Lezama Lima viaja a México, y allí, en contacto con la tierra firme, con el paisaje americano, amplía sus conceptos sobre este cosmos, del que sólo conocía un aspecto, las islas.

Y también publica *La fijeza*.

La fijeza es casi la prolongación de *Enemigo rumor*. A través del reconocimiento de lo circundante («Pensamientos en La Habana»), el poeta puede pasear su mirada por aquello que no le es posible. Reconocerlo. Pero su mirada tiene ahora más edad y ya no está plagada por el dolor de la pérdida, el dolor eclosivo, sino que está recorrida por la meditada pesadumbre del que pretende dar un sentido a lo perdido. En los fragmentos de prosa poética, ya aparecen señales del sistema al que se aproxima. Hay un momento de gran virtuosismo cuando la solidez de la razón, de la idea, se transfiere a la figura de un noble animal, el mulo. La «Rapsodia para el mulo» es una reafirmación de propósitos, un reconocer que el camino es difícil y que el acierto se da aún en el desastre. Ya la motivación cubana que en *Dador* alcanzará generosos niveles está dada en «El arco invisible de Viñales», que contrapuesto a «Pensamientos en La Habana», establece un puente ambiental de singulares resonancias.

En 1950, Lezama Lima realiza un nuevo y breve viaje, esta vez a Jamaica. Basándose en él y en la anterior excursión, empieza a fraguar una teoría sobre la expresión americana. Algún tiempo después estas reflexiones se convertirían en un libro, del que hablaremos cuando lleguemos a la fecha de su publicación. Antes de dicho texto debe mencionarse su monografía *Arístides Fernández* (1950) donde clarifica las motivaciones de la obra del joven y malogrado pintor.

Tres años después de publicado este volúmen, en 1953, Lezama Lima reúne sus ensayos y trabajos breves en un libro, *Analecta del reloj*. Su contenido revela la dirección de aquello que en diferentes momentos ha despertado su interés. Aparece entre ellos, «Las imágenes posibles», que forma parte de la exposición del sistema poético del mundo. Los temas tratados se encuentran unidos en su diversidad aparente por el estilo y por la cohesión que logran en el tratamiento. Hay un ensayo, del que ya hablé, «Sierpe de Don Luis de Góngora», cuya sugerencia aumenta día a día quizá porque es una teoría que se opone a todas las mantenidas sobre el revolucionario creador.

Antes de llegar al año 1954, quisiera hacer referencia a la novela de Lezama Lima, cuyos cinco primeros capítulos se publican en *Orígenes*. *Paradiso* ha sido calificada por muchos, sin haber sido publicada en su totalidad, como una obra autobiográfica al modo proustiano. Pero este juicio no se ajusta a la intención del autor, aunque existen puntos de contacto entre ambas obras. En esta novela, Lezama Lima ha querido crear un cosmos. Conociendo que él trabaja sirviéndose de la experiencia, es lógico que aproveche los elementos de su experiencia para hacer una novela. ¿Qué novelista no hace esto? Aunque *Paradiso* está cuajado de referencias a lo real, no se convierte por ello en una autobiografía ni en un libro de memorias. Para mí, dentro del texto tienen mayor valor los elementos imaginarios que los reales, y esto es debido al impulso que desarrollan; impulso que, paradójicamente, llega a convertirlos en un determinado momento en reales. Debe señalarse que *Paradiso* se empieza a escribir cuando Lezama Lima se encuentra solo con su madre y decide formular las bases de su sistema poético del mundo. Es en estos dos hechos, aislados en apariencia, que debemos buscar la razón de ser de la novela. En algunos de sus trabajos, Lezama Lima ha separado la poesía de lo poético y del poema; les ha dado independencia como elementos con un mismo origen. Pero si Lezama Lima pretende crear un sistema poético, tiene que partir de la aprehensión de los puntos en que estos elementos se mueven. Así, la profunda imprensión que le causa la niñez deviene lo poético, de ella surge el poema, de ambos la poesía; de su totalidad razonada, por lo tanto, se puede sacar el sistema. Pero para llegar a él debe haber un escalón intermedio, aquel que haga un todo coherente lo poético, que cubra la fase que va de ello al poema. Eso es *Paradiso*. Sirve para ligar todo esto la presencia de la muerte. La muerte como algo terrible, la muerte como algo que suma después de restar. *Paradiso* es la expresión de esa muerte fructífera. Su tema o su ámbito: la niñez y la adolescencia; va del conocimiento asombroso e infantil hasta el conocimiento buscado. Estoy convencido que esta extensa e intrincada visión de unos años ahora remotos puede tener o pudo tener lugar en cualquier parte. De ahí su sentido novelesco. Y también estoy convencido que de no haber vivido la madre del poeta, esta obra jamás se hubiera escrito; porque es ella el factor que el hijo hace imponerse a la muerte, y que aparece engendrando, después de todas las destrucciones, para llenar el mundo. Todo lo que se aleja o parte de ella vuelve a ella. Es como un gran círculo.

En 1954, *Orígenes* deja de publicarse por un desacuerdo de índole editorial entre los directores. A este hecho siguen tres años de silencio durante los cuales Lezama Lima trabaja en su sistema poético y en el tema que antes anunciábamos, la expresión americana. Publicada en 1957, *La expresión americana* nos ofrece una visión señorial de nuestro mundo a través de una mirada que todo lo ve distante y que, regocijándose en la proliferación sensual, barroca, parte de una exuberante grandeza propia y encuentra su destino en la *tabula rasa* de la grandeza universal, aunque sus manifestaciones estén teñidas de enrevesados juegos y triquiñuelas. La primera línea de *La expresión* nos da el sentido de lo americano al postular: «Sólo lo difícil es estimulante». Es la dificultad para llegar a la esencia de ese mundo su secreto, su atractivo, acaso, su razón de ser.

En 1958, Lezama Lima publica su segundo libro de ensayos, *Tratados en La Habana*. Hay una distancia apreciable entre esta recopilación y *Analecta del reloj*. El primer ensayo ya dice que Lezama Lima ha logrado su propósito, ha descubierto los entretelones del sistema poético. Su nombre es «Introducción a un sistema poético», y en él se hace una declaración de principios. El resto de los temas, que la naturaleza de este trabajo no me permite estudiar, revela cómo Lezama Lima se ha vuelto a clarificar *su mundo*. Como chispazos dispersos contribuyen a integrar un fresco que se nutre tanto de la vivencia cultural como de la cotidiana. Deben citarse, ya circunscribiéndose a esta última, las páginas sobre La Habana: «Sucesiva o las coordenadas habaneras», las experiencias de un hombre que sale de su casa y reconoce su ciudad.

Con el triunfo de la revolución, Lezama Lima pasa a dirigir el Departamento de Literatura y Publicaciones del Consejo Nacional de Cultura. Polemiza. Y el tiempo que le déján libre estas actividades lo dedica a formar un nuevo libro: *Dador* (1960). No creo que *Dador* sea asimilable si no hay una previa asimilación de la obra lezamiana. Dicho poemario muestra cómo el poeta, a las puertas de su madurez, toma la posición de un espectador y contempla la vida cual si fuese un gran ballet. Todo deviene máscaras, giros, saltos, silencios, estridencias. Y tras esa visión aglutinante, total, vuelve la visión particular, ya ha pasado por la cósmica cuando se refiere al Zodíaco, que fija momentos precisos, el viaje a Jamaica, «Para llegar a Montego Bay», o la relación de lo fabuloso criollo que puede hacer un invitado presto al asombro. Asombro que vuelve a la infancia, como en *Paradiso,* en «El coche musical», que da al músico Valenzuela la calidad de un Orfeo que desencadena la fiesta en la ciudad que recorre en un coche. Diría que *Dador* es un gran repaso a lo vivido. Un repaso necesario antes de acometer la obra definitiva.

Entre 1959 y 1962, Lezama Lima ocupa una de las seis vicepresidencias de la Unión de Escritores y Artistas de Cuba, y comienza a trabajar, en calidad de asesor, en el Centro Cubano de Investigaciones Literarias.

El 12 de septiembre de 1964, el poeta recibe el golpe más duro de su vida: muere su madre.

No quiero en este momento hablar del hecho, que tocaré un poco más adelante, porque creo que ahora se impone elucidar en lo posible el concepto que tiene Lezama Lima de la poesía y su sistema poético.

SUMA DE CONVERSACIONES

A lo largo de lo escrito me he referido constantemente al sistema poético del mundo que postula Lezama Lima. He indicado, de un modo u otro, los pasos que ha dado el poeta para su fijación, pero no me he detenido a explicarlos. He hablado mucho con Lezama Lima sobre él y, también, sobre su poesía. El resultado de esas conversaciones es este diálogo reconstruido a partir de mis notas y recuerdos. Creo que él aclara más el tema que una explicación de tonos profesorales.

ÁLVAREZ BRAVO: Se le conoce y se le reconoce como un poeta enigmático. Para muchos usted es el oscuro por excelencia de nuestra poesía. No cabe duda que su quehacer inaugura un novedoso modo de ver las cosas en el que todo no se entrega fácilmente al lector, sino que demanda de éste una actitud alerta. Al cabo de más de veinticinco años, ¿qué piensa de lo que se ha dicho y se dice de estas características de su poesía?

LEZAMA LIMA: No creo que la contemplación de mi poesía ofrezca en la actualidad mayor dificultad que la que pueda presentar la contemplación de cualquier prisma poético. Es cierto que nuestro romanticismo y luego nuestro modernismo no poseían elementos que pudieran ser considerados como enigmáticos. Pero este hecho no puede servir para unir, como se acostumbra, los conceptos enigmático y oscuro. Ambos son conceptos que no tienen tangencia obligada. En cierta ocasión, me decían que Góngora era un poeta que tornaba oscuras las cosas claras y que yo, por el contrario, era un poeta que tornaba las cosas oscuras en claras, evidentes, cenitales. He subrayado que entre los antiguos juglares aparecieron los *trovar clus,* que eran juglares que hacían poesía oscura. Así vemos que aun la juglaría, por definición simple, no tiene nada que ver con la claridad, puesto que ya había entre los juglares quienes hacían poesía oscura o hermética. Inclusive en los países nórdicos hubo reyes que fueron escaldos en su propio palacio, que cultivaron la poesía oscura; de la misma manera que hubo reyes que actuaron como bufones en su propia corte. Los versos de los primeros eran siempre nebulosos y de difícil comprensión. Por ejemplo:

Pongo la serpiente redonda
en la lengua de la alcándara
junto al puente del escudo de Odín.

Lo que quiere decir que se ponía una sortija en el dedo pequeño de la mano. Es necesario saber que alcándara significa la
mano del halconero que lleva el halcón. La lengua es el dedo
pequeño. Y el puente del escudo de Odín era el brazo del cual el
guerrero llevaba suspendido el escudo. De un escaldo, un trova-
dor nórdico hermético, se cuenta que invitó a un rey a tomar
sopa de cerveza. El monarca aceptó y el poeta lo condujo a la
orilla del mar, donde le dijo: «Ahí está la sopa; cuando la termi-
nes tendrás la cerveza». Cito estos ejemplos de escaldos para que
se vea que la poesía oscura no tiene que ver con el barroco, con el
barroco meridional de Marini, Chiabrera, Góngora. Hay la poesía oscura y la poesía clara. Éste es un hecho que tenemos que
aceptar con sencillez, como aceptamos la existencia del día y de
la noche, de las cosas que se hacen por el día y las cosas que se
hacen por la noche. Pero usted comprenderá, amigo, que en
definitiva ni las cosas oscuras lo son tanto como para darnos
horror, ni las claras tan evidentes para hacernos dormir tranqui-
los. Pero esto de oscuridad y claridad ya me va pareciendo trasnochado. Lo que cuenta es lo que Pascal llamó los *pensée d'a-
rriere*. Es decir, el eterno reverso enigmático, tanto de lo oscuro
o lo lejano como de lo claro o cercano. La tendencia a la oscuridad, a resolver enigmas, a cumplimentar juegos entrecruzados es
tan propia del género humano como la imagen reflejada en la
clara lámina marina, que puede conducirnos con egoísta voluptuosidad a un golpe final, a la muerte. No hay que buscar oscuri-
dades donde no existen.

ÁLVAREZ BRAVO: La imagen en su poesía es motivo, tema,
preocupación. Surge como una defensa ante la realidad que se
vuelve realidad por su propio peso; pero, a su vez, como una
fuerza. ¿Cómo establece usted las relaciones entre la imagen y la
metáfora?

LEZAMA LIMA: En los términos de mi sistema poético del
mundo, la metáfora y la imagen tienen tanto de carnalidad,
pulpa dentro del propio poema, como de eficacia filosófica,
mundo exterior o razón en sí. Es uno de los misterios de la
poesía la relación que hay entre el análogo, o fuerza conectiva de

la metáfora, que avanza creando lo que pudiéramos llamar el territorio substantivo de la poesía, con el final de este avance, a través de infinitas analogías, hasta donde se encuentra la imagen que tiene una poderosa fuerza regresiva, capaz de cubrir esta substantividad. La relación entre la metáfora y la imagen se puede establecer con un caballo tan alado como nadante que persiste en una sustancia resistente que en definitiva podemos considerar como la imagen. La imagen es la realidad del mundo invisible. Así los griegos colocaban las imágenes como pobladores del mundo de los muertos. Yo creo que la maravilla del poema es que llega a crear un cuerpo, una sustancia resistente enclavada entre una metáfora que avanza creando infinitas conexiones, y una imagen final que asegura la pervivencia de esa sustancia, de esa *poiesis*. De la misma manera que el hombre ha creado la orquesta, la batalla, los soldados durmiendo a la sombra de las empalizadas, la gran armada, el caserío del estómago de la ballena, ha creado también un cuerpo artificial que resulta acariciable y resistente, como la misma naturaleza escondiéndose y regalándose al tacto. En alguna ocasión he hecho referencia, hablando de Martí y tratando de establecer las misteriosas leyes de la poesía (y no se olvide que las primeras leyes se hicieron en forma poética), que para esas prodigiosas leyes de la imaginación, veinte años de ausencia equivalen a un remolino en la muerte; así como, dentro de la orquesta, una trompeta equivale a veinte violines. Las conexiones de la metáfora son progresivas e infinitas. El cubrefuego que la imagen forma sobre la substantividad poética es unitivo y fijo como una estrella. Por eso afirmo en uno de mis poemas, paradoja profunda de la poesía, que el amor no se ejerce caricioso, poro tras poro, sino de poro a estrella, donde el espacio forma una suspensión y el cuerpo se lanza a una natación que se prolonga.

ÁLVAREZ BRAVO: Al llegar a su madurez usted ha planteado una personalísima concepción de la poesía, un sistema poético. La formulación de este sistema empezó a perfilarse en una serie de fragmentos en prosa que se incluían en su libro *La fijeza*. Lo que pudiéramos catalogar como teoría se iniciaba como poesía. Estos atisbos tomaron posteriormente la forma discursiva del ensayo y las bases del sistema se nutrieron en fuentes diversas. A pesar de este hecho, ¿es correcto pensar que su motor es fundamentalmente poético?

LEZAMA LIMA: Es correcto. Este motor es esencialmente poético. Algunos ingenuos, aterrorizados por la palabra sistema, han creído que mi sistema es un estudio filosófico *ad usum* sobre la poesía. Nada más lejos de lo que pretendo. He partido siempre de los elementos propios de la poesía, o sea, del poema, del poeta, de la metáfora, de la imagen. Cuando me fui acercando a mi madurez intelectual, yo, que como casi todos los poetas he sido un hombre de variada y voluptuosa lectura y seguía la tradición de La Fontaine que postulaba que el poeta es el *amateur de tout les choses, le poliphile,* fui comprendiendo que por ese aventurado juego reversible de la metáfora y la imagen, esa aparente dispersión de lecturas era una devoradora ansia de integración en la unidad, en el espejo, en el agua fluyente y detenida. Un día, pensaba en grandes períodos de la historia que no habían tenido ni grandes ni poderosos poetas y que, sin embargo, eran grandes épocas para el reinado de la poesía. Me resultaba un hecho muy importante que desde Lucrecio y Virgilio hasta la aparición del Dante, no habían surgido grandes poetas en esa inmensa extensión de lo temporal, donde no aparecía ninguna contracifra del poeta como unidad expresiva. Y estos eran los tiempos de Carlomagno, los caballeros del Rey Arturo, del *Enchiridon* o Libro Mágico, las catedrales, el Santo Grial, las cruzadas, la leyenda dorada, San Francisco, Santa Catalina... Eso me llevó a estudiar lo que llamo las eras imaginarias o de predominio de la imagen, que he expuesto en diversos ensayos que estimo son lo más significativo de mi obra.

ÁLVAREZ BRAVO: Desearía que me hablara de esas eras imaginarias. Y dentro de las mismas, de cómo concepciones que, desde un punto de vista católico, su punto de vista, son paganas, se integran con concepciones cristianas, dando como resultado una negación al postulado heideggeriano del hombre para la muerte que se sustituye por el hombre para la resurrección, dentro de su sistema, por el camino de la poesía. Y también, de cómo los elementos vegetales, animales, míticos no chocan con los cotidianos, sino que fluyen con ellos.

LEZAMA LIMA: Me resulta fascinante y difícil hablar sobre todo lo que usted me sugiere. El tema ofrece posibilidades infinitas. Lo veo como un todo y me resulta imposible expresarlo en un momento, o quizá en una eternidad, como tal. Siempre que lo abordo me tropiezo con esta dificultad; pero hablemos. Existe un período idumeico o de la fabulación fálica en que todavía el ser humano está unido al vegetal y en que el tiempo, por la hibernación, no tiene el significado que después ha alcanzado entre nosotros. En cada una de las metamorfosis humanas, la dormición creaba un tiempo fabuloso. Así aparece la misteriosa tribu de Idumea, en el *Génesis*, donde la reproducción no se basaba en el diálogo carnal por parejas, donde impera el dualismo germinativo. Adormecíase la criatura a la orilla fresca de los ríos, bajo los árboles de anchurosa copa, y brotaba con graciosa lentitud del hombro humano un árbol. Continuaba el hombre dormido y el árbol crecía haciéndose anchuroso de corteza y de raíz que se acercaba a la secreta movilidad del río. Se desprendía en la estación del estío propicio la nueva criatura del árbol germinante y, sonriente, iniciaba sus cantos de boga en el amanecer de los ríos. Así vivía el hombre, cerca de la nebulosa primitiva y del árbol que al crecer adquiría la perspectiva sin necesitar ninguna sumisión locomotriz. Éste es un gran período en que la evidencia de lo bello es inmediata. Pero existen otros. Podemos hacer referencia a la presencia de la imagen en el sitio de Ilión, cuya realidad conserva la poesía ante su desaparición tenebrosa. O la relación entre los misterios de los reyes sacerdotes con Fou Hi (2697 a. de C.) conservadas en textos como el *Tao Te Kin,* título cuya traducción más cercana pudiera ser *El libro de lo increado creador,* donde meditan los taoístas sobre el huevo luminoso, sobre el espejo, sobre la androginia primitiva. Quisiera hacer en este momento una referencia de cómo una cultura profundiza los conceptos adquiridos de otra cultura muy lejana. Por ejemplo, para el griego y el romano el poeta era el *puer senex* o niño viejo, pero para los taoístas el nombre de Laotsé significa viejo-sabio-niño. Vemos como aparece en el siglo v antes de Cristo, en el período del gran surgimiento religioso de la China clásica, un concepto profundizado de la estimativa de un poeta del mundo greco-latino.

ÁLVAREZ BRAVO: Casi una intuición.

LEZAMA LIMA: Efectivamente. Cuando profundizaba en las eras imaginarias, estudiando el gran momento de los etruscos, con su rey sacerdote Numa Pompilio, creador del bronce, del culto al fuego ejercido por las vestales, de la cópula del rey con la ninfa Tácita, encontré la palabra *potens,* que según Plutarco representaba en el toscano sacerdotal el *si es posible,* la posibilidad infinita que después observamos en el *virgo potens* del catolicismo —o cómo se puede engendrar un dios por sobrenaturales modos— y llegué a la conclusión de que esa posibilidad infinita es la que tiene que encarnar la imagen. Y como la mayor posibilidad infinita es la resurrección, la poesía, la imagen, tenía que expresar su mayor abertura de compás, que es la propia resurrección. Fue entonces que adquirí el punto de vista que enfrento a la teoría heideggeriana del hombre para la muerte, levantando el concepto de la poesía que viene a establecer la causalidad prodigiosa del ser para la resurrección, el ser que vence a la muerte y a lo saturniano. De tal manera que si me pidiera que definiera la poesía, una coyuntura casi desesperada para mí, tendría que hacerlo en los términos de que es la imagen alcanzada por el hombre de la resurrección. Así descubro o paso a un nuevo concepto: los reyes como metáforas, refiriéndome a los monarcas como San Luis, que se firmaba *Roi de tous les français*, Eduardo el Confesor, San Fernando, Santa Isabel de Hungría, Alfonso X el Sabio, en los cuales la persona llegó a constituirse en una metáfora que progresaba hacia el concepto del pueblo rezumando una gracia y penetrando en el valle del esplendor, en el camino de la gloria, anticipo del día de la resurrección, cuando todo brille, hasta las cicatrices de los santos, con el brillo del metal estelar. No sólo en lo histórico, sino en determinadas situaciones corales, se presenta este fenómeno. Puede verse en los hombres, los guerreros que duermen a la sombra de las murallas que van a asaltar. Como los que formaron lo que se llamó en el período napoleónico la *Grand Armée,* que atravesaron toda Europa. Un conjunto de hombres que en la victoria o la derrota conseguían una unidad donde la metáfora de sus enlaces lograba la totalidad de una imagen. Es decir, el hombre, el pueblo, distintas situaciones que logran agrupamientos, alcanzan una plenitud poética. Este concepto de la poesía llega a agrupar al reino animal en un ordenamiento de directa poesía en relación con el hombre. Un poco de temeridad y demos un paso al frente. Estamos en una granja y de pronto vemos lo que los maestros orientales llaman el elemental invisible que se convierte en una mariposa blanca. Vemos como una esquina oscura se reanima como un bulto que camina. Es la araña que se acerca para embriagarse en la melodía cercana del hombre. Y de la misma manera que el árbol no camina porque tiene la perspectiva aérea, la araña en sus redes tiene mayor ámbito que el hombre. Termina melancólicamente una temporada de playa. El cangrejo ha convivido con el hombre y al final de la estación se le ve surcando la carretera por donde el hombre vuelve a su hastío. Vemos a la rana, en su posición ancestral, en el brocal de un pozo, conservando su talante estatuario de príncipe metamorfoseado. Chilla con el temblor de sus patas, como si fuese a parir de nuevo al príncipe que yace en sus entrañas. O, también, en simples posiciones humanas que atraen el diálogo misterioso en la imagen propicia como en un silencioso sacrificio. Un barco que surca las ondas. Un viajero que se acerca a la borda y va quemando su cigarrillo con una lentitud que se hace tan magnética como el viento del desierto. Si cerramos los ojos y los abrimos de nuevo el viajero ya no está solo. A su lado en la noche se ha reanimado un bulto, semejante a la conciencia vertebral que reúne el vuelo de los pájaros en sus migraciones otoñales. Todo esto es muy extraño, pero... Como ve, hay mucho que ver y tratar de descifrar.

ÁLVAREZ BRAVO: En su sistema, que en sus líneas generales usted esboza, aparecen una serie de frases, pertenecientes a diferentes etapas y autores, con un significado que no es exactamente el que tienen en sus textos originales. ¿Fue necesaria esa alteración o exaltación para integrarlas al mismo?

LEZAMA LIMA: Lo fue. El conocimiento, el encuentro con esas frases, la meditación me sirvió para entrar en la vía de las posibilidades. Mi sistema poético se desenvuelve, como es lógico pensar, dentro de la historia de la cultura y de la imagen, no dentro de un frenesí energuménico. Así inscribo en su umbral una serie de sentencias de muy profunda resonancia. La primera es de San Pablo, y dice: *Charitas omnia credit.* La claridad todo lo cree. A su lado, coloco una de Juan Bautista Vico: *Lo imposible creíble.* Es decir, el hombre por el hecho de ser creyente, de habitar en el mundo de la caridad, de creerlo todo, llega a habitar un mundo sobrenatural pleno de gravitaciones. Paso en ese momento a ese vasto mundo que va desde San Anselmo hasta Nicolás de Cusa, el que expresó en su libro *De docta ignorantia: Lo máximo se entiende incomprensiblemente,* significando que la escala para llegar a Dios, lo máximo, se entiende incomprensiblemente. Esto se aclara, por un lado, pensando que se puede comprender sin entender. Mas hay un momento coincidente entre esta comprensión y este entendimiento que está dado por el concepto, por la aceptación del concepto *máximo.* Para cerrar esta cadena, aludo a la frase de Pascal que aclara su planteamiento de que como la verdadera naturaleza se ha perdido, todo puede ser naturaleza. Esta frase es: *No es bueno que el hombre no vea nada; no es bueno tampoco que vea lo bastante para creer que posee, sino que tan sólo vea lo suficiente para conocer qué ha perdido. Es bueno ver y no ver; esto es precisamente el estado de naturaleza.* Le he dicho cuatro frases que aparecen diseminadas en la obra de estos autores, sin que tengan la intención explícita que le comunico en mi sistema. Frases que dentro de mi mundo poético son puntos referenciales que forman una proyección contrapuntística para lograr su unidad en esta nueva concepción del mundo y su imagen, del enigma y del espejo.

ÁLVAREZ BRAVO: Al desarrollar su sistema poético usted ha señalado, en diferentes momentos, que con él pretende alcanzar una metodología puramente poética. Quisiera que me hablara algo de esa metodología.

LEZAMA LIMA: Trato en mi sistema de destruir la causalidad aristotélica buscando lo incondicionado poético. Pero lo maravilloso, que ya esbozamos en la relación entre la metáfora y la imagen, es que ese *incondicionado* poético tiene una poderosa gravitación, referenciales diamantinos y apoyaturas. Por eso es posible hablar de caminos poéticos o metodología poética dentro de ese incondicionado que forma la poesía. En primer lugar citaremos la *ocupatio* de los estoicos, es decir la total ocupación de un cuerpo. Refiriéndose a la imagen ya vimos cómo ella cubre la substancia o resistencia territorial del poema. Después citaremos un concepto que nos parece de enorme importancia y que hemos llamado la *vivencia oblicua.* La vivencia oblicua es como si un hombre, sin saberlo desde luego, al darle la vuelta al conmutador de su cuarto inaugurase una cascada en el Ontario. Podemos poner un ejemplo bien evidente. Cuando el caballero o San Jorge clava su lanza en el dragón, su caballo se desploma muerto. Obsérvase lo siguiente, la mera relación causal sería: caballero-lanza-dragón. La fuerza regresiva la podíamos explicar con la otra causalidad: dragón-lanza-caballero; pero fíjese que no es el caballero el que se desploma muerto, sino su caballo, con el que no existe una relación causal sino incondicionada. A este tipo de relación la hemos llamado vivencia oblicua. Existe también lo que he llamado el *súbito,* que lo podemos considerar como opuesto a la *ocupatio* de los estoicos. Por ejemplo, si un estudioso del alemán se encuentra con la palabra *vogel* (pájaro), después tropieza con la palabra *vogelbaum* (jaula para pájaros), y se encuentra después con la palabra *vogelon*; de súbito, al restallar como un fósforo la causalidad pájaro y jaula para pájaro, se encuentra con el incondicionado *vogelon,* que le entrega el significado del pájaro penetrando en la jaula, o sea, la cópula. Existe también lo que pudiéramos llamar el camino o *método hipertélico,* es decir, lo que va siempre más allá de su finalidad venciendo todo determinismo. Otro ejemplo. Durante mucho tiempo se creyó que las convulvas, que son unos vermes ciliares, retrocedían hasta donde llegaba la marea. Pero se ha podido observar que cuando no hay marea retroceden a la misma distancia. Existen animales como el díptico de frente blanca que en la cópula matan a la hembra. Este camino hipertélico que va siempre más allá de su finalidad, como en este caso, es de raíz poética. Me veo precisado a citar de nuevo una frase, aquella de Tertuliano que dice: *El hijo de Dios fue crucificado, no es vergonzoso porque es vergonzoso, y el hijo de Dios murió, es todavía más creíble porque es increíble, y después de enterrado resucitó, es cierto porque es imposible.* De esa frase podemos derivar dos caminos o métodos poéticos: lo creíble porque es increíble (la muerte del hijo de Dios), y lo cierto porque es imposible (la resurrección). Creo que he contestado su pregunta.

ÁLVAREZ BRAVO: Usted ha hablado reiteradamente de una vuelta a los orígenes, en lo que respecta a la poesía claro está, y con esa vuelta de una eliminación del dualismo. ¿Qué nos puede decir de esta actitud?

LEZAMA LIMA: Ya en la presentación de *Orígenes,* me empeñé en subrayar eso. Yo quería que la poesía que allí apareciera fuera una poesía de vuelta a los conjuros, a los rituales, al ceremonial viviente del hombre primitivo. Es muy curioso que un poeta como Mallarmé, que disfrutaba de una gran tradición, llegase en sus años de madurez a apetecer un arte de conjuro, de jefe de tribu, como si en esa esencia que buscase la poesía se encontrase a la vez el primitivismo y la elaboración más castigada. De la misma manera que podemos subrayar que en la *prose-pour-des-Esseintes* habla de la *hiperbole de ma memoire,* posición muy cercana a la de Descartes cuando entre la duda metódica de su filosofía intelectualista, coloca lo que él llama la duda hiperbólica donde remedando el argumento famoso de que la excesiva duda, el súbito radical, termina en la afirmación hiperbólica y total. Así, se trataba de un problema de encarnación de la poesía, o para decirlo en un lenguaje que recuerda al de los teólogos, *hipóstasis de la poesía.* Se trataba de buscar un pie de apoyo para la poesía, una encarnación de la metáfora y de la imagen en lo temporal histórico. Así, la metáfora tenía tanto de metamorfosis como de *metanoia,* o lo que es lo mismo de sucesivas transmutaciones del cuerpo y del alma, ofreciendo toda la sugerencia y la fascinación de la metáfora como *metanoia* que va más allá de la simple metamorfosis; entregando una transmutación del *animus.* Ya que he hablado de la metáfora, voy a hacerle una nueva referencia a la imagen. Quisiera que se viera con claridad lo que en esta dimensión quiero decir. Partiendo de la afirmación pascaliana de que como la verdadera naturaleza se ha perdido, todo puede ser naturaleza, la imagen viene a situarse en una parcela de batiente fascinación. En primer lugar, la imagen es naturaleza sustituida. En segundo lugar, la imagen cubre el espantoso destino de la familia de los atridas, pues sólo ella nos puede esclarecer ese espantoso destino. Ella nos aclara el concepto poético de todo el mundo antiguo.

ÁLVAREZ BRAVO: ¿Y en lo moderno?

LEZAMA LIMA: Creo que en el caso de Baudelaire, se vuelve a la *areteia,* o poesía como destino, como sacrificio, y la *aristia,* o protección de Palas a Diómedes, tal como aparecen en el Canto VI de *La Ilíada.* Por eso usted ve como esa imagen tiene que aparecer oscura. Lo es y está arrancada de la noche. Pero esa oscuridad parece repetir la memorable sentencia de Edipo: *Ah, oscuridad, mi luz.* Claro está que tanto esta *areteia* como esa *aristia* tienen que tener una ascética aportada por un acarreo prodigioso regalado por la dicha de una sucesión de los mejores. De tal manera que el poeta, por la imagen, se hace dueño de la naturaleza y ofrece la más seductora ascética, la única tolerable, de la misma manera que los canasteros de Nueva Guinea nacían con el cordón umbilical enrollado al cuello, o los reyes de Georgia nacían con los atributos de su realeza dibujados en la tetilla izquierda.

ÁLVAREZ BRAVO: En cuanto a la palabra usada en términos poéticos, ¿tiene usted alguna tesis?

LEZAMA LIMA: Desde muy antiguo, Pitágoras nos dejó una gran claridad sobre las variantes de la palabra. Hay la palabra simple, la jeroglífica y la simbólica. En otros términos, el verbo que expresa, el que oculta y el que significa. Cuando hoy hablamos de lo significante de la poesía, regidos por los novedosos hallazgos de la filología alemana, nos damos cuenta que ya Pitágoras nos había hablado de un verbo que significa, de una palabra simbólica.

ÁLVAREZ BRAVO: De esas variantes que postula el filósofo, ¿cuáles ha empleado usted con preferencia?

LEZAMA LIMA: El poeta maneja todas las palabras o variantes de Pitágoras, pero también va más allá de ellas; logra expresar una especie de *supra verba* que es en realidad la palabra en sus tres dimensiones de expresividad, ocultamiento y signo. Diría que hay una cuarta palabra que es única para la poesía. Una palabra que no nombro, pero que, basada en las progresiones de la imagen y de la metáfora y en la resistencia de la imagen, asegura el cuerpo de la poesía. Quiero que tenga en cuenta que todas estas cosas de que hablamos, transcurren en lo que los griegos armoniosos llamaban *terateia,* maravilla, portento. Recordará que toda la atmósfera de *Prometeo* —del Prometeo esquiliano— transcurre en esa *terateia.* Aristóteles aclara este concepto cuando dice que Esquilo se proponía *alcanzar más una sorpresa maravillosa que una ilusión realista.*

ÁLVAREZ BRAVO: Aristóteles planteaba en esa frase dos tipos de posiciones. ¿Cuál de ellas cree usted determinante?

LEZAMA LIMA: Creo que el hombre contemporáneo ha alcanzado una posición que supera la del mundo griego. Como las investigaciones que se han hecho sobre la realidad, atestiguan su simetría y belleza, si contemplamos las escalonadas capas de arena lanzadas por un simún, formando como un inmenso coliseo, tiene tanto de sorpresa esta contemplación que nos maravilla, como de ilusión realista derivada de las leyes de la óptica y del concepto de la perspectiva alcanzado por los modernos. Pero voy a retomar el hilo de lo que le decía, que será, creo, una aclaración a su pregunta. El católico vive en lo sobrenatural y profundiza el concepto griego de la *terateia,* pues está imbuido del paulino intento de substantivar la fe, de encontrar una substancia de lo invisible, de lo inaudible, de lo inasible, alcanzando, dentro de la poesía, un mundo de rotunda y vigente significación.

ÁLVAREZ BRAVO: Y el no católico, el ateo, ¿qué significación encuentra? ¿De dónde parte?

LEZAMA LIMA: Bueno, pero me puede precisar usted el caso de un hombre que no crea absolutamente en nada, que haga poesía.

ÁLVAREZ BRAVO: Pienso que todo hombre cree en algo. Lo que me interesa, ya que hablamos de poesía, de su sistema poético específicamente, es que me aclare cómo hace poesía un hombre que no parte de una concepción religiosa. Un hombre que no sea católico.

LEZAMA LIMA: Mire, el mismo Robespierre hablaba de la diosa razón, de la misma manera que Lucrecio, el genial atomista del ateísmo, llegó a hablar de los remolinos y de las furias y de otras fuerzas de la naturaleza considerándolas como dioses. Aparte de que un hombre no puede negar los grandes aportes del Oriente, del mundo greco-latino, de la suma de todo ese *anterior* que asimiló con razón e intuición ejemplares del catolicismo, de acuerdo con la sentencia paulina que revela el sentido de sentirse *deudor:... a griegos y a romanos, antiguos y modernos, a todos soy deudor.* Aunque ese poeta ateo niegue todos esos aportes, no puede evitar girar en su ambiente. Le voy a recordar un ejemplo contemporáneo. Todos sabemos que Valéry hizo siempre profesión de ateísmo. Ahora bien, cuando definió la poesía, lo hizo diciendo que era el *paraíso del lenguaje.* Ya ve usted el caso de un ateo usando la palabra paraíso con toda la resonancia de un católico. Además, están ahí los estudios sobre Leonardo, donde elogia la posición derivada del Concilio de Trento acerca de que el alma y el cuerpo están entrelazados, forman una unidad y que hay un misterio del cuerpo y un misterio del alma que están prontos en el hombre a su transfiguración. Con este concepto de transfiguración el mundo católico superaba el concepto griego de la metamorfosis, donde el recuerdo de la etapa anterior se borraba por el sueño.

ÁLVAREZ BRAVO: Éste es un concepto de Valéry. Pero para muchos, y lamento ser insistente, no existe el alma, actitud que no les impide hacer poesía. ¿Cómo compagina usted estos hechos?

LEZAMA LIMA: Amigo mío, siempre he creído que mi sistema poético es algo bello en sí; pero nunca he tenido la soberbia de pensar que es algo único. Sobre él, sitúo a la poesía. La poesía como misterio clarísimo o, si usted quiere, como claridad misteriosa. Esa ambigüedad me permite decirle que no soy yo quien debe responder esa pregunta, sino el tiempo, el tiempo que hace poesía y la poesía que hace en el tiempo. Ambos la servimos, y todos los que lo hacen estarán de acuerdo conmigo cuando digo que en un final, ella lo unificará todo, ya empieza a hacerlo. Creo que no hay nada más que decir.

ÁLVAREZ BRAVO: O queda todo por decir.

LEZAMA LIMA: O ambas cosas.

CASI PARA TERMINAR

Al concluir la parte de este ensayo que titulé «el poeta», dije que *Dador* era un gran repaso a lo vivido. Un repaso necesario antes de acometer la obra definitiva, la de la madurez. Inmediatamente, señalé la desaparición de la madre del poeta. Estos dos hechos, objetivamente desvinculados, tienen una relación secreta y profunda. Casi un año antes de la muerte de su madre, Lezama

Lima la presiente y cae en un estado de abatimiento que le hace abandonar su trabajo, perder el interés por todo, encerrarse en sí mismo: no acometer esa esperada obra de madurez. Cuando Rosa Lima muere, el poeta ve desaparecer con ella todo lo que hasta el momento había constituido su mundo y su motivo, su motor secreto. Ante el acontecimiento, al que sigue un desplome físico y emocional, muchos piensan que ha llegado el fin de Lezama Lima. Pero no es así. La fuerza que su madre le transmitió a través de la plena identificación que ambos lograron, hace que el poeta se reponga y, consciente de la pérdida, piense que ha llegado el momento de cerrar todo lo que hizo en vida de ella, de dar un remate a su obra, que sea un homenaje a una profundísima relación. Cuando estaba escribiendo este trabajo, pensé que podía aventurarme a sugerir el tema de esta obra, su sentido. Y, a su vez, me parecía atrevida mi pretensión. Ya no me lo parece hoy. Estoy convencido que esto que digo será tal como lo digo, no podrá ser de otra forma. Esa obra que el tiempo nos retiene, será un gran fresco, un gran poema —no importa su forma externa— de la magia y la realidad, de la belleza y la sordidez, del asombro y del desencanto, de lo realizado y lo no realizado, de lo posible y lo casi imposible, de aquello que será —aunque no se presencie— porque se ha deseado, de una vida nutrida en otra vida, de dos vidas nutridas en un ambiente, de la tarea de existir. Y ella quedará como el testimonio, como la justificación de Lezama Lima, como el precio necesario para poder morir en paz.

PARA TERMINAR

Mi propósito al escribir este ensayo, ha sido ofrecer una visión orgánica de la vida y la obra del poeta; visión que sirva para la mejor comprensión y el mayor disfrute de sus textos. Si estas páginas cumplen su objetivo me sentiré satisfecho.

Creo necesario señalar que soy consciente de que habrá personas que no estarán de acuerdo con algunas concepciones de Lezama Lima ni con algunas de mis interpretaciones. Esto me agrada mucho, porque creo que lo polémico es esencial a la cultura.

En lo que sí coincidiremos todos es en el reconocimiento a la labor rendida por Lezama Lima, a la indiscutible calidad de esa magna labor, a la honestidad que la rige; en el reconocimiento a su maestrazgo, a su prestigio.

Sea ya personalmente este trabajo un homenaje; un decir del respeto, aprecio y admiración que le profeso.

[*Órbita de Lezama Lima.* La Habana, Ed. Unión, 1966.]

ANEJO 1

CARTA DE LEZAMA LIMA A ÁLVAREZ BRAVO

La Habana, 19 de diciembre de 1964
Sr. Armando Álvarez Bravo
En la Habana.

Amigo muy estimado: Durante una sucesión de días que se hace invisible, hemos tratado de poesía, de sus enlaces y rechazos, de sus provocaciones y retiramientos. Hemos analizado versos, desde su eje de cristalización hasta su ascensión en el poliedro de la luz. Hemos visto, hemos paseado, la conversación se ha replegado y a reaparecido, como cuando la tijera sobre la seda avanza inmóvil, semejante a la línea del horizonte. De esa lucha con el pez, de ese *ya fue conversado* o de ese *va a pasar a la conversación,* ha quedado el aliento, la voz y la danza animista entre los objetos, poblando las distancias y llevando el *intelligere* al espacio vacío, para extraer un perfil de las posibilidades de lo informe.

Así su estudio se ha nutrido de dos fuentes: la obra hecha, lo que yo he podido alcanzar como configurador de la palabra, y el devenir incesante de la conversación. Mi obra ofrecerá siempre una dificultad, relatividad de un obstáculo si se quiere, después de variados entrelazamientos, de laberintos que surgían de una persecución que se hacía incesante, de provocaciones en un punto que se resolvían en las más opuestas latitudes, se llegaba a la ocupación por el hombre de su imagen del destierro, del hombre sin su primigenia naturaleza. Por la imagen el hombre recupera su naturaleza, vence el destierro, adquiere la unidad como núcleo resistente entre lo que asciende hasta la forma y desciende a las profundidades.

Del ceñido y cernido estudio que usted ha hecho de mi obra, se precisa el intento posible de alcanzar la imagen en lo histórico y en el destierro. En esa lucha que ofrece todo creador, entre la voluntad que se ejercita y el misterio que lo tienta, usted ha intervenido para señalar en mi obra la parte del fuego y la parte de la rebelde obstinación. Ya el hecho que usted logra, de señalar en la fascinación de la diversidad la unidad que lo impulsa hacia sus esencias centrales, revela la gravedad con que se ha acercado a lo que yo he podido hacer y reverenciar. Dependemos demasiado de los demás, sin saber si esa dependencia se debe a nuestra proximidad o a nuestra lejanía, de fáciles aleluyas y de caprichos errantes, creyendo que la crítica es la gratitud de la simpatía y el inmediato energumenismo de lo generacional, para no agradecer su cuidadoso acercamiento a una obra que se desenvolvió en el tiempo de la espera creadora y que tropezó con obstáculos muy superiores a los estímulos, con muchas más parcas sombrías que tutelares benévolos.

Mucho antes que se diseñara la necesidad de esta recopilación, de tal manera que su decisión no dependía de ella, nosotros dos habíamos trazado la posibilidad y extensión de su reducto. Esa libertad, sin tosca exigencia de finalidad, informa esta obra. La imagen y su absoluto, y la metáfora en su libertad que avanza trazando su análogo, engendran la poesía como absoluto de la libertad. En esa libertad transcurre mi obra, con esa libertad ha trabajado usted en la presentación de la obra, por lo que su amigo le rinde las gracias.

II

SOBRE *PARADISO*

EMIR RODRÍGUEZ MONEGAL

PARADISO:
UNA SILOGÍSTICA DEL SOBRESALTO

I

El exceso de luz enceguece. Ante una obra como *Paradıso* —una autobiografía que es, también, una alegoría; unas memorias de la Cuba republicana que contienen en su centro un tratado de retórica, además de una poética de la narración, una teoría del origen andrógino del hombre, y miles de cosas más; una novela de cajoncitos en que cada compartimento ofrece la sorpresa de una totalidad miniaturizada del cosmos; un libro varias veces cifrado, varias veces codificado, varias veces hermético—, ante un texto còmo el de *Paradiso* se despierta la tentación irresistible de declararlo oscuro, incomprensible, absurdo. La paradoja es que pocos libros como *Paradiso* tienen tal poder de irradiación luminosa; pocos textos contienen su propia glosa hasta un punto tal de saturación total; pocas ficciones desarrollan como ésta la espiral de sus configuraciones con tan segura intuición del camino recorrido y a recorrer. [1].

Pero en *Paradiso,* el exceso de luz actúa de máscara. Atravesada la lectura por las lanzas de símiles y metáforas, por largos párrafos de sintaxis serpentinas, por bruscas iluminaciones y visiones en que un dios habita a la vez a los personajes y a su texto, el lector se enceguece a pleno día, se hunde en el oscuro laberinto de las aclaraciones, se pierde en la glosa de la glosa. Como todo texto auténticamente enciclopédico, como toda

---

[1] Para una lectura distinta pero no antagónica de *Paradiso,* véase mi *Narradores de esta América,* II (Buenos Aires, Editorial Alfa Argentina, 1974), pp. 130-155. Se recogen allí dos textos de 1966 y 1967 sobre esta novela.

summa, Paradiso fracasa por la misma sobreabundancia de su éxito total. Es la suma de las victorias de cada párrafo lo que determina esa fastuosa derrota.

Texto *ilegible,* sí. Y por eso, texto a estar siempre leyendo, a empezar cada vez a leer, a enfrentar como si nunca antes se hubiera visto en la operación reiterada de su lectura incesante. La derrota de *Paradiso* es la derrota de todo texto literario verdadero: la derrota que impuso el *Quijote* a quienes antes lo leyeron sólo como una obra de risa, y a quienes ahora lo siguen leyendo beatamente como la Biblia de España; la derrota que impuso (que impone) *Hamlet* a todos sus lectores. Edipos hechizados por una Esfinge hecha de verso blanco; la derrota de las *Ficciones* de Borges cuyos laberintos de minuciosa sintaxis y congelada retórica apenas si esconden el fuego devorador de su locura. Como toda la literatura que vale, el texto de *Paradiso* fracasa en su nivel primario de total inteligibilidad para triunfar (y de qué manera) en el nivel de una inteligibilidad siempre perseguida en sucesivas lecturas, en sucesivas re-escrituras.

Por eso, el intento que ahora hago sobre el texto de *Paradiso* —un intento deliberadamente limitado— acepta desde el principio esa derrota de la obra que es, naturalmente, la derrota de su lectura. Consciente por completo de que la clave de *Paradiso* no existe, aunque existen sí las claves; asumiendo todo el riesgo de una lectura parcial, y por lo tanto, a tientas, y por lo tanto provisoria, y por lo tanto, en borrador, esta aproximación al libro busca (apenas) definir una de sus vías de acceso: la que se centra en una teoría de la visión poética, que es a la vez clave para la definición del nivel anecdótico de la obra (la educación del protagonista, José Cemí) y clave para insertar la retórica que subyace el texto, dentro del texto mismo en su deslumbrante, enceguecedora luminosidad.

II

Paradiso concluye con una palabra: *empezar.* [2] El verbo elegido deliberadamente por Lezama indica la naturaleza circular, de lectura infinita, que es una de las características textuales más notables de la obra. En el contexto en que ocurre esta última

---

[2] He consultado la primera edición de *Paradiso,* La Habana, UNEAC, 1966, y por ella cito.

palabra, *empezar* apunta evidentemente a la práctica de la poesía, a la escritura de la poesía, que José Cemí siente como tan cercana, tan inmediata, que ya empieza a ser posible. En una cafetería, solo en la madrugada. Cemí escucha a alguien jugar con la cucharilla en el vaso. Entonces reconoce un ritmo musical. En efecto, un ritmo que ya es sílaba y pronto habrá de convertirse en palabras, nace de ese golpeteo, para el oído de Cemí. En ese código Morse de la cucharilla contra el vaso deja el texto su cifra: Después de 617 páginas el lector ha llegado al punto en que la irresistible vocación poética de Cemí es una evidencia. Por eso, la obra termina en el momento en que el protagonista va a empezar su obra: otra, o la misma, eso por ahora no importa.

También el *Portrait of the Artist as a Young Man,* de Joyce; también *A la recherche du temps perdu,* de Proust, terminaban en el momento en que sus sendos protagonistas descubrían el mundo inagotable de su vocación y la forma de la obra futura. Pero si traigo ahora estos ejemplos (tantas veces invocados por la crítica al hablar de *Paradiso)* no es para indicar una filiación reconocida sino para situar el texto en un contexto más general. Cemí descubre su vocación; Cemí, el poeta, descubre el producto poético; Cemí deja de ser Cemí para convertirse en el descubridor del ritmo. Los dos niveles en que constantemente se mueve esta novela quedan sutilmente indicados aquí: el nivel de la narración anecdótica (un joven habanero en la madrugada en una cafetería) y el nivel de la alegoría (el poeta inventa ritmo).

Pero para poder comprender por qué la obra se cierra aquí, y no un poco antes o un poco después, hay que mirar en qué contexto inmediato ocurre ese episodio final, tan significativo. Cemí ha llegado a la cafetería una noche en que algo, un impulso que no define y que podría calificarse simplemente de sobrenatural, lo ha hecho salir a recorrer las calles, a descubrir una casa enceguecedoramente iluminada, a entrar en ella y ver que allí se estaba velando el cadáver de su amigo y mentor, Oppiano Licario. Como todas las apariciones de este personaje en la novela (y son apenas cinco), esta última también lleva el signo de lo mágico. Impulsado por una mano invisible, Cemí ha venido a esta última cita con el taumaturgo: ha venido para recoger el poema que la hermana de Oppiano Licario le entrega, el poema último que ha escrito el muerto y que se llama, naturalmente, *José Cemí.*

No lo llamo, porque él viene,
como dos astros cruzados
en sus leyes encaramados
la órbita eclíptica tiene.

Yo estuve, pero él estará,
·cuando yo sea el puro con :miento,
la piedra traída en el viento,
en el egipcio paño de lino me envolverá.

La razón y la memoria al azar
verán a la paloma alcanzar
la fe en la sobrenaturaleza.

La araña y la imagen por el cuerpo,
no puede ser, no estoy muerto.
Vi morir a tu padre; ahora, Cemí, tropieza (p. 616).

Inútil analizar el poema línea a línea. Eso quedará para otra ocasión. Lo que sí me importa es una de sus significaciones más obvias: por medio del poema —el último texto que escribe Oppiano Licario antes de morir— su destino de guía, de maestro, de mentor, se cumple y realiza finalmente: el poema trasmite el testamento de Oppiano Licario, testamento dirigido a un solo ser, a aquel que de algún modo lo continuará, cumplirá su obra, la perfeccionará. Bautista del nuevo Cristo que es José Cemí —ya la crítica ha apuntado la coincidencia de las iniciales J. C. y hasta el hecho de que el primer encuentro real de Cemí y Oppiano Licario se produzca por medio de un reconocimiento de esas iniciales de fuego—, el poema es el documento formal por el que el maestro de poesía y de poética deja a su discípulo la clave del ritmo. De ahí que Cemí, al quedarse solo en la noche de la cafetería, reconoce en el ritmo de la cucharilla en el vaso la música del poema. Ahora se pueden leer completas las últimas frases del libro:

Impulsado por el tintineo, Cemí corporizó de nuevo a Oppiano Licario. Las sílabas que oía eran ahora más lentas, pero también más claras y evidentes. Era la misma voz, pero modulada en otro registro. Volvía a oír de nuevo: ritmo hesicástico, podemos empezar (p. 617).

III

Es claro, podemos empezar. Y empecemos por una pregunta: ¿Quién era Oppiano Licario? De todos los numerosos personajes del libro, Oppiano Licario es el único (con excepción de los del capítulo XII, de los que hablaré luego) que no aparece insertado en el texto con las precauciones habituales de nombre, identificación y circunstancia. Es el personaje misterioso, el *joker* de esta deslumbrante baraja lezamiana, que es jugado cuándo y dónde menos se le espera y que, sin embargo, o tal vez por eso mismo, adquiere en cada ocasión un valor singularísimo.

La primera vez que aparece es en el capítulo IV, como parroquiano anónimo de un cafetín de homosexuales al que ha ido a parar, sin saberlo, Alberto Olalla, el joven tío de Cemí, un alegre perdulario que ya está tocado por la locura poética. La segunda vez, es en el capítulo IV y se identifica como paciente en el mismo hospital norteamericano en que está muriendo el padre de Cemí. Oppiano Licario tiene con éste una conversación sorprendente, y absolutamente necesaria, como son las mejores conversaciones del libro. Por ella, se entera el lector que el paciente era el mismo parroquiano anónimo del Cafetín. Ambas veces Oppiano Licario actúa por su presencia en una escena en que otro es el protagonista pero su presencia tiene un valor catalítico: permite al padre morir envuelto en el sonido de una voz cubana que responde a su voz cubana en el ambiente doblemente extranjero de un hospital norteamericano; también permite al tío escapar de la burla grosera de los homosexuales y lo orienta hacia la sexualidad normal.

En ambos episodios, la presencia de Oppiano Licario da a cada episodio el significado de un rito iniciático. Es el sacerdote de dos ritos fundamentales de la vida humana. Asiste al padre a morir; asiste al tío en la hora de la iniciación sexual. Como sacerdote de una religión subterránea, o tal vez sólo olvidada, Oppiano Licario está allí, en el momento crucial. Pontífice, en el sentido etimológico del término, Oppiano Licario construye invisible el puente que habrá de llevar al padre a la muerte, al tío al goce sexual.

La tercera aparición de Oppiano Licario en la vida de Cemí prescinde de intermediarios. En el capítulo trece ocurre el encuentro directo con José Cemí, en un ómnibus; encuentro que Lezama detalla en clave burlesca: un hombrecito roba a Oppiano Licario unas monedas antiguas, Cemí las restituye sin que

Oppiano parezca advertirlo; cuando Cemí llega a su casa encuentra en su bolsillo una tarjeta en que Oppiano le agradece la restitución, se identifica como conocido de sus parientes y le da una cita. La clave burlesca no debe hacer olvidar la mágica. Porque no se trata (sólo) de un juego paródico, de una irrisión; el ómnibus también es la nave de los locos, el barco en que todos navegamos, y el tráfico ilegal de la moneda es el símbolo del tráfico ilegal de la vida. Pero es sobre todo, el símbolo de la predestinación que a través de los caminos laberínticos de encuentros y desencuentros con otros parientes, impulsa a dos seres a aproximarse ciegamente, como peces en lo profundo del mar, como duelistas en la niebla, como murciélagos movidos por oscuro radar. La moneda —ese signo que cambia de mano en mano y que llega hasta Oppiano Licario desde la antigüedad griega— es el instrumento que lo lleva a encontrarse con Cemí.

El encuentro es mágico porque estaba predestinado. Ya al encontrar al tío y luego al padre, Oppiano Licario estaba entrando en la órbita de Cemí.

Como dos astros cruzados
en sus leyes encaramados

dirá su poema. Y nada más cierto: el papel de sacerdote iniciador de un culto subterráneo lo cumple Oppiano Licario a partir de esa presencia insólita en ocasión de la muerte del padre o de la iniciación sexual del tío. Ahora, Oppiano Licario presidirá otra iniciación: la de José Cemí en el orbe de la poesía. La cita que la tarjeta propone se cumple en las dos últimas páginas del capítulo penúltimo, el trece:

Licario le abrió de inmediato la puerta sin necesitar de llamada. La pieza era muy distinta de lo que él había visto desde el séptimo piso. No había nadie en el interior. Sólo la mesa, con el triángulo de bronce y una varilla metálica para provocar la sonoridad. Vibraron los dos metales. Oppiano Licario presentaba un pantalón negro y una camisa muy blanca. Licario, mientras se prolongaba la vibración exclamó: —Estilo Hesicástico.
—Veo, señor, le dijo Cemí, que usted mantiene la tradición del *ethos* musical de los pitagóricos, los acompañamientos musicales del culto de Dionisos. —Veo, le dijo Licario con cierta malicia que no pudo evitar, que ha pasado del estilo sitáltico, o de las pasiones tumultuosas, al estilo hesicástico, o del equilibrio anímico, en muy breve tiempo.

Licario golpeó de nuevo el triángulo con la varilla y dijo: —Entonces, podemos ya empezar (pp. 562-563).

La alusión al cambio de estilo es una referencia, en broma, al encuentro anterior en que Cemí había rescatado las monedas en medio de las pasiones tumultuosas del ómnibus. Pero ahora, Cemí y Oppiano Licario se encuentran en el espacio mágico de la habitación del segundo. La iniciación poética puede ya comenzar.

Parece irresistible vincular este proceso del encuentro de Cemí con Oppiano Licario con las etapas del acercamiento a la presencia divina en la *Divina Comedia,* o (si se prefiere un modelo más breve y modesto de iniciación) con el relato de Borges, «El acercamiento a Almotásim». También en este cuento, el estudiante llega a la presencia inimaginable de Almotásim a través del encuentro con seres que han conocido a Almotásim y en los que se advierte como un resplandor dejado por aquella ausencia. Aquí el que parece acercarse (invisible en su luz) es Oppiano Licario pero el sentido iniciático no está invertido del todo ya que en el tramo final, Cemí acude a Oppiano, que abre la puerta y lo hace entrar.

También como en Borges, como en Dante, la escena se congela en el momento en que se va a iniciar el rito. Porque el rito es secreto y sólo puede ser realizado en secreto. Las últimas palabras del encuentro («podemos ya empezar»), y la música pitagórica de estilo hesicástico que le sirve de fondo, anticipan las últimas palabras de la novela: acordándose de su maestro, Cemí escuchará el golpeteo de la cucharilla en el vaso y se dirá (citará): «podemos empezar».

IV

Si al lector le está prohibido el acceso a la ceremonia iniciática misma, si el rito sólo aparece como una ausencia, el vaciado de la forma, y no la forma misma, hay suficientes claves en el texto de *Paradiso* para poder reconstruir la poética que subyace ese rito de Oppiano Licario. Él mismo la define en varios pasajes del capítulo final, el catorce. Conviene repasar sus momentos culminantes. Evocando una conversación familiar, se dice allí:

Licario había acabado de hablar con su hermana, con un silogismo de sobresalto, con lo que era una de sus más reiteradas delicias, demostrar, hacer visible algo que fuera inaceptable para el espectador, o provocar dialécticamente una iluminación que encegueciese por exceso de confianza al que oía, en sus conceptos y sensaciones más habituales y adormecidas (p. 567).

Queda aquí esbozado un método que, más adelante, Oppiano Licario desarrolla con pausa: el método de una dialéctica similar a la socrática en su finalidad y hasta en su raíz pero opuesta por la vía elegida. En vez del pensamiento racional (el silogismo lógico), Oppiano Licario practica un pensamiento mágico (el silogismo de sobresalto). En una de sus líneas —adviértase que digo: una— ese silogismo se vincula con el pensamiento, tan citado por Lezama, de Tertuliano: *Credo quia absurdum:* Porque es absurdo, creo. O como dice Oppiano:

...hacer visible algo que fuera inaceptable al espectador, o provocar dialécticamente una iluminación que encegueciese...

Un poco más adelante, Oppiano Licario elabora con ejemplos su teoría del *silogismo poético:*

Partía de la cartesiana progresión matemática. La analogía de dos términos de la progresión desarrollaba una tercera progresión o marcha hasta abarcar el tercer punto del desconocimiento. En los dos primeros términos pervivía aún mucha nostalgia de la sustancia extensible. Era el hallazgo del tercer punto desconocido, al tiempo de recobrar, el que visualizaba y extraía lentamente de la extensión la analogía de los dos primeros móviles. El ente cognoscente lograba su esfera siempre en relación con el tercer móvil errante, desconocido, dado hasta ese momento por las disfrazadas mutaciones de la evocación ancestral (pp. 576-577).

Queda al descubierto aquí esa dialéctica de la iluminación que procede por analogía pero se dispara, con intolerable tensión, hacia el tercer punto desconocido o errante. Un poco más abajo, la definición se aclara:

Así, en la intersección de ese ordenamiento espacial de los dos puntos de analogía con el temporal móvil desconocido, situaba Licario lo que él llamaba la *Silogística poética.* Se apoyaba en un silogismo del Dante, que aparece en su *De Monarchia,* donde la premisa menor, «Todos los gramáticos corren», lograba recobrar en un logos poético sobre la lluvia de móviles no situables, puntos errantes y humaredas, no dispuestos sino a enmallarse en dos puntos emparejados de una irrealidad gravitada como conclusión. Otras veces, ese tercer punto errante, enclavado en su propia identidad, lograba crear una evidencia reaparecida, distanciada la más de las veces de la primera naturaleza en su realidad. [...] En otras ocasiones, el tercer móvil del desconocimiento, revela a través de la ofuscadora seguridad de una forma, aparentemente dominada por las mallas de la analogía, su conversión en un cuerpo no subordinado a los tres puntos anteriores, pues aquella inicial morfología iba a la zaga de una esencia esperada, cuando de pronto el resultado fue la presencia de otro neuma que aseguró su forma misteriosamente (p. 577).

La *silogística poética* asegura, a través de una dialéctica que no es lógica sino mágica, el encuentro con el tercer móvil desconocido, el tercer punto errante, la conversión en otro (cuarto) punto misterioso. Es decir: asegura el acceso a otra dimensión de la realidad, la captación de una (otra) naturaleza, esa sobrenaturaleza a la que alude tantas veces el texto lezámico. El esfuerzo se vincula, naturalmente, no sólo con la experiencia religiosa (y de ahí la necesaria mención de Dante) sino con la experiencia poética más radical, la de un poeta como Lautréamont. ¿Qué otra cosa que un *silogismo poético* es ese encuentro del paraguas y la máquina de coser sobre la mesa de disección que tanto ha servido de bandera de la poesía de la modernidad? Para un lector de *Paradiso* es innecesario evocar esas deslumbrantes comparaciones del texto lezamesco que saltan de una analogía a otra para clavarse, como un lanzazo de luz, en ese tercer punto desconocido que es el blanco invisible del *silogismo* poético. El propio Licario habrá de apuntar a esa retórica del símil en unas líneas que se encuentran más abajo del texto ya citado:

Licario estaba siempre como en sobreaviso de las frases que buscan hechos, sueños o sombras, que nacen como incompletas, y a las que vemos el pedúnculo flotando en la región que vendría con una furiosa causalidad a sumársele. Ellas mismas parecen reclamar con imperio grotesco o majestuoso una giba o un caracol que las hacía sonreír, siguiendo después tan orondas como si fuese su *sabat* costumbroso. Estas sentencias no quedan nunca como verso ni participación en metáfora, pues su aparición era de irrupción o fraccionamiento casi brutal, y necesaria en esa llegada parecía borrar la compañía, hasta que después comenzaba a lucir sus temerarias exigencias de completarse. Era el reverso del verso o la metáfora que vienen de nacimiento con su sucesión y sus sílabas rodadas (pp. 578-579).

Y a continuación, Licario cita varias frases de ese tipo. Veamos la última:

Una vez oyó: *diez mil mastines tienen que ser ejecutados,* y comenzó por atravesar unas tierras feudales, habitando unas estaciones de garduñas del sacro imperio y de corzas oyendo misas (p. 579) [3].

La teoría de Licario y la práctica son una con la teoría y práctica de *Paradiso;* es decir: de Lezama. Por eso es posible encontrar en declaraciones de éste a Armando Álvarez Bravo una explicitación diferente pero complementaria del silogismo poético[4]. Me excuso por citar estas palabras, tan citadas por la crítica, porque creo que ellas adquieren otro sentido cuando se las vincula con el texto, los textos, de Oppiano Licario; al hablar de la imagen y la metáfora, Lezama aclara el contexto teórico en que hay que inscribir la teoría de Licario:

> Es uno de los misterios de la poesía la relación que hay entre el análogo, o fuerza conectiva de la metáfora, que avanza creando lo que pudiéramos llamar el territorio substantivo de la poesía, con el final de este avance, a través de infinitas analogías, hasta donde se encuentra la imagen, que tiene una poderosa fuerza regresiva, capaz de cubrir esa sustantividad. [...] Yo creo que la maravilla del poema es que llega a crear un cuerpo, una sustancia resistente enclavada entre una metáfora, que avanza creando infinitas conexiones, y una imagen final que asegura la pervivencia de esa sustancia que es la *poiesis* (pp. 56-57).

Lo que aquí dice Lezama de la metáfora, que avanza por analogías hacia la imagen, y la imagen que asegura la pervivencia de la poesía, puede vincularse a ese silogismo poético que había ilustrado Licario. El método expresado, o definido, por el personaje se enlaza con la teoría del autor. La *tecné* se vuelve *poiesis.* Pero el movimiento interior es el mismo y la conclusión final, ya sea en el plano de la investigación apasionada, la busca ardiente, la flecha disparada hacia el blanco, ya sea en la contemplación crítica de esa misma operación, el disparo estudiado desde el blanco mismo, la conclusión final muestra (una vez más) la coincidencia absoluta de las articulaciones del texto entero de Lezama, dentro y fuera de *Paradiso.* Porque cuando aquí se habla de Lezama se habla (es claro) de un texto.

---

[3] Tal vez se encuentre en este pasaje el comienzo de *62. Modelo para amar,* la entretenida novela de Julio Cortázar, Buenos Aires, Sudamericana, 1968.

[4] Esta entrevista de Lezama Lima con Álvarez Bravo fue publicada originariamente en *Órbita de Lezama Lima,* La Habana, UNEAC, *c.* 1966. Está recogida en *Recopilación de Textos sobre José Lezama Lima,* selección y notas de Pedro SIMÓN, La Habana, Casa de las Américas, 1970. Tomo de esta última la cita.

V

Que José Cemí estaba más que preparado para recibir la enseñanza de Oppiano Licario es algo que la novela deja perfectamente en claro. Lo documentan no sólo sus experiencias existenciales, desde la muerte y resurrección incesante que se produce con los frecuentes ataques de asma de la niñez, hasta su apasionada fusión y confusión con los dos amigos, Fronesis y Foción con los que compone una triada, o trinidad dialéctica (tres caras de una misma investigación del ser, tres faces de un mismo ser), sino que lo documenta aún más toda esa sucesión de instantes de revelación, iluminación, visitación de lo sobrenatural que acompañan su desarrollo. Son tantos y tan intensos esos momentos de epifanía que bastará indicar, a vía de ejemplo, algunos:

...la brutal experiencia a que lo somete su padre, cuando lo echa al agua para que aprenda a nadar, sostenido sólo por el dedo índice del padre, que al fin lo abandona y, por unos horribles momentos, lo deja hundirse en el agua; experiencia que se multiplica en otra del padre con la hermana y en una brutal cura contra el asma (capítulo VI);
...los cuentos de la abuela sobre muertes familiares y muertes de santos que asumen en el relato de ella un carácter sobrenatural e imponen sus visiones pesadillescas al niño (capítulo VI);
...el juego de yaquis en que se dejan absorber los niños y que la madre también comparte hasta el punto de ver, en un determinado momento, dibujada en el espacio mágico creado por las piedritas, la cara del difunto padre (capítulo VII);
...la carta del tío Alberto que abre para el niño las compuertas del lenguaje metafórico y anticipa con su práctica delirante de la imagen no sólo el simbolismo fálico del famoso capítulo VIII sino la silogística poética misma de Oppiano Licario (capítulo VII);
...una partida de ajedrez que el mismo tío Alberto convierte en una justa poética medieval y que es también clave del mismo sistema poético (capítulo VII);
...el diálogo con la madre en que ésta le da un único consejo básico: seguir el camino difícil, seguir una obsesión propia que busque lo oculto, lo secreto; ese diálogo prepara a Cemí para el encuentro con Licario; de la mano de la madre pasará, en el plano simbólico, a la mano del mentor, de la matriz al sacerdote del culto iniciático de la poesía (capítulo IX);
...esa primera visión que tiene Cemí de los caballos de la Fortaleza que parecen surgir del fondo de la historia, o de algún cuadro renacentista (capítulo IX);

...al final de ese mismo capítulo, esa larga discusión sobre homosexualidad que concluye con otra visión de Cemí: por las calles de La Habana
desfila una procesión romana. Es el culto del dios Príapo, el inmenso
falo coronado. El texto de la novela habanera se contamina de esa
sobrerrealidad histórica que en el capítulo XII romperá los límites na-
rrativos para albergar historias de distintos tiempos y distintos personajes, completamente desconectados de la historia central. O mejor dicho:
sólo conectados por la fuerza del silogismo poético (capítulo IX).

¿A qué seguir? Habría que recorrer la novela página a página
porque ya no se trata de visiones o revelaciones: la textura misma de cada frase, la urdimbre de las mismas, la mecánica de su
inserción en el texto de *Paradiso* y en el texto total, aún más
laberíntico de Lezama, requieren un análisis pormenorizado que
es imposible realizar aquí.

Lo que sí puede y debe indicarse ahora es la perfecta adecuación de cada uno de los hilos de esa trama que se va tejiendo
hacia atrás desde y a partir de Oppiano Licario, en el último
capítulo de la novela, y que en virtud de esa circularidad a la que
alude Lezama cuando habla de la «evidencia reaparecida», permite desandar el camino llevando como guía a Licario. Entonces
se advierte que el sistema de éste es clave del sistema del libro y
que el mentor aparece al fin cuando las experiencias existenciales y sobrenaturales de Cemí lo han preparado para el encuentro
final con la luz deslumbradora del silogismo poético. Licario
abre la puerta para que Cemí entre. Entonces, podemos ya comenzar, dice. Entonces, Cemí puede comenzar. Entonces, el
libro puede comenzar. Es decir: concluir, que es lo mismo.

VI

La circularidad apunta, en otra dimensión, a una teoría que
está sólo aludida en los textos que hemos invocado pero que
otros textos de Lezama permiten iluminar: es la teoría cristiana
de la resurrección. El poema que Licario dedica, a las puertas de
la muerte, a Cemí contiene la clave no sólo de su mortalidad
sino de su eventual resurrección. Allí dice:

yo estuve, pero él estará.

Pero también agrega:

cuando yo sea el puro conocimiento,...

El poema reafirma:

la fe en la sobrenaturaleza.

El poema asegura:

no puede ser, no estoy muerto.

En declaraciones suficientemente difundidas, Lezama ha opuesto la concepción heideggariana del «ser para la muerte» a la concepción cristiana del ser para la resurrección. Y en otras declaraciones sobre la novela que está escribiendo y con la que continuará *Paradiso* ha sido muy explícito: Oppiano Licario volverá a vivir en la realidad del texto. Se ha ido pero no ha desaparecido [5]. Estas declaraciones externas al texto mismo de *Paradiso* encuentran sin embargo su confirmación dentro de la obra. Porque el libro se propone básicamente ilustrar aquella dimensión de la realidad que es sobrenatural y mágica. En esa dimensión, no rigen las leyes científicas de una visión naturalista sino otras leyes, las del silogismo poético, que permiten no sólo el salto hacia el tercer término desconocido, sobrerreal, sino el regreso hacia atrás, a una dimensión desconocida de los términos de la analogía primaria. En una circularidad que cierra el libro en el momento en que se abre («podemos ya empezar») el ejercicio de la poesía; que postula una actividad cuando esa misma actividad está a punto de cesar, la inmortalidad del texto, y de todas las *figuras* del texto (sean «personajes» o metáforas, silogismos o símiles, «cuadros» o «visiones»), la inmortalidad poética está asegurada.

Hay una resurrección no sólo al nivel de la historia (continúe o no Lezama esta historia hasta el final en otro libro) sino la resurreción al nivel del texto primario y básico de *Paradiso*. La palabra «empezar» no es paradojal: el texto realmente empieza allí y por eso su lectura puede iniciarse hacia atrás en la página misma que marca con su espacio en blanco el final.

VII

Una última observación: esa lectura hacia atrás que la última palabra del texto sugiere, esa inversión del orden normal de lectura, se liga profundamente con la naturaleza retórica misma

---

[5] Véase la entrevista citada con Álvarez Bravo, pp. 27-29.

del libro y con la visión *à rebours* de Lezama. Porque si existe alguna dificultad para clasificar este libro como *novela* es porque esa forma ha sido generalmente considerada desde una perspectiva impuesta por el realismo. Pero si se abre la perspectiva y se busca otra concepción de la novela —una concepción que permita incorporar no sólo las obras experimentales de este siglo, a partir del *Ulysses* o los textos de Kafka, sino toda esa literatura marginal de Occidente y que ilustran el *Satiricón, Gargantua,* el *Quijote, Tristram Shandy, Les Chantes de Maldoror*— es la concepción de una narrativa carnavalesca, de una apoteosis de la irrisión y de la parodia que burla y celebra a la vez el mundo real, lo que permitiría situar a *Paradiso* en sus exactas coordenadas.

Los estudios de Mikhail Bakhtine sobre Rabelais y Dostoievski, su concepción de la literatura carnavalesca y de la novela dialogística, permitirían entonces reconocer un camino de acceso que uniera definitivamente la visión dispersa del lector ingenuo de *Paradiso* con la visión centrada del crítico[6]. Entonces, la burla y la parodia lezamesca no se verían como lo extravagante que irrumpe en una novela familiar y autobiográfica para destruirla, sino como el signo más explícito posible de esa realidad poética que es (como la del Carnaval) a la vez celebración y blasfemia, exaltación y befa, consagración y destrucción. El espíritu medieval que atraviesa el pensamiento y la imaginería del texto lezamesco adquiriría entonces sentido. Su barroco que es también gótico, se situaría en una nueva perspectiva. Hasta esa prodigiosa metaforización de la potencia fálica (que tanto ha molestado a las beatas de ambos sexos) resultaría la visión normal carnavalesca.

Pero no sólo esto: el *silogismo poético del sobresalto* en que se resume la teoría poética del texto de Oppiano Licario y, por lo tanto, del texto lezamesco, adquiriría entonces un doble sentido unificado: en esa búsqueda del sobresalto es esencial la inversión. Lo que está arriba va a ir abajo; lo que está abajo, arriba.

---

[6] Una útil discusión de Bakhtine se encuentra en el trabajo de Julia KRISTEVA «Le mot, le dialogue et le roman», originariamente publicado en *Critique* (1966) y recopilado luego en *Semiotique. Reserches por une semanalyse,* París. Editions du Seuil, 1969, pp. 143-173. Vale la pena consultar también el trabajo de Severo SARDUY «El barroco y el neobarroco», recogido en el libro colectivo *América Latina en su Literatura,* coordinación e introducción de César Fernández Moreno, México, UNESCO/Siglo XXI, 1972; véanse especialmente las pp. 174-176.

De la misma manera que el loco es coronado rey en Carnaval, y los excesos más groseros de la carne (la fornicación bestial, la sodomía, pero también la defecación) encuentran sentido en el Carnaval, esos mismos excesos, metamorfoseados por la escritura lezamesca, encuentran su sitio en la visión invertida y, a la vez, correcta. Se alcanza así una visión del Paradiso que no excluye sino que incluye a su Inferno: se realiza la visión puramente dialéctica de la metáfora que por sucesivas series analógicas desemboca en una imagen final y doble. Ésa es la visión total que opera el *silogismo poético* de Oppiano Licario, de José Cemí, de José Lezama Lima.

[*Revista Iberoamericana,* núms. 92-93 (julio-diciembre, 1975), pp. 523-533.]

LEZAMA LIMA
EN EL PARAÍSO DE LA POESÍA

Para José Lezama Lima, el Paraíso es la poesía. [1] El tema de su novela, *Paradiso* (1966) es la búsqueda del poeta, el mundo «invisible» más allá de los fenómenos. La novela se refiere a menudo a ideas generales —la gloria, el amor, la nobleza, la dignidad ante la muerte, el estoicismo— es decir a una serie de valores que no pertenecían a ninguna clase social, ni a ningún grupo de la Cuba pre-revolucionaria; valores que se habían convertido en parte de una retórica hueca. Lezama tiene por lo tanto que darles significado.

Lezama considera al hombre «un ser-para-la-resurrección.» La vida y la poesía tienen para él un profundo sentido religioso; este ideal encuentra su contrario en la Cuba pre-revolucionaria, una sociedad en la que la vida carecía de trascendencia y cuyos valores se expresaban grotescamente en los mausoleos con aire acondicionado que aún persisten en el cementerio de La Habana. Hablo de estos mausoleos porque reproducen en miniatura el gusto de la sociedad, y los de La Habana reflejan una sociedad de consumo. Dedicada a la adquisición de riqueza, La Habana parecía una versión, aún más degradada, de Miami, una sociedad de consumo impuesta en una ciudad colonial. Era un centro de prostitución, de la mafia, del juego, y su Odisea se encuentra en la novela que es un compendio del lenguaje hablado y escrito en la Cuba pre-revolucionaria, *Tres tristes tigres* [2] de Guillermo Cabrera Infante. El «héroe» es un *disc-jockey* a través de cuyas

---

[1] Armando ÁLVAREZ BRAVO, *Órbita de Lezama Lima,* La Habana 1966, pp. 42-44.

[2] Barcelona 1968.

aventuras se registra la destrucción de un lenguaje y de una cultura. Cuando los personajes de Cabrera Infante oyen a Bach por radio, es un Bach deformado por las ondas del Atlántico. Shakespeare se convierte en Shakeprick, el castellano se vuelve blanco, desvirtuado en boca de las mulatas («La dejé hablal así na ma pa dale coldel»). Antiutópica, *Tres tristes tigres* es la Odisea de la degradación neocolonialista.

Mientras Cabrera Infante capta una Cuba que es sólo parodia, mala imitación, Lezama Lima evoca el mundo que se ha perdido o que nunca existió. Un mundo en que la vida del individuo tenía forma y estilo, en que el arte sugería los espacios de la eternidad. Sería difícil concebir dos escritores tan diferentes y al mismo tiempo tan complementarios.

Paradiso pertenece a la tradición iniciada en Latinoamérica por el modernismo y por el romanticismo alemán en Europa. Es una tradición que considera la poesía como un género privilegiado, en el cual el lenguaje huye de la instrumentalidad del discurso cotidiano. Lezama lleva esta hipostasización de la poesía más allá del simbolismo. El arte no es sólo visión de la belleza, no sólo una religión, sino que es esencia. Combinando el neoplatonismo con el simbolismo órfico y pitagórico, llega a una teoría del ascenso hacia Dios por medio de la poesía que también proporciona la continuidad y da forma a la historia. La lucha de clases, el dominio de la naturaleza, que se acostumbra a considerar como la base de la civilización humana, pertenecen a la superficie, mientras que la poesía vincula las generaciones por la vía misteriosa de las imágenes. El poeta no es sólo sacerdote sino el portador de la llama sagrada. [3] Sus sentidos agudos captan los matices de ese mundo invisible que tiene que hacer visible por medio de las palabras:

Apesadumbrado fantasma de nadas conjeturales, el nacido dentro de la poesía siente el peso de su irreal, su otra realidad continua. Su testimonio del no ser, su testigo del acto inocente de nacer, va saltando de la barca a una concepción del mundo como imagen. La imagen como un absoluto, la imagen que se sabe imagen, la imagen como las últimas de las historias posibles. [4]

---

[3] Las ideas de Lezama Lima sobre la poesía se encuentran tanto en los editoriales de la revista *Orígenes* como en varios libros de ensayos: *Introducción a los vasos órficos,* Barcelona 1971, *Sierpe de don Luis de Góngora,* Barcelona 1970, «Mitos y cansancio clásico», *La expresión americana,* Madrid 1969.
[4] «Las imágenes posibles»; *Introducción a los vasos órficos,* p. 23.

Lezama ve el mundo fenomenal como un reflejo imperfecto del mundo noumenal, y la imagen (que es distinta de figuras retóricas tales como la metáfora que se utiliza para traducir la imagen en palabras) es el espejo de lo noumenal.

Yo creo que la maravilla del poema es que llega a crear cuerpo, una sustancia resistente enclavada entre una metáfora que avanza creando infinitas conexiones y una imagen final que asegura la pervivencia de esa sustancia de esa *poiesis*. [5]

De esta manera la poesía se convierte en la continuidad real y es mediante la poesía que el hombre se convierte en un «ser-para-la-resurrección».

Adquirí el punto de vista que enfrento a la teoría heideggeriana del hombre para la muerte, levantando el concepto de la poesía que viene a establecer la causalidad prodigiosa del ser para la resurrección, el que vence a la muerte y a lo saturniano. [6]

Así las estructuras de Lezama son todo lo contrario de una visión marxista, puesto que él considera esencial lo que los marxistas consideran como superestructura. Para Lezama la vida social y económica cambia pero más allá del cambio hay algo, la poesía que desafía y vence al tiempo.

No es mi propósito examinar en detalle lo que Lezama dice de la poesía. En resumen, él reorganiza en forma personal todas aquellas teorías que exaltan al poeta y dejan de lado la evolución histórica de las palabras y los conceptos. Dada esta visión ahistórica, es interesante que escoja la forma de la novela para su obra mayor y que se aparte de todas las corrientes modernas que hacen de la literatura una forma de expresión subjetiva «que no lleva a evaluaciones generales.» [7] En cambio, la teoría de Lezama sobre la poesía y el arte en general parece pertenecer a una época más lejana cuando se podía hablar de la totalidad, cuando la literatura no rechazaba la abstracción. Por eso, sería inútil clasificar *Paradiso* con las novelas modernas que se basan en la especificidad de la experiencia. Quizás debiera ser clasificado con la *Diana* de Montemayor o el *Pilgrim's Progress* de Bunyan.

---

[5] *Órbita*, p. 31.
[6] *Órbita*, p. 35.
[7] Rosemary TUVE, *Elizabethan and Metaphysical Imagery,* University of Chicago Press, 1947, p. 394.

El tema del *Paradiso* es un ascenso hacia la poesía, por medio de un mundo fenomenal que está representado por la familia, la amistad, la escuela. El propio Lezama describe las etapas principales de la búsqueda, la cual comienza en la «placenta familiar» de José Cemí (el nombre deriva de *sema* o signo). En la segunda etapa, Cemí abandona la familia para experimentar «su apertura al mundo exterior, es el momento de la amistad», finalmente está el ascenso hacia el encuentro con su destino de poeta por un paisaje onírico y simbólico. [8]

Este plan ideal sitúa la novela fuera del tiempo histórico, de manera que, aun cuando trata de grupos sociales —la familia, los estudiantes, etc.— los presenta como relaciones arquetípicas. En cambio todo lo que, en la novela realista constituye textura —descripciones de lugares de trabajo, de fuerzas políticas y sociales, vida de café, los burdeles, la fábrica— todo eso queda excluido o reducido. Lezama escribió *Paradiso,* sin embargo, en un momento de la historia de Cuba cuando la política opresiva de los años cincuenta pesaba sobre la isla, cuando no se podía ignorar la corrupción y la degeneración. Pero en vez de utilizar la novela como espejo de la sociedad, construye un mundo ideal y una sociedad idealizada que tiene las estructuras hispánicas, que reúne las mejores cualidades de la vida criolla y la vida peninsular. Transcurren los acontecimientos entre fines del siglo diecinueve y el principio de la dictadura de Machado, pero aun así, el autor elimina casi todo lo que pueda tener importancia histórica para concentrarse en lo que le parece estable y duradero, o sea los arquetipos. Aun cuando ciertos pasajes, puedan parecer cuadros de costumbres, en realidad tienen significación simbólica dentro del libro. Por ejemplo, el casamiento de los padres de Cemí reúne el estoicismo del vasco y la «viveza criolla» de la familia de Rialta, contraste que, sin embargo, no obedece a un interés nacionalista por parte del autor, sino que sirve de metáfora para este choque de elementos dispares que producen la revelación poética.

La preocupación de Lezama por este nivel más elevado hace que descuide no solamente el material histórico sino también las normas de la novela. Muchos críticos han comentado la arbitrariedad de sus procedimientos, los cambios bruscos de lugar o de

[8] Se publicó una descripción del «tema» de la novela en una entrevista con Armando Álvarez Bravo que se incluyó en *Lezama Lima. Valorización múltiple,* La Habana 1970, libro que por desgracia anda extraviado de mis estantes.

tiempo, las digresiones, la introducción de largos diálogos empleando un lenguaje artificial, etc. Uno de sus admiradores más entusiastas, Julio Cortázar, ha señalado que, cuando Lezama quiere reanudar la narración en torno a un personaje que ha dejado de lado lo hace por medio de unas transiciones obvias o torpes, con frases como: «¿Qué hacía mientras transcurría el relato de sus ancestros familiares el joven Ricardo Fronesis?» [9] De manera parecida, emplea la división en capítulos, no para separar tópicos o indicar el transcurso de períodos de tiempo, sino como descansos arbitrarios en la narración. Esta arbitrariedad hace que muchos críticos traten a Lezama como si fuera el Aduanero Rousseau del continente hispanoamericano, un «santo inocente.» Incluso Cortázar habla de «una ingenua inocencia americana abriendo eleáticamente, órficamente los ojos en el comienzo mismo de la creación» y agrega:

> Lezama previo a la culpa, Lezama Noé idéntico al que en los cuadros flamencos asiste aplicadamente al desfile de los animales.[10]

Para Mario Vargas Llosa es un primitivo, en constante maravilla ante los objetos brillantes que ha encontrado en la cultura occidental. Utiliza las referencias eruditas, los mitos y las lecturas como

> simples «temas» objeto que lo deslumbran, porque en propia imaginación los ha rodeado de virtudes y valores que tienen poco que ver con ellos mismos, y que él utiliza como motores de su espeso río de metáforas jugando con ellos con la mayor libertad y aun inescrupulosidad. [11]

Lo que aprecia Mario Vargas Llosa es la imaginación, la inventiva del autor que no necesita apoyarse en «hechos» o en la observación de la vida. Parece declarar con Vallejo:

> Importa oler a loco postulando
> qué cálida es la nieve, qué fugaz la tortuga.

---

[9] Julio CORTÁZAR, «Para llegar a Lezama Lima», *La vuelta al día en ochenta mundos*, México 1967, pp. 137-55.

[10] *Ibid.*, p. 140.

[11] Mario VARGAS LLOSA, «*Paradiso* de José Lezama Lima», en *Amaru I*, 1967, p. 75.

El crítico y poeta Armando Álvarez Bravo hasta llega a declarar que los mejores episodios de *Paradiso* son los que menos material empírico y autobiográfico tienen.

Para mí, dentro del texto tienen mayor valor los elementos imaginarios que los reales por el impulso que desarrollan, impulso que, paradójicamente, llega a convertirlos en determinado momento en reales. [12]

Tal punto de vista coincide con toda una ideología contemporánea que rechaza la realidad como algo inferior a la imaginación o la «creación»; podríamos citar, por ejemplo, algunos ensayos de Cortázar sobre la novela, o el libro de Mario Vargas Llosa sobre García Márquez en el cual declara que el novelista es el «suplantador de Dios.» Sin embargo, en el caso de Lezama, ello puede oscurecer ciertos aspectos de su obra y quizás lo más fundamental de ella. Porque, como hemos visto, *Paradiso* es una alegoría, género que por definición depende de un sistema de referencias extrínsecas a la obra misma. En la novela de Lezama Lima, la naturaleza alegórica no es obvia en los primeros capítulos, pero desde el capítulo doce es primordial. Me refiero a varios episodios cuyo simbolismo deriva muchas veces del pitagorismo o de una amalgama de teorías sobre la poesía. Estos episodios son, en el capítulo doce, por ejemplo: el juego de un niño con su abuela que le enseña una jarra danesa, la historia de un legionario romano, un viaje onírico a través de la ciudad y la historia de un crítico musical que sobrevive durante décadas en un estado cataléptico. Los incidentes son de lo más disparejos; se asocian únicamente por el tema común de la resurrección aunque parecen demostrar un camino erróneo (gloria mundial, prolongación de la vida corporal, etc.). En el capítulo trece, Cemí reaparece viajando en un autobús en el cual encuentra a su mentor espiritual, Oppiano Licario, el hombre que había permanecido junto a su padre en el lecho de muerte. El autobús, que no tiene nada que ver con los autobuses ordinarios, conduce al lector, como explica Lezama, a una zona extra-temporal:

Se planteaba este encuentro fuera del tiempo en una dimensión casi onírica en un ómnibus impulsado por la cabeza de carnero que giraban los piñones rotativos de una guagua. Esa guagua no es una guagua de un causalismo aristotélico habitual, sino que es una guagua como aque-

---

[12] *Órbita,* pp. 25-26.

llas velocidades, como aquellas barcas medievales que procuraban un acercamiento entre dos mundos. [13]

Sueño y visión se convierten así en umbrales del «otro» mundo, el mundo invisible. Pasemos, de momento, por alto este vehículo grotesco y sigamos la alegoría de Lezama.

En el capítulo final, Cemí emprende un viaje místico por el corredor de la casa de Oppiano Licario en la cual descubre emblemas del Santo Grial y finalmente le conduce al centro iluminado donde está el cadáver de Licario. La hermana de Licario que sirve de guía en esta etapa final de la búsqueda, trasmite a Cemí el mensaje de Oppiano, el de la resurrección y el desafío del tiempo. La novela termina donde comienza la poesía «ritmo hesicástico: podemos empezar.»

No cabe duda de que Lezama tenía una intención alegórica. Incluso ha explicado en varias ocasiones algunas de las alusiones herméticas. Hay que recordar también que por su propia naturaleza, la alegoría tiende al hermetismo. En el Medioevo y el Renacimiento significaba «una intención oscura», algo oculto al vulgo, accesible únicamente a los que dedicaban esfuerzos a la lectura. No es posible que Lezama desconozca esta tradición: ha leído muchos libros olvidados, es un baquiano de los senderos olvidados de la literatura. Además para él la literatura no tiene pasado, es siempre actual, de manera que construye la alegoría de una abigarrada colección de material tomado de la teoría poética, del pitagorismo, el orfeísmo, de los neo-platónicos. Sin duda se puede leer *Paradiso* sin conocer todo eso, pero son exactamente los capítulos que para muchos críticos demuestran más «imaginación» los que también dependen más de la interpretación alegórica. Los mismos nombres de los personajes acusan la oculta intención: Cemí significa «signo»; Oppiano, nombre tomado de un poeta latino, significa la aspiración poética puesto que Licario sugiere Ícaro. Fronesis es un nombre tomado de un diálogo platónico. Esta intencionalidad me parece todo lo contrario del simbolismo que permite al lector una gran libertad por la multivalencia de las alusiones.

Sin embargo este mismo intento de hipostatizar la poesía conduce a resultados inesperados. Si bien Lezama quiere escribir una alegoría de vigencia universal tiene que emplear un instrumento gastado por el tiempo, o sea el lenguaje. Se encuentra

---

[13] De la entrevista con Armando Álvarez Bravo en *Valorización múltiple.*

también ante un problema insuperable; escribir una alegoría en el siglo XX no es lo mismo que escribir una alegoría en el siglo XVI. En el tiempo presente no hay *una* cultura común a toda persona educada. Hablar de Perséfone en el siglo XVI era un lugar común; en el siglo XX suena extraño porque ya no forma parte de un sistema de símbolos convencionales manejados por todo el mundo; de manera que, al usar alusiones mitológicas, Lezama subraya la imposibilidad de equiparar el mundo griego con el mundo moderno. El efecto de esta falta de congruencia se ve claramente en la siguiente descripción de un toro (o Minotauro) cuya cabeza está colocada en una «guagua» cubana:

Giraba la testa cuando alcanzaba el ómnibus mayor velocidad, los cuernos se abrillantaban como un fósforo que inauguraba su energía. De pronto, la testa esbozó una nota roja, el cansancio le hacía asomar la punta de la lengua, y el fósforo irritado de los cuernos comenzó a palidecer (p. 539). [14]

La primera impresión es que el autor también está sacando la lengua. Lo pomposo, lo «culto» de la descripción «testa» por «cabeza,» por ejemplo, en vez de realzar la solemnidad de la búsqueda, resulta cómico, o, más exactamente, grotesco. En realidad, lo grotesco se produce siempre por medio de una mezcla de elementos incompatibles, [15] y se caracteriza por la presencia simultánea de lo ridículo y lo monstruoso. En tiempos antiguos la lucha con el minotauro significaba la lucha contra la muerte; de ahí nuestro desconcierto ante este toro cómico.

En vez de la armonía tan apreciada por los hombres del Renacimiento, en vez de la «mesura» que caracterizaba la alegoría tradicional, Lezama nos presenta todo lo contrario, un mundo al revés, el desajuste, un universo regido por el rey Momo. Tomemos otro ejemplo. Es una descripción de una abuela cuya memoria se salta los años para acercar el remoto pasado al presente.

Sus noventa y cuatro años parecían bastoncillos en manos de gnomos criados por el Conde de Cagliostro. Como en algunos pintores, los objetos adelantándose a su espacial adecuación, el tiempo se había escapado de su sucesión para situarse en planos favoritos tiránicos,

---

[14] Las referencias al número de páginas son de la edición de *Paradiso* de La Habana, 1966. Ésta es la primera edición sin corregir. Una edición corregida se publicó en México en 1968.

[15] Philip THOMSON, *The Grotesque,* Londres, 1972.

como si Proserpina y la *polis* actual se prestaran figuras con tan doméstica cordialidad que no presentasen las simetrías de su extracción, los lamentos de su errancia evaporada (p. 149).

Al leer el pasaje, el lector se olvida de la abuela porque las imágenes se extienden grotescamente hasta cobrar vitalidad propia: los bastoncillos en manos de gnomos, la perspectiva deformada de la pintura, la asociación de «Proserpina» y la «polis actual.» Cada elemento parece cobrar una existencia autónoma que nos lleva muy lejos del término original. Se produce así el efecto de extrañamiento *(ostronie)* que es muy común en la poesía moderna, pero que va, sin embargo, mucho más lejos de un mero efecto lingüístico. Es que hay un desacuerdo fundamental entre Proserpina y la *polis* actual, en otras palabras, entre una mitología vigente en Europa hasta el siglo XVIII y la sociedad cubana marginada y remota. Los valores aristocráticos de los griegos que serían también los de la aristocracia durante el Renacimiento ya habían perdido sentido en la sociedad burguesa y de ahí a una sociedad dependiente como la de Cuba antes de la Revolución hay una nueva etapa de degradación. Hablar de Cuba en el lenguaje apropiado a la sociedad griega no acerca las dos culturas sino que demuestra la distancia. Esta distancia se revela desde el principio de la novela en la mezcla de naturalismo y de lo fantástico:

La mano de Baldovina separó los tules de la entrada del mosquitero, hurgó apretando suavemente como si fuese una esponja y no un niño de cinco años; abrió la camiseta y contempló todo el pecho del niño lleno de ronchas, de surcos de violenta coloración, y el pecho que se abultaba y se encogía como teniendo que hacer un potente esfuerzo para alcanzar un ritmo natural; abrió también la portañuela del ropón de dormir y vio los muslos, los pequeños testículos llenos de ronchas que se iban agrandando, y al extender más aún la mano notó las piernas frías y temblorosas. En este momento, las doce de la noche, se apagaron las luces de las casas del campamento militar y se encendieron las de las postas fijas, y las linternas de las postas de recorrido se convirtieron en un monstruo errante que descendía de los charcos, ahuyentando a los escarabajos.

Baldovina se desesperaba, desgreñada parecía una azafata que, con un garzón en los brazos iba retrocediendo pieza tras pieza en la quema de un castillo, cumpliendo las órdenes de sus señores en huída (p. 7).

En esta descripción el léxico proviene de dos códigos diferentes: el del naturalismo diagnóstico y el de la literatura de fanta-

sía, la «gesta» y los cuentos de hadas. Verbos como «hurgó».
«separó», «abrió», sugieren una diagnóstica, se refieren al cuerpo y a las enfermedades (los testículos llenos de ronchas). Pertenecen también a la vida práctica, cotidiana, como la humilde esponja y la sirvienta. Pero al llegar la hora mágica de medianoche, todo se transforma como en un cuento de hadas. Fuera, la linterna parece un «monstruo errante». Baldovina se convierte en azafata y la casa en castillo. Los padres del niño enfermo están ausentes, dejando así al niño expuesto a las fuerzas oscuras de la enfermedad y la pesadilla. Y como es costumbre en la narración grotesca, el lector tiene conciencia a la vez de dos niveles muy distintos —el nivel cotidiano y el de la pesadilla—. De aquí en adelante toda la casa se transforma en paisaje onírico; hasta las ronchas en el cuerpo del niño «parecen» animales capaces de saltar de la cama y «moverse sobre sus propias espaldas». Los dos sirvientes que vienen a ayudar a Baldovina se transforman en personajes extraños —uno parece «un pope contemporáneo de Iván el Terrible»—. La sirvienta Trinidad se compara con el Espíritu Santo y su marido con San Cristóbal. Pero en realidad no se trata de *comparación* porque sólo se pueden comparar cosas que tienen aspectos comunes. Es una característica del estilo de Lezama que muchas veces la palabra «parece» introduzca un término totalmente dispar, *nada* parecido. Como por «libertad de imaginación», esta disparidad ha encontrado su justificación, según algunos críticos, en la capacidad de invención que demuestra. Para Julio Ortega, sin embargo, las comparaciones extrañas muchas veces se refieren al simbolismo oculto de la novela; la escena de los sirvientes, por ejemplo, es la primera aparición de la tríada (también el nombre Trinidad) que es una de las constantes de la novela [16]. No obstante Ortega parece pasar por alto lo grotesco de la escena.

Quizá se pueda encontrar un antecedente en la poesía de Góngora y en el conceptismo del Siglo de Oro que también enlazaba en la metáfora elementos dispares. Pero la intención del escritor del Siglo de Oro era causar admiración, demostrar sus poderes de invención y normalmente no introducía un efecto cómico o absurdo en una obra cuya intención fuera seria o trágica. Julio Ramón Ribeyro se acerca a una descripción más exacta cuando afirma:

---

[16] Julio ORTEGA, *«Paradiso». La contemplación y la fiesta*, Caracas, 1969, pp. 77-116.

El empleo de este sistema de referencias culturales que carece de vigencia en nuestra época y que por ellos mismos —como esos objetos de uso corriente que, gracias al paso de los años, adquieren un valor artístico— asume en la prosa de Lezama Lima un valor ornamental.[17]

Además Ribeyro hace hincapié en el efecto irónico de esta traducción de las referencias culturales de antaño al mundo contemporáneo. Pero tenemos también que preguntarnos el porqué de este efecto irónico, porque lo grotesco y la ironía no son idénticos. Por el momento limitamos el término «grotesco» a descripciones como la de la guagua o de Baldovina salvando al niño de la quema de un castillo, las cuales se separan del término original de la comparación para transformarse en una imagen autónoma. La ironía es transparente en el episodio en que Rialta habla de los presos que vienen a hacer el trabajo del jardín:

> Usted comprenderá, son órdenes superiores, decían con tosco ensañamiento, mientras la pulpa de los anones les enseñaba sonriente la leche de la bondad humana, no sé por qué me recordaba de esos versos de Shakespeare, y el relámpago de las granadas, me recordaba también el verso de Mallarmé, *murmura sus abejas*. Raspados, ceñidos por la piel de la cebra, intercambiaban cigarros con sus escoltas, dudo que la fuerza persuasiva de los secretos de Shakespeare o Mallarmé, hubieran impedido que esos *canailles* invadieran el panal merino de los anones y las fresas (p. 166).

La «cultura» aquí se enfrenta con la barbarie, aunque es una confrontación ineficaz. Los *«canailles»* destruyen los frutos del jardín, invaden «el panal» sin que la elocuencia y la ironía culta de Rialta pueda impedírselo. La protesta se registra mediante una ironía demasiado fina para ser comprendida por los presos. Aquí queda patente el ideal de Lezama de una sociedad culta, aristocrática, que cultiva su jardín —ideal que tiene que alcanzarse (si realmente se alcanza) en una sociedad que no comparte la cultura, que no entiende—. La barbarie se sitúa allí dentro del jardín prosiguiendo su obra de destrucción, impidiendo el desarrollo de la cultura aristocrática.

Además de lo grotesco y de lo irónico, hay otro estilo que

---

[17] De un ensayo incluido en *Lezama Lima. Valorización múltiple,* La Habana 1972, que se publicó originalmente en *Eco,* Bogotá.

predomina en el libro. Me refiero a lo que en inglés se llama *mock heroic* o sea la imitación burlesca de lo heroico. Cabe distinguir aquí entre la parodia de un estilo y la imitación burlesca o carnavalesca de los actos, puesto que las dos cosas se encuentran reunidas en el término inglés. En *Paradiso* las dos se complementan, porque muchas veces la palabra traduce la significación burlesca de los actos. En realidad, el tono de *Paradiso* está arraigado no sólo en lo carnavalesco sino en una figura tradicional cubana, el «negro catedrático» [18], o sea el negro que emplea constantemente palabras cultas o eruditas, cuando una palabra cotidiana sería más apropiada. Es un equivalente lingüístico del rito carnavalesco según el cual el esclavo se viste de amo para burlarse de él. También caben notar antecedentes literarios como, por ejemplo, *Las Sonatas* de Valle-Inclán en las cuales se encuentran actos y lenguaje «heroico» que se avecinan a la parodia. En las últimas novelas de Valle-Inclán el tono es netamente de parodia o de esperpento mientras en las *Sonatas* se encuentra esta ambigüedad que es más cercana a lo grotesco y al *mock heroic*. En las *Sonatas,* permanece aún la nostalgia de lo heroico a pesar de la burla. Lo mismo ocurre en *Paradiso* donde, al lado de lo absurdo, lo ridículo o lo trivial de los acontecimientos, se vislumbra una vida noble, generosa y heroica. Como las *Sonatas, Paradiso* no representa una apertura hacia el futuro sino una comparación entre lo más glorioso del pasado y un presente degradado: el padre de Cemí, al igual que el Marqués de Bradomín, es un hombre heroico que carece de contexto heroico. Otra de las obras maestras del *mock heroic* es *The Dunciad* de Alejandro Pope, obra que ataca la literatura contemporánea (mientras la parodia normalmente destruye la del pasado), demostrando el abismo infranqueable entre la literatura y la sociedad de la «edad de oro» y la del siglo XVIII. Lo que destruye la posibilidad de una verdadera literatura heroica para Pope es la trivialidad de la vida, la mezquindad de los hombres contemporáneos en comparación con los del pasado. Los gestos heroicos resultan vacíos en el contexto de la Inglaterra del siglo XVIII y de manera recíproca, se da importancia a los acontecimientos triviales por medio de un lenguaje pomposo.

Me parece que *Paradiso* deriva tanto de la tradición del «negro catedrático» como de una tradición literaria, o por lo menos de una visión algo en común con escritores como Pope o como

---

[18] Me he dado cuenta de esto gracias a una conversación con J. Portuondo.

Valle-Inclán porque lo mismo que para ellos, la epopeya sirve de modelo a pesar de la imposibilidad de reproducir los héroes de antaño. Abundan, por lo tanto, las referencias épicas y mitológicas. Tomemos un ejemplo: la embajada de una vieja sirvienta al Coronel para salvar la vida de su hijo. A diferencia del poema épico, el incidente se basa en una simple equivocación: el hijo no está en peligro. Sin embargo el autor subraya la similitud entre el gesto de Mamita y las embajadas de los tiempos pasados:

A pesar de su brevedad, la escena tuvo algo de la «antique grandeur», llevada con garbo criollo (p. 42).

Aquí le parece suficiente al autor resaltar la comparación pero en otras ocasiones los personajes repiten las hazañas de los héroes antiguos. Por ejemplo, el médico danés Selmo Copek, visitando Kingston en compañía del Coronel, se encuentra de repente envuelto en una nube que emana de debajo del brazo de un policía de tráfico y que el autor compara con:

Esas nubes que envolvían a Hera o Pallas, para presentarse a los combatientes teucros o aqueos (p. 44).

Si esta escena provoca hilaridad, ¿cómo se reacciona ante la siguiente en la cual un estudiante de origen «guajiro», que tiene la costumbre de masturbarse en clase, se encuentra expulsado del aula con la solemnidad que antes acompañaba una ceremonia religiosa?

El golpe de dados de aquella mañana lanzado por el hastío de los dioses, iba a serle totalmente adverso a la arrogancia vital del poderoso guajiro, los finales de las sílabas explicativas del profesor sonaron como crótales funéreos en un ceremonial de la isla de Chipre. Los alumnos se retiraron ya finalizada la clase, parecían disciplinantes que esperan al sacerdote druida para la ejecución (p. 267).

Aquí se reproduce exactamente el tono de *mock heroic* porque se aplican todos los detalles de un sacrificio solemne a un episodio vulgar y trivial. El texto literalmente «desentona» y la discordia nos hace percibir la ausencia de esta solemnidad que en tiempos antiguos acompañaba los detalles más nimios de la vida. El que Lezama no se cuide de la exactitud de la comparación es otra prueba de que le interesa más señalar la ausencia del heroísmo que inventar similitudes. Muchas veces, como en la siguiente descripción, la comparación mitológica es inexacta, o exagerada. Aquí el Adonis es sorprendido en un abrazo homosexual y sucumbe sólo metafóricamente.

Lucía el atleta mayor toda la perfección de su cuerpo irisado por el son retrogerminativo. El Adonis sucumbía en el éxtasis bajo el colmillo del cerdoso. Los dos condenados, que al principio estaban de pie, recorridos por la tensión de la electricidad que los inundaba, se fueron curvando, relajados por la parábola descendente del placer. Entonces, el Adonis en la expiración del proceso, empezó a morder la madera de un extremo de la cama. El grito del gladiador derrotado que antaño había mordido en su poste el campo de lidia, era semejante a la quejadumbre que emitía al rendirse al colmillo del jabato, metamorfoseado en novato triunfador (p. 328).

Lezama juega libremente con la referencia mitológica —en realidad la leyenda de Adonis le sirve de pretexto para crear el ambiente «épico» o «heroico» para un acto banal y aun vergonzoso—. La «lidia» se ha convertido en el acto homosexual, el triunfo en el goce del macho. En casi todos los episodios mencionados, el efecto es cómico y tiene mucho de lo carnavalesco. Quizás también el tono cómico derive en parte del tema sexual. Eso aparece claramente en las aventuras de Farraluque que se acuesta con las sirvientas, con mozos y aun con la cocinera cuando lo encierran los domingos por la tarde. En este episodio la copa y la lanza del Grial se transforman en un cubo y una brocha de pintar, como en el carnaval, el muchacho encuentra un mundo al revés y una libertad total. Pero también se pueden encontrar muchos otros episodios en los cuales hay un fondo de violencia o de tragedia sin que el efecto de burla o de parodia se pierda totalmente. Por ejemplo, una lucha entre estudiantes y policía se presenta como una lucha entre las fuerzas de la luz y las fuerzas de la oscuridad. El dirigente de los estudiantes se compara con Apollo y la batalla se convierte en una guerra santa. La violencia del episodio queda diluida por lo pintoresco. Por ejemplo, un soldado de caballería montado en un caballo negro hiere a un estudiante en la mejilla. En lugar de violencia, el lector parece asistir a una justa caballeresca. Al mismo tiempo, de vez en cuando irrumpe una realidad brutal:

Volvían el rostro y ya entonces cobraban verdadero pavor, veían en la lejanía las ancas de los caballos negros y la mirada del vengador que caía sobre ellos, arrancándole pedazos de la camisa con listones rosados y sangre ya raspada (p. 299).

Por un momento el lector vislumbra una Cuba en que matan, encarcelan y torturan a estudiantes, pero la impresión es pasajera. Un momento después, volvemos a la lucha mitológica [19]. El ejemplo demuestra el enfoque fundamentalmente ahistórico que convierte a los estudiantes en símbolos arquetípicos de la cultura (la luz, Apolo, etc.) y los soldados en arquetipos de lucha y de guerra. Es la antigua batalla entre la pluma y la espada.

No quiero afirmar sin embargo que la violencia quede postergada a un plano muy secundario, porque se introduce de otra manera sin necesidad de referencias concretas a los hechos históricos. Quizás más que de violencia se trate de la frustración y la desesperación de la gente que como el Coronel o Rialta no tiene posibilidades de desarrollarse. El Coronel es un soldado sin guerra, un hombre cuyo talento sólo puede emplearse en los ejercicios militares, y que muere ignominiosamente de influenza durante la epidemia de 1919. Rialta, que pasa la niñez en el exilio donde pierde a un hermano en un accidente, goza pocos años de felicidad antes de perder a su marido. Después muere también el hermano, Alberto. Sin embargo ni el Coronel ni Rialta son realmente personajes trágicos porque el contexto impide la tragedia. Veremos la razón de ello al examinar dos episodios —el momento en que la hermana de Cemí, Violante, casi muere ahogada y el otro en que la madre, Rialta, tiene que operarse de un fibroma—. El primero ocurre en una piscina donde el padre lleva a los hijos para robustecerlos:

José Cemí vio a su hermana, ya en el fondo de la piscina vidriada, con los cabellos de diminuta Gorgona con hojas de piña. Dos asistentes que habían acudido al sorpresivo surgimiento con unas lanzas varas, terminadas en curvo tridente, que se usaban para la limpieza del fondo de la piscina, comenzaron con mágica oportunidad la extracción. Puesto a horcajadas sobre el tridente, Violante ascendió como una pequeña Eurídice al reino de los vivientes. Las piernas con sangre y hojas, con las hojas de yedra húmeda que asomaban cuando el agua desaparecía y las paredes de cal se amorataban con el esfuerzo de recibir el aire bienvenido (p. 172).

---

[19] Mario VARGAS LLOSA, *op. cit.*, comenta este episodio donde la acción parece subordinada a los «valores plásticos».

Es un lenguaje ornamental que tiene el efecto de convertir a Violante en una figura más simbólica que real. Aun el sufrimiento de la niña queda amortiguado, puesto que al volver a la vida, el dolor se traslada por una comparación compleja a las paredes de la piscina «que se amorataban por el esfuerzo de recibir el aire bienvenido». Lezama quiere distanciar al lector y quizás esto obedezca a su visión de la muerte no como un final sino como el umbral de otra vida. Además, como en la descripción de Adonis, la comparación entre Violante y Eurídice es inexacta puesto que la última se queda en el reino de Plutón. Es otro modo de disminuir la importancia de la muerte e impedir la tragedia.

Otro ejemplo de la disminución del impacto ocurre en el episodio que relata la muerte de Alberto. A primera vista puede parecer que el autor trata de dar gran solemnidad a la muerte del tío de José Cemí, porque, antes de morir, hace que oiga algunos misteriosos pronósticos de un músico mexicano. La música de la guitarra tocada por el mexicano despierta en Alberto una serie de visiones fantásticas en las que aparecen jardineros chinos parados en el lomo de unas tortugas regando lechuga. Sin desentrañar todo el significado de estas visiones, podemos notar que se relacionan al tema esotérico del libro y más exactamente se refieren al Tao. A diferencia de Violante y Rialta, Alberto se muere de verdad. Sin embargo, a pesar de las advertencias, la muerte no sucede como un acontecimiento solemne sino casualmente:

El chófer, transportado por el cantío de la brisa del amanecer, no había visto la barrera puesta para detener la marcha y el último carro tirado por una locomotora que no quiso manchar con un pitazo la nitidez de la mañana, le cerró el camino a la máquina. El chófer sintió el pecho hundido, Alberto por la brusca detención rebotó el parabrisas hiriéndose en la cara, comenzando la sangre a manar, pero un segundo rebote, dañándole la nuca, lo desplomó sin vida (p. 262).

La muerte se reduce a una frase hecha (lo desplomó sin vida) cuya banalidad parece desmentir toda la preparación para la muerte que implicaba la canción del mexicano y los desafíos a la muerte de Alberto. Es como si César, al salir por el foro, muriera de un accidente atropellado por un caballo, en vez de morir apuñalado por sus enemigos. Hay que concluir que Lezama elimina la tragedia de la muerte de una forma deliberada y consciente. En cambio la muerte del Coronel, que es también casual, se describe con cierto patetismo, sobre todo en el episodio en que conversa con el único cubano en el hospital, con Oppiano Licario:

Las lágrimas llenaban el rostro del Coronel. Al oír lo que le decía Oppiano, sonrió como con alegría profunda. Hizo un esfuerzo como para respirar de nuevo, ladeó la cabeza. Había muerto. A su lado el amigo que había conocido por la mañana. Su alegría había terminado en la absoluta soledad del hospital y de la muerte (p. 205).

Las muertes de Alberto y del Coronel carecen de trascendencia trágica, primero porque no hay memoria colectiva para recordarlos y, en segundo lugar, porque las circunstancias de sus vidas impiden que tengan una muerte en armonía con la vida: ni Alberto muere como bohemio ni el Coronel como soldado. Ahora bien, aunque Lezama procura acercarlos lo más posible a los antecedentes nobles y elevados, no puede lograr el efecto trágico. Y *no* es la realidad cubana que lo traiciona. El ejemplo de Martí y las jornadas de la Moncada habían demostrado que el heroísmo se presentaba como una posibilidad en la Cuba del siglo XX. Si no entra en la visión de Lezama es porque para este escritor el mundo es un libro y todo tiene que pasar por los libros antes de llegar a la gloria. Es un enfoque que tiene mucho que ver con la posición del artista en los países como Cuba, que es la de actuar como canal o transmisor de la cultura occidental que absorbe a través de sus productos más altos, sin darse cuenta que éstos a su vez se componen de lenguaje, de temas ideológicos, de motivos elaborados por una dialéctica entre la imaginación y la realidad. Un escritor como Lezama puede fácilmente reconstruir con fragmentos de la tradición occidental su propia versión del mito del creador, considerando que las muertes sin trascendencia de su padre o su tío se justifican finalmente al ser incluidas en un libro. Pero aun cuando se considere (como yo considero) que Lezama invierte los verdaderos valores, no disminuye la importancia de *Paradiso* que demuestra, como ninguna obra de este siglo, la imposibilidad de los valores absolutos o universales, su verdadera condición de «normas» relativas. El estoicismo del Coronel, por ejemplo, aparece no sólo como una virtud inútil sino que se vuelve peligroso, contraproducente. Claro está, Lezama siempre trata de rescatar algo de la degradación, aun cuando se trate de algo tan inmencionable como el fibroma de Rialta que describe en términos pintorescos como si fuera una escena exótica.

Dentro de una vasija transparente, como una olla de cristal, se encontraba el fibroma del tamaño de un jamón grande. En las partes de la vasija donde se apoyaba el tejido se amorataba por la más pronta detención de la sangre. El resto del fibroma mostraba todavía tejidos bermejos, debilitados hasta el rosa o crecidos a un rojo de horno. Algunas estrías azules se distinguían del resto de aquella sobrante carnación, cobrando como una carilleante coloración de arcoiris, rodeado de nubes todavía presagiosas. Los tejidos por donde había resbalado el bisturí lucían más abrillantados, como si hubiesen sido acariciados por el acero en su más elaborada fineza de penetración. En un fragmento visible semejaba una península recortada de un mapa, con sus huellas eruptivas, los extraños recorridos de la lava, sus arrogancias orográficas y sus treguas de deslizamiento hidrográfico. Aquellas insensibles fibras parecían, dentro de la vasija de cristal, un dragón atravesado por una lanza, por un rayo de luz, por una hebra de energía capaz de destruir esas minas de cartón y carbón, extendiéndose por sus galerías como una mano que se va abriendo hasta dejar inscripciones indescifrables en paredones oscilantes, como si su base estuviese aconsejada por los avances y retrocesos de las aguas de penetración coralina, somnolientas, que llegan hasta montes estallantes del apisonado de la noche húmeda y metálica. El fibroma parecía todavía un coral vivaz en su arborescencia subterránea (p. 430).

Es un buen ejemplo de la manera como Lezama elabora un tópico banal, cotidiano, tratando de elevarlo, de darle significado. A pesar de alguna que otra frase cotidiana (un jamón grande, por ejemplo), a pesar de las referencias clínicas al bisturí, el lector pronto se olvida del primer plano para introducirse en una verdadera geografía de cavernas subterráneas, arrecifes de coral, paisajes que tienen sus figuras mitológicas (San Jorge y el dragón). Se puede incluso justificar esta orgía descriptiva puesto que se relaciona con el tema mayor. El tumor de la matriz de la madre cobra un significado simbólico puesto que señala la separación de Cemí de la familia para seguir la búsqueda en compañía de los dos amigos, Fronesis y Foción. El fibroma lo separa de la madre, como más adelante, la locura lo separa de Foción. Sin embargo, este simbolismo (y aquí podemos mencionar a Lukács)[20], parece como algo impuesto, que no surge de la lógica intrínseca de la obra. Los colores del fibroma sugieren los matices dorados de un *Libro de Horas* y el agua en que está conservado «tenía algo de *theiori Hudor,* del agua divina». Podríamos

[20] Hay una excelente discusión de la crítica del simbolismo de Lukács en Frederic JAMESON, *Marxism and Form,* Princeton UP, 1971, pp. 196-202.

pensar, al leer estas frases y al vincularlas con las referencias a la *madre* y al dragón (o sea los términos alquímicos que denotan la piedra filosofal), que tenemos la clave del sentido oculto y que la novela es análoga al proceso de perfección por el cual pasan los alquimistas. De esta manera el fibroma llega a simbolizar la creación del artista cuya obra no se engendra como se engendran los hijos sino que resulta de una deformación de la naturaleza. Esta interpretación no es imposible puesto que a cada momento el texto nos refiere a arquetipos, huyendo de lo concreto, de la materialidad. Esto se ve en forma clara en muchos de los episodios eróticos que casi siempre giran en torno a la tríada y no a la pareja. El amor entre la pareja, entre hombre y mujer, aun cuando llega a la felicidad, nunca se acerca a una experiencia profunda. En el caso de Celia y Nicolás, los padres de Foción, por ejemplo, la vida erótica da lugar a una especie de rutina. Cierran las ventanas «cuando la pasión triunfaba sobre la brisa, y ya en la medianoche abriendo puertas y ventanas cuando la brisa predominaba sobre la pasión extinguida». La introducción de una tercera persona, el «esperador eterno, Juliano» transforma la situación y convierte la rutina en tragedia. El «tercero» es constante en las escenas eróticas. Muchas veces observa a la distancia, lo que aumenta la pasión; las aventuras amorosas de Farraluque, por ejemplo, siempre incluyen a la pareja y a otro que espera. En Nueva York, Foción se enamora de un hermano y de una hermana. Godofredo espía a Fileba y Eufrasio a través de una hendidura en la pared. Estos episodios de amor y de pasión inspiran una mezcla de risa y de disgusto, de repulsión y atracción. Los mismos participantes a veces experimentan sentimientos conflictivos. Basta leer, por ejemplo, la descripción del amor entre Eufrasio y Fileba para convencerse de que el autor quiere llegar a un efecto grotesco. Eufrasio se ata los testículos con una cuerda «para lograr el máximo de pasión y el máximo de distancia de su amada» y los ojos de Fileba mientras tanto

parecían los de un alción muerto en un río tempestuoso, entrando en la eternidad con los ojos muy abiertos (p. 294).

Los amores de Juliano, quien muere durante el orgasmo, recuerdan un incidente parecido en la «Sonata de Otoño» de Valle-Inclán que también inspira reacciones contradictorias. Y cuando Lucía se encuentra con Fronesis en el cine, la pareja no sólo es observada por Cemí y Foción, sino que ellos mismos ven los amores de Tristán e Isolda grotescamente reproducidos en la pantalla:

Al anterior claro del proyector, siguió un oscuro de tempestad. Isolda corre a la orilla del mar, la hebra de oro, traída por el pájaro vuela sobre sus trenzas anudadas en un moño. Su cuerpo reposa semidormido en la arena. Un cangrejo que no sabe disimular su asombro, no puede penetrar en el círculo que le rodea, donde la misma onda, en la prolongación de su insatisfacción voluptuosa, lame y se retira (p. 365).

Las imágenes entrecortadas en la pantalla reproducen el efecto que sienten Foción y Cemí, quienes vislumbran a Fronesis cuando la pantalla se ilumina. El misterio y la insatisfacción, que son el principio de la sabiduría, aumentan con la distancia y la ignorancia. El desconocer las causas y efectos reduce al observador al nivel de un niño ignorante, pero al mismo tiempo le devuelve la visión de niño, libre de las convenciones del adulto. Como hemos visto, el propósito de la alegoría no es clarificar sino *ocultar;* de la misma manera, lo grotesco y lo carnavalesco son formas de mezclar, de confundir lo que normalmente se separa. *Confunden* —que es todo lo contrario de la clarificación—. Lo que procura Lezama no es un entendimiento sino devolver al lector a un estado pre-lógico, y, al mismo tiempo, rodear aun los sucesos y los personajes más banales de misterio, de sugerencias de divinidad. El naturalista trata de acercar al lector al personaje hasta el punto de que el último pierda todo misterio, quede totalmente expuesto. Lezama, al contrario, trata de salvar la banalidad, de sugerir la presencia de lo divino. Por eso raras veces presenta a los personajes directamente; prefiere evocar o sugerir como en esta escena en la cual el padre de Cemí mira la casa de Rialta a través de las persianas:

El rejuego de las persianas convertía la morada de los nuevos vecinos en un poliedro cuyas luces se conjugaban en la cuchilla instantánea de las persianas. Aquellos recién venidos se convertían para él en fragmentos de ventura y misterio, en acercamientos de chisporroteo que rodeaban a la persiana de un plano de luz amasada y subdividida, quedando en la visión fragmentos que al no poder él reconstruirlos como totalidad de un cuerpo o de una situación, continuaba acariciando con una indefinida y flotante voluptuosidad (p. 98).

Este rodear de misterio a los seres es el primer paso. Hay que romper las convenciones, fragmentar la visión cotidiana para percibir una totalidad oculta, una totalidad que es la meta del poeta. Al final de la novela cuando Cemí llega al cuarto donde yace el cadáver de Oppiano Licario es para recibir la herencia del poeta; Oppiano «en un silencio que se prolonga como la marea, rendía la llave y el espejo» (pp. 615-616). Pero aquí la novela se nos revela como un proyecto contradictorio. El lector tiene que quedarse en el umbral, no puede seguir a Cemí y entrar en el paraíso de la poesía, a menos que sea poeta. La novela tiene que sugerir «el mundo invisible, sin revelarlo, tiene que reintroducir el misterio en un mundo que ya es demasiado obvio, explicable, pero sin ofrecernos una clave». De ahí la necesidad de la alegoría, de un simbolismo hermético, de lo grotesco. Hoy día, tomando en cuenta la verdad histórica, *Paradiso* puede parecer una obra negativa. Desde la independencia hasta 1959, la historia de Cuba ofrecía un espectáculo de degradación, de mentira, de subordinación a los intereses de los monopolios azucareros, lo cual en el nivel de verosimilitud podría dar muy pocos ejemplos de dignidad humana. Lezama trata de borrar la actualidad, de buscar algo esencial, algo digno, y lo encuentra en un concepto de «cultura» y de «poesía» como expresión de lo más puro, de lo más desinteresado. *Paradiso* representa una lucha formidable contra la contingencia en la que se utiliza todo lo que es «contra natura», toda forma de luchar contra la naturaleza para superarla. Sin embargo es una lucha desigual. Lo que *Paradiso* demuestra es la relatividad de la cultura, la imposibilidad de ver la sociedad cubana a la luz de los arquetipos, ya que las comparaciones se revelan como falsas, las repeticiones acaban en deformaciones. Como en el carnaval, vestirse de rey sólo sirve para proclamar la verdadera condición de esclavo. Cuando Lezama se apodera de la mitología griega, los libros esotéricos, y toda la tradición occidental de exaltación del escritor, no produce un homenaje sino una parodia que nos permite ver las limitaciones de esta cultura, su impotencia. El Coronel o Alberto no pueden vivir vidas heroicas, importantes, porque se les niega esta opción. La sociedad colonizada no llega a tener dignidad, autonomía. Esta imposibilidad se traduce en el estilo del libro, en los desajustes, la falta de armonía, lo grotesco. Lejos de disminuir el valor de *Paradiso,* la imposibilidad demuestra que la novela alcanza la verdad en un nivel profundo.

Hasta 1959, la vocación del escritor en Cuba le separaba del resto de la sociedad, le proporcionaba valores más elevados que los sugeridos por la sociedad que lo rodeaba. Pero esta separación es peligrosa puesto que muchas veces los acontecimientos dejan al escritor atrás. Lo interesante de *Paradiso* es que demuestra toda la imposibilidad de la empresa porque aun cuando quiere expresar lo heroico y lo trágico tiene que emplear la ironía y la parodia. El hombre colonizado no puede liberar totalmente la imaginación de las condiciones que la limitan.

[*Vórtice,* I, n.º 1 (primavera 1974), pp. 30-48.]

SEVERO SARDUY

DISPERSIÓN
FALSAS NOTAS / HOMENAJE A LEZAMA

*In memoriam, a Rolando Escardó, que, en
1949, me entregó un ejemplar de Orígenes.*

Los que detienen, entresacándolas de sus necesidades y exigencias poéticas, los errores de los animales que gustaba aludir el cordobés, creyendo que
los tomaba de Plinio el viejo, como hablar de las
escamas de las focas, olvidan que esas escamas existían para los reflejos y deslizamientos metálicos sumergidos que él necesitaba.

José Lezama Lima,

Sierpe de Don Luis de Góngora.

RECUERDO

Salíamos del teatro. A lo largo de la noche, los jóvenes solis-
tas del Bolchoi habían renovado nuestro asombro con su destreza; ahora la escena era una caja vacía, blanca: la memoria nos
devolvía sus vuelos, sus cuerpos, trazando rápidos signos en el
aire, su escritura.

En el vestíbulo atestado, caluroso, Lezama tronaba en medio
de sus adeptos: dril nevado; de la gravedad española ostentaba la
señoría criolla. Caballero de un grabado colonial, de una *Vista
de La Habana* de Landaluce o de Hill —al fondo de una plaza
de Armas en noche de retreta, una alameda que recorren calesas;
ángeles entre las almenas del Morro, fachadas platerescas—.
Enarbolaba un habano; espirales azulosas se desplegaban envol-
viendo sus gestos lentos, su presencia pausada, sus palabras.

Atravesé para saludarlo la empalizada circular de humo.

—¿Qué le pareció? —le pregunté en seguida.

—Mire, joven —e impuso su voz gravísima, sentencioso, as-
pirando una bocanada de aire, acezante, como si se ahogara—,
Irina Durujanova, en las puntuales variaciones del Cisne, tenía
la categoría y majestad de Catalina la Grande de Rusia cuando
paseaba en su alazán por las márgenes congeladas del Volga...
—y volvió a tomar aire.

Lezama jamás vio el Volga, y menos congelado; la comparación con la Emperatriz, que añadía a su obesidad la magnitud de la panoplia zarista, era más que dudosa, y sin embargo... ninguna analogía mejor, ninguna equivalencia de la danza más textual, más propia, que esa frase. La frase en sí, y no su contenido integral, su substancia semántica. Eran la forma, la *foné* misma, acentuadas por el habla de Lezama —largas vocales abiertas, respiración arrítmica, rupturas de bajo albanbergiano—, lo que instauraban en el lenguaje no una descripción, ni siquiera una «percepción profunda», sino un análogo vocal, una danza fonética.

Y es que en Lezama el apoderamiento de la realidad, la voraz captación de la imagen opera por *duplicación, por espejeo.* Doble virtual que irá asediando, sitiando al original, minándolo de su imitación, de su parodia, hasta suplantarlo. Ahora, después de la definición, del enunciado, y en ese tiempo único y reversible que es el de la poesía, los bailarines del Bolchoi habían *ilustrado* una frase previamente pronunciada por Lezama, habían confirmado —ejemplos, casos— una categoría.

La *démarche* lezamesca es, pues, metafórica. Pero la metáfora, el *doble* devorador de la realidad, desplazador del *origen,* es siempre y exclusivamente de naturaleza cultural. Como en Góngora, aquí es la cultura quien lee la naturaleza —la realidad— y no a la inversa; es el saber quien codifica y estructura la sucesión desmesurada de los hechos. Lo lingüístico arma con sus materiales un andamiaje, una geometría refleja que define y reemplaza a lo no lingüístico.

Poco importa la justeza cultural de esas metáforas: lo que ponen en función son relaciones, no contenidos. En el caso de los bailarines, lo importante era crear entre los *semas / Majestad / y / Rusia /* un diálogo; hacer operar entre ellos el *espejeo.* La cadena pudo haberse construido de otro modo, con otros personajes, «justos» históricamente o no. Hablar de los errores de Lezama —aunque sea para decir que no tienen importancia— es ya no haberlo leído. Si su Historia, su Arqueología, su Estética son delirantes, si su latín es irrisorio, si su francés parece la pesadilla de un tipógrafo marsellés y para su alemán se agotan en vano los diccionarios, es porque en la página lezamesca lo que cuenta no es la veracidad —en el sentido de identidad con algo no verbal— de la palabra, sino su *presencia dialógica,* su espejeo. Cuenta la textura *francés, latín, cultura,* el valor cromático, el estrato que significan en el corte vertical de la escritura, en su despliegue de sapiencia paralela.

Liberada del lastre verista, de todo ejercicio de realismo —incluyo su peor variante: el realismo mágico—, entregada al demonio de la correspondencia, la metáfora lezamesca llega a un alejamiento tal de sus términos, a una libertad hiperbólica que no alcanza en español —descuento otras lenguas: la nuestra es, por esencia, barroca— más que Góngora. Aquí el distanciamiento entre significante y significado, la falla que se abre entre las faces de la metáfora, la amplitud del *como* —de la lengua, puesto que ésta lo implica en todas sus *figuras*— es máxima:

«El Doctor Copek *como* un cuervo que sostiene en su pico una húmeda frambuesa.»

«Todo él *parecía* el relieve de un hígado etrusco para la lectura oracular.»

«Reaccionó el sombrío guitarreo *como* gallo colorado, hoguera rociada con sal, o menino estabilizado debajo de un agua de amanecer.»

«Estaba sentado en el fumoir cuando el Coronel lo sorprendió absorto en la filigrana de su reloj, con las dos tapas abiertas, *como* un gato egipcio ante un ibis.»

«Pero los insignificantes vecinos de Jacksonville se burlaban de que, no obstante ser su mano regordeta e inquisitoriamente larguirucha, incorreccionaba las octavas y la intervención del registro flauta de su instrumento provocaba chirridos nerviosos, *como* los cortes en el membrillo helado.»

A veces la abertura retórica, la fuerza centrífuga del *como* es tal, que el acercamiento, la relación entre los términos parece resultar de una autodeterminación del texto, escritura automática o doblaje.

WILLIAM BURROUGHS: DOBLAJE

«Al escribir mis dos últimas novelas, *Nova Express y The Ticket that Exploded,* practiqué una extensión del método 'cup up' que llamo 'the fold in method'.» Una página —mía o de otro— doblada en dos verticalmente y pegada sobre otra... el texto que se obtiene se lee como un solo texto a causa de los doblajes. El doblaje proporciona al escritor una amplitud infinita de posibilidades; por ejemplo, tome una página de Rimbaud y dóblela sobre una de Saint-John Perse —dos poetas que tienen mucho en común—, de esas dos páginas surge un número de combinaciones incalculable, un número infinito de imágenes.

(La Quinzaine Littéraire)

LA FIJEZA

«Picasso, cuando quiere algo, lo pinta.» —Sobreentendido: vende el cuadro y adquiere el objeto pintado.

(Lugar común francés)

En los términos antípodas de la metáfora, la tensión se ejerce a partir del segundo —después del *como*—. Lo cultural, lo lingüístico descifra lo real. La metáfora como conjuro. Si la formulación ritual del *como* es exacta, si el *igual a* funciona, el segundo término devora al objeto, se apodera de su cuerpo. Exactitud formal, repito, y no de contenido, que un pasaje de *Paradiso* ilustra a la perfección, puesto que en él la prioridad formal es tal que se trata de la fonética propiamente dicha.

«Después de los alardes de conocimiento cantábile del tío Luis, el infante sintió acrecida su voluntad de humillarlo, de llevarlo, otra vez, a los límites bien visibles de su rusticatio: —Si pronuncias bien la palabra reloj —y subrayó el detonante ruido gutural—, te regalo el que yo estoy usando, pues pienso comprarme otro.»

Lezama, cuando quiere algo, lo pronuncia.

Lo inmoviliza fonéticamente, lo atrapa entre vocales y consonantes, lo diseca, lo congela en un movimiento —escarabajo, mariposa en el vidrio de un pisapapel—, reconstituye una imagen tan precisa que el objeto o el acto se convierten en imágenes desdibujadas, borrosas, de la construcción, del doble —ahora original— trazado por él.

Lezama fija.

/Octavio Paz: Una de cal...

«La *fijeza* de Lezama es lo que impide la dispersión.»

(Papeles de Son Armadans)

/Octavio Paz: La Máscara y la transparencia, sobre Carlos Fuentes.

«Una enorme, gozosa, dolorosa, delirante materia verbal que podría hacer pensar en el barroquismo de *Paradiso* de José Lezama Lima, si es que el término barroco conviene a dos escritores modernos. Pero el vértigo que nos producen las construcciones del gran poeta cubano es el de la fijeza: su mundo verbal es el de la estalactita; en cambio, la realidad de Fuentes está en movimiento y es un continuo estallido. Aquél es la acumulación, la petrificación, una inmensa geología verbal; éste es el desarraigo, el éxodo de las lenguas, sus encuentros y sus dispersiones.»

(Corriente Alterna)

LA ESCRITURA SIN LÍMITES

En *Paradiso* está Góngora, pero también Dante —noticia: Lezama escribe su *Inferno*—, Joyce —aunque en el *Ulises* la cultura es analógica y que en Lezama el juego verbal propiamente dicho no existe, cuando aparece está atenuado por el *espejeo*—, Proust —la frase que se bifurca y dicotomiza sus subordinadas hasta la incorrección, hasta la pérdida del hilo, el sentido de la recuperación, la respiración como angustia (insistir sobre esto)—, Gadda, el del *Pasticciaccio* y también Cervantes, Garcilaso, Calderón, el diario de Colón, Martí, Santa Teresa, Quevedo, San Juan, Casal, Mallarmé, Saint-John Perse, Claudel, Valéry, Rilke, Sade, Genet, y parece que también Jules Verne.

Después de todo, sería útil renunciar, en crítica literaria, a la aburrida sucesión diacrónica y volver al sentido original de la palabra texto —tejido— considerando todo lo escrito y por escribir como un solo y único texto simultáneo en el que se inserta ese discurso que comenzamos al nacer. Texto que se repite, que se cita sin límites, que se plagia a sí mismo; tapiz que se desteje para hilar otros signos, estroma que varía al infinito sus motivos y cuyo único sentido es ese entrecruzamiento, esa trama que el lenguaje urde. La literatura sin fronteras históricas ni lingüísticas: sistema de vasos comunicantes. Hablar de la influencia del *Castillo* en el *Quijote,* de la de *Muerte de Narciso* en las *Soledades.*

/¡Ah! Dialectizar la polémica entre Mario y Emir. *Paradiso* sería, por orden de adjetivos, una novela *barroca, cubana,*

——-, ——- y *homosexual*. Encontrar esos términos. Llenar los
blancos.

/Citar a Goytisolo.

/Hablar de la redacción de *Orígenes*.

/Copiar lo que dije sobre Lezama / Carpentier.

/Añadir unos sonetos lezamescos.

/No caer en la trampa de la crítica: un lenguaje mimético,
una recreación del estilo —que se vuelve una repetición de los
«tics»— del autor. Evitar todo giro lezamesco.

Conservar las notas preparativas.

Eliminar, en el párrafo sobre la *fijeza,* la imagen del escarabajo en el pisapapeles.

Introducir, en la crítica, personajes ficticios, míos o de otro.
Mezclar géneros. Hacer intervenir a un posible lector.

LA SUPERPOSICIÓN

La metáfora, medio de conocimiento, va, con su *igual a*
invadiendo el relato, anudando una trama de comparaciones, de
similitudes forzadas. En el planteo de su sistema poético Lezama
otorga el primer lugar a la *ocupatio* de los estoicos, es decir, a la
total ocupación de un cuerpo. Si es la imagen la que según él,
ocupa el poema, es la metáfora la que cubre «la substancia o
resistencia territorial» de la novela. El poema sería un cuerpo
retroactivo, creado por la imagen final a que llega la cadena de
metáforas; la novela, la cadena misma: desplazamientos conti-
guos. La metáfora a que alude Lezama, progresando por ramifi-
cación, imbricándose para formar el terreno que vendrá a habitar la imagen, se afianza a tal punto en su origen —la
metonimia de los lingüistas— que parece confundirse con él.
Hay asimismo en la imagen lezamesca una dimensión metafórica.

/*Roman Jakobson: Metáfora y Metonimia*

«La metáfora es imposible cuando existen problemas de *similaridad;* la metonimia cuando existen problemas de *contigüidad.*»

«Así, en un estudio sobre la estructura de los sueños, la cuestión decisiva es saber si los símbolos y las secuencias temporales utilizadas están basadas en la contigüidad (desplazamiento metonímico y condensación sinecdóquica freudianos) o en la similaridad (identificación y simbolismo freudianos).»

(Essais de Linguistique Générale)

/*Lezama: Metáfora e imagen*

«Es uno de los misterios de la poesía la relación que hay entre el análogo, o fuerza conectiva de la metáfora, que avanza creando lo que pudiéramos llamar el territorio substantivo de la poesía, con el final de este avance, a través de infinitas analogías, hasta donde se encuentra la imagen, que tiene una poderosa fuerza regresiva, capaz de cubrir esa substantividad... Yo creo que la maravilla del poema es que llega a crear un cuerpo, una substancia resistente enclavada entre una metáfora, *que avanza creando infinitas conexiones,* y una imagen final que asegura la pervivencia de esa substancia, de esa *poiesis.*»

(Órbita. *Corversación con Armando Álvarez Bravo)*

La metáfora, al avanzar «creando infinitas conexiones», arma una empalizada que es el plano de la novela, pero como su naturaleza es cultural y sus referencias extremadamente vastas, lo cubano (primer término, antes del *como*) aparece descifrado, leído a través de todas las culturas: definido como superposición de éstas.

Lo *cubano como superposición.* No es un azar que Lezama, que ha llegado a la inscripción, al fundamento mismo de la isla, a su constitución como *diferencia* de culturas, nos reconstituya de ese modo su espacio. Cuba no es una síntesis, una cultura sincrética, sino una superposición. Una novela cubana debe hacer explícitos todos los estratos, mostrar todos los planos «arqueológicos» de la superposición —podría hasta separarlos por relatos, por ejemplo, uno español, otro africano y otro chino— y lograr lo cubano con el encuentro de éstos, con su coexistencia en el *volumen* del libro, o, como hace Lezama con sus acumulaciones, en la unidad estructural de cada metáfora, de cada línea.

realidad inmediata   referencia cultural
                            COMO

————————————————————————————→ = *lo cubano*
personaje cubano   rey cazador asirio,   *como*
                          emperador chino,   *super-*
                          hígado etrusco, etc.   *posición.*

En esta superposición, en eso también cubana, siempre se desliza, por el impacto mismo del *collage,* un elemento de risa, de burla discreta, algo de «choteo». Ya en nuestro primer poema, *Espejo de Paciencia,* de Silvestre de Balboa (1608), lo cubano aparece como superpuesto y con la misma densidad que en *Paradiso.*

/Cintio Vitier: Espejo de Paciencia

«Lo que suele considerarse un extravagante desacierto en el poema de Balboa —la mezcla de elementos mitológicos grecolatinos, con la flora, fauna, instrumentos y hasta ropas indígenas (recuérdense las amadríades 'en naguas')— es lo que a nuestro juicio indica su punto más significativo y dinámico, el que lo vincula realmente con la historia de nuestra poesía... Pero en esa misma extrañeza y comicidad que provoca el desenfadado aparejamiento de palabras como Sátiros, Faunos, Silvanos, Centauros, Napeas, Amadríades y Náyades, con guanábanas, caimitos, mameyes, aguacates, siguapas, pitajayas, virijí, jaguará, viajacas, guabinas, hicoteas, patos y jutías, se esconde en germen (sin intención ni conciencia del autor, por la sola fuerza de los nombres) *un rasgo elemental de lo cubano,* y es la suave risa con que rompe lo aparatoso, ilustre y trascendente en todas sus cerradas formas.»

                                        (Lo Cubano en la Poesía)

Con *Paradiso* la tradición del *collage* alcanza su precisión, se puntualiza y define como «rasgo elemental de lo cubano». Múltiples sedimentos, que connotan los saberes más diversos; variadas materias, como en un sacudimiento, afloran y enfrentan sus texturas, sus vetas. La disparidad, lo abigarrado del pastiche grecolatino y criollo amplía en *Paradiso* sus límites para recuperar toda extrañeza, toda exterioridad. Lo cubano aparece así, en la

— 123 —

violencia de ese encuentro de superficies, como adición y sorpresa de lo heterogéneo yuxtapuesto.

Esa confrontación, esa sorpresa, implican, por su propio mecanismo, una comicidad solapada: la «suave risa», que provoca todo lo fortuito. «*Foca* que sobre una mesa *otomana* retoca su nariz *pitagórica* de andrógino, las bolas *suecas,* los gorros del ladrón de la *mezquita.*»

(Paradiso)

/*Lezama: Lo cubano*

«Lo fortuito» —dice Lezama— agarra en la totalidad de «lo cubano» y cita, como ejemplo muy cubano, aquellos versos de Casal: «Siento sumido en mortal calma / vagos dolores en los músculos». «¡Esto! —subraya— es muy cubano en lo que tiene de brisa, una *sorpresa o fulguración.* Hay una forma delicada de penetrar en un cielo entreabierto y que recuerda aquella Santa Bárbara que muy fina de cuerpo porta una espada poderosa que su mano apenas puede empuñar, con la que decapita al relámpago.»

(Entrevista con Loló de la Torriente. Bohemia*)*

LA SOLEDAD TERCERA

/«Se ha hablado mucho del barroco de Carpentier. En realidad, el único *barroco* (con toda la carga de significación que lleva esta palabra, es decir, tradición de cultura, tradición hispánica, manuelina, borrominesca, berniniana, gongorina), el barroco de verdad en Cuba es Lezama. Carpentier es un neogótico, que no es lo mismo que un barroco.»

(De mi conversación con Emir Rodríguez Monegal)

/El universo de la superposición implica o coincide con el del barroco. *Paradiso* sería una *suma* de sus temas, una hipérbole, tan gongorina en su factura, sus virajes, su humor y su trabazón retórica, que la novela podría leerse como una desplegada *Soledad* cubana. Góngora es la presencia absoluta de *Paradiso:* todo el aparato discursivo de la novela, tan complejo, no es más que una parábola cuyo centro —elíptico— es el «culteranismo» español. A veces la similitud de los tropos es casi textual, otras, nos encontramos con versiones americanas de los mismos, otras, como en el primer capítulo, es un personaje marginal quien, sin nombrar a Góngora, asume la literalidad gongorina: el ceremonioso hermano de la señora Rialta, «al deglutir un manojillo de anchas uvas moradas», con un total desenfado, criollo, declama unos versos de la «Soledad Primera»: «cuyo diente no perdonó racimo, aun en la frente de Baco, cuanto más en su sarmiento».

Si Góngora es el referente de *Paradiso* —el único interlocutor de un texto: otro texto— podríamos, creando una rotación de lecturas, aplicar al propio Lezama su desciframiento del gongorismo: considerar como única verdad de la escritura sus «necesidades y exigencias poéticas»; mensaje que contiene su código, discurso que crea sus identidades y reabsorbe sus contradicciones, palabra autónoma, enigma que es su propia respuesta. El método crítico es, para Lezama, una emanación del texto, o más bien, su reducción, el reflejo de su totalidad que, como un cuadro flamenco, el mismo texto contiene.

/Lezama: Sierpe de Don Luis de Góngora

«Descifrado o enegueciendo en su cenital evidencia, sus risueñas hipérboles tienen esa alegría de la poesía como glosa secreta de los siete idiomas del prisma de la entrevisión. Por primera vez entre nosotros la poesía se ha convertido en los siete idiomas que entonan y proclaman, constituyéndose en un diferente y reintegrado órgano. Pero esa robusta entonación dentro de la luz, amasada de palabras descifradas tanto como incomprendidas, y que nos impresionan como la simultánea traducción de varios idiomas desconocidos, producen esa sentenciosa y solemne risotada que todo lo aclara y circunvala, ya que amasa una mayor cantidad de aliento, de penetradora corriente en el recién inventado sentido.»

(Analecta del Reloj)

Anticipándose a las teorías más recientes —revalorización del formalismo ruso, de Bakhtine; semiología de paragramas de Julia Kristeva—, Lezama define, en este texto, la escritura como un objeto dialógico, como una interacción de voces, de «*idiomas*», como una coexistencia de todas las «traducciones» que hay en un mismo idioma: sistema dinámico, «*órgano*» en que las distintas funciones literarias, en forma de reminiscencias, de parodias, de citas, de reverencias o irrisiones (la «*sentenciosa y solemne risotada*») instituyen, «*entonan y proclaman*» ese *Carnaval* que proponía Bakhtine: «*robusta entonación dentro de la luz*».

/El reverso de la banalización de Góngora —las *Soledades* superpuestas a lo cotidiano de la conversación—, es la gongorización de lo trivial. Ambos procesos intercambian sus sentidos, sus flechas: flujo y reflujo conceptual que es otro aspecto del *diálogo*. En contrapunto a la cita con que el hermano de Rialta festejaba las uvas, he aquí la retórica gongorina asumiendo lo que menos parecía prestarse a ello: «Uno de los remeros, punzado con indiscreción por un chocolate de medianoche, se levantó para hacer un vuelco del serpentín intestinal».

EL INCA GARCILASO

/En un ensayo sobre Góngora, y para explicar la *fascinación* que las joyas incaicas ejercieron sobre él, Lezama supone un encuentro entre el poeta cordobés y el Inca Garcilaso, «suposición de base real en el mundo de la poesía» que parte de una certitud histórica: la presencia del Inca en Córdoba. Unos años más tarde, Michel Butor, que no conocía este texto, llegó a la misma suposición.

/Michel Butor: Córdoba

«Góngora seguramente conoció y leyó al Inca Garcilaso de la Vega, y esa relación, ese encuentro, nos permiten dar a este verso sobre el Guadalquivir: '*de arenas nobles ya que no doradas*' (que a primera vista puede parecer un 'rellano') su verdadera resonancia. Hay que tomar la palabra *doradas* en su sentido más literal, y se comprenderá entonces que con esta referencia a *El Dorado,* a los fabulosos ríos de América que arrastraban, según el rumor público, pepitas de oro enormes, a lo que el poeta compara a Córdoba declarándola igual en nobleza, es a las antiguas ciudades del nuevo mundo, tales como el Cuzco, 'esa otra Roma en su imperio', según la expresión del viejo sacerdote mestizo que venía de ellas.»

(Les Lettres Nouvelles)

Ignoro si estas dos proposiciones —la de Lezama y la de Butor— tienen una fuente común, que es lo más·probable, o si se trata de una coincidencia. Lo curioso, y significativo sobre ambos autores, es lo que cada uno argumenta. Para Lezama, que fundamenta su sistema poético en la imagen, el encuentro entre Góngora y el poeta bastardo de un capitán conquistador y una princesa del Cuzco se prueba por una fascinación, es decir, por el poder de una imagen; para Butor —el *nouveau roman* se creyó una escritura denotativa, una ruptura del *como*— por una referencia literal, es decir, una negación de la metáfora, de la dimensión imaginaria.

ARCHIMBOLDO

/Cintio Vitier: La poesía de Lezama Lima

«El barroquismo alegre, gustoso o rabioso, de ese impulso americano popular que él ha estudiado tan bien, informa cada vez más su idioma, y en estas *Venturas criollas,* lejos ya de su primer gongorismo de caricioso regodeo, más a solas con los abultados trasgos quevedescos, aplica esas ganancias a la hurañez tierna y el ardiente despego cubano.»

(Lo Cubano en la Poesía)

De todos los temas del barroco ninguno conviene mejor que el de la comida —las «cargadas» naturalezas muertas— sus formas congeladas, europeas, a la proliferación del espacio abierto, gnóstico, de lo americano «que conoce por su misma amplitud de paisaje, por sus dones sobrantes»; ninguno abandona mejor su herencia humanista para hacerse «tejido pinturero», derroche. La mesa de Lezama iguala al banquete de bodas de Góngora en sus «primores», lo supera en lo enrevesado de sus inventos (guinea o pintada con miel la flor azul de Pinar del Río, elaborada por abejas de epigrama griego; pechuga de guinea a la virginia; sunsún doble).

Pero lo criollo no es lo abigarrado culinario, ni la improvisación inconsecuente de platos, la «refistolería», sino un saber de leyes precisas, fijas:

«Se dirigió al caldero del quimbombó y le dijo a Juan Izquierdo: —¿Cómo usted hace el disparate de echarle camarones chinos y frescos a ese plato? Izquierdo, hipando y estirando sus narices como un trombón de vara, le contesto: Señora, el camarón chino es para espesar el sabor de la salsa, mientras que el fresco es como las bolas de plátano, o los muslos de pollo que en algunas casas también le echan al quimbombó, que así le van dando cierto sabor de ajiaco exótico. Tanta refistolería, dijo la señora Rialta, no le viene bien a algunos platos criollos.»

El festín de Lezama iguala al de Flaubert en la ostentosa presentación de las bandejas, en la abundancia tropical de las frutas, en la rápida sucesión de las golosinas; pero más que en los literarios habría que buscar la ilustración del fastuoso convite lezamesco, de su cornucopia abrillantada, en esos banquetes pintados —imbricación, *collage*—, antropomorfizados, que son los «retratos» de Archimboldo.

«En silencio iba allegando delicias de confitados y almendras, de jamones al salmanticense modo, frutas, las que la estación consignara, pastas austríacas, licores extraídos de las ruinas pompeyanas, convertidos ya en sirope, o añejos que vertiendo una gota sobre el pañuelo, hacía que adquiriesen la calidad de aquel con el cual Mario había secado sus sudores en las ruinas de Cartago. Confitados que dejaban las avellanas como un cristal, pudiéndose mirar al trasluz; piñas abrillantadas, reducidas al tamaño del dedo índice; cocos del Brasil, reducidos como un grano de arrroz, que al mojarse en un vino de orquídeas, volvían a presumir su cabezote.»

GADDA

/Trazar un paralelo entre Lezama y Gadda.

Los puntos de contacto sobran; vamos a atenernos al menos aparente: el ritmo *sofocado* de la frase, la distribución anárquica de la puntuación, como si las comas, esas pausas respiratorias, se hicieran de pronto urgentes. Hay en esos períodos, envolventes pero escindidos —espirales rotas—, lo que bien pudiera explicarse por una falta súbita del aire, un problema neumático.

Recordemos lo evidente: el neuma, nuestro aire o aliento, que en retórica designa un período consistente en una sucesión de proposiciones con gradación, fue, para Platón, el Espíritu.

En Lezama y en Gadda, señores del barroco, en *Paradiso* y en *Quer Pasticciaccio brutto de la Via Merulana,* dobles del pastiche urbano y lingüístico de La Habana y de Roma, la elocuencia de lo vegetal, de la voluta cubana o la torsión flavia se convierten en articulación mecánica, en nexo deforme; la multiplicación adjetival y la complejidad sintáctica en contrahechura retórica; la asonante alegría del rococó en chirrido; el Mito en Sátira; la Historia en Farsa.

/Leer, substituyendo *romanos* por *habaneros,* Gadda por Lezama, etc., el prefacio a *L'affreux pastis de la rue des Merles,* de François Wahl:

/*François Wahl: Gadda.*

«A los romanos, y a Gadda entre ellos, les gusta, por las noches, sentarse a saborear un helado en la Plaza Navona. Hay en ello un acercamiento de estilos que merece estudio. La pompa retórica de Bernini —los Cuatro Continentes convocados en una modesta fuente— contiene toda la amplitud de Cicerón, pero hay además un énfasis algo exagerado, un exceso de lascividad en las posiciones, de contrastes entre los volúmenes del relieve, que inclinan ese arte hacia lo 'macarrónico'. Eleve alrededor de la Plaza el mundo de las fondas, grato a toda literatura picaresca; pero no olvide que aquí en este decorado de estrechas iglesias y de pequeños palacios barrocos, se está en uno de esos lugares cuya dimensión es exacta a la del hombre, y donde sus esperanzas, frustraciones, grandes y pequeñas pasiones, resuenan naturalmente. [...] El *Pastis* es como una concreción: los desvíos sorprendentes de un sedimento, la lenta acumulación de diversos calcáreos según el rezumar del agua; los colores no han sido aplicados sobre las piedras, sino que han surgido de las profundidades: son la materia misma. Gadda es uno de esos prodigiosos productos de la cultura que se convierten en verdaderos fenómenos naturales.»

(Educación francesa del Pasticciaccio)

/«Quizás ha habido ya dos respuestas, en el nivel de la escritura, a la pregunta sobre el ser cubano: la palabra cubana ha llegado a su majestad dos veces. La primera es el *Diario* de Martí, esas últimas páginas cuando Martí vuelve a Cuba ya en vísperas de la muerte, cerca de Dos Ríos, y cuando sabe perfectamente que va a morir. Esas páginas tienen un carácter casi alucinatorio. Desde el punto de vista del habla cubana son centrales: allí hay algo, allí hay una conmoción total, el ser cubano se expresa. Martí escribió eso que no se puede describir. Habría que leer la página. En ese momento, Martí sobrepasó el nivel de la significación, el verbo *decir,* Martí *fue,* fue eso, fue lo cubano. Ese umbral es la meta ideal de la obra de Lezama Lima y en particular de un poema reciente que se llama 'El Coche Musical', que pertenece a su libro *Dador.* Hay allí una evocación de La Habana colonial, que se vuelve republicana, de las ferias y de la música cubana. Fíjese que la música es muy importante porque es el único nivel en que la síntesis se ha efectuado totalmente.»

(De mi conversación con Emir Rodríguez Monegal
en Mundo Nuevo)

En una conversación reciente, Juan Goytisolo me señalaba la importancia de los diminutivos en la lengua cubana. Es curioso, decía, que un país, que siempre se da a sí mismo, de sus guerras, la imagen más tremenda, haya bautizado una de las suyas de *Guerra Chiquita.* Insistí asimismo en el grafismo caricatural de la expresión «¡se le cayó el altarito!», alegoría popular cubana a una gloria pasada.

El *Quijote* define y fija una sintaxis; *Paradiso* un habla. Un «parlé» cubano de cuyo juego de deformaciones verbales el diminutivo, o más bien la alternación diminutivo/aumentativo, dibuja las redes primarias. No es un azar que el propio Lezama haya observado este fenómeno, en la poesía gauchesca, como un índice de la expresión americana: sus hallazgos son de aumentativo que conlleva una expansión, «fandangazo»; por diminutivo que lleva una graciosa contracción, «hizo sonar cueritos». Se podían trazar, como en un sistema tabulario, las curvas desinenciales de cada página de Lezama, su ritmo de contracciones y dilataciones, casi siempre humorístico, y cuyos antecedentes se encuentran en los poemas de *Venturas criollas.*

«Salen el chato calaverón, la escoba alada y la planicie del manteo.»
«Le buscaron balas y tapones,
pequeño tapándose las sienes:
del bobito, frente de sarampión, mamita linda.»

De la lengua cubana, Lezama toma la distorsión formal de las desinencias, pero también la conceptual de los nombres propios; el apodo es, en Cuba, la costumbre más entrañada y alevosa. El pueblo sobrenombra sistemáticamente, con acierto socarrón, todo lo que lo representa; rompe con el mote toda intención de gravedad y grandilocuencia, con el nombre hipertrofiado cuartea todo aparato, se burla de la pompa, tira la realidad al «choteo».

Del mismo modo el apodo irrumpe en el discurso lezamesco: elemento de ruptura y desequilibrio que devuelve el contexto libresco en que brota a su función de utilería, de paraván de pacotilla o encartonada escenografía de feria.

«*Carita de rana, el Gobernador, Segismundo el vaquero*
entraban al bailete con las nalgas de cabra,
con retorcidos llaveros mascados por los perros.»

Agudeza, para lo caricatural, del pueblo; flecha del apodo «a ras de parecidos y visibles preferencias»:

«Le decían *El Plautista* o *La Monja,* pues la imaginación de aquella vecinería ponía motes a ras de parecidos y visibles preferencias. Sus rubios amiguillos, más suspiradamente sutiles, lo llamaban *La Margarita Tibetana,* pues en alarde de bondad enredaban su afán filisteo de codearse con escritores y artistas.»

Del lenguaje popular, comunicando su rapidez a la frase, su calidad de grafitti, proceden también los giros argóticos, la perspicacia de la jerga habanera:

«El chofer que había visto las atenciones del capitán para con Alberto, se creyó obligado a movilizar *la sin hueso* para los más nimios relatos familiares, con la consabida ternura de enseñar la cartera con el grupo en que aparecían su esposa y tres críos.»

El argot científico interviene también, francamente jocoso en su precisión terminológica, en la inmovilidad de su filología; su energía dialógica es quizás la mayor de la novela, pues, como en Sade, la separación, la diferencia entre la jerga —religiosa en Sade, médica en Lezama— y el objeto que designa —una orgía en Sade, el pompeyano miembro de Farraluque en Lezama—

son tan apoyados, que la apertura, el *décalage*, resulta risible. En *Juliette*, el narrador comenta «la extrema veneración con que se recibían las órdenes de la Superiora», paráfrasis jesuita que recuerda al lector la rigurosa organización del teatro erótico de cada noche. En *Paradiso*, el vocabulario de San Ignacio delega su austeridad a una terminología anatómica digna de Testut:

«A medida que el aguijón del leptosomático macrogenitoma la penetraba parecía como si se fuera a voltear de nuevo, pero esas oscilaciones no rompían el ámbito del sueño.»

DETRÁS DEL DISCURSO

/Otros giros idiomáticos aparecen con toda nitidez si practicamos lo que podía llamarse una *lectura lacunaria*, considerando la secuencia lezamesca como una órbita trazada alrededor de un *idiom* reprimido, frase-hecha mecánicamente recortada en el lenguaje, que no asciende al discurso manifiesto, a la superficie textual. Este mecanismo recuerda al empleado, en algunos de sus libros, por Raymond Roussel: un proceso de sinonimización que queda encerrado en otro, y éste en otro. Habría que realizar un «censo» de estos *emboîtements* en *Paradiso*:

«El gritón, ingurgitando, se hundió tanto bajo la superficie, que ya no tenía rostro, y los pies prolongándose bajo una incesante refracción, iban a descansar en bancos de arena.»

En esta cláusula, el giro latente es una expresión muy gráfica de la lengua cubana, y quizás hispano-americana: *se lo tragó la tierra*.

Pero el mecanismo del *idiom latente* es mucho más preciso en:

«Todavía en aquel pueblo se recuerda el día que le sacaron Rey Lulo y tú, el *mal de muerte* que se había ido rápido sobre un ternero *elogiado por uno de esos que dan traspiés en la alabanza*.»

Esta curva parafrástica esconde el giro popular en Cuba *mal de ojo*, maleficio provocado, según la superstición popular, por el elogio que hace el inconsciente detentor del mal, «uno de esos que dan traspiés en la alabanza.»

Finalmente, la presencia del habla, indemostrable, porque hay que oírla, como el *«¡Pero, che!»* a que se refiere Borges en *La Trama*, está en la justeza de las impresiones, en la rapidez del retrato:

«Martincillo era tan prerrafaelista y femenil, que hasta sus citas parecía que tenían las uñas pintadas.»

Y es que el lenguaje cubano en Lezama, por primera vez entre nosotros, ha adquirido todo su sentido, su gravitación *materna*. El idioma tiene en él toda la fuerza creadora, inaugural, del primer contacto con la Madre; diálogo que va a reanudarse, metafóricamente, en la devoción de Lezama —y esta relación trinitaria de *Madre, Hijo y Lenguaje* no puede tener más que un espacio católico— por la Virgen, la «Deipara, paridora de Dios». Salvar el lenguaje, poseerlo en su vastedad y su infinito, ha sido, para Lezama, salvar la Madre, rechazar su muerte, como el Mallarmé del *Tombeau pour Anatole* quiere, con las palabras, resucitar a su hijo.

/Armando Álvarez Bravo: Conversación con Lezama

«Es en este año 29 cuando se inicia la fusión del poeta con su madre. Fusión que cristalizaría, haciéndose total, envolvente, a la vuelta de unos años, cuando ambos quedan solos en la casa. [...] El 12 de septiembre de 1964, el poeta recibe el golpe más duro de su vida, su madre muere. [...] Casi un año antes de la muerte de su madre, Lezama la presiente y cae en un estado de abatimiento que le hace abandonar su trabajo, perder el interés por todo, encerrarse en sí mismo: no acometer esa esperada obra de madurez. Cuando Rosa Lima muere, el poeta ve desaparecer con ella todo lo que hasta el momento había constituido su mundo y su motivo, su motor secreto. Ante el acontecimiento, al que sigue un desplome físico y emocional, muchos piensan que ha llegado el fin de Lezama. Pero no es así. La fuerza que su madre le transmitió a través de la plena identificación que ambos lograron, hace que el poeta se reponga y, consciente de la pérdida, piense que ha llegado el momento de cerrar todo lo que hizo en vida de ella, de dar un remate a su obra que sea un homenaje a una profundísima relación.»

(Órbita)

*/Indagar, sin caer en el psicoanálisis, los dos signos mayores de Lezama, presentes desde la primera frase de *Paradiso*: el *lenguaje* —la madre— y la *respiración como angustia*.*

La novela comienza, en un claroscuro caravaggesco, cuando Baldovina, que substituye a la madre ausente, administra brutales remedios al pequeño José Cemí, preso de un ataque de asma; el pecho se le «abultaba y se encogía como teniendo que hacer un potente esfuerzo para alcanzar un ritmo natural».

Si el lenguaje *en majestad* —subrayo la connotación católica (la Virgen) del término— testimonia de la presencia de la madre, la respiración como angustia sería un significante de la ausencia del padre. Es cuando éste muere, o se convierte en «un descomunal retrato» que contempla la madre, que el asma se manifiesta en Lezama como una opresión definitiva. A los nueve años, cuando, a la pérdida del padre «los fuertes ataques le obligan a permanecer largas temporadas en cama, impidiéndole participar en los juegos infantiles», van a quedar trazadas las dos coordenadas del espacio lezamesco, pues encerrado en su habitación a causa de la enfermedad «se estrecha el contacto con la madre al mismo tiempo que se inician las lecturas».

Paradiso sería la red de esos dos hilos biográficos, de esos dos signos maestros de la vida de Lezama: el *lenguaje en majestad / presencia de la madre* y la *respiración como angustia / ausencia del padre.*

/Loló de la Torriente: Lezama

«Tez apiñonada y mejillas carnosas, los ojos de Lezama constituyen el centro focal de su rostro, que conjura en la sonrisa —y en la carcajada oportuna— la ironía y la sátira como enlace sutil entre el pensamiento y la expresión.»

(Bohemia)

/Mario Vargas Llosa: Lezama

«Hombre muy cordial, prodigiosamente culto, conversador mientras el asma no le guillotine la voz, enormemente ancho y risueño, parece difícil aceptar que este gran conocedor de la literatura y de la historia universales, que habla con la misma versación picaresca de los postres bretones, de las modas femeninas victorianas o de la arquitectura vienesa, no ha salido de Cuba sino dos veces en su vida, y ambas por brevísimo tiempo: una a México y otra a Jamaica (uno de sus más hermosos poemas 'Para llegar a la Montego Bay' refiere esta última experiencia como una proeza mítica, no menos sobrenatural y fastuosa que el retorno de Ulises a Itaca).»

(Siempre)

DESPUÉS DE «DISPERSIÓN»

AUXILIO *(agitando sus cabellos anaranjados, de llamas, aspas incandescentes, vinílicas).* —Querida, he descubierto que Lezama es uno de los más grandes escritores.

SOCORRO *(pálida, cejijunta, de mármol).* —¿De La Habana?

AUXILIO *(toda diacrónica ella).* —¡No, hija, de la HISTORIA!

/El (cada vez más hipotético) lector de estas páginas. —A mí me parece que todo este sutil andamiaje, tan estructural y tan à la mode, además de ser un galimatías impublicable, que ya de tanto cometerlos no comete galicismos sino hispanismos, se queda, como se dice, en el exterior, en la *cáscara.* El autor, utilizando muletillas cada vez más visibles, no habla más que de la *forma.* Pero, por favor, ¿a dónde deja el contenido humano? ¿Y más aún, la metafísica insular de Lezama, su Teología —de la que no dice ni una palabra—, su Telurismo, su Trascendencia? ¡Vamos, hombre! ¡Qué frivolidad! ¡Qué decadencia!

/Un crítico «progresista».—El escritor francocubano Severo Sarduy, encerrado en las filigranas de su pensamiento bizantino, liberado del devenir histórico y convertido, por decirlo así, en una entelequia literaria, es víctima de las frías abstracciones de su torre de marfil, pues en este escamoteo prodigioso apenas se alude a la realidad. Si algo se refleja en *Paradiso* es una denuncia feroz de la corrupción de la sociedad de consumo, una crítica acérrima del sistema de la oferta y la demanda. ¿Hasta cuándo seguirá dedicado a perseguir esa síntesis y metáforas? ¡Vamos, hombre! ¡Qué frivolidad! ¡Qué decadencia!

/El Coro.—¡Qué frivolidad! ¡Qué decadencia! ¡Qué frivolidad! Etc...

EROTISMO

/*Cintio Vitier: Lezama*

«Es el único entre nosotros que puede organizar el discurso como una cacería medieval. El único capaz de desfruncirle el ceño a don Luis de Góngora.»

(Lo Cubano en la Poesía)

Si intento finalmente el tema del erotismo es para acordarle la mayor importancia, pero desplazándola. No es en el demasiado célebre capítulo de las posesiones, ni en las secuencias explícitamente sexuales donde únicamente percibo la fuerza erótica de *Paradiso,* sino en todo su cuerpo, en todo ese margen entre comillas que el libro abre en la franja, más vasta, de la lengua cubana y, precisamente, por estar comprendido en ella, por sintetizarla en el espejo, *aunque cóncavo fiel,* de su reducción. Es el lenguaje en sí, la frase en sí, con su lentitud, con su enrevesamiento, con su proliferación de adjetivos, de paréntesis que contienen otros paréntesis, de subordinadas que a su vez se bifurcan, con la hipérbole de sus *figuras* y su avance por acumulación de estructuras fijas, lo que, en *Paradiso,* soporta la función erótica, placer que se constituye en su propia *oralidad.*

/*Roland Barthes: Placer y Lenguaje*

«Fuera de los casos de comunicación transitiva o moral *(Páseme el queso* o *Deseamos sinceramente la paz en Vietnam)* hay un placer del lenguaje de la misma naturaleza, de la misma calidad que el placer erótico, y ese placer del lenguaje es su verdad.»

(La Face Baroque)

Paradiso, desde la frase inaugural hasta la apertura final hacia ese *Purgatorio* que concluirá un día la *Comedia Cubana,* es esa verdad. Si la palabra de Lezama, reflejo de sí misma, puede alcanzar la mayor amplitud del barroco, el desplazamiento helicoidal de las cúpulas de Borromini, la proliferación incesante del churrigueresco, el brazaje de culturas del manuelino y las torsiones vegetales del *art nouveau,* es precisamente porque está liberada de todo lastre transitivo, de ese *sobre* (en el sentido joyciano: no escribo *sobre* algo; escribo algo) que es el prejuicio de la información, de su moral, y devuelta a su erotismo fundador, a su verdad.

Si he citado el espejo gongorino, aunque cóncavo fiel, es porque en *Paradiso* ese erotismo pasa por la reflexión o la reducción de la Imagen. La imagen, que en Lezama no es transitiva y cuya única función es la de «imaginar».

Si el descubrimiento y la expresión de la imagen conllevan un goce es porque ésta es la fiesta de lo verosímil: rescate de las realidades que se han perdido, entre las infinitas realidades posibles, cuando la Historia escogió su realidad. La imagen ilumina la unicidad histórica —porque el tiempo occidental es lineal y uno— con la multiplicidad de sus realidades en potencia. Descubrir estas potencialidades, hacerlas visibles, reflejarlas en la concavidad del lenguaje y hasta desplazar con ellas la *verdad* de la Historia escrita: ésa es la función del poeta. Su voluptuosidad, su regodeo consiste en detener el tiempo en el instante de la reducción de los *alea* a uno de ellos, barajar las imágenes perdidas —mediadoras entre la poesía y la historia— y decretar su verdad. Escribir es apoderarse de lo *dable* y de sus exclusiones.

La imagen lezamesca está dotada de una fuerza ascensional, flecha teleológica que busca en su textualización sus fines: la escritura codifica ese estado naciente, «en incesante evaporación», esa certitud del absurdo que son las imágenes desechadas, reversos, cartas en blanco, bailoteo de los hechos ante sí mismos.

Los relatos «falsos» —Julio César, como un pintarrajeado travestí, festejando los lares del Pretor—, o fantasmáticos —Hernando de Soto variando en América la Quête du Graal: perseguía una copa volante con el agua de la eternidad— o los relieves alucinatorios, mágicos, de la historia textual —el ramo de fuego que Colón vio caer sobre el mar; el gran perro masticando una columna de madera que contenía signos y que avanzaba entre los indios—, son los paragramas, las lecturas subyacentes del discurso lineal y explícito del tiempo.

El ciclo de la Historia es el desplazamiento, la rotación entre los hombres —los textos— que descubren o engendran estas imágenes y los que la realizan.

Martí volcó en lo visible, en la franja de los Hechos, las primeras raíces imaginarias de Cuba, esas que en su propio *Diario* alcanzaron su definición mejor. Lezama es el descubridor de otra Imagen nuestra, que algún día, alguien hará visible.

I

EL GAMO, contra la naranja
del bosque, pasa mojado,
veloz. El aire cuajado
añade al bosque una franja

de aros dispersos. En esos
cartílagos de paisaje
se divide, o en el oleaje,
o en el jardín de sus huesos.

II

EL RÍO CONGELADO, las márgenes cubiertas con tapices de
espesos signos oscuros, el mar abierto devolviendo las voces y las
manzanas que flotan en la orilla, más cerca, más lejos, escribiendo sobre la arena siempre los mismos textos, allí donde el agua
iba a borrar, ya había borrado las texturas, allí donde el río
congelado desembocaba, las márgenes de piedras blanquísimas
cubiertas con tapices morados, el mar abierto, devolviendo las
voces, las manzanas que flotan en la orilla, más cerca, más lejos,
escribiendo sobre la arena siempre los mismos textos, el Libro de
los Libros, la descripción de un rostro, allí donde el agua iba a
borrar, ya había borrado las texturas.

Después se unen los deshielos finales y ruedan arrastrando
piedras verdes y pájaros, el rumor estremece la montaña en la
noche hasta que el río congelado desemboca, las márgenes cubiertas con tapices de espesos signos oscuros, el mar abierto
devolviendo las voces y las manzanas que flotan en la orilla, más
cerca, más lejos, escribiendo sobre la arena siempre los mismos
textos allí donde el agua borrará las texturas apenas visibles
sobre el borde tembloroso, en la planicie morada, separadas a
veces por las manchas de salitre, por el cuerpo de un pez, por la
línea helada de la desembocadura, extendida entre las márgenes
cubiertas con tapices de espesos signos oscuros, lejos del mar
abierto, devolviendo las voces, las manzanas que flotan en la
orilla, más cerca, más lejos, que escriben sobre la arena siempre
los mismos textos allí donde al agua borrará las texturas, forma-

rá el delta de un río congelado, las márgenes cubiertas con tapices de espesos signos oscuros, el mar abierto devolviendo las voces, las manzanas doradas, puntas de flexibles triángulos, sombras en el fondo pedregoso, presas entre los hielos del río, entre las líneas negras de las márgenes cubiertas con tapices de espesos signos oscuros y el mar abierto.

III

LAS PÁGINAS cubiertas de letras de oro. Al paso del Lector la luz cernida por los dátiles refleja los signos sobre el muro, un instante sobre la arena negra.

A cada movimiento de la mano, a cada nueva página la escritura aparece sobre las cenefas, entre las piedras rojas, otra vez sobre el muro, a lo largo del muro donde el mapa de la página anterior acaba de borrarse, los signos descendiendo hacia la arena, astros.

IV

Aquellos barriletes y el coronel de Las Marías
zumbando como un loco y tocando la luna.
Del baile y Marquesano y la conga no quedan
ni la persiana el abre y el asómate.
Tomaron la cerveza en los clarines
y el bailador de Macorina estaba.
No han venido la China y la Ojitos
de Piñata. Flauta de canutillo, chacumbele.
Ya de aquí no nos vamos.

V

El día es cegador,
la noche una humedad morada.
Giran como trompos
los ahorcados
—ojos abiertos,
rostros pintarrajeados—.

No son guitarras.
No te asombres cuando veas
al alacrán tumbando caña.

/París, XII-67.

Estimado señor Lezama:

Las notas que le adjunto sintetizan el trabajo, más organizado y vasto, que he emprendido sobre su obra. Si en ellas he
practicado sistemáticamente el collage —poemas, superposición
de otros textos—, el acercamiento tangencial y la parodia, ha
sido para intentar, a la imagen de *Paradiso,* una pluralidad de
voces, para suscitar, con ese encuentro, la «suave risa» cubana
y romper con ella lo monocorde del tono.
Sea benévolo en el ejercicio de la crítica.
De su novela en francés, no he recibido más que las primeras
páginas; lamento que, etc.

[*Mundo Nuevo,* n.º 24, junio 1968, pp. 5-17.]

ENRICO MARIO SANTÍ

PÁRRIDISO

> En cuanto al uso, cuando éste se opone a la
> razón y la conveniencia de los que leen y escriben,
> le llamamos *abuso*. Declárense algunos contra las
> reformas, tan obviamente sugeridas por la naturale-
> za y fin de este arte, alegando que *parecen feas*, que
> *ofenden a la vista*, que *chocan*. ¡Como si una mis-
> ma letra pudiera parecer hermosa en ciertas combi-
> naciones y disforme en otras! Todas esas expresio-
> nes, si algún sentido tienen, sólo significan que la
> práctica que se trata de reprobar con ellas es *nueva*.
> Andrés Bello, «Indicaciones sobre la ortografía
> en América».

> Dans le hasard absolu, l'affirmation se livre aus-
> si à l'indétermination génétique, à l'aventure *sémi-
> nale* de la trace.
>
> Jacques DERRIDA,
> *L'Ecriture et la différence*

I

La modernidad celebra el presente y rechaza el pasado. Crítica de la autoridad, su invención es la crítica misma. Lo moderno
y lo nuevo, la renovación y el cambio, toman el lugar de la
tradición inflexible. A partir del *cogito* cartesiano la búsqueda de
la originalidad desemboca en un cuestionamiento del mundo y
de la historia. El tiempo pasado se convierte en orden antiguo.
Lo moderno es la conciencia del cambio y la ruptura con toda
anterioridad. Pero ni siquiera la misma modernidad logra escapar las consecuencias de esa ruptura. Víctima de sus procesos, se
condena a verse como antigua en el espejo del tiempo. Por eso, a
cada paso la modernidad juega con su propia destrucción en una
carrera vertiginosa contra el peligro de su anacronismo. Como
ha dicho Octavio Paz: «El signo de la modernidad es un estigma:
la presencia herida por el tiempo, tatuada por la muerte» [1].

---

[1] «Presencia y presente: Baudelaire, crítico de arte», en *El signo y el garaba-
to,* México, Joaquín Mortiz, 1973, p. 37. PAZ ha continuado esta indagación
sobre la modernidad en *Los hijos de limo: del Romanticismo a la Vanguardia,*
Barcelona, Seix Barral, 1974.

El arte moderno encarna todos estos postulados. La razón crítica se traduce, en el arte, a un rechazo del mimetismo. Si se duda de la validez ontológica del mundo, ¿cómo entonces representarlo sin ambages? La realidad referencial pierde su autoridad tiránica sobre el arte, y éste encuentra su significación no ya en el mundo sino en sí mismo, es decir en sus propias formas. Todo este proceso estético, que durante el siglo XIX se conoce con el nombre de «arte por el arte», desemboca en la vanguardia de los años 20. La pintura se vuelve no representativa: el arte abstracto. La literatura, por su parte, experimenta con los recursos más inusitados del lenguaje. El repliegue hacia las formas tiene una consecuencia crucial: la inflación del significante pone entre paréntesis el significado, el nivel semántico de la obra. La no representación equivale a la no significación o al menos a la problemática del sentido. Realidad y sentido, referente y significado, antes autoridades textuales, han perdido su mando. En literatura el resultado es conocido: la lectura se hace más «difícil». Las obras modernas (Mallarmé, Joyce) son notorias por su «oscuridad»; la lectura se convierte en un agotador ejercicio de iluminación. La crítica, por consiguiente, se percata de esta dificultad. Los formalistas rusos (Shklovsky, por ejemplo) comienzan a ver en los textos literarios una «extrañificación» de la realidad; surge una nueva apreciación del barroco al mismo tiempo que Ortega y Gasset postula la «deshumanización del arte»; Amado Alonso cree ver en la poesía de Neruda tristes ejercicios de hermetismo; Hugo Friedrich estudia a Mallarmé como un nuevo poeta alegórico; Lukács, lector alarmado de todo este período, denuncia la ideología del arte moderno como una contradicción porque éste sólo reemplaza lo típico concreto con lo abstracto particular. Todos los esfuerzos de la crítica literaria, de este siglo, desde el positivismo hasta los más recientes estructuralismos, han sido marcados por la necesidad angustiosa de contener y recuperar el sentido elusivo del texto moderno [2].

---

[2] Véase Georg LUKÁCS, «The ideology of Modernism», en *Issues in Contemporary Literary Criticism,* ed. Gregory T. Polletta, Boston, Little, Brown & Co., 1973, pp. 715-731. Sobre el concepto de *extrañificación* ver Victor EHRLICH, *Russian Formalism: History-Doctrine,* La Haya, Mouton, 1964; ORTEGA Y GASSET resumió sus ideas sobre el arte de vanguardia en *La deshumanización del arte* [1.ª edición, 1925] ahora recogido en *obras completas.* Madrid, Revista de Occidente, 1947, III. 353-430; Amado ALONSO estudió la poesía de Neruda en su *poesía y estilo de Pablo Neruda. Interpretación de una poesía hermética.* [1.ª ed., 1940; 2.ª ed. revisada, 1952], ahora asequible, Buenos Aires, Sudamericana,

No es necesario subrayar que toda la obra de Lezama Lima se inscribe dentro de esta problemática moderna. A lo largo de cincuenta años de labor intelectual él y sus textos fueron acusados de oscuridad y hermetismo. Es más, se diría que su obra constituye un deliberado monumento a la dificultad de la lectura. La escritura de Lezama encarna la pérdida de la función representativa; constituye un reto a los diccionarios y surge precisamente allí donde se forma el archivo, la biblioteca total. Su pecado es el exceso, sólo que un exceso predeterminado que no puede ser el resultado de inconsciencia o de defectos formales. En Lezama la oscuridad no es accidental. A una pregunta ingenua sobre este mismo tópico, Lezama respondió una vez con toda naturalidad: «La tendencia a la oscuridad, a resolver enigmas. [...] es tan propia del género humano como la imagen reflejada en la clara lámina marina...»[3] Uno de sus primeros ensayos, «Sierpe de Don Luis de Góngora», es una larga apología de la oscuridad en la poesía. La primera conferencia de *La expresión americana* comienza con una sentencia análoga: «Sólo lo difícil es estimulante.» «Complejo y complicado» es el título de uno de los ensayos especulativos de *Tratados en La Habana*. Estos y muchos otros momentos claves en su obra dan a entender que el propio Lezama asume la lectura difícil no ya como rasgo formal sino como un tópico más de discusión pertinente a su poética.

Paradiso es otro de esos momentos claves. Que la novela puede leerse como una explicación del sistema poético del autor es ya un lugar común de la crítica que ha sido hasta corroborado por declaraciones del propio Lezama: «*Paradiso* permitirá una penetración más justa en mis obras anteriores»[4]. Pero que esa vía de acceso presente, a su vez, múltiples dificultades indica hasta qué punto la problemática moderna del sentido y de la representación textual forman parte de ese sistema poético. Si, en efecto, *Paradiso* explica el sistema poético de Lezama, esa explicación debe incluir, en algún nivel, una justificación razonada, una poética, de su discurso barroco, aún si esa justificación fuera difícil de descubrir. Vista de esta manera, *Paradiso* sería una aclaración difícil de una actitud poética hacia el len-

---

1968; Hugo FRIEDRICH utilizó a Mallarmé como caso ejemplar de la lírica moderna en *Die Struktur der Modernen Lyrik,* Hamburgo, Rohwolt, 1956.
   [3] *Órbita de Lezama Lima,* ed. Armando Álvarez Bravo, La Habana, UNEAC, 1966, pp. 30-31.
   [4] *Interrogando a Lezama Lima,* Barcelona, Anagrama, 1969, p. 11.

guaje y la significación. Y las claves de esa aclaración (vale decir: de la dificultad de aclarar) aparecerían en la novela no en forma directa, sino como una alegoría, precisamente como ese discurso que siempre ha negado la representación directa. *Paradiso*, la alegoría dantesca de lo no representable, de lo que cae más allá del signo y de la representación, es también el título de esta novela [5].

II

Esa teoría de la representación aparece cifrada en las escenas que describen las relaciones de José Cemí con su familia. Más de la mitad de la novela se dedica a mostrar los capítulos de esa experiencia. Cada uno de los miembros de la familia que entra en contacto con el niño, desde Alberto Olaya hasta el tío Demetrio, desde la madre Rialta hasta la Abuela Mela, aporta algo nuevo a su aprendizaje y formación. Pero sin duda el que deja la mayor marca sobre el niño es su padre el Coronel José Eugenio Cemí. No faltan, por cierto, descripciones que muestren al padre como un ser de dotes extraordinarias cuya presencia es una fuente de seguridad y bienestar. Una de las primeras hace notar, por ejemplo, que él «Parecía que empujaba a su esposa y a sus tres hijos por los vericuetos de su sangre revuelta, donde todo se alcanzaba por alegría, claridad y fuerza secreta» [6]. En el segundo capítulo su figura adquiere una dimensión mitológica cuando en ojos de la vieja Mamita aparece como «el dios de las cosechas opimas, que armado de una gran cornucopia inunda las nieblas y las divinidades hostiles» (p. 36). El padre es, claramente, el centro de la familia. Y es tal su presencia desplazadora a lo largo de los primeros seis capítulos que falta poco para que el lector

---

[5] Para un estudio sintético sobre el problema de la representación en el poema de Dante ver la introducción de John Freccero a *The Paradiso,* tr. John Ciardi, Nueva York, New American Library, 1970, pp. 9-21. La lectura alegórica de la novela de Lezama fue primero sugerida por Emir RODRÍGUEZ MONEGAL en «*Paradiso* en su contexto», *Mundo Nuevo* 24 (1968), pp. 40-44, luego recogido en su *Narradores de esta América,* 2.ª ed., Buenos Aires, Editorial Alfa Argentina, 1974, II, 130-141. Posteriormente, Julio ORTEGA ha intentado otra lectura alegórica en «Paradiso», uno de los capítulos de su *La contemplación y la fiesta,* Caracas, Monte Ávila, 1969, pp. 77-116.

[6] La paginación de las citas corresponde a *Paradiso,* edición revisada por el autor y al cuidado de Julio Cortázar y Carlos Monsiváis, México, Biblioteca Era, 1970, p. 19. Más abajo planteamos los problemas de esta edición.

mismo crea que es él, y no su hijo, el personaje principal de la novela.

Pero el desplazamiento del hijo por el padre es algo más que una mera impresión del lector. Lo que se podría llamar el sustrato edípico de la novela aflora tan frecuente y explícitamente que deja de ser sólo sustrato para convertirse en parte íntegra de la caracterización. Edipo es repetidamente aludido, invocado y consignado en referencia al niño Cemí. En la primera escena de la novela (a la que regresaré luego), después del ataque de asma y urticaria, el narrador se refiere a las ronchas que torturan a Cemí con una significativa alusión clásica: «Las ronchas habían abandonado aquel cuerpo como Erinias, *como hermanas negras mal peinadas,* que han ido a ocultarse en sus lejanas grutas» (p. 14). Las Erinias, como se sabe, son las Furias o Eumenides, cuya función, entre otras, era la de castigar a los parricidas. Orestes, por ejemplo, es destruido por las Erinias, como lo es también el propio Edipo cuando desaparece en las grutas sagradas de Colonos. Por sí sola la alusión podría parecer fortuita, si no fuera porque reaparece en el capítulo VI en circunstancias análogas. Cuando el niño Cemí oye de paso a su Abuela Augusta relatar su experiencia de la exhumación de los restos de su padre, el relato le impresiona tanto que esa misma noche él sueña con ser un «general de tropas invisibles» (p. 151) y con portar al hombro el rifle de su padre. La narración del sueño aparece precedida por una introducción explícita: «Esa noche volvieron las pesadillas a cabalgar de nuevo las Erinias» (p. 152). El sentido de esta segunda alusión se refuerza aún más tres páginas después donde el narrador glosa la actitud burlona del Coronel cuando le informan sobre las pesadillas frecuentes de que padece su hijo: «Para no hacer acopio de laberintos, como después, desdichadamente, harían los padres con los hijos, convirtiendo una etapa en un sistema y llevando aquellos presuntos Edipos de bolsillo a enfrentarse con la cara pecosa del psiquiatra y comenzando allí realmente la danza decapitada de horribles complejos» (p. 155).

Todo el capítulo VI de la novela está repleto de escenas que subrayan esta relación incierta entre padre e hijo. Las diferencias los separan, muy a pesar de los deseos a lo contrario del Coronel. En un mismo párrafo, por ejemplo, se yuxtapone al padre que «expansionaba su pecho de treinta años, parecía que se fumaba la brisa, dilataba las narices, tragaba una épica cantidad de oxígeno», con «su hijo de cinco años, flacucho, con el costillar visible, jadeando cuando la brisa arreciaba, hasta hacerlo temblar con disimulo, pues miraba a su padre con astucia, para fingirle la normalidad de su respiración» (p. 137). Esa misma escena muestra el disgusto del padre con la salud precaria del hijo cuando fracasan sus esfuerzos por enseñarle a nadar. Y cuando después intenta curarle el asma con un baño helado, esa desesperada tentativa también termina en desastre. Todas esas diferencias entre padre e hijo se resumen en el contraste inscrito en sus nombres: José Eugenio y José. El del hijo aparece marcado por la ausencia del segundo nombre: Eugenio, *eugenes,* el bien nacido. El hijo no es, no puede ser, el «bien nacido» que sería el padre.

No hay que agregar que es tentadora la interpretación psicoanalítica de estas escenas, pero se trata de llegar a cierto nivel de lectura que a la vez la incluya y la sobrepase. Sí es necesario tener en cuenta los indicios de esa relación incierta. Pues si al principio esas diferencias entre padre e hijo marcaban una distancia infranqueable, la muerte del Coronel acabará causando la incertidumbre total. A la presencia titánica del Coronel se sigue una ausencia aterradora, un vacío cósmico, con su muerte. Cuando José Cemí llega a la enfermería donde reposa el cadáver de su padre lo primero que él nota es «el silencio que rodeaba la habitación». El espectáculo grotesco del cadáver vestido con uniforme de gala le sobrecoge tanto que comienza a desmayarse cuando la mirada fija de Oppiano Licario, quien entra en ese momento, «parecía recogerlo, impedir que perdiese el sentido» (p. 169). Esa frase hecha —*perder el sentido*— que clausura el capítulo VI y toda la primera parte de la novela es menos inocente de lo que parece en este contexto. No significa precisamente que Licario impida que Cemí se desmaye, sino también que de esa manera comienza su misión de recuperarlo de «recoger» el *sentido* mismo, es decir, la razón, el *logos,* que se acaba de dispersar con la muerte del padre.

Porque ¿no es acaso el padre la figura del sentido mismo, el centro, la autoridad, el orden del discurso, la razón de ser? El Coronel es la *columna* que sostiene la familia y que al desaparecer desmorona todo el edificio y deja un vacío, la ausencia de sentido, la ausencia como tal. El Padre no es sino la presencia-en-sí, aquello que garantiza la existencia del sentido y de la representación. ¿No es su muerte un des-centramiento que conmueve todo un sistema de referencia? En el capítulo IX, Rialta le describe a José Cemí su interpretación de esa pérdida con un juego de palabras análogo al que encontramos en la escena anterior: «La muerte de tu padre pudo atolondrarme y destruirme, en el *sentido* de que me quedé sin respuesta, para el resto de mi vivir...» (p. 127; el subrayado es mío). La muerte del padre atolondra el sentido, deja sin respuesta y causa la dispersión. Son los efectos de la pérdida del origen, de la fuente ordenadora de sentido y, por extensión, de aquel foco que podría restringir el juego de la significación. Sin ese foco el sentido se descontrola y el juego se vuelve enloquecedor. Por eso la segunda parte de la frase de Rialta a su hijo explica las consecuencias de esa pérdida en términos hermenéuticos: «...pero yo sabía que no me enfermaría, porque siempre conocí que un hecho de esa totalidad engendraría un *obscuro* que tendría que ser aclarado en la transfiguración que enhala la costumbre de intentar lo más *difícil*» (p. 246; el subrayado es mío). No debe ser descontado que estas palabras están dirigidas al hijo aprendiz de poeta, pues ellas encierran toda la alegoría de la significación que plantea la lectura de la novela. «Siempre he soñado», continúa Rialta en su diálogo con Cemí, «que ésa sería la causa profunda de tu testimonio, de tu dificultad intentada como transfiguración de tu respuesta» (p. 246).

A la ausencia de respuesta de la madre, a la dispersión y oscuridad que surge tras la desaparición del centro de la familia, debe seguir la dificultad intentada por el hijo como transfiguración. Es decir, como la transformación, en todo su sentido teológico, del hijo en el padre, como encarnación del mismo sentido, del mismo foco de organización que la muerte ha descentrado. El descentramiento engendra «un obscuro», la dificultad semántica que debe ser aclarada o descifrada por medio de una recuperación del centro perdido, una restitución exacta del padre desaparecido. Pero habría que cuestionar inmediatamente si esa transfiguración con la que sueña la madre puede en verdad llegar a realizarse, si el hijo puede en efecto llegar a realizarse, si el hijo puede en efecto llegar a coincidir con el padre; si el testimonio puede convertirse en lo testimoniado, si la recuperación del centro perdido puede en verdad restituir el mismo centro, o si, por lo contrario, esa tentativa estaría de antemano condenada a producir siempre otro centro marcado por esa pérdida original: un centro repetido o des-centrado, una suerte de no-centro en el que nunca sería posible la presencia-en-sí [7].

---

[7] Para esta posición teórica véase Jacques DERRIDA, «La Structure, le signe et

Fatalmente, tanto José Cemí como todo el proceso de la novela aparecen marcados por esa postergación de la presencia. Porque todas esas diferencias que vimos separan al hijo del padre junto con la progresiva pérdida del sentido que culmina con la muerte de este último ya habían sido de alguna manera anunciadas en la misma primera escena con que abre la novela. Al ataque de asma y urticaria del niño que ocurre en ausencia de sus padres, la criada Baldovina primero acude desesperadamente con fricciones de alcohol. Pero cuando fracasan sus esfuerzos por borrar las ronchas del cuerpo e impedir la asfixia, recurre a otro remedio que ella descubre accidentalmente. Al acercar al cuerpo del niño un candelabro encendido, unas gotas de cera derretida caen sobre las ronchas y las cubren momentáneamente: «El niño se dobló sobre la cama, una gruesa gota de esperma se solidificaba sobre su pecho, como si colocase un hielo hirviendo sobre aquella ruindad de ronchas, ya amoratadas» (p. 10). Pero la erupción resulta ser impermeable a ese tratamiento accidentado a pesar de que Baldovina lo continúa: «Cayeron más gotas de esperma sobre el pequeño cuerpo. Encristaladas, como debajo de un alabastro, las espirales de ronchas parecían detenerse, se agrandaban y ya se quedaban allí como detrás de una urna que mostrase la irritación de los tejidos. Al menor movimiento del garzón, aquella caparazón de esperma se desmoronaba y aparecían entonces nuevas, matinales, agrandadas en su rojo de infierno, las ronchas...» (p. 11). Esas gotas de cera derretida, esas «espermas» que caen sobre el cuerpo del niño con el fin de borrar la proliferación de ronchas, equivalen a gotas de sabiduría, de sentido pleno, de patria potestad, de Presencia, que ahora se malgastan, se dispersan, se diseminan en un desperdicio insano— «espermas» que no pueden llevar a cabo ninguna insemi-nación—. El juego implícito de la sinonimia entre *esperma* (gota de cera derretida) y *esperma* (líquido seminal) es lo que permite esta asociación metafórica. Esas espermas provienen de una vela encendida, de una especie de falo presencial que ilumina la primera escena en ausencia del padre y que permite ver bien al que no es «bien nacido» para limpiarlo de sus marcas. Y sin embargo, no sólo acaban desmoronándose las espermas en su fatídica limpieza, sino que causan un efecto contrario al que

le jeu dans le discours des sciences humaines», en *L'Écriture et la différence*, París, Seuil, 1967, pp. 409-428. Una interesante aplicación de ésta y otras posiciones de Derrida la realiza Severo SARDUY, *Barroco*, Buenos Aires, Sudamericana, 1974.

se les destina cuando agrandan en su «rojo de infierno, las ronchas». En esa diseminación que inaugura a *Paradiso* es justamente un *infierno* de ronchas lo que es llamado a cancelar toda posibilidad de sentido pleno, toda posible unión con el padre, que el título de la novela podría prometer. Acaso este corto circuito fálico, esta castración velada, prefigure el otro que ocurre al final del capítulo IX después del célebre diálogo sobre homosexualismo entre Cemí, Foción y Fronesis y que serviría de emblema para toda la novela. La visión carnavalesca de «un enorme falo, rodeado de una doble hilera de linajudas damas romanas» (p. 288) también termina eliminando, castrando, ese mismo falo central cuando el exceso de los otros adornos de la carroza usurpan el trono y éste acaba perdiéndose entre la muchedumbre de significantes accesorios.

Estas escenas anuncian nada menos que una teoría del texto, las razones por las cuales la lectura de *Paradiso* posterga siempre cualquier sentido totalizador que intente explicarla. Ofrecen una poética de la oscuridad semántica como la dificultad de la transfiguración del hijo en el padre, de la copia imperfecta en el original, de la repetición en la presencia-en-sí, y de la imposibilidad de que los dos puedan coincidir en algún espacio o momento. Vale decir, ofrecen una teoría de la escritura. No en balde el capítulo II comienza con una escena que apunta explícitamente hacia esta teoría. Al salir una mañana de la escuela del campamento donde vive su familia, José Cemí traza con una tiza una serie de signos a todo lo largo de un paredón de fusilamiento. Cuando llega a un extremo del paredón allí le espera una multitud que, a manera de coro griego, le acusa de haber cometido varios crímenes. Le gritan: «Éste es ... el que pinta el paredón. Éste es ... el que le tira piedras a la tortuga que está en lo alto del paredón y que nos sirve para marcar las horas, pues sólo camina buscando la sombra. Éste nos ha dejado sin hora y ha escrito cosas en el muro que trastornan a los viejos en sus relaciones con los jóvenes» (p. 26). La escena de la escritura ha de ser precisamente esa destrucción del tiempo, un «dejar sin hora» que se inscribe y repite en un paredón que aparece aquí como una página de la muerte; ese trastorno de jerarquías por el que el hijo logra separarse de la autoridad. La escritura será, en fin, un hijo pródigo que no regresa jamás [8].

---

[8] Véase Jacques DERRIDA, «La pharmacie de Platon», en *La Dissémination*, París, Seuil, 1968, para una lectura de esta imagen en el texto filosófico.

Pero si, en efecto, la alegoría de *Paradiso* llega a incluir una teoría del texto, una meditación sobre la escritura, eso significaría también que la textura misma de la novela, es decir, su propia escritura, los signos materiales que la componen, están implicados en ese juego. Esta teoría del texto hace a la textualidad de *Paradiso* otro cómplice más en el parricidio y su complicidad entonces obligaría a considerar el texto mismo de la novela, incluyendo especialmente el de la primera edición cubana y todo lo que implica su lectura.

III

No es la primera vez, por cierto, que se invocan las peculiaridades de la primera edición en referencia a la novela. Hasta hoy la discusión se ha planteado a un alto nivel gracias a dos célebres escritores hispanoamericanos contemporáneos. Julio Cortázar, en un fervoroso artículo sobre Lezama de 1966, luego recogido en *La vuelta al día en ochenta mundos,* ya había aludido a esa edición de *Paradiso* con una mezcla de admiración y misericordia [9]. Algo distinta había sido la reacción de Severo Sarduy en un artículo posterior publicado por primera vez en 1968 que después formó parte de *Escrito sobre un cuerpo* [10]. Es curioso que en ambos casos la atracción de la primera edición consistiera principalmente de sus anomalías ortográficas y tipográficas. Cortázar, por ejemplo, se había referido concretamente a «las incorrecciones formales que abundan» en la prosa de Lezama, y a lo «mal cuidadas tipográficamente» (p. 50) que suelen estar las ediciones de sus libros. Advertía Cortázar entonces que esas extravagancias ortográficas podrían distraer otros niveles de lectura:

El hecho incontrovertible de que Lezama parezca decidido a no escribir jamás correctamente un nombre propio inglés, francés o ruso, y de que sus citas en idiomas extranjeros estén consteladas de fantasías ortográficas, induciría a un intelectual rioplatense típico a ver en él un

---

[9] Julio CORTÁZAR, «Para llegar a Lezama Lima», *Unión,* La Habana, 5 (1966), pp. 36-61. La paginación de nuestras citas corresponde a la reimpresión de *La vuelta al día en ochenta mundos,* 6.ª ed., México, Siglo XXI, 1972, pp. 41-81.

[10] Severo SARDUY, «Dispersión / falsas notas. Homenaje a Lezama», *Mundo Nuevo* 24, 1968, pp. 7-17; y en *Escrito sobre un cuerpo,* Buenos Aires, Sudamericana, 1969, pp. 61-89.

no menos típico autodidacta de país subdesarrollado, lo que es muy exacto, y a encontrar en eso una justificación para no penetrar en su verdadera dimensión, lo que es muy lamentable (p. 50).

Severo Sarduy, por su parte, parece haber respondido oblicuamente a las advertencias de Cortázar cuando defendió esa práctica del error que se transparenta en la primera edición:

Hablar de los errores de Lezama —aunque sea para decir que no tienen importancia— es *ya* no haberlo leído. Si su Historia, su Arqueología, su Estética son delirantes, si su latín es irrisorio, si su francés parece la pesadilla de un tipógrafo marsellés y para su alemán se agotan los diccionarios, es porque en la página lezamesca lo que cuenta no es la veracidad —en el sentido de identidad con algo no verbal— de la palabra, sino su *presencia dialógica,* su espejeo. Cuenta la textura *francés, latín, cultura,* el valor cromático, el estrato que significan en el corte vertical de la escritura, en su despliegue de sapiencia paralela [11].

Si se mencionan estas lecturas ahora no es tanto para subrayar una confrontación polémica entre Cortázar y Sarduy que yace implícita hace años, como para destacar un síntoma que padece toda lectura de *Paradiso.* No es necesario aclarar que tanto Cortázar como Sarduy escriben sobre Lezama desde una perspectiva positiva en trabajos que constituyen, de hecho, respectivos homenajes. Pero a pesar de esta perspectiva aflora en ambos un gesto común que los define: una resistencia a las anomalías de escritura como meros errores, como algo accesorio o risible que no entabla ninguna función con otros aspectos de la novela. Es cierto que la lectura de Sarduy defiende esta interpretación, pero a pesar de las claras alusiones y por la naturaleza de su trabajo (él mismo un ensayo de «Dispersión» y «falsas notas») no la llega a elaborar [12]. Cortázar sí llega al extremo de atribuir los errores del texto a los efectos del subdesarrollo económico y los ve más bien como accidentes o descuidos; en fin,

---

[11] *Escrito sobre un cuerpo,* p. 63.
[12] Sarduy sí incluye como epígrafe a su trabajo una importante cita del propio Lezama que sugiere esta defensa: «Los que detienen, entresacándolas de sus necesidades y exigencias poéticas, los errores de los animales que gustaba aludir el cordobés, creyendo que las tomaba de Plinio el Viejo, como hablar de las escamas de las focas, olvidan que esas escamas existían para los reflejos y deslizamientos metálicos sumergidos que él necesitaba». La cita proviene del ensayo «Sierpe de don Luis de Góngora» incluido en *Analecta del reloj,* La Habana, Orígenes, 1953, p. 187.

como otras pobres memorias del subdesarrollo. No es casual, por eso, que las buenas intenciones de Cortázar hayan llegado a suscitar otra edición de *Paradiso* que hasta cierto punto ha desplazado la primera. Me refiero a la publicada en 1968 por Biblioteca Era de México, cuyo epígrafe editorial reza: «revisada por el autor y al cuidado de Julio Cortázar y Carlos Monsiváis». Como fue la primera edición de la novela que logró burlar el bloqueo contra Cuba, ésta ha disfrutado de una gran difusión, y es, por cierto, la que ha servido de base para la traducción al inglés recién realizada por Gregory Rabassa [13]. Las correcciones de la nueva edición han sido considerables: se ha insertado otra puntuación, se ha corregido la ortografía y se han restituido al original, con pocas excepciones, las citas extranjeras. Es decir, se ha re-escrito el texto según las advertencias de Julio Cortázar.

Sería interesante saber hasta qué punto la revisión de Lezama coincidió con los cuidados de Cortázar y Monsiváis. Porque lo que justamente se trata de preguntar ahora es ¿qué significa «revisar» un texto?, ¿qué quiere decir estar «al cuidado» de una edición? La crítica recién ha comenzado a hacerse este tipo de preguntas [14]. Y en el caso de *Paradiso* no son éstas menos necesarias por ser indiscretas. Esa re-escritura de la edición cubana representa nada menos que los esfuerzos de una lectura que busca la totalización, la edición definitiva que entregue el texto más asequible de la novela. La totalización borra errores, erratas y descuidos y los sustituye con un texto concebido como correcto, limpio y fiel. Pero hasta qué punto es válida esta revisión totalizadora, aun si la perpetúa el propio Lezama en una lectura retrospectiva, es lo que habría que cuestionar. ¿Se puede revisar un texto como el de *Paradiso*? ¿Se pueden «cuidar» sus ediciones?

Una manera de ilustrar los límites y peligros de estas empresas sería comparar un pasaje de la novela tal como aparece en la

---

[13] *Paradiso,* tr. Gregory Rabassa, Nueva York, Farrar, Straus & Giroux, 1974. Los editores incluyen la siguiente nota: «This translation is based on the Biblioteca Era edition which incorporated the author's revisions, and the editorial suggestions of Julio Cortázar and Carlos Monsiváis.»

[14] Como las plantea, por ejemplo, Edward W. SAID, *Beginnings: Intention and Method,* Nueva York, Basic Books, 1976, pp. 189-276. Una meditación crucial, de fundación, sobre este gesto en el contexto de las letras hispanoamericanas la realiza Roberto GONZÁLEZ ECHEVARRÍA, «José Arrom, autor de la *Relación sobre las antigüedades de los indios* (picaresca e historia)», recogido en su *Relecturas: estudios de literatura cubana,* Caracas, Monte Ávila, 1976, pp. 17-31.

primera edición cubana con la versión del mismo pasaje en la edición mexicana. Los resultados de esa comparación nos dicen mucho sobre el texto de *Paradiso.*

Acaso el pasaje ideal para ese efecto sea el que aparece a mediados del capítulo XI durante una de las caminatas nocturnas de José Cemí por las calles habaneras. Al llegar a una esquina, Cemí divisa a lo lejos a Foción echando una perorata, o como se diría en Cuba una «descarga», en compañía de *El Pelirrojo,* su amante de turno. En su borrachera, Foción delira sobre los orígenes etimológicos del homosexualismo en Egipto y Grecia cuando de pronto cambia el tema de la conversación:

Foción hizo una pausa. —Se trata tan solo de lo que los retóricos medievales llamaban un metaplasma exagerado, dijo cambiando bruscamente el desarrollo temático, por esa burlesca referencia. —El *pelirrojo* aprovechó la ocasión para levantarse y dirigirse al mengitorio.
Nos burlamos de la ortografía de la naturaleza, y caemos en la anástrofa y en lugar de rumor enemigo decimos enemigo rumor. Todos estos retóricos se rebelan contra la ortografía de la cipriota diosa, como si fueran unos celtas brumosos. La anástrofa recuerda la anía del rey egipcio Anubis, como la golorrea no tiene que ver nada con la gonorrea.
Cemí observó que *El pelirrojo,* al salir del mengitorio, muy cautelosamente, sin mirar a Foción, se retiró por el sitio opuesto donde estaba sentado el peligroso endemoniado. Cemí no hizo ningún comentario, pero viendo Foción que pasaba el tiempo y no regresaba *El pelirrojo,* le hizo una seña a Cemí para que se acercara y en el tono más bajo de su voz le fué diciendo: —Tiene un Edipo tan tronado, que su madre me llama incesante para calmarse y huirle... *(sic)* [15].

En la edición revisada el mismo texto aparece de la siguiente manera:

Foción hizo una pausa. —Se trata tan sólo de lo que los retóricos medievales llamaban un metaplasma exagerado— dijo cambiando bruscamente el desarrollo temático por esa burlesca referencia. El pelirrojo aprovechó la ocasión para levantarse y dirigirse al mingitorio.
—Nos burlamos de la ortografía de la naturaleza, y caemos en la anástrofa y en lugar de rumor enemigo, decimos enemigo rumor. Todos estos retóricos se rebelan contra la ortografía de la cipriota diosa, como si fueran unos celtas brumosos. La anástrofa recuerda la anía del rey egipcio Anubis, como la golorrea no tiene nada que ver con la gonorrea.
Cemí observó que el pelirrojo, al salir del mingitorio, muy cautelo-

---

[15] *Paradiso,* La Habana, Ediciones Unión, 1966, p. 471.

samente, sin mirar a Foción se retiró por el sitio opuesto donde estaba sentado el peligroso endemoniado. Cemí no hizo ningún comentario, pero viendo Foción que pasaba el tiempo y no regresaba el pelirrojo, le hizo una seña a Cemí para que se acercara y en el tono más bajo de su voz le fue diciendo:
—Tiene un Edipo tan tronado, que su madre me llama incesantemente para calmarse y huirle... (p. 375).

¿Cuáles son las correciones que introduce la nueva edición y que nos revelan las diferencias entre las dos versiones? El primer párrafo de la versión mexicana agrega un acento, sustituye comas por los dos guiones para definir el paréntesis del narrador y suprime uno para indicar que es él el que habla. También se corrige aquí y en el tercer párrafo la ortografía de *mingitorio*. El segundo párrafo agrega otro guión para indicar que Foción continúa hablando. Por último, el tercer párrafo elimina la mayúscula y el subrayado de *El pelirrojo* y suprime un acento. Se comprueba, entonces, que las correcciones tienen el propósito de aclarar el sentido del pasaje. Y sin embargo apenas leemos el texto comprobamos también que algunas de la supuestas correcciones de la versión revisada limitan las posibilidades de interpretación en la versión original. Por ejemplo, en el primer párrafo los nuevos guiones eliminan la posibilidad de que la frase «esa burlesca referencia» sirva de cláusula adverbial que modifica el participio «exagerado», lo cual es posible en la primera versión por el uso ambiguo de las comas. Es decir, que se elimina la posibilidad de que la oración también diga: «un metaplasma exagerado [...] por esa burlesca referencia». Por lo mismo, el guión suprimido elimina la posibilidad de que sea Foción o Cemí el que comunique al otro las acciones del *Pelirrojo*. De la misma manera que cuando se añade un guión en el segundo párrafo el nuevo signo impide leer éste como una observación del narrador, lo cual es enteramente posible en la versión original. Pero aun si aceptáramos todas estas revisiones, ¿no se violaría entonces lo que justamente critica la tesis de este pasaje? ¿No serían de hecho revisiones de un texto que se opone al principio mismo de revisión?
En el pasaje se mencionan dos figuras retóricas: el metaplasmo [16] y la anástrofa. El metaplasmo no es otra cosa que el barbarismo (la mala ortografía) que se permite por licencia poética; la

---

[16] El *Diccionario de la lengua española* (19ª ed.) indica que la ortografía «correcta» es *metaplasmo*. La edición revisada no se percata de este otro «error».

anástrofa es la inversión «del orden normal de dos palabras inmediatamente sucesivas» [17]. Es decir, la anástrofa es un hipérbaton limitado a dos palabras. Tanto el metaplasmo como la anástrofa son tropos que justifican la retórica del «error» (ya sea de ortografía o de sintaxis) en todo texto literario. Y por eso en el segundo párrafo se inserta un comentario (de Foción, de Cemí o del narrador) que apoya el uso de la anástrofa, de la inversión, como en el caso de los giros «enemigo rumor» y «cipriota diosa». Pero que esa inversión retórica sea repetidamente consignada a lo largo del párrafo como un tipo de ortografía («la ortografía de la naturaleza», «la ortografía de la cipriota diosa») constituye ya de por sí otro «error» (pues la categoría «correcta» sería sintaxis). Y ese «error» no hace sino subrayar que la mala ortografía es el verdadero tema de discusión. La última oración del segundo párrafo termina este argumento planteando una homología entre el metaplasmo y la anástrofa por la cual los términos se relacionan paradójicamente: *golorrea* es y no es *gonorrea* (porque el primer término está mal escrito, es un metaplasmo) al igual que *anástrofa* es y no es ni *anía* ni *Anubis* (aunque el primero suene como los otros dos, aunque los «recuerde»).

Que «enemigo rumor», uno de los ejemplos citados de anástrofa, sea también el título de uno de los libros de poesía de Lezama no debe sorprender ya porque todo el pasaje no es sino un autocomentario de su escritura. El pasaje, en efecto, está más allá de toda revisión posible porque su retórica (habría que hablar de su «erótica») rechaza por adelantado tanto la posibilidad de la errata —justificada por el metaplasmo— como la posibilidad de la inversión errónea —porque ésta siempre se puede ver como un tipo de anástrofa. Todo error se podrá justificar por

---

[17] Heinrich LAUSBERG, *Manual de retórica literaria,* tr. José Pérez Riesco, Madrid, Gredos, 1966, II, 161. Quintiliano limita la anástrofa «Verum id cum in duobis verbis fit, *anastrophe* dicitur, reversio quaedam» en *The Institutio Oratoria of Quintilian,* tr. H. E. Butler, Cambridge, Mass., Harvard University Press, 1920, p. 336. En cuanto al metaplasmo, Lausberg lo define como «la desviación de la correcta composición fonética de la palabra tolerada por razón del *ornatus*», II, 24. En otro manual se leen estas definiciones: «*Metaplasm* [...] Greek, 'to mold into a new form'. Moving from their natural place the letters of syllables of a word»; y también: «*Anastrophe* [...] Greek, 'turning back'. Kind of hyperbaton: unusual arrangement of words or clauses within a sentence», en Richard A. LANHAM, *A Handlist of Rhetorical Terms,* Berkeley, University of California Press, 1968, p. 66 y p. 134.

medio de estos tropos, lo cual hace todo intento de revisión ulterior un ejercicio inútil. El pasaje pide, entonces, que «solo» y «fue», «mengitorio» y *«El pelirrojo»* se puedan escribir así como están —con y sin acentos, con una *e* inventada, con mayúscula y subrayado, respectivamente— porque son metaplasmos, barbarismos justificados del texto, *abusos* de la ortografía. El pasaje marca un punto ciego de la novela, algo como el ombligo del texto, el momento en el que todas las faltas y erratas, las citas erróneas y las inversiones gramaticales vienen a justificarse, finalmente, por una retórica propia, una licencia poética que abre el juego de la indeterminación, que es también la licencia de la muerte. Es decir, la muerte del sentido, de la razón que necesita revisar y determinar. Porque lo mal escrito ya no podrá ser determinado como «malo». Ni siquiera el propio Lezama tendrá suficiente *autor*-idad sobre el texto que como un niño «malo» Cortázar quiso «cuidar». Cuidar, *cogitare*, pensar. Lo que no se permite es «pensar» el texto, de la misma manera que la desaparición del padre hizo «perder el sentido».

Porque es justamente la ausencia del padre lo que permite no sólo el juego como tal sino el juego de escribir mal. No es casual, por ejemplo, que sea durante un juego de yaquis en el capítulo VII (pp. 173-175) que Rialta, en unión de sus tres hijos, logra reconstruir una visión del Coronel, confirmando así su ausencia (su sustitución) por la imagen. Como tampoco es casual que inmediatamente después del pasaje que acabamos de estudiar Foción continúe discutiendo con Cemí los problemas edípicos del *Pelirrojo*. Una vez más, lo que se entabla es una equivalencia entre el juego de la indeterminación textual, de lo mal escrito, con la dificultad de la transfiguración del hijo en el padre. Cada errata será un momento del parricidio. Porque escribir mal constituye la repetición que tampoco logra coincidir con un original «correcto» o «bien nacido». En *Paradiso* cada errata representará un momento de diseminación, es decir, de un movimiento de diferenciación que interrumpe la identidad simple de cualquier término consigo mismo, el gesto por el que se fractura la unidad o presencia-en-sí del texto y que impide que su sentido pueda ser teleológicamente determinado o reducido a un simple querer decir. Y si, como las erratas, las citas extranjeras también están, según Cortázar, «consteladas de fantasías ortográficas», ellas mismas se convierten en momentos de diseminación, de indeterminación textual, en lugares en que se repite mal la tradición cultural como padre. La tradición como padre muere en la «mala» escritura; el padre muere cuando se cita mal.

Todo este juego, toda esta palabrería, ¿no estaban ya anticipados desde la primera escena de la novela? ¿No son todas estas erratas, todas las inversiones de sintaxis, todas las malas citas ellas mismas ronchas («Como Erinias, *como hermanas negras mal peinadas*»), que afloran y cunden en el texto, que lectores cuidadosos tratan de borrar o de tapar, pero que fatalmente terminan causando un infierno de irritación, de lectura diseminada? Hacia el final de esa misma primera escena, Baldovina se había referido a esas ronchas malignas, como un «mal de lamparones que se extiende como tachaduras, como los tachones rojos del flamboyant» (p. 13). Esas citas erróneas (mal escritas y mal atribuidas), esas erratas son también tachaduras, palabras, citas tachadas, vaciadas de sentido, burladas, *choteadas* por el espejismo de la escritura [18]. No es todo *Paradiso* desde el mismo título, una cita tachada o, mejor dicho, *la* cita tachada? ¿un *Paradiso* sin Dante? ¿una *Comedia* cubana? La lógica de este escándalo se resume con una sintaxis borgiana: Lezama no pudo escribir *Paradiso* sin erratas. El sistema de su texto lo exige. Habría que travestir la frase de Lautréamont: las erratas son necesarias.

IV

Los extremos de esta lógica escandalosa, de esta «mala» citación, se extienden desde el título mismo hasta dos escenas cruciales que aparecen en el último capítulo. La primera de éstas es la muerte de Oppiano Licario. No es necesario subrayar, por cierto, que Licario llega a representar en la novela el poder mismo de la cita, una encarnación alucinante de la biblioteca.

---

[18] No sería fortuito acercar al texto de Lezama la «Indagación del choteo» de Jorge Mañach, una conferencia de 1928 que examina y critica esta versión cubana de la burla y la parodia. La comparación sería especialmente interesante a la luz de la polémica que una vez sostuvieron los dos autores. Para un breve repaso de la misma véase mi «Lezama, Vitier y la crítica de la razón reminiscente», *Revista Iberoamericana,* 92-93, 1975, pp. 535-537. Fragmentos de la conferencia de Mañach se publicaron por primera vez en *Revista de Avance* 3 (15 de octubre, 1928), p. 276, y posteriormente por La Habana, Ediciones La Verónica, 1944. Al compararse los dos textos se vería que *Paradiso* representa, en parte al menos, la vindicación textual de la «irrespetuosidad», «perversión», «risa sin rumbo», «desorden», «negación de jerarquías», «desprestigios», «diversiones», «desparpajos» y «parejerías» que Mañach critica en su opúsculo.

Su nombre mismo es un collage de citas que el narrador explica laboriosamente en el capítulo XII. En el último capítulo se ilustran con lujo de detalles sus manías para la alusión y el juego intertextual, sucesivamente, durante una comida con su familia y en la narración de un olímpico examen de historia en el que derrota una a una las preguntas inverosímiles de sus interrogantes con sus no menos inverosímiles respuestas. «Las situaciones históricas eran para Licario», explica el narrador en el último capítulo, «una concurrencia fijada en la temporalidad, pero que seguían en sus nuevas posibles combinatorias, su ofrecimiento de perenne surgimiento en el tiempo» (p. 460) [19]. Esta explicación en efecto justifica no sólo las citas sino también la recreación apócrifa de las mismas, precisamente la misma práctica que vemos a todo lo largo de la novela. No en balde en esa escena de muerte vemos a Licario no sólo morir citando, sino citando mal:

Pudo sentarse con brevedad, y decir tres veces la frase de Descartes, que recordaba con misteriosa violencia desde la niñez, después de lo cual se le vio sonreir como quien empata un final de torre y caballo: *Davum, Davum esse, non Oedipum...* Quiso de nuevo repetir la frase de Descartes, pero sólo le alcanzaba el aliento para el final, repitiendo entrecortado pero juntando las sílabas cuando lograba anudar el aliento: *Non Oedipum, Non Oedipum* (p. 480).

La cita, que no está corregida (por suerte) en la versión «revisada» de la novela, se atribuye erróneamente a Descartes, aunque este error sólo sea parcial. En realidad proviene del primer acto de *Andria,* una de las obras más famosas de Terencio, en la que el esclavo Davos persuade a su amo a que se reconcilie con sus padres después de la disputa familiar [20]. La frase de Terencio

[19] Esta sentencia del narrador resume el concepto lezamesco de «las eras imaginarias». Véase *Las eras imaginarias,* Madrid, Editorial Fundamentos, 1971.

[20] TERENCE, *The Lady of Andros, The Self Tormentor, The Eunuch,* tr. John Sargeaunt, Cambridge, Mass: Harvard University Press, 1959, p. 22. Menos afortunada ha sido la traducción al inglés que «restituye» todo el pasaje: «He was able to sit up briefly and repeat three times the phrase of Terence, which came back to him from childhood with mysterious suddenness, after which he was seen to smile the smile of a man who wins a draw on a rook-and-knight pronging: *Davus sum, non Oedipus* [..] He tried to repeat the phrase from Terence again, but he only had breath enough for the end, repeating it, faltering, but gathering together the syllables when he managed to collect his breath again: *Non Oedipus, Non Oedipus...*», *Paradiso,* tr. Gregory Rabassa, p. 457.

es un lugar común de la fidelidad en contra de la traición; del amor filial en contra del parricidio. Pero si se fatigan las obras completas de Descartes también se encontrará esta frase citada, aunque no exactamente por el propio filósofo. Aparece en la primera de las *Objections et réponses aux Meditations de Première Philosophie* (1641) escrito por diversos autores e incluido como apéndice a las *Meditations,* donde se trata de refutar las ideas de Descartes [21]. El autor de la primera objeción fue un desconocido sacerdote llamado Catero quien intentó refutar el argumento cartesiano de que las ideas necesitasen causas, y aún menos la idea misma de Dios. La cita de Terencio aparece cuando él resume: «Es, por tanto, una verdad eterna que no requiere ninguna causa. Un bote es un bote y no otra cosa; *Davus est Davus et non Oedipus*» [22]. Es evidente que Catero cita la frase fuera de contexto y por lo tanto cambia su sentido. (También la cita mal.) En su texto, ésta deja de ser un lugar común de la fidelidad y sirve como prueba de la inutilidad del causalismo.

En su lecho de muerte Licario no hace más que continuar ese gesto burlesco de Catero, sólo que llevándolo a sus consecuencias alucinantes. Atribuirle a Descartes una frase citada por uno de sus refutadores es ya un escándalo de por sí. Pero que sea Descartes precisamente la víctima de esa «mala» cita es aún más grave. En boca de Descartes la cita de Terencio explicita lo que sólo yacía latente en el texto del racionalismo filosófico. Una vez citado por Licario, ese lugar común de la fidelidad se convierte en una desesperada apología del *cogito* cartesiano como defensa de Dios y servicio al padre, en vez del cuestionamiento de la autoridad y arma del parricidio que a la larga resultó ser. La imagen de Descartes que otorga esta frase es la de un parricida *malgré lui.* Con la cita de Terencio, Licario vislumbra el nacimiento de la modernidad como un momento histórico atormentado por remordimientos parricidas, lo cual equivale a sacudir toda la seguridad subjetiva que aparenta el *cogito ergo sum.* La burla intertextual de Licario es como un último chiste, un golpe de gracia atestado a la Historia, una conquista absoluta de la

---

[21] Las *Objections et Réponses* forman el apéndice a *Les Méditations,* e incorporan seis refutaciones por Catero, sacerdote de Alkmaar, el padre Mersenne, Thomas Hobbes; el padre Arnauld y Pierre Gassendi. La sexta y última refutación la aportan autores no especificados. A cada refutación le sigue una respuesta del propio Descartes. Véase René DESCARTES, *Oeuvres et lettres,* ed. André Bridoux, París, Pléiade, 1958, pp. 253-547.

[22] *Ibid.,* p. 337 (la traducción es mía).

cultura por medio de la «mala» cita. Pero el chiste es también un abismo. Que la cita de Terencio aparezca mal citada en boca de Licario, que él la repita vertiginosamente como si sólo tuviese acceso al momento secundario de la repetición y, por último, que también acabe desmembrándola, diseminándola con su último aliento, de manera que apenas surja una negación de Edipo, demuestra como una suerte de combate a muerte entre su propio remordimiento de parricida y los recursos heroicos de esa misma repetición. Más que eso, al incluir a Edipo en una cita, en una «mala» cita, Licario logra, en sus últimos momentos, el alucinante artificio de una cita que se asesina a sí misma, una especie de autoparricidio en el que se elimina al Rey del juego (de ajedrez): «como quien empata un final de torre y caballo». Licario, El Ícaro, hijo de Dédalo, cuyas alas de cera también se derriten, cuyas espermas también se diseminan cuando asume el reto imposible de ser uno con el sol, su verdadero padre, muere citando mal, muere incitando un eclipse.

El último gesto de Licario es crucial para comprender la otra escena, la última de la novela. José Cemí aparece en una cafetería adonde ha ido después del velorio de Oppiano Licario y de leer el poema-testamento que éste le ha legado. Cuando un conserje golpea con una cucharilla su vaso de café con leche, ese tintineo le hace recordar las palabras que Licario le había dirigido durante un rito que aparece narrado al final del capítulo XIII: «Era la misma voz, pero modulada en otro registro. Volvía a oir de nuevo: ritmo hesicástico, podemos empezar» (p. 490). Como ha notado Rodríguez Monegal, más que un nuevo recuerdo durante un rito que aparece narrado al final del capítulo frase de Licario [23]. Pero apenas cotejamos los dos momentos de la frase —primero en boca de Licario en el capítulo XIII y en la cita posterior— nos damos cuenta que Cemí cita mal a Licario. Licario había dicho antes: «Estilo hesicástico [...] entonces podemos ya empezar» (p. 44). Al citar la frase, Cemí suprime dos palabras («Entonces» y «ya») y sustituye «estilo» por «ritmo»: «ritmo hesicástico, podemos empezar».

La importancia de esta «mala» cita radica no tanto en su función de contenido como de forma. Porque por ello se demuestra precisamente que lo que Cemí aprende de su maestro Licario es el arte de citar mal, de repetir el original con cambios,

[23] Emir RODRÍGUEZ MONEGAL, «*Paradiso:* una silogística del sobresalto», *Revista Iberoamericana,* 92-93, 1975, p. 527.

de cuestionar la autoridad y la anterioridad sin remordimientos: de ser Edipo sin complejo. Licario impide que Cemí «pierda el sentido» haciéndole crear un nuevo sentido, haciéndole ver la repetición no como un defecto, no como un error o una anomalía, sino como el fundamento mismo del mundo. En vez de presentar, Cemí representa. Y esa repetición como estructura del mundo y de la conciencia incluye especialmente al ser como hijo, es decir, al hijo como repetición descentrada del padre, como descentramiento del origen. Ser hijo, ser copia diferente al original, no ser «bien nacido», tener ronchas, citar mal, escribir mal, parece haber dicho Licario, no es un crimen. El parricidio no sólo es inevitable, sino que lo perpetuamos a cada instante. Somos siempre ya parricidas. Por eso el poema que le deja Licario a Cemí termina con un verso tan revelador: «Vi morir a tu padre; ahora, Cemí tropieza» (p. 489). El verso final no es un condolido testimonio de la desaparición del padre sino todo lo contrario: Una última confirmación definitiva de su muerte por el único que la atestiguó. Cemí «tropieza» como tropieza el patituerto Edipo, sólo que no para cegarse sino para verse mejor [24]. Esa última cita que anuncia un inevitable comienzo no significa tanto la recuperación de Licario, o siquiera la del padre como la del propio Cemí. De hecho, las últimas palabras, la última cita, parece ser una sutil re-escritura de las últimas palabras de Cristo. Cristo en la cruz había citado un salmo de David para preguntar: «Padre, ¿por qué me has abandonado?»; Cemí en la cafetería cita a Oppiano Licario para afirmar: «Padre, por fin me has abandonado». Porque la acción de empezar siempre implica una ruptura con algo anterior. Se *empieza* algo cuando no se quiere *continuar*. Todo comienzo es un acto de voluntad que incluye la libertad de contradecirse y los riesgos de la ruptura. Se empieza cuando se quiere hacer algo *diferente* de lo anterior. Empezar es hacer *diferencia* [25]. Pero con esa mala cita que cierra la novela Cemí acepta que la diferencia está condenada a ser también un tipo de repetición. Citar significa repetir, pero

[24] De alguna manera el texto mismo prepara la confrontación con ese extraño imperativo del último verso. En el último capítulo de la novela Logakón le confiesa a Licario: «Al lanzar en mi vida a su sobrina, me ha tirado una pimienta tan enceguecedora, que en estos días cada vez que tropezaba con un mueble, o se me perdía mi rostro en el espejo al afeitarme, me comparaba a Edipo tropezando con cactus sicilianos y plátanos atenienses», p. 475.

[25] Para este análisis del concepto de «comienzo» véanse los sugestivos comentarios de SAID, *op. cit.*, pp. 4-5 y 34.

citar mal significa repetir con diferencias. («Era la *misma* voz, pero modulada en *otro* registro»). Más que todo eso, el hecho de que el verbo «empezar» sea parte de la cita de Cemí, no hace sino ilustrar que el comienzo mismo está diseminado desde siempre por la repetición. Citar el verbo empezar constituye una alucinación filosófica tan enloquecedora como lo es, por ejemplo, pronunciar la palabra silencio. El texto reproduce esta paradoja a otro nivel más al hacer este mismo verbo la última palabra de la novela. El comienzo, ese «empezar», dice Cemí con su cita, aunque necesario, nunca puede ser «original» porque es desde siempre una cita, una repetición. En el principio era no el verbo sino la cita. Tanto «empezar», la última palabra de la novela, como *Paradiso,* el título con el que comienza la lectura, son citas; pero son también dos palabras inaugurales que, al ser citadas, provocan un desdoblamiento: la inevitable coexistencia, en un mismo espacio y momento, del origen y la repetición, del comienzo y el paraíso siempre ya corruptos en la cita. El mismo gesto, por cierto, había aparecido en el uso de la palabra Orígenes, el nombre de la más famosa de las revistas que dirigió Lezama, que además de significar una nostalgia de raíces nacionales cubanas, fue también un homenaje a Orígenes (A. D. 184-254), uno de los padres de la iglesia católica.

V

¿Podrá reaparecer lo semejante primigenio?
¿La indistinción caminadora de las entrañas terrenales?
Sólo nos acompaña la imperfecta copia,
la que destruye el aliento del metal ante lo semejante.

J. L. L. «Recuerdo de lo semejante»

Los «errores» de Lezama, de ortografía, de sintaxis o de atribución, no son descuidos cervantinos sino índices textuales de la alegoría misma. Al saberse hijo, al aceptarse a sí mismo como copia imperfecta y repetida del padre, Cemí adquiere un autoconocimiento basado en la pura exterioridad de la imagen como tal sin que un fondo o sentido determinado pretenda dominarla. Así como la errata constituye una transgresión extrema contra la razón, como un grado cero de la significación, la autoridad de Cemí se funda en su diferencia en relación con el padre desaparecido —una diferencia que, como hemos visto, aparece minada por la repetición. Esa tensión dialéctica entre lo mismo y lo otro, hace pensar en Cemí como una figura alegórica del signo moderno. ¿No es ése acaso el dilema mismo de la modernidad: tanto el conflicto como la mutua necesidad de la historia y la creación, el simultáneo rechazo y atracción del pasado y la anterioridad? [26] No en balde el apellido del protagonista, si bien es el nombre dado a los ídolos taínos, también ha hecho pensar a algunos críticos en *sema,* signo o *soma,* cuerpo [27]. Cemí no es sino el signo descentrado que caracteriza a la modernidad y que tuvo en el barroco su primera manifestación textual. El argumento de *Paradiso* ofrece la alegoría de ese descentramiento por el cual los textos se generan a partir de un centro virtual que aparece tachado. La lectura de los mismos no podrá ser la que se podría practicar en otros que no asumen el descentramiento porque no se apoyan ya en una representación directa de la realidad. Si bien el hijo no puede transfigurarse en el padre, el texto tampoco podrá ser fiel imitación. La errata, la roncha textual, será el signo *in extremis* de ese vaciamiento, de esa diseminación. El texto moderno será un poco como esa catedral de Puebla de la que Lezama habla en *La expresión americana* cuya «edificación responde a la búsqueda loyoliana del centro de irradiación...una búsqueda, cierto que un poco tardía, del poder central, del punto de apoyo...» [28]

La autoridad de un texto comienza cuando descubrimos que ha sobrevivido a su autor. Una autoridad textual o imaginaria viene así a reemplazar otra empírica o «viva»: la escritura secundaria desplaza a su productor original. La primera edición de *Paradiso* no hace sino exagerar ese mismo proceso de desplazamiento al producir una escritura defectuosa (como el protago-

---

[26] Véase el ensayo de Paul De Man, «Literary History and Literary Modernity», en *Blindness and Insight: Essays on the Rhetoric of Contemporary Criticism,* Nueva York, Oxford University Press, 1971.

[27] Esta coincidencia parece confirmar el proceso de origen diseminado, de diferenciación, que hemos sugerido. Para la primera interpretación del nombre véase José Juan Arrom, «Lo tradicional cubano en el mundo novelístico de José Lezama Lima», *Revista Iberoamericana,* 92-93, 1975, p. 470, y, por supuesto, el propio Lezama Lima: «Cemí asciende por la piedra de sacrificio a cumplimentar su patronímico de ídolo e imagen», en *Las eras imaginarias,* p. 183. Para la segunda interpretación véase Jean Franco, «Lezama Lima en el paraíso de la poesía», *Vórtice* 1, 1974, p. 32, y Roberto González Echevarría, «Apetitos de Góngora y Lezama», en el ya citado número de *Revista Iberoamericana,* p. 490.

[28] *La expresión americana* [1.ª ed., 1957], Madrid, Alianza Editorial, 1969, p. 74.

nista de la novela) que apunta hacia su propia secundariedad (como el ser hijo). Acaso la clave de todo este proceso la encontremos en «Torpezas contra la letra», una meditación sobre el sentido de la escritura y el más lúcido ensayo de *Tratados en La Habana,* en el que Lezama había sugerido una actitud revolucionaria hacia la cultura y la historia. «Vivimos ya en un momento» dice el ensayo, «en que la cultura es también una segunda naturaleza, tan *naturans* como la primera; el conocimiento tan operante como un dato primario. El extremo refinamiento del verbo poético se vuelve tan primigenio como los conjuros tribales» [29]. Esta íntima compenetración del hombre con la cultura, como si ella misma fuese una naturaleza al cuadrado, algo que en otros textos Lezama ha llamado la «sobrenaturaleza», resume el último gesto de José Cemí. La auto-compenetración que acepta la exterioridad del signo y del ser como tal marca la entrada de Cemí en la sobrenaturaleza y fija su exaltada fe en la escritura. Como en Pascal, como en *Trilce,* textos con los que *Paradiso* tiene no pocas afinidades, la orfandad resulta ser menos una nostalgia del sentido que la afirmación, «la aventura sigilosa», de la nueva representación.

Pero, ¿qué era el padre, ¿cuál era el juego? ¿No fue un italiano el que escribió un título parecido?

Cornell University

[*Modern Language Notes,* n.º 94, 1979, pp. 343-365.]

---

[29] *Tratados en La Habana* [1.ª ed., 1957], Santiago de Chile, Editorial Orbe, 1970, p. 42.

GUSTAVO PELLÓN

PARADISO:
UN FIBROMA DE DIECISIETE LIBRAS

Dentro de una vasija transparente, como una olla de cristal, se encontraba el fibroma del tamaño de un jamón grande. En las partes de la vasija donde se apoyaba, el tejido se amorataba por la más pronta detención de la sangre. El resto del fibroma mostraba todavía tejidos bermejos, debilitados hasta el rosa o crecidos a un rojo de horno. Algunas estrías azules se distinguían del resto de aquella sobrante carnación, cobrando como una cabrilleante coloración de arcoiris, rodeado de nubes todavía presagiosas. Los tejidos por donde había resbalado el bisturí lucían más abrillantados, como si hubiesen sido acariciados por el acero en su más elaborada fineza de penetración. En su fragmento visible semejaba una península recortada de un mapa, con sus huellas eruptivas, los extraños recorridos de la lava, sus arrogancias orográficas y sus treguas de deslizamiento hidrográfico. Aquellas insensibles fibras parecían dentro de la vasija de cristal, un dragón atravesado por una lanza, por un rayo de luz, por una hebra de energía capaz de destruir esas minas de cartón y de carbón, extendiéndose por sus galerías como una mano que se va abriendo hasta dejar inscripciones indescifrables en paredones oscilantes, como si su base estuviese aconsejada por los avances y retrocesos de las aguas de penetración coralina, somnolientas, que llegan hasta montes estallantes del apisonado de la noche húmeda y metálica [1].

Este pasaje, extirpado al capítulo décimo de *Paradiso* corresponde al momento en que José Cemí va a visitar a su madre, quien ha sido operada esa mañana. La digresión parcialmente citada se puede atribuir a los pensamientos de Cemí mientras su tío, después de mostrarle el fibroma, «chacharea». Sin duda al-

[1] José LEZAMA LIMA, *Paradiso,* Buenos Aires, Ediciones de la Flor, 1968, p. 430.

guna, descripciones como ésta del fibroma desvían la corriente del relato; cuando aparecen con la frecuencia y densidad con que lo hacen en *Paradiso,* el empuje narrativo se debilita por la fuerza dispersadora del elemento descriptivo.

Para muchos críticos, *Paradiso,* por efecto del desequilibrio entre narración y descripción, o el lirismo del autor, no es una verdadera novela [2]. Vale notar, sin embargo, que cuando se habla del avance narrativo de una novela, nunca nos preguntamos a dónde se nos arrastra, pues presumimos que la meta de la novela es el desarrollo de los personajes y el desenlace de la trama: se nos ha acostumbrado a buscar siempre el *punto* de la novela. Pero antes de aceptar que el que Lezama se detenga a demostrar su lirismo constituye un defecto de su novelística, observemos con Gérard Genette que se trata aquí de una cuestión de gusto: «On sait que la rhétorique traditionelle range la description, au meme titre que les autres figures de style, parmi les ornements du discours: la description étendue et détaillée apparaît ici comme une pause et une récréation dans le récit, de rôle purement esthétique, comme celui de la sculpture dans un édifice classique» [3].

Tanto la tradición realista como su opuesta reflejan diferentes aspectos constitutivos de la novela. La tradición realista exalta el elemento propiamente narrativo, el hilo del relato, y no gusta de nudos en el hilo. La otra, la «barroca», es aficionada a digresiones, descripciones, *adherencias,* y batalla contra el fin del relato. Ambos elementos, el narrativo y el descriptivo, son fundamentales al arte de la novela, y su oposición no se limita a un momento histórico ni a una escuela o tendencia literaria. Genette la considera, «un des traits majeurs de notre conscience littéraire» [4], algo que aportamos espontáneamente a nuestras lecturas, como parte de nuestra *competencia* o aptitud literaria.

El pasaje de *Paradiso* en cuestión nos desvía del camino que lleva al final del capítulo y aplaza el fin del libro —entendiendo por «fin» los dos significados de esa palabra—. Primeramente, el final de la lectura y el de la vida activa del libro, el momento en que lo entregamos a la memoria. El otro significado de la palabra «fin» es el de *telos,* destino, meta, razón de ser; el cual, aun

---

[2] Ver J. M. ALONSO, «A Sentimental Realism», *Review,* Fall 1974, p. 46.
[3] Gérard GENETTE, «Frontières du récit», *Communications,* 8, 1966, pp. 152-163. También en Gérard GENETTE, *Figures II,* Seuil, 1969, pp. 50-56.
[4] GENETTE, p. 136.

cuando menos obvio que el primero, resulta también inevitable, pues si el autor ha escrito un libro será para llegar a una conclusión, a un cierto desenlace de la trama y los temas del libro. Si lo hemos escuchado hasta entonces es esperando que «venga al caso» de su relato. El pasaje del fibroma, al desviarnos de la narración, resulta típico del estilo de Lezama a la vez que extraordinario. Lo que en este caso parece digresión es, por el contrario, un punto clave de la novela; en vez de mero derroche de lirismo, un esbozo de la estética de *Paradiso* y una caracterización del estilo de Lezama, a la vez que de las consecuencias artísticas de esa misma estética. Lezama sugiere allí una analogía entre el desarrollo del fibroma de diecisiete libras y el estilo proliferante de *Paradiso*.

Sin contar símiles y metáforas, se le llama al fibroma de nueve maneras distintas, calificándolo de superfluo, extraño al cuerpo, monstruoso, algo fuera de los cánones de lo normal, de lo natural y por último, de «sorpresa». Si aplicamos esta lista de epítetos al estilo de Lezama no es difícil reconocer en ellos la actitud estética de muchos críticos ante una novela como *Paradiso*. Mas *Paradiso* contiene su propia crítica: al igual que el fibroma, esta novela pretende ser a la vez enfermedad y cura.

La continuación de la analogía «fibroma/estilo» al nivel fisiopatológico revela mayores sorpresas: sabemos que no se trata de un cáncer, sino de un tumor benigno. Sin embargo, ha sido necesario operar a la madre de Cemí a causa de los trastornos que el fibroma ha ocasionado en su equilibrio fisiológico: «la hipertrofia ventricular izquierda se había formado por el excesivo trabajo para satisfacer la demanda sanguínea del crecimiento progresivo de la adherencia» (p. 431). Lo más curioso del fibroma es su ambivalencia: es la causa de la enfermedad, pero a la vez su crecimiento se debe a la «cura» intentada por el organismo mismo, pues la putrefacción de las células superfluas hubiera causado la muerte de aquél. El fibroma ocasiona el mal, pero la proliferación de su materia se debe al esfuerzo del cuerpo por mantener ese equilibrio fisiológico que es la salud: «Para conseguir una normalidad sustitutiva, había sido necesario crear nuevas anormalidades, con las que el monstruo adherente lograba su normalidad anormal y una salud que se mantenía a base de su propia destrucción» (p. 431).

Pero es, en fin, el narrador mismo quien nos invita a establecer la analogía con su estética cuando compara el fibroma con los cuerpos de la imaginación: «De la misma manera, en los cuerpos que logra la imaginación, hay que destruir el elemento serpiente para dar paso al elemento dragón, un organismo que está hecho para devorarse en círculo, tiene que destruirse para que irrumpa una nueva bestia, surgiendo del lago sulfúrico, pidiéndole prestadas sus garras a las grandes vultúridas y su cráneo al can tricéfalo que cuida las moradas subterráneas» (p. 431).

La voz que medita es la interior de Cemí ante la vasija de cristal que contiene el fibroma: este comentario estético, *enquistado* en el pasaje dedicado a la descripción del fibroma y las consecuencias de su presencia en el cuerpo materno, recuerda a través de sus referencias espaciales otras reflexiones de Cemí [5], confirmando de ese modo la importancia autointerpretativa de la totalidad del pasaje: podría ser que en él se halle la clave de la estética de Cemí/Lezama.

La interpretación de la cita depende del valor que demos al *elemento serpiente* y al *elemento dragón*. El dragón es *monstruo derivado:* su cráneo lo toma prestado a Cerbero y sus garras a las aves de rapiña. La serpiente, en cambio, es animal *natural,* y lo que es más, libre de toda *sobrante carnación.* Su forma representa un máximo de economía morfológica, pues evita las extremidades y las adherencias con que están dotados los otros animales. El dragón es producto del artificio —serpiente barroca o barroquizada; serpiente agigantada, con garras, alas, varias cabezas etc.—. Mientras que el cuerpo de la serpiente sugiere la línea recta (aunque ondulada), sin interrupciones, el del dragón descrito aquí, además de tener patas y garras, es tricéfalo, cosa que en sí ya indica digresiones.

La serpiente, en su linearidad, representa el elemento puramente narrativo de la novela (el hilo del relato), mientras que el dragón, producto de múltiples incrustaciones, nos indica las desviaciones del elemento descriptivo: he ahí por qué el narrador le da la supremacía al dragón, cuyos epítetos corresponden sin duda al fibroma. La serpiente se devora en el círculo; al concluir el relato se cierra el ciclo de la narración, y volvemos al punto de partida. El punto final, el *telos* de la novela, cumple la promesa narrativa, pero también pone fin al relato. Nótese que, contrariamente a lo que muchos ven en el círculo, la imagen de Leza-

---

[5] «El ejercicio de la poesía, la búsqueda verbal de finalidad desconocida, le iba desarrollando una extraña percepción por las palabras que adquieren un relieve animista en los agrupamientos espaciales, sentadas como sibilas en una asamblea de espíritus.» *Paradiso,* p. 473.

ma no sugiere repetición [6], pues al cerrarse aquél nos quedamos en el vacío; la serpiente se devora a sí misma. Este tipo de narrativa persigue su propio fin; su estética exige que todo sea sacrificado para obtener la fluidez máxima del hilo narrativo. El dragón, en cambio, se extiende en todas direcciones, sus tres cabezas velan por su larga vida y militan en contra de su destrucción. La narrativa dragón, o barroca, se esmera en buscar desvíos y acepta gustosamente las incrustaciones con tal de aplazar el fin. El propósito del relato no está en llegar al fin sino en ser leído. La lectura es lo que le da vida al relato: hay pues que hacer todo lo posible por prolongarla.

La polaridad que existe entre los elementos constitutivos de cualquier relato descubre que no hay novelas *serpiente* ni novelas *dragón,* sino que cada novela se acerca a uno y otro polo. Los cánones de la estética realista nos han llevado a menospreciar el elemento *dragón* a favor del elemento *serpiente,* pero aun el relato más realista no puede prescindir de ciertas descripciones y digresiones, lo mismo que el relato más barroco tiene que tomar en cuenta el hilo del relato o se verá destruido por la proliferación de las adherencias.

Como en el caso de la madre de Cemí, lo fascinante es el equilibrio logrado por el cuerpo (uno de esos «cuerpos que logran la imaginación») al verse confrontado con el «monstruo que lo habitaba». Usar el bisturí en este caso sería cortar el nudo gordiano, pues éste, como todo relato, está compuesto de fibras narrativas y descriptivas. Lo interesante de *Paradiso* es la búsqueda de «un equilibrio más alto y más tenso».

En Lezama el elemento descriptivo predomina, y es por eso que el equilibrio de su relato resulta tan tenso; es más, *Paradiso,* en su barroquismo desaforado, peligra como novela. Pero es necesario que peligre y que el equilibrio sea lo más tenso posible: Lezama quiere *fijar* el tiempo [7], y es la estética barroca la que se

---

[6] Para Borges es eso lo que indica el círculo, mediante el papel de la memoria durante y después de la lectura. Para él, leer es siempre volver a leer, introduciendo la obra nueva en el tejido de la memoria literaria, idea que Genette acoge con entusiasmo: «Le temps des oeuvres n'est pas le temps fini de l'écriture, mais le temps infini de la lecture; l'espace littéraire, c'est la mémoire des hommes». *L'Herne,* 4, 1964, p. 323.

[7] Sobre la «fijeza» en Lezama ver Severo SARDUY, *Escrito sobre un cuerpo,* Buenos Aires, Editorial Sudamericana, 1969, pp. 61-89. «Lezama, cuando quiere algo, lo pronuncia. Lo inmoviliza fonéticamente, lo atrapa entre vocales y consonantes, lo diseca, lo congela en un movimiento —escarabajo, mariposa en el vidrio de un pisapapel», (p. 65).

lo permite. Pues si es por medio del elemento narrativo que el relato adquiere el sentido del tiempo, es el elemento descriptivo, característico de la ficción barroca, el que crea la ilusión de espacialidad y fijeza. El primero sugiere el cambio, el segundo la permanencia [8].

La espacialidad que percibe Cemí en las palabras es la fijeza que busca Lezama, y esa apariencia de inmovilidad, esa posibilidad de inmortalidad en el relato la ofrece el elemento *dragón*. Claro que se trata de un embeleco —la fijeza descriptiva es simplemente un ardid para fingir la inmovilidad del tiempo—, pero, después de todo, como el narrador de *Paradiso* nos dice con palabras sibilinas: «En nuestra época sólo el dragón puede mentir, puede engullir, puede transformar la mentira en la piel del mundo» (p. 445).

[*Hispamérica*, núms. 25-26, abril-agosto, 1980, pp. 147-151.]

---

[8] Genette observa esta relación entre los dos elementos: «La narration s'attache à des actions ou des evénements considérés comme purs procès, et par là même met l'accent sur l'aspect temporel et dramatique du récit; la description au contraire, parce qu'elle s'attarde sur des objets et des êtres considéres dans leur simultanéité, et qu'elle envisage les procés eux-mêmes comme des spectacles, semble suspendre le cours du temps et contribue à étaler le récit dans l'espace.» «Frontières», p. 158.

CARMEN RUIZ BARRIONUEVO

PARADISO
O LA AVENTURA DE LA IMAGEN

El mundo de *Paradiso* significa la culminación de toda la obra, verso y prosa del poeta cubano José Lezama Lima. Es una «summa», como su autor reconocía. Sabemos que se impuso esta tarea a raíz de la muerte de su madre en 1964, porque significaba también el rescate de su mundo, y una tarea ineludiblemente impuesta, pues la poética de Lezama, bien trabada a lo largo de su vida, consiste en una persecución de la imagen que permanece. Lezama reconoce que se siente fundamentalmente poeta, y admite una suerte de predestinación que le arrastraba a completar y culminar su mundo poético con una novela: «Me considero un poeta —dice—, no un novelista. Escribí esta novela porque tenía que escribirla, era un signo que estaba en el desenvolvimiento de mi vida»[1]. En *Paradiso*, Lezama vuelve al pasado para explicar y explicarse el cauce seguido hasta la total captación de la realidad, de su cosmovisión, o lo que él llama su *Sistema poético del mundo,* formulado en la madurez. Todo ello no consiste sino en una forja a través de la palabra de la imagen salvadora.

Indagar en la poética de Lezama exige prestar la máxima atención a sus otros textos en verso y prosa, de modo especial a los ensayos incluidos en *Analecta del reloj, La cantidad hechizada* y *Tratados en La Habana,* tal es la dificultad de su obra que en este caso su palabra es necesaria e iluminadora, y se puede afirmar sin temor que el mejor intérprete de su obra es el propio Lezama.

Sabemos que el poeta cubano quiere vivir la realidad como si

---

[1] F. M. LAÍNEZ, *Palabra cubana,* Madrid, Akal, 1975, p. 80.

fuera poesía, es decir la realización de la poesía en las cosas. Dice su hermana Eloísa en el prólogo a las *Cartas:* «De aquellos tiempos sólo quedó en el recuerdo de mi hermano 'lo poetizable', había que eliminar todo lugar común y después envolverlo en una fina textura» [2]. Lo «poetizable», no hay mejor manera tampoco de definir ese mundo de *Paradiso*. En efecto, el mundo que se describe en la novela es poético, es el pasado evocado, pero no solamente evocado, pues la poesía no es un arte de conjuro únicamente para Lezama, sino un artificio en el que el poeta interviene de manera activa, y en el que se produce el choque de lo incondicionado y lo causal.

A la poesía se llega por iluminación y responde a un desafío de la realidad, nace de la palabra —por la palabra participamos en el verbo universal—, pero no de las palabras tal y como se usan en la vida diaria; hay que enfrentarse a ellas, hay que pulirlas, y «de pronto, descubrimos que su sentido está en su sucesión y que es precisamente la sucesión la que les presta su marcha y su creación» [3]. Es decir, que ni las palabras se pueden usar poéticamente tal y como las usamos en todo momento, ni se pueden desgranar en el mismo orden antipoético y cotidiano. La poesía nace de las palabras, de sus enlaces o relaciones insólitas en las que intervienen también los sentidos del oído y de la vista. Pero la palabra tiene su raíz última en la respiración, recordemos cómo en *Paradiso* los ataques de asma y la respiración asmática de Cemí están relacionados con los poderes creativos; respirar —y más en un asmático— es la plenitud de la vida, lo que acerca al hombre a otros seres, lo que le hace captar ese entorno también respirante. Dice en *Introducción a un sistema poético:* «En ese cosmos de paradojales sustituciones equivalentes, la poesía es hasta ahora la única posibilidad de poder aislar un fragmento extrayéndole su central contracción o de lograr arañar una hilacha del ser universal» [4].

En uno de los mejores estudios sobre la poesía de Lezama, Cintio Vitier señalaba cómo esta poesía se encarna como «sustancia devoradora» de toda realidad y recuerda un fragmento de una carta que el propio Lezama Lima le dirigió, y en la que se

---

[2] LEZAMA LIMA, *Cartas (1939-1976)*. Introd. y ed. de Eloísa Lezama Lima. Madrid, Orígenes, 1978, p. 14.

[3] «Las imágenes posibles», ensayo de *Analecta del reloj*. Citamos por *Obras Completas* de José Lezama Lima, México, Aguilar, 1977, tomo II, p. 176.

[4] *Tratados en La Habana. Obras Completas II, op. cit.,* p. 422.

nos desvela con mucha precisión la postura entre el poeta y la poesía:

«Se convierte a sí misma, la poesía, en una sustancia tan real, y tan devoradora, que la encontramos en todas las presencias. Y no es el flotar, no es la poesía en la luz impresionista, sino la realización de un cuerpo que se constituye en enemigo y desde allí nos mira. Pero cada paso dentro de esa enemistad provoca estela o comunicación inefable» [5].

Entendida así la poesía como enemistad radical y atracción máxima e inevitable, se explican los títulos de *Enemigo rumor* (1941) y *La fijeza* (1949) que corresponden a dos de sus libros de poemas. Y la relación que se establece entre ambas partes, poeta y poesía, queda bien explicada en las palabras de Cintio Vitier en este mismo ensayo: «Hay una enemistad original, de raíz sagrada, entre la criatura y la sustancia poética», pero «hay también una atracción irresistible entre la criatura y la sustancia poética. Ese cuerpo enemigo, siempre a la misma distancia, no cesa de mirarnos» [6] y es que Lezama comprende la facultad poética como una exploración —arriesgada y abocada al fracaso—, de la realidad, porque la poesía no reside en sus apariencias, sino más allá de las cosas, en indagaciones imaginativas que conectan las palabras y en las que tiene una gran importancia la anagnórisis. La poesía crea una «cantidad» o «espacio hechizado» en el que los objetos se convierten en entes perdurables al tiempo y resistentes al espacio.

El centro de su concepción poética lo constituye la *imagen*, y así explica que la poesía es la irrupción en otra causalidad en la que se van creando metáforas causales hasta llegar a la captación de la primera imagen, a partir de la cual avanzamos hacia la trascendencia de asombro en asombro. Según su concepción, el hombre aprehende toda la realidad a través de la imagen, él mismo se sabe imagen y todo conocimiento debe testimoniarlo a partir de imágenes. «Ninguna aventura, ningún deseo donde el hombre ha intentado vencer una resistencia, ha dejado de partir de una imagen» [7]. Cuando el hombre pretende captar el pasado,

---

[5] Cintio VITIER, «Crecida de la ambición creadora. La poesía de José Lezama Lima y el intento de una teleología insular», en *Lo cubano en la poesía*, La Habana, Instituto del Libro, 1970, p. 444.

[6] *Ibid.*

[7] «Las imágenes posibles», en *Obras Completas II, op. cit.*, p. 152.

histórico o personal, el único instrumento a nuestro alcance es la imagen, fuerza totalizadora a través de la cual las cosas perviven rescatadas por el recuerdo. Imagen y realidad son por eso una misma cosa, pues el hombre conoce la realidad únicamente a través de la imagen, y si no dispusiéramos de ella, el mundo que nos rodea sería inalcanzable, inasible e incomprensible.

Sabemos que en la experiencia individual de Lezama fue la muerte de su padre, cuando él contaba nueve años, lo que le hizo hipersensible a la imagen. La ausencia fue llenada por la rememoración, y así fue surgiendo la *imagen* con la que se va construyendo el mundo de *Paradiso*. Porque si se pretende un apresamiento del pasado, el único instrumento es la imagen, y su camino es la metáfora, cuya base es la analogía, y con su avance en un tejido de innumerables semejanzas, forma esa sustantividad. En la metáfora subyace la capacidad de anagnórisis o reconocimiento del hombre que enlaza con ese mundo misterioso de la imagen. A ella se une la hipérbole y dos nuevos elementos característicos y personales en la cosmovisión lezamiana: se trata de la *vivencia oblicua* y el *súbito,* procedimientos ambos que relacionan lo causal y lo incondicionado y de los que brotan respectivamente metáforas e imágenes con las que Lezama rompe la causalidad establecida en la imagen clásica. Así define él mismo en una entrevista con Armando Álvarez Bravo la *vivencia oblicua:* «como si un hombre, sin saberlo desde luego, al darle la vuelta al conmutador de su cuarto inaugurase una cascada en el Ontario, Podemos poner un ejemplo bien evidente. Cuando el caballero o San Jorge clava una lanza en el dragón, su caballo se desploma muerto»[8].

Con estos procedimientos el hombre puede llegar a aislar la poesía en el poema rescatándola del tiempo. Su fin último es la inmortalidad y la resurrección, concepto éste fundamental en la obra de Lezama. El poeta, según su concepción, es el portador del *potens* o posibilidad infinita, que en la expresión católica es «virgo potens». Aclara: «Y como la mayor posibilidad infinita es la resurrección, la poesía, la imagen, tenía que expresar su mayor abertura de compás, que es la propia resurrección»[9]. Así pues el poeta es el *dueño del potens,* el *engendrador de lo posible,* el *guardián de la semilla* y de todos los procedimientos capaces

[8] Armando ÁLVAREZ BRAVO, *Lezama Lima,* Buenos Aires, ed. Jorge Álvarez, 1968, p. 35.
[9] *Ibid.,* pp. 31-32.

de relacionar lo incondicionado y lo causal. La poesía engendra en sí misma un método hipertélico en el que su fin trasciende y sobrepasa todo determinismo. De ahí que termine su *Preludio a las Eras Imaginarias* recalcando que «el poeta es el ser causal para la resurrección» y que «el poema es el testimonio o imagen de ese ser causal para la resurrección, verificable cuando el *potens* de la poesía, la posibilidad de su creación en la infinitud, actúa sobre el continuo de las eras imaginarias»[10].

Así va construyendo el poeta cubano su *Sistema poético del mundo* que no es en absoluto una construcción racional, la imagen se yergue en factor decisivo de su concepción, pues ella penetra en la naturaleza y engendra una sobrenaturaleza. La imagen extrae del misterio sobrenatural de la vida humana, un asidero en forma de poesía, al que podemos sujetarnos hasta lograr el último y definitivo don de la resurrección. La literatura así concebida es una naturaleza sustitutiva, o sobrenaturaleza que no presenta la realidad tal y como es, porque tiene otros fines más altos, es lo que Lezama llama cualidad hipertélica. O como dice Eloísa Lezama Lima:

«El desmesurado intento de fundamentar un sistema poético del Universo —el más caro afán de Lezama Lima— implica un anhelo de mostrar y obsequiar generosamente una cosmogonía donde la poesía pueda sustituir a la religión: un sistema poético más teológico que lógico, para que el hombre encuentre el mundo del prodigio, la *terateia* griega y la seguridad de la *palingenesia,* la resurrección»[11].

Donde mejor ha explicado Lezama su concepción de la poesía y el poeta es indudablemente en *Paradiso.* La obra supone, desde luego, un proceso iniciático en el que José Cemí va realizando un aprendizaje progresivo de captación de las posibilidades de la imagen, pero como el personaje central se identifica con el propio Lezama, el autor ya ha captado en imagen, ya ha asumido poéticamente su vida, de ahí las interferencias frecuentes de la primera persona narrativa en la vida de José Cemí. De este modo los objetos que empieza a conocer el pequeño José Cemí, como son los exquisitos platos de comida, las frutas, los muebles desparramados por la casa, el melón que lleva el padre, la tiza, la mano que lo arrebata y que le hace reconocer el

---

[10] *La cantidad hechizada. Obras Completas, op. cit.,* tomo II, pp. 819-820.
[11] José Lezama Lima, *Paradiso,* ed. de Eloísa Lezama Lima, Madrid, Cátedra, 1980, p. 31.

mundo de la vecindad están descritos desde una perspectiva posterior en la que el autor ya domina su mundo, la vida y la personalidad de cada personaje; por eso lo que en el pequeño José Cemí es sólo descubrimiento de objetos, en el autor Lezama es penetración a través de la imagen. Personajes como Baldovina, Mamita, Vivo, Tránquilo, Sofía Kuller, Adalberto Kuller, Martincillo, Lupita son contemplados con esta doble perspectiva que hemos de tener muy en cuenta para la comprensión de la novela —sabido es el valor alegórico que ofrece además el capítulo II— [12]. Por esta misma razón, lenguaje y procedimientos igualan a todos los personajes, no son ellos los que hablan, es Lezama quien recrea, la verosimilitud o adaptación del lenguaje no la considera el escritor en absoluto trascendente.

En *Paradiso* el origen familiar de cada personaje es imprescindible para conocerlo en profundidad, porque cada antepasado es la configuración del individuo como presente, por eso no constituye algo fuera de lugar el retroceso temporal que se efectúa a las infancias respectivas del padre y la madre de José Cemí. Así la vida de la madre es una reconstrucción por la imagen a través de la palabra. Los recuerdos tantas veces evocados por las mujeres de la familia, como indica Eloísa repetidas veces en el prólogo a las *Cartas* y en su edición de *Paradiso,* inciden y se amontonan en el poeta. De la rama materna recibe José Cemí un especial don de la palabra —y por tanto de la imagen—. Palabras mágicas, frases clave que evocan un lugar lejano y remoto y que tienen la virtud de actualizar y revivir para siempre un mundo desconocido, es el caso del término *oidor* que Cemí saboreaba como «la clave imposible de un mundo desconocido» [13] y a través de cuya textura recrea el fabuloso mundo de D.ª Cambita, la madre de la señora Augusta, y por tanto bisabuela de José Cemí. La misma anagnórisis familiar evocadora ayuda a reconstruir otros episodios significativos como la muerte del tío Andresito —el tío Andresito Olaya de *Paradiso*— que sabemos fue uno de los sucesos que más le impresionaron a Lezama —aunque no lo vivió— quien en 1975 lo recuerda emocionado en una carta a su hermana: «A mí la muerte de nuestro tío Andresito, me conmovió igual que la de papá» [14].

---

[12] Margarita Junco Fazzolari, *Paradiso y el sistema poético de Lezama Lima,* Buenos Aires, Fernando García Cambeiro, 1979, p. 65.

[13] Citaremos por *Obras Completas, op. cit.,* tomo I, p. 61. En adelante señalaremos únicamente la página.

[14] José Lezama Lima, *Cartas, op. cit.,* p. 277.

Si la herencia materna significa la conquista de la palabra como evocación e imaginación, la línea paterna ofrece un ingrediente activo que culmina, al fundirse las dos familias, en el matrimonio con Rialta. Dice el autor:

«José Eugenio Cemí y Rialta atolondrados por la gravedad baritonal de los símbolos, después de haber cambiado los anillos, como si la vida de uno se enlazara sobre la del otro a través de la eternidad del círculo, sintieron por la proliferación de los rostros de familiares y amigos, el rumor de la convergencia en la unidad de la imagen que se iniciaba» (p. 171).

Se inicia pues la convergencia y comienzo de un proceso en el que el último escalón es la consecución de la expresión liberada del tiempo a través de la imagen.

El proceso del logro de este procedimiento va a surgir, creemos, ligado en especial a la figura de la abuela D.ª Augusta. Es ella, tan diestra en sus relatos entrecortados de los recuerdos familiares y en la utilización de proverbios, la que va a ir despertando la imaginación del nieto con sucesivos objetos. Así ante un cofre alemán confiesa el joven Cemí que «vio el camino trazado entre las cosas y la imagen» (p. 192). Pero en general toda la familia Olaya posee ese don especial de la palabra; tal vez el personaje más curioso en este rescate del tiempo a través del verbo —la palabra— es la vieja Mela, la madre de Andrés Olaya, bisabuela de Cemí de la que dice Lezama que:

«Allí el tiempo era una gárgola, que al hablar regalaba los dones de la inmortalidad, pero que con la boca cerrada parecía petrificar los hechos, congelar las fuentes. De su boca saltaba el tiempo disfrazado, el hecho que arrastraba como un fuego fatuo por la llanura que crujía al recibir el deshielo» (p. 157).

Así pues, la base de la vocación de Cemí es fundamentalmente la familia Olaya y sus procedimientos evocadores, ese vivir el pasado, ese recordar por medio de la palabra, frases que captan una situación y logran al fin apresar una imagen. Todo ello vivido en la niñez, es asimilado y depurado como procedimiento creativo por el poeta José Cemí. Incluso esa predestinación que lleva implícita el asma, la recibe de la familia Olaya, y fuertemente asociado a esas crisis asmáticas está su concepto del hombre para la resurrección: «Yo, en cambio, vivo como los suicidas, me sumerjo en la muerte y al despertar me entrego a los placeres de la resurrección» [15], dice en una entrevista. También uno de los episodios más decisivos en su vida infantil, le llega por la palabra evocadora de la abuela: se trata del relato de la exhumación de los restos del padre de D.ª Augusta y luego de la contemplación del molde de cera de Santa Flora en los que Cemí encarna configuraciones de la muerte. El niño Cemí no es capaz aún de trazar las analogías de la metáfora, se agarra demasiado al objeto y no trasciende hacia la imagen; nos dice el propio autor:

«Que allí no había una imagen siquiera, sino un corrientísimo molde de cera, ni siquiera trabajando con un exceso de realismo que se prestara a la confusión, no podía ser precisado por Cemí, a sus seis años, en que iba descubriendo los objetos, pero sin tener una masa en extenso que fuera propicia a la formación de análogos y a los agrupamientos de las desemejanzas en torno a núcleos de distribución y de nuevos ordenamientos» (p. 198).

Pero la contemplación del padre muerto va a lanzarle definitivamente hacia la verdadera aventura de conquista, su tarea consistirá en salvar de la temporalidad a la familia, a través de la imagen.

No obstante, después de todos estos indicios, el destino de Cemí queda marcado ineludiblemente en la casa de Prado, propiedad de doña Augusta, durante los años que vive con la abuela antes de su salida definitiva al mundo, que está bien señalada en el capítulo VIII. Hay dos momentos fundamentales en el capítulo precedente que afectan de modo especial al destino de José Cemí. El primero es el juego de los yaquis en el que como en una especie de rito mágico aparece, misteriosamente dibujada, la figura del padre [16]. En tal ocasión la madre intuyó que su destino era contar la historia de la familia rescatándola a través de la palabra. Pero si esta visión no significa más que la irrupción de lo mágico en la vida del héroe como predestinado, el segundo momento, el de la lectura de la carta del tío Alberto es, si cabe, más decisivo, porque le proporciona el instrumento de transmutación de la palabra. Cemí está solo oyendo la carta del tío Alberto, y él sólo experimenta ese goce de las palabras. Son

---

[15] *Recopilación de textos sobre José Lezama Lima,* Serie Valoración Múltiple, La Habana, Casa de las Américas, 1970, p. 30.

[16] Parece que tal suceso tuvo lugar en la realidad. Tomás Eloy MARTÍNEZ, «El peregrino inmóvil», *Índice,* junio 1968, n.º 232, pp. 22-26.

palabras que no surgen de manera vulgar, piensa, como en la clase de preparatoria, sino «arrancadas de su tierra propia, con su agrupamiento artificial y su movimiento pleno de alegría» (p. 242). En las palabras del autor se adivina ya su teoría del agrupamiento insólito y su concepción casi física del lenguaje. En suma, que la palabra del tío Alberto marca de una manera decisiva el destino de José Cemí.

La formación del joven Cemí en su camino de conquista de la imagen se realiza en los capítulos VIII y IX del *Paradiso*. Escribe Lezama en una de sus cartas: «Yo parto para hacer una novela de una raíz poética, metáfora como personaje, imagen como situación, diálogo como forma de reconocimiento a la manera griega» [17]. Este último procedimiento es más evidente en los capítulos IX, X y XI en los que a través del relato pero también, y sobre todo, a través del diálogo se efectúa el aprendizaje de Cemí en pos de la imagen. En efecto, sucede en varias ocasiones que una anécdota o relato breve referido por algún personaje provoca una discusión decisiva y clarificadora. Tal vez el caso más evidente sea la ridícula historia del machista desafiante Baena Albornoz.

Comienza así la gestación de la teoría de Cemí y del propio Lezama, sobre la captación del mundo a través de la imagen, en la que el *eros* cobra un valor especial. En esencia, la teoría de Lezama sobre la formación y el aprendizaje artístico está basada en la teoría platónica expuesta a través del *Fedro*. La idea de que el amor o eros impulsa al hombre hacia la belleza, y la de que el eros, guiado y dignificado por procedimientos racionales alcanza el ser en sí, subyace en el sistema del mundo de José Cemí. Incluso el mito del *Fedro* es representado en la novela a través de los dos amigos, Fronesis y Foción. Foción representa el eros que sucumbe en la unión homosexual no creativa, en su relación con el pelirrojo, Fronesis representa el eros asumido en una relación heterosexual creadora —unión con Lucía—, y finalmente trascendida. Éste es el camino de Cemí, también creativo pero en una línea aún más trascendente; se trata de la aprehensión de la imagen por la analogía y las consiguientes facultades creativas y cognoscitivas. La idea está resumida en la frase que Foción desprende del diálogo platónico: «el Eros produce lo bello, lo bueno y la inmortalidad» (p. 349). Es decir, que cuando el amor es realizado en su verdadera naturaleza, entonces guía al

---

[17] José LEZAMA LIMA, *Cartas, op. cit.*, p. 212.

alma hacia el mundo del ser, el conocimiento creador de Cemí, cuyo último paso es la inmortalidad, la hipertelia de la inmortalidad, la búsqueda de la creación que Foción también coloca, intuitivamente, en el término de la homosexualidad (p. 351). Pero la teoría que José Cemí expone en *Paradiso* no tiene únicamente una base griega, es muy importante su trasfondo cristiano que se pone de relieve en innumerables citas y alusiones que sería muy prolijo explicar aquí, y que han señalado autores como Margarita Junco y la propia Eloísa Lezama [18].

Al final del capítulo XI de *Paradiso* ya contemplamos a Cemí en la plasmación de intentos poéticos:

«El ejercicio de la poesía, la búsqueda verbal de finalidad desconocida, le iban desarrollando una extraña percepción por las palabras que adquieren un relieve animista en los agrupamientos espaciales» (p. 496).

Ya antes, previamente, se ha ido formando —en esas discusiones con Fronesis y Foción, una poética que contiene como ingredientes constitutivos fundamentalmente los platónicos y Cemí va adquiriendo conciencia del espacio gnóstico o expresivo en el que se producen agrupamientos espaciales y se hechiza la cantidad, y en el que el hombre a través de la imagen logra suplantar la naturaleza por la sobrenaturaleza; es decir, se consigue a través de una congelación del tiempo, la unidad de la imagen sobre la dispersión de lo sucesivo. José Cemí se explica prácticamente este proceso por medio de la contemplación de una serie de objetos situados en una vitrina. Su mirada aisla algunas figuras con las que logra una corriente de analogía. Luego consigue agrupar convenientemente cuatro objetos: una copa, un ventilador, un ángel y una bacante. Dice: «Los días que lograba esos agrupamientos donde una corriente de fuerza lograba detenerse en el centro de la composición, Cemí se notaba alegre sin jactancias» (p. 500). Un día observa que esos objetos adquieren una dirección y una temporalidad expresable, plena de sentido, y que esos objetos dispersos que configuran un espacio barroco logran la unidad. Entonces advierte la coincidencia «de su *omphalos* con el centro de su dolmen universal fálico» (p. 503), lo que significa una coincidencia entre él mismo, como creador y poeta con el proceso creativo de la naturaleza, Dios. A continuación, del objeto pasa Cemí imaginativamente a la pala-

---

[18] Consúltense las obras anteriormente citadas.

bra, en este caso se fija en una palabra copta «tamiela», de la que van surgiendo, en una recreación personal múltiples matices y variantes diversas.

El cuádruple relato que ocupa el capítulo XII es un intento de ganar la imagen por medio de la negación del tiempo. Las historias se cuentan de manera sucesiva e independientemente, y de forma alternada durante tres vueltas; en la cuarta se produce la fusión de la segunda historia con la tercera, de la tercera con la cuarta, y de la cuarta con la primera. Al simbolismo del cuatro, número divino, pues Lezama cree en el trasfondo pitagórico de los numeros, hay que añadir la anulación del tiempo y de las civilizaciones que Cemí fusiona y recrea en sobrenaturaleza. Su labor creadora está —evidentemente— comenzando.

Muy ligado con este proceso creativo está el personaje de Oppiano Licario que aparece en el momento clave de la obra. Salva anónimamente al tío Alberto pero se da a conocer en el momento de la fatal enfermedad del padre, José Eugenio Cemí. Ya entonces se nos cuenta brevemente su vida: es cubano, y ha estudiado en Harvard numismática y arte ninivita, se trasladó a París con una beca, pero tuvo que enrolarse al estallar la guerra, sabemos que se encuentra en el hospital junto al padre de Cemí en espera de ser operado de restos de metralla que le afectaron la columna vertebral. En esos momentos previos al doloroso desenlace, sabemos que fue él quien ayudó al tío Alberto en el momento de su escapada del colegio y su entrada en el bar «Reino de los siete meses». Horas después muere el Coronel José Eugenio Cemí acompañado de Licario, y le recomienda a su hijo: «Tengo un hijo, conózcalo, procure enseñarle algo de lo que usted ha aprendido viajando, sufriendo, leyendo» (p. 216). Así Licario se convierte en el guía espiritual de Cemí, y en la madrugada cuando el niño Cemí va a ver a su padre muerto, ya siente la mirada protectora de Licario: «Era el inesperado que llegaba, el que había hablado por última vez con su padre» (p. 220). Desde entonces la figura de Oppiano Licario no está presente físicamente en *Paradiso* hasta el capítulo XIII, pero indudablemente su ausencia es una ausencia generadora. Por ello podemos pensar con fundamento que Oppiano Licario es el «alter ego» de Cemí, o su padre simbólico, como dice Guillermo Sucre [19]. En cualquier caso su figura es producto del impacto

---

[19] Guillermo Sucre, «Lezama Lima. El logos de la imaginación», en *La máscara, la transparencia*, Caracas, Monte Ávila, 1975, p. 199.

creador que surge, como declara el autor, en el momento de la muerte de su padre:

«La muerte de mi padre me alucinó desde niño, esa *ausencia* me hizo hipersensible a la *presencia* de la imagen» [20].

La figura de Oppiano Licario es por tanto fundamental en *Paradiso,* libro que como vemos, significa la búsqueda del eros del conocimiento representado en la imagen. El propio autor ha querido dejar bien claro este simbolismo: «La tercera parte es la aparición del personaje Oppiano Licario, que a mi manera de ver es un personaje cósmico, una especie de Fausto americano devorado por un afán de conocimiento infinito y por una memoria hipertrófica» [21]. Y en la misma novela aclara con énfasis el nombre simbólico de su personaje:

«(Fijemos ahora el inocente terrorismo nominalista. Oppiano, de Oppianus Claudius, senador estoico; Licario, el Ícaro, en el esplendor cognoscente de su orgullo, sin comenzar, goteante, a fundirse)» (p. 609).

Queda pues clara la intención y la personalidad del personaje, aunque es verdad que Oppiano Licario a través de *Paradiso* es una figura de no completa delimitación, por eso se proponía Lezama continuar su obra en otra posterior; decía en una entrevista a Fernando Martínez Laínez: «vuelve Licario a reaparecer con el nombre de Fronesis y va cumpliendo de nuevo su aprendizaje» [22], se refería, claro está, a la obra que preparaba y que se titularía *Oppiano Licario,* aparecida un año después de su muerte en 1977.

Es cierto que la personalidad de Licario fue siempre una obsesión para Lezama y una complicación para el lector que no penetraba en su sentido último. En un ensayo incluido en *La cantidad hechizada* vuelve otra vez sobre este personaje y su significado. Explica cómo en *Paradiso* Licario ha puesto en movimiento las coordenadas del sistema poético para propiciar su último encuentro con Cemí y que éste recibiera su mensaje. Será la hermana de Licario, Ynaca Eco Licario, el doble de su hermano, la sombra, la que entregue a José Cemí ese mensaje en forma de misterioso poema. En este momento, ya captado el

[20] *Recopilación de textos sobre José Lezama Lima, op. cit.,* p. 12.
[21] F. M. Laínez, *Palabra cubana, op. cit.,* pp. 69-70.
[22] *Ibid.,* pp. 70-71.

ritmo, y comprendido su destino, puede el poeta Cemí ofrendar su imagen primera.

Pero previamente se adivina que Cemí ha tenido más encuentros con su guía espiritual pues ha iniciado ya, como hemos visto, su concepción del mundo, e incluso ha realizado algunas tentativas personales; ha emprendido por ejemplo la anulación del tiempo a través de las cuatro historias del capítulo XII, e incluso el capítulo siguiente, el XIII, aunque se adscribe más al poder de Licario, debe entenderse como un ejercicio de anulación espacial, en el que las figuras de su niñez vuelven a reencarnarse en un continuo espacio temporal. Aclara el autor: «El capítulo XIII intenta mostrar un *perpetum mobile,* para liberarse del condicionante espacial. La cabeza del carnero, rotando en un piñón, logra esa liberación, en esa dimensión de Oppiano Licario, la de la sobrenaturaleza, las figuras del pasado infantil vuelven a reaparecer» [23]. Se comprende bien que la personalidad de Oppiano Licario ocupe esta última parte de *Paradiso* en la que José Cemí va a penetrar definitivamente en la imagen y por tanto en la poesía. Licario simboliza la negación del tiempo, la fusión de lo real y lo irreal, además del conocimiento infinito, —pretensión «icárica», de ahí su nombre de Licario—. Por todo ello es un modelo para este joven indagador de la palabra.

El retrato de Oppiano Licario que Lezama traza en el último capítulo de *Paradiso* muestra que en parte es el doble de Cemí y del propio Lezama. También pierde a su padre en la niñez, y su madre —al igual que en el caso de Cemí y Lezama— es la protectora constante, la denomina «sombra de mi extensión» (p. 595) y es ella la que intuye el simbolismo misterioso del hijo, los peligros por los que pasa hasta el logro de su completa identidad. En la casa de Licario —al igual que en las casas de Cemí y del propio autor— son continuas las sobremesas en las que se exalta la palabra y el recuerdo, y uno de los procedimientos más queridos de Licario era «demostrar, hacer visible algo que fuera inaceptable para el espectador, o provocar dialécticamente una iluminación que enegueciera por exceso de confianza al que oía, en sus conceptos y sensaciones más habituales y adormecidas» (p. 593). La madre de Licario muere cuando su hijo ha perfeccionado su técnica de medición temporal. También en el caso de Lezama, la muerte de la madre supuso un acontecimien-

---

[23] «Confluencias», en *La cantidad hechizada. Obras completas, op. cit.,* p. 1218.

to de importancia que le llevó a continuar como homenaje ese *Paradiso* empezado muchos años atrás.

El esclarecimiento total del personaje no se logra más que con su obra póstuma *Oppiano Licario,* en donde se establece su significación plena y su relación con personajes como Cemí, Fronesis e Ynaca Eco Licario. Sabemos ahora que Licario visitaba misteriosamente a Cemí o que éste lo corporizaba, penetraba en su sueño con tanta fuerza germinadora como la había tenido en vida. Por eso se dice: «A medida que fue pasando el tiempo, Cemí se hizo hipersensible a esas llegadas de Licario» [24]. Se recuerda entonces la llegada a la funeraria en la que yacía Oppiano Licario y la recepción de la herencia en forma de poema, lo que significaba un acercamiento a la imagen. Se decía en un fragmento del poema:

> La razón y la memoria al azar
> verán a la paloma alcanzar
> la fe en la sobrenaturaleza.
>
> La araña y la imagen por el cuerpo,
> no puede ser, no estoy muerto.
> Vi morir a tu padre; ahora, Cemí, tropieza (p. 644).

Un verso clave en este fragmento es: «La araña y la imagen por el cuerpo», pues con el simbolismo de la araña Lezama quiere expresar el tiempo detenido que significa la anulación del transcurso, lo concéntrico de la araña. Sin embargo, la interpretación cabal de estos versos se nos ofrece en su novela última en la que se nos dice expresamente que aluden a la ruptura del tiempo y del espacio que gana Cemí y en los que Licario sigue vivo o resucitado. A ello hay que añadir uno de los significados que aporta Cirlot para este símbolo: «el de la capacidad creadora de la araña, al tejer su tela» y «aquel sacrificio continuado», mediante el cual el hombre se transforma sin cesar durante su existencia» [25].

En las dos obras Ynaca Eco Licario aparece como depositaria plena del mensaje, puente y doble —Eco Licario— de su hermano, ella fuerza al nuevo encuentro con Cemí que ilumina

---

[24] José LEZAMA LIMA, *Oppiano Licario,* México, ed. Era, 1977, p. 102.
[25] Juan Eduardo CIRLOT, *Diccionario de símbolos,* Barcelona, Labor, 1969, p. 85.

algunos puntos oscuros de la doctrina transmitida y su relación con Cemí. Sabemos entonces que Licario habló con José Cemí cuatro o cinco veces hasta cerciorarse de que su continuador podría llegar al conocimiento de la imagen. «Licario, le susurró un día Ynaca, decía que viajaba para enfermarse, pero que regresaba para salvarse, para aumentar la posibilidad de conocerlo a usted, para poder vivir en la imagen» [26]. Cemí advierte que en estas palabras se esclarece definitivamente su destino.

En uno de los encuentros con Ynaca éste le entrega el legado de su hermano, el libro sagrado, su magna obra, la *Súmula, nunca infusa, de excepciones morfológicas,* en la que pretendía deslindar la constitución de lo invisible. Después, la unión de José Cemí con Ynaca señala el punto culminante de la intención de Licario. Ynaca posee un sobrenatural sentido de la visión para reconstruir las partes de un todo, por eso exclama: «nosotros dos aliados en el reino de la imagen seríamos la nitroglicerina de las transmutaciones» [27].

Oppiano Licario, sin embargo, continúa su vida bajo otro nombre, y parafraseando el versículo de San Mateo dice: «Igual te dijo que éste que ahora se llama Fronesis antaño se llamó Elías» [28]. Así se resiste a la muerte y gana la resurrección, imponiéndose de algún modo a las muertes prematuras de otros miembros de la familia. Y la vieja Editabunda predice con claridad el destino de ambos personajes:

«Lo que no pudieron alcanzar ni el tío Alberto, ni el Coronel, lo alcanzarán Cemí y tú. Los dos alcanzarán al unirse el Eros estelar, interpretar la significación del tiempo, es decir, la penetración tan lenta como fulgurante del hombre en la imagen» [29].

De este modo la inacabada obra póstuma de Lezama completa el sentido de esta peregrinación hacia la imagen, especie de Graal de nuestro tiempo, y se pueden comprender sin escándalo esas declaraciones del autor que definían su obra asegurando que su raíz última era la de un auto sacramental, porque *Paradiso* nos cuenta un itinerario vital, el hacerse de un poeta, José

---

[26] José LEZAMA LIMA, *Oppiano Licario, op. cit.,* p. 128.
[27] *Ibid.,* p. 133.
[28] *Ibid.,* p. 209.
[29] *Ibid.* p. 209.

Cemí o José Lezama Lima, en su lucha con la palabra y con el tiempo, hacia la imagen que garantiza la inmortalidad y la permanencia.

[*Anales de Literatura Hispanoamericana*, VIII
(1980), pp. 221-234.]

JUAN GARCÍA PONCE

IMAGEN POSIBLE DE JOSÉ LEZAMA LIMA

Dánae teje el tiempo dorado por el Nilo.

La prodigiosa belleza del primer verso de *Muerte de Narciso*, el primer poema de José Lezama Lima, tiene un significado impenetrable o más bien se cierra a cualquier significado único y se abre a un incontable número de sugerencias y posibilidades. Ante las palabras nada más tenemos la impresión de una belleza, una paz, una serenidad. Como el Nilo fluye el tiempo, y su dorado tejido es el de la vida. Pero por eso mismo, el poema no se detiene. Conducidos por ese primer verso proseguimos su imposible lectura. Sólo la totalidad del poema cuyo sentido anuncia su título puede llevarnos hacia un significado. La muerte de Narciso revuelve las aguas y el espejo se abre para que Narciso penetre en lo que Lezama llamaría su oscuro. Desde esa penetración las palabras van a crear el viaje de regreso mediante el que se restablece la serena verdad de las apariencias. Ése es su poder y su derecho: reconstruyen el mundo porque la muerte ha hecho evidente la realidad de una catástrofe hacia la que ha conducido la propia contemplación de la belleza y sólo desde esa catástrofe las palabras se hacen indispensables y adquieren el poder de crear la imagen con todo el impenetrable poder de la inocencia. Entonces el carácter intermediario del poeta se hace evidente. Desde el conocimiento, desde la cultura, sólo él es capaz de volver a construir con la secreta coherencia de su belleza la realidad del mundo. Pero el poeta no está colocado en el mundo, sino en el otro lado, en el conocimiento y la muerte. Su verdadera y única y posible naturaleza es la cultura que lo hace dueño del poder del lenguaje y siempre desde lo oscuro le otorga la capacidad de mostrar lo luminoso. Es un viaje desde lo desconocido hacia lo conocido, desde lo conocido hacia lo desconocido: la muerte de Narciso, las aguas que se revuelven, la resurrección de Narciso, las aguas que cristalizan, el tiempo que fluye sobre la impasible serenidad de una naturaleza feroz y todavía inhumana, siempre inhumana, que la resurrección nos ofrece convertida en imagen. Lezama lo ha dicho: el poeta va desde el súbito (la imagen) hasta la extensión (lo real). La imagen es sólo eso, una posibilidad; pero por eso es también la posibilidad. Mediante ella el lenguaje, la cultura, se hacen naturaleza: la naturaleza del hombre que ha roto a la otra descendiendo a las profundidades y necesita recuperarla desde el destierro al que lo lanza ese descendimiento.

Sería interminable, pero de ninguna manera inútil, intentar hacer el recuento de todas las ocasiones en las que a través de su poesía José Lezama Lima ha realizado ese viaje hacia el encuentro con la imagen. En su obra aparecen transformados mediante inesperadas descripciones y sorprendentes relaciones que ocultan el nombre bajo el que estábamos acostumbrados a reconocerlos casi todos los elementos, las apariencias y cristalizaciones que determinan la configuración de la realidad. El poeta quiere precisarlos dentro del contexto en el que pueden mostrarse con una calidad tan distinta y original como la que tuvieron en su principio, antes de que la imagen le perteneciera sólo al poeta y desde su inocencia configurara precisamente la realidad del mundo. Por eso, para él, la poesía es el *Enemigo rumor,* título de su segundo libro. Ese rumor es el enemigo y el servidor del mundo, pero al servirlo lo despoja de su propio ámbito. Es un continuo e inagotable juego de sustituciones y restituciones. El juego de la vida dueña del propio conocimiento de sí misma, que una y otra vez se quita y se pone la máscara que le entrega el poder de representar. Al final, siempre hay un doloroso y exaltante reconocimiento:

> Ah, que tú escapes en el instante
> en el que ya habías alcanzado tu definición mejor.

Pero la inmovilidad es indispensable porque sólo ella es la que pertenece a la vida y abre la posibilidad de un recomienzo, permite el juego de las máscaras detrás de las que se oculta y a través de las que se muestra el poeta, quien desde su oscuro carece en verdad de rostro:

Rueda el cielo —que no concuerde
su intento y el grácil tiempo—
a recorrer la posesión del clavel
sobre la nuca más fría
de ese alto imperio de los siglos.

No son muchos los libros de poemas de José Lezama Lima,
aunque su obra no sea breve sino que, al contrario, está marcada
por el signo de una indispensable desmesura. El poeta se sabe
avocado a la tarea irrenunciable de nombrar y por lo tanto dar
un sentido humano a todas las realidades del mundo. Tarea
imposible, sin duda; tarea ineludible también. Por eso es significativo que el título de otro de sus libros de poemas sea *La fijeza*
y el último de ellos se llame *Dador*. Sin embargo, no se trata de
establecer lo que podríamos considerar la poética de José Lezama Lima. Sus largos, serpenteantes, a veces aparentemente informes poemas nos rechazan en muchas ocasiones con su evidente dificultad para penetrarlos. Las sorprendentes relaciones
que establece el poeta para poner cada objeto, cada concepto,
dentro de un contexto en el que brillen con una realidad nueva y
particular, su hábito de unir lo banal con lo reconocidamente
trascendente, su convicción de la exigencia de definir cada cosa
no con su nombre conocido sino con la inesperada descripción
de su apariencia vista desde un ángulo imprevisible, en una
palabra, el particular y por tanto difícilmente comunicable orden del mundo que se propone crear, hacen de su obra el ejemplo vivo de una de las máximas con la que abre su libro de
ensayos *La expresión americana:* «Sólo lo difícil es estimulante.» Probablemente es cierto: Lezama es un poeta oscuro, barroco, verboso hasta el delirio. Pero las palabras conducidas hasta el
delirio en el que alcanzan el último extremo de sus propias
posibilidades para crear un discurso coherente y amenazan con
adentrarse en la informe materia de la que han extraído su
propio poder espiritual, su capacidad para convertir la sombra
en luz expresando la oscuridad son en sus manos el instrumento
mediante el cual la poesía se adelanta desde lo oscuro para encontrar la irradiación de la imagen y hacer precisamente posible
la fundación por la imagen. Esto es lo que ocurre en la obra
poética de Lezama Lima: lo imaginario sustituye a lo real, no
pretende ser un elemento de relación sino instaurarse como una
auténtica sustitución. Lezama cree en la analogía y la utiliza. Sus
poemas se sirven en innumerables ocasiones de ese mágico

puente de relación que es la palabra «como». Pero en ellos no se trata de aclarar una determinada forma de realidad mediante su comparación con otra, sino de que la relación crea otra realidad, no más profunda ni más superficial, aunque muchas veces sea sorprendente, sino otra, una realidad diferente: la realidad del espíritu que se hace visible al fin a través de la imagen. Al devolvernos el mundo, entonces, el poeta nos lo arrebata para entregárselo al espíritu, pero junto con el mundo, como parte del mundo, en tanto participantes comulgantes —del poema, que está en el mundo, nos entrega también como lectores al espíritu.

Quizás ésta es la muerte como resurrección de la que habla Lezama Lima en tanto poeta cristiano. No me propongo ni me atrevería en ningún momento a discutir su fe. El cristianismo también pertenece a la cultura y como Lezama lo ha dicho muy claramente todos creemos en algo por el solo hecho de haber accedido en tanto hombres a la cultura. Lezama conoce muy bien como escritor y como hombre la existencia de ese sistema de coordenadas mediante el que cristaliza, para emplear una de sus palabras, la realidad del mundo y se sirve de ellas con una absoluta libertad porque sabe que pertenece a todos. La historia es eso y las ha puesto a nuestra disposición. La tarea del artista es precisamente utilizarlas para crear un orden. Es un continuo *acomodamiento*. En el instante en el que algo encuentra su verdadero sitio se produce un milagro y la realidad se abre. Lo mismo puede tratarse de un objeto que es como una palabra y se ilumina de pronto al encontrarse entre otros objetos, que de una palabra que es como un objeto y se descubre en su verdadero sentido al encontrarse entre otras palabras. Encontrar ese orden secreto de los objetos fue en Lezama Lima una obsesión tan poderosa como la que lo llevaba a buscar una y otra vez el sentido oculto de las palabras. Tenemos maravillosos, deslumbrantes ejemplos del carácter de esa tarea en relación con los objetos en la maravillosa y deslumbrante construcción verbal en la que encuentra su forma la novela *Paradiso*. El tema de la novela es otro, el tema profundo y general que la abarca por entero, pero hasta ese tema también se llega a través de un lento proceso de ordenación que permite que cada una de sus páginas nos sorprenda con la súbita cristalización en la que se fija una imagen particular mediante cuya suma se llegará a la imagen totalizadora en cuyo encuentro descansa la obra.

Paradiso se levanta y se hace aparecer sobre la necesidad de convertir una ausencia en presencia. No es imposible ver ese tema como el mismo que anima *Muerte de Narciso*. La realidad de la muerte, la intrusión de la muerte, es el suceso que determina para el hombre el carácter del mundo y lo hace desaparecer. A partir de ese rompimiento o catástrofe hay que recuperarlo porque todo en él nos llama a partir de la explosión y la afirmación de la vida que encierra y expulsa hacia el exterior cada una de sus formas. Es parte de la originalidad de Lezama Lima la incorporación a la literatura de todo un «nuevo mundo» de formas a través de su meticuloso repaso de la fauna y la flora, las particularidades y diferencias de la realidad americana que gracias a él en gran medida entra con el resto del mundo a ser parte de la historia y la cultura al hacerse visible a través de las palabras y enriquecer el lenguaje con esa realidad nueva y todavía informe a la que las palabras incorporan a la historia de la cultura y convierten en espíritu. Su carácter universal como escritor, el reconocimiento de una herencia que atraviesa el tiempo y le pertenece a todos, se afirma también a través del lento, progresivo, y cada vez más firme reconocimiento de su particularidad. Podría decirse que Lezama Lima no sólo es un escritor americano: dentro de lo americano, más particularmente aún, es un escritor cubano. En gran medida gracias a su obra Cuba entra a formar parte del mundo. Por encima de cualquier otro tipo de movimiento social, político o cultural es la literatura quien la pone en la historia y en la obra de Lezama Lima hay un reconocimiento tácito de esa capacidad de la creación literaria en tanto manifestación del espíritu que pone al espíritu en el mundo y hace del mundo un alimento del espíritu. Y en esta dirección la capacidad de *envolvimiento* de Lezama Lima mediante su sistema de poner en relación realidades hasta entonces aparentemente opuestas e irreconciliables es inconmensurable. Alimenta su poesía, explica la múltiple riqueza y hasta la abigarrada confusión de sus ensayos y determina el pausado progreso narrativo de *Paradiso*.

Sin embargo, en *Paradiso* no nos encontramos frente a un tratado sino ante una novela, aunque esa novela también pueda considerarse la expresión indirecta y no conceptual, expresión en tanto creación de una imagen, de una poética. En la novela, el narrador nos dice en un momento que Baldovina, la criada, «dormía entre Violante y José Cemí, haciendo cuentos de su aldea con incansable verba, en forma circular, sin preocuparle el fin del relato». Esa forma de contar podría ser en última instancia la que anima la obra. Quien habla en ella para contarnos una vez más, pero siempre desde su propia particularidad, la historia del artista adolescente en su viaje hacia la apropiación de sí mismo y con ella hacia la apertura de su posibilidad de darle sentido a la historia a través de su vocación poética, es el espíritu de la leyenda. No tiene una meta definida, pero su incierto paso traza un círculo que lo encierra todo. En *Paradiso* podemos atrevernos tal vez a suponer que en un sentido lato y simbólico al mismo tiempo ese encuentro de sí mismo se halla para José Cemí —el *alter ego* literario de José Lezama Lima en la novela— en la adquisición, a través del conocimiento que le ofrecen sus distintas experiencias, de la capacidad para volver a cerrar o constituir el círculo familiar que ha dejado abierto desde muy pronto la temprana muerte de su padre. La familia aparece entonces como la fundación sobre la que descansa la exigencia de continuidad de la vida. En términos naturales es indispensable que el hijo pase a ocupar el lugar del padre y se convierta en el padre. Pero en este terreno es donde en *Paradiso* se muestra una diferencia que determina el carácter y el significado de la obra. La familia que forman José Cemí, su padre, su madre y sus hermanas es una fundación inconmovible. En la novela no se tratará de un proceso de sustitución mediante la creación de otra familia, sino de una vuelta hacia lo mismo, lo inconmovible, la imagen original que debe hacer posible la aparición de toda la diversidad de imágenes que configuran la realidad del mundo. No nos encontraremos entonces ante una realidad «natural», sino ante la exigencia del artificio que crea una realidad poética y a través de la poesía le devuelve al mundo su naturalidad. La ausencia del padre de José Cemí a través de su temprana muerte es irreparable. José Cemí jamás le daría una calidad de presencia convirtiéndose en *otro* padre. Tiene que ser el *mismo*. La muerte, al romper la continuidad de lo natural, instaura la exigencia de lo poético. La poesía se servirá de la naturaleza para crear una realidad espiritual en la que la naturaleza se repite fuera del tiempo, libre de la amenaza de la muerte y abierta a la eternidad. En esta capacidad encuentra su fuerza para fundamentar el mundo, un mundo en que la carne se ha vuelto espíritu, pero en el que también el espíritu sólo puede alojarse en la carne.

Lo que José Lezama Lima llama la «erótica lejanía» es la distante meta del camino que José Cemí tiene que recorrer para encontrarse como poeta y en tanto poeta convertir la ausencia en presencia y volver a cerrar el círculo dentro del que la realidad se hace posible en términos humanos, vista y experimentada no en su inocencia original sino desde el conocimiento que, sin embargo, debe ser capaz de restituirle esa inocencia que se encuentra en los orígenes. No es extraño que *Paradiso* se inicie con una especie de *segunda* entrada al mundo para José Cemí no a través del proceso natural del nacimiento, sino de una suerte de rito bárbaro y primitivo, anterior o ajeno a toda la tarea de la civilización, que lo regresa a la vida no desde la oscuridad original sino desde el agregado artificial de la enfermedad. Pero una vez de vuelta a ella, es la realidad del mundo la que se brindará como el camino conducente hacia el encuentro de la verdad de la poesía o sea, del espíritu que funda a través de la palabra en la que se hacen visibles las posibilidades siempre imaginarias de la imagen. José Cemí se expresa a sí mismo en el segundo capítulo a través de la prolongación de su cuerpo que le brinda el solo hecho de llevar una tiza en la mano. Rialta, su hermana, en el siguiente capítulo, llega a poder robarse unas nueces —cualquier fruta es la fruta del conocimiento— extendiéndose sobre la rama del nogal hasta ser también una suerte de prolongación o alargamiento de esa rama. Y más adelante ante la insondable profundidad y el aterrador misterio del sexo que se revela en la oscuridad de una vulva abierta sólo al cubrirla con un pedazo de tela de camiseta se recupera la potencia que permite llegar hasta esa oscuridad venciendo el paralizante terror ante la pura fuerza de lo natural. Los ejemplos podrían multiplicarse hasta el infinito. El juego de relaciones no parece terminar nunca en *Paradiso*. Como en los relatos de Baldovina, la verba, el lenguaje, gira siempre gozosamente sobre sí mismo complaciéndose antes que nada en su propio despliegue. Mediante él, a través de él, unas veces la realidad se abre de pronto hacia un abismo sin fondo y por él, gracias a él, vuelve a encontrar la referencia, los puntos de apoyo que la regresan a la superficie. El viaje desde la oscuridad hasta la luz no termina nunca; pero su continuo recomienzo sólo es posible porque el círculo se cierra. La ausencia material del padre se convierte en presencia espiritual a través del encuentro de la vocación poética.

Tal vez ese encuentro aparta para siempre al poeta de lo «natural». De allí todas las implicaciones perversas y concretamente homosexuales de *Paradiso*. La fundación que el poeta es capaz de lograr no descansa en la oscura fecundidad de la tierra sino en la luminosa pureza del espíritu y en el campo de lo natural es siempre estéril. Pero si está fuera del mundo, el poeta se coloca en ese lugar precisamente para devolvernos la realidad del mundo desde la aceptación de su imposibilidad de recono- cerse a sí mismo, de su misterio y su abismal e insondable oscuridad, la misma que inesperadamente durante la infancia se abre para José Cemí a través de su participación en un inocuo juego de yaquis (matatenas en México) en el corredor de su casa. En el juego, la pelota se remonta hacia el aire, sin ninguna resistencia, gracias al vacío y en tanto el jugador debe recoger del suelo, progresivamente, un número cada vez mayor de yaquis, de objetos materiales. Con ellos en la mano, cuando la tarea de recolección durante el lapso que permite el vuelo de la pelota termina, encuentra el triunfo. El vuelo del espíritu ha hecho posible la apropiación de la materia. Pero esta tarea sobrecoge. Hay algo terrible en ella. Abre un instante de puro vacío. Así lo advierte José Cemí niño durante el inofensivo juego en el que sus capacidades resultan inferiores a las de todos los demás parti- cipantes. Sin embargo, ésa es la tarea del poeta. Y un poeta es lo que José Cemí llegará a ser a través de todas las visicitudes que se nos comunican en la novela. Su viaje terminará en el encuen- tro de la tierra prometida, el *Paradiso*.

La historia siempre se lee al revés. Cuando *Paradiso* termina, José Cemí está en el camino de la poesía que lo llevará segura- mente a escribir *Muerte de Narciso*. Por la poesía, aunque la muerte de Narciso revuelva las aguas e impida la posibilidad de contemplación, el mundo encuentra de nuevo la apacible sereni- dad en la que se revela su belleza. Ahora, desde la muerte de José Lezama Lima, hablamos de la vida de sus obras. Su ausen- cia es también una presencia; pero no se trata de encontrar en esta evanescente presencia de su ausencia real ningún consuelo. José Lezama Lima está al fin en los brazos de Proserpina. Su canto ya no le pertenece; pero sigue cumpliendo la función que Lezama le atribuyó: a través del canto la espiritualidad de la palabra le restituye su inconmovible verdad a la materialidad del mundo. El cuerpo del poeta está hecho ya de palabras y desde su oscuro, como él lo buscó, las palabras nos entregan su vida.

[*Vuelta,* I (diciembre 1976), pp. 18-21.]

III

SOBRE *OPPIANO LICARIO*

BLAS MATAMORO

OPPIANO LICARIO:
SEIS MODELOS EN BUSCA DE UNA SÍNTESIS

La muerte de José Lezama Lima ha convertido su trunca novela *Oppiano Licario* (recientemente editada por Era, México, 1977) en un texto involuntariamente definitivo. No es difícil ver operar en él los modelos que ya estructuraron *Paradiso*. Leer estos fragmentos perfeccionados por la muerte permite reencontrar ciertas constantes de Lezama, repasar su sistema literario y examinar las posibles conclusiones a que llegaría un «retrato» de la obra escasa y densa de quien es, sin duda, más allá de modas y tropicalismos, una de las auténticas peculiaridades de nuestra literatura.

Para construir y desarrollar *Oppiano Licario,* Lezama se vale de una compleja convergencia de modelos. No pretendo agotarlos en el examen que sigue, sino, simplemente, denunciar algunos. Con ellos en la mano, y con los que, eventualmente, pudieren detectarse luego, será posible hacer sistemático el orden de toda la obra.

PRIMER MODELO: EL POEMA PEDAGÓGICO

Hay que tener en cuenta dos hechos: toda novela es de iniciación, toda prosa que se exhibe como «cuidada» es poética. Lo poético está dado por aquel «esfuerzo de estilo» del que se ocupó, certeramente, el viejo Mallarmé. Cuando la convergencia de estos hechos llega a la síntesis, se obtiene un poema pedagógico. Es lo que ocurre con *Oppiano Licario.*

Al referirnos al carácter iniciático de la novela, tenemos en cuenta el doble valor del iniciatismo: por el lado de lo misterioso, o sea la progresión en lo hermético y la adquisición de superiores grados de perfección espiritual; y, por el lado de lo social, la conquista de progresivas identidades en la sociedad, de «roles» cada vez más complejos y jerárquicamente superiores. Una progresión es abismal, vertical, interior, ocupa al alma. La otra es expansiva, «superficial», exterior, horizontal, ocupa al espíritu. La primera lleva al solipsismo y a la conversión del sujeto en mundo: es una experiencia microcósmica. La segunda, a la sociabilidad y a la conversión del mundo en sujeto: es una experiencia universal.

¿Es posible una síntesis entre ambos caminos iniciáticos? Lezama propone una respuesta positiva.

En *Paradiso* el resultado era claro: la novela tenía fin y veíamos a José Cemí cumpliendo el apotegma freudiano de ser «sí mismo» a partir de la muerte del padre: en el anfiteatro donde velan los restos paternos, el héroe encuentra un huevo, o sea el elemento germinal de sí mismo, el ser *ab ovo,* la hora cero de su historia. Es su lugar en la sociedad, el excavado por el padre y por la infinita serie de precedentes de hombres que «fueron» su padre, antes que su padre.

Paralelamente, hay una iniciación en los «espacios interiores» del héroe, que tienen que ver con su credo metafísico, con su definición sexual, con la identidad de su memoria, etc.

En *Oppiano,* la multiplicidad de héroes ya conocidos en la novela anterior (Cemí, Foción, Fronesis, etc.) y lo trunco del relato dificultan ver por dónde discurren los caminos. De todos modos, es evidente que el personaje Oppiano y la importancia que su hermana Ynaca Eco tiene entre los personajes masculinos —que comparten su amor como apoderándose del lado femenino de Oppiano— lo señalan como el sujeto paradigmático de la narración. Es único, absolutamente peculiar, y todos lo evocan como el espejo de sí mismo (ya veremos qué importancia tiene lo especular en el sistema de Lezama): es el «maestro». Más por lo que ha hecho de ejemplar que por lo que predica como tal. El relato puede leerse como una «busca del Oppiano perdido», la reconstrucción de sus cosas, su mundo, su presencia, sus teorías, como ejemplares. Es el personaje iniciático por excelencia, porque ha *iniciado,* o sea que ha hecho ciertas cosas el primero, ha *inaugurado.*

Como *Paradiso,* pues, *Oppiano* es un *Bildungsroman,* un relato paradigmático e instructivo, destinado a iniciar, o sea a introducir en un nuevo espacio, a pasar de un estado a otro, tanto a los héroes como al lector.

Lo mismo que en el texto precedente, aquí la iniciación parte del espacio iniciático por excelencia: la casa. El narrador alude a «la sala como primer misterio de la casa». Es el camino que lleva, verticalmente, hacia adentro, la iniciación en los grados anímicos.

A su vez, todo el sistema doméstico está connotado sexualmente y remite al rol materno: es lo femenino y es la madre, acaso esto antes que lo otro. Y es el límite de lo opuesto y complementario: lo masculino y lo paterno, el punto del camino iniciático «hacia afuera», hacia los grados del espíritu y del mundo.

Clara, la madre, «es» la casa, en tanto medida interior, encierro, intimidad, lo privado: lo que se priva a los demás y no se comparte. Su presencia, su frecuentación, anima a la casa y la personaliza. La casa de Clara (así la define el relato) «tenía el sudor de todos los días, ese reconocimiento que el animismo de las cosas inertes necesita para lograr su emanación permanente».

Del límite «Clara» hacia afuera, es el espacio masculino y paterno, el escenario donde actúa el padre, su gabinete de abogado, su participación en las conspiraciones y las guerras civiles. De ese espacio vienen a secuestrarlo quienes matan al hermano del primer héroe que aparece en el relato, Palmiro.

De la casa como habitáculo, símil uterino, protección primordial del héroe en el primer estadio de su iniciación, se transita hacia el primer grado del mundo, que es todavía materno. La madre es el mundo del nonato, del ser fetal, en tanto que ámbito de concepción y figura doméstica. Ni bien el héroe se desprende del cántaro materno, la madre sigue siendo figura del mundo, esta vez del mundo exterior. Frente a él, el héroe, su cuerpo, el hiato entre cuerpo y mundo y el proceso de incorporación: incorporar, incluir en el propio cuerpo. Lo primero que se incorpora es el alimento materno. La madre, que ha sido útero-mundo, pasa a ser mundo-pecho, alimento. Incorporar es lactar, el mundo se amamanta, se mama.

Esta figura iniciática del mundo-pecho connota, luego, las relaciones con la mujer del héroe adulto y erótico. «El cuerpo de Delfina se ablandaba en los extremos de cada uno de los dedos, como la pulpa ablandada a la penetración de los dientes. A pesar de la suavidad, del total rendimiento del cuerpo de Delfina, le parecía a Palmiro que la penetraba con los dientes.» En el amante que se «come» a la amada, sigue repitiéndose la figura iniciática de la mujer que alimenta a su hijo, de la incorporación primordial del mundo bajo la especie del pecho maternal. Tampoco es ajena a esta secuencia primordial la figuración del sexo masculino como cuchillo, siempre presente en Lezama. Ni el coito como cuchillada, ni de la vulva como una boca, con labios entreabiertos o por abrir, a veces un símil de boca en los duros labios de la almeja, animal bivalvo, bilabiado si se quiere, como una boca. Cuchillo que corta la comida, cuchillada de la penetración y el orgasmo, cuchillo que abre la almeja para alimentarse de su interior blando y nutricio, todo ello es sexo como segundo grado de la primordial relación con el mundo: comer, mamar.

Dotado con la figura del mundo que es la madre como ser alimentante, el héroe sale al mundo. Por ello, cada vez que encuentra a la mujer, aun en un ámbito tan diputadamente masculino como es el espejo en Lezama (porque refleja la soledad del héroe, Narciso, el hombre que es el doble de sí mismo, el mismo con el mismo sexo), encuentra también al principio animador, recreador, reproductor del mundo. El misterio de la reproducción de la vida cifrado en la hembra. El padre de Mahomed, médico, por ejemplo, quien «captaba en sus pacientes el tránsito del cuerpo a la imagen, pero,... Aischa, su esposa, captaba la imagen como corporis misterium, es decir, la imagen que entraba en su espejo, salía después con peso, número y medida».

En la relación con el otro, a través de la sexualidad, y una vez traspuesto el doble ámbito iniciático de la madre-casa y-mundo-incorporado, el héroe descubre un nuevo grado de iniciación: la consagración sexual, con sus ritos inherentes.

SEGUNDO MODELO: LA LITURGIA SEXUAL

Lezama tiene una concepción platónica del sexo. Esto va dicho en el sentido de que la sexualidad es, en sus textos, un ejercicio de final conocimiento, una práctica gnoseológica. Más específicamente, un ejercicio de reconocimiento, de conocimiento de algo sabido de manera previa e infusa, el sí mismo. El sexo es el camino de la identidad.

Al otro se llega enajenándose, transfiriéndose fuera de sí. Se encuentra en él al mundo, pero no ya como primera cosa de apoyo fuera de sí, como en el caso del alimento que se incorpora, sino como realidad sistemática. El mundo es algo «real», o sea inevitable y exterior, dado y continuo, homogéneo y descifrable, pero organizado de antemano por una lógica, por un orden, un sistema. Lo que Lezama prefiere denominar, órficamente, Verbo (palabra creadora, animadora, como en el Principio de Todo del Evangelio según San Juan): «Volcar nuestra fe en el otro, esa fe que sólo tenemos despedazada, errante o conjuntiva en nosotros mismos, es una participación en el Verbo, pues sólo podemos tocar una palabra en su centro por una fe hipertélica, monstruosa, en las metamorfosis del leyente a través de la secularidad.» El reconocimiento por medio de la práctica sexual es, como en Platón (sin decir su nombre), múltiple. El amante platónico apunta a reconstruir un ser primordial, alfa y omega de la sexualidad, hembra y macho a la vez, andrógino. El camino que lleva del hombre a la mujer tiende a la recuperación, mítica e imposible, pero acuciante, de aquella androginia elemental. La que lleva del hombre al hombre y de la mujer a la mujer, directa u oblicuamente, en cambio, tiende a reforzar la bipolaridad actual de los sexos. Lo heterosexual reúne a los contrarios, lo homosexual enfrenta al sujeto con la imagen de sí mismo. En ambos, en el cimiento de ambos ejercicios, hay un reconocimiento, y Platón tiene razón otra vez: se reconoce la mitad ausente o la mitad presente de sí mismo, lo otro que sí mismo, lo mismo que sí mismo. Hay, por fin, la relación triangular, donde ambos caminos, el complementario (bisexual) y el especular (monosexual) se sintetizan.

Los ejemplos de estos paradigmas sexuales abundan en Lezama, y vienen —otra vez— de su texto anterior. Curiosamente, y con fundamento lógico en el breve platonismo que se apunta arriba, las veces en que el acto sexual es narrado —y hasta con morosidad— por Lezama, hay en la narración el recurso constante y excluyente al símbolo y a la metáfora. Puesto que el sexo es, en el fondo, conocimiento y reconocimiento, resulta, esencialmente, un hecho especulativo. Y ya es empezar especulando el optar por las figuras retóricas en vez de las denominaciones propuestas por la nuda fisiología.

En el encuentro heterosexual, el héroe «salía a buscar, ojos y boca, su complementario en una mujer».

En la atracción homosexual, en cambio, se da el camino en espejo. Palmiro tiene un hermano muerto y hace el amor con Delfina, la hermana de Ricardo Fronesis. Pero advierte que lo atractivo de Delfina es ser hermana de Ricardo, que es el verdadero objeto sexual, imaginario, como todos los objetos sexuales. La mujer es un corredor al fondo del cual hay un espejo con la imagen de Ricardo. Y, al traer a Ricardo al cuerpo de Delfina (lo femenino de Ricardo, su «ser hermana») se desplaza Ricardo y aparece el hermano muerto, la imagen más cercana que Palmiro tiene de sí mismo, el fondo de su espejo profundo. Aún, en pleno orgasmo, escucha los tiros que acabaron con su hermano, su cadáver bajo «el relámpago de la balacera».

Fronesis, suerte de atracción universal en el relato, personaje cuyo destino parece ser el de soportar una belleza que a todos erotiza, Eros, tal vez, él mismo, vale por su imagen que recuerda a un grabado erótico. Es, además, el joven viajero que habla de Europa, el que importa cultura y la dispersa en conversaciones eruditas. El héroe, criado en la floresta cubana, dentro de una casa, con una fuerte impronta materna, se relaciona pasivamente con el mundo, lo percibe y se alimenta con él como del cuerpo materno, a través de los ojos y la boca. El elemento que lo atrae en Fronesis es que es un hacedor de mundo, principio de acción y de intervención en la realidad. Éste refuerza su homoerotismo, ya que no homosexualidad, porque no hay un acto sexual entre ambos. Aún más: con clásico recurso freudiano, Palmiro, al descubrir que Fronesis lo atrae, fantasea que lo mata acuchillándolo, transfiriendo al cuchillo y a la muerte, el deseo que enerva su sexo y el orgasmo inexistente.

La relación sexual como relación con el mundo y la aparición de éste como realidad animada por el Verbo (universo) es más clara en la curiosa secuencia de Licario con el ladronzuelo, en un banco del parque, por la noche. La anécdota es mínima. En la arena, el ladronzuelo contempla a Licario, sentado en el banco. Se sienta junto a él y sus cuerpos se aproximan. En el medio, pasan los contenidos míticos: a través de Licario, el chico ve el peso de los elementos celestiales, la diosa de la tierra engendrando a Urano, el viejo dios que se castra y gira en la niebla y es emblema del homosexualismo pasivo, la diosa del cielo engendrando a titanes y océanos. Licario se disuelve cuando el chico lo palmea. Licario es el sistema del mundo, lo real animado por el Verbo, y el chico lo reconoce al decirse: «Ay, mi padre, qué ganas tenía de volver a verte.»

En la secuencia de Foción nadando, el proceso de conocimiento de sí mismo es inverso al habitual. No se reconoce uno al ver o sentir al otro, sino que se reconoce al otro en el fondo de sí mismo. El agua acaricia el cuerpo de Foción, le pone límites, fija su identidad. Su cuerpo es lo que está recortado por el agua. Es entonces, cuando más fuerte es el sentimiento de sí mismo, cuando Foción intuye (entiende sin especular) que es Fronesis, que Fronesis lo acaricia imaginariamente, porque sus cuerpos son uno mismo en la fantasía en espejo, a la vez que —de nuevo— al identificarse con el agua que lo acaricia, Fronesis es el resto de lo real, el mundo. El agua misma, no elegida al azar por Lezama, es un elemento especular en sí misma, es un símil de espejo, un material que refleja fácilmente todo.

Vale la pena copiar la secuencia: «Descendió en el remolino con toda la imagen de Fronesis como clavada en el cuerpo. Su pensamiento ganó la extensión de su cuerpo. Al descender con el cuerpo untado por la imagen, tuvo la sensación de la cópula. Sintió el calambre de la eyaculación, el gemido del cuerpo. Descendía, descendía y se apretaba con su única imagen. Jamás se había sentido tan cerca de Fronesis. Se había transfigurado en la imagen, sintió como si fuera su amigo.»

Me permito subrayar este par de complementarios:

Descendía, descendía y se apretaba con su única imagen. Jamás se había sentido tan cerca de Fronesis.

Los dos términos del par dialéctico desembocan en la síntesis:

...sintió como si él fuera su amigo.

Salgamos de los encuentros platónicos de a dos y vayamos al triángulo. A veces, la búsqueda del complemento del héroe (la mujer buscada por el hombre) y la búsqueda de la imagen especular (yo en el otro o el otro en mí) se reúnen. De nuevo: el ejemplo del amor que Palmiro siente por los hermanos Delfina y Ricardo. El triángulo es fantasía: «Palmiro... los apretaba a los tres... caminaba por dentro de Delfina y de Ricardo Fronesis.»

La reunión puede ser sintética, o sea que lo femenino y lo masculino pueden darse —de nuevo, con un componente fantástico— en un solo sujeto. Cidi Galeb (padre) ama a una francesa, en la cual se unen «la recatada doncella» y «el efebo gimnasta».

Por fin, el supremo contenido cognoscitivo de la unión sexual: el coito es el símbolo del universo, la serpiente Ouroboros que se come la cola, que es falo y ano en sí misma, lo penetrante y penetrado a la vez, lo completo y concluso, lo que empieza y termina sin consumarse jamás. Lezama se permite prolijas explicaciones poéticas a propósito del contenido simbólico del coito que es, a la vez que acontecimiento peculiar, imagen de un sistema cosmológico, teoría del mundo.

Por un lado, «el reverso del falo serpiente es el entrante sin fin, el ano como cero absoluto». La cantidad penetra la nada y comienza el ser. El coito es la imagen del momento primordial de la creación, el instante primero de la configuración concreta de algo. La nada llama al algo, el vacío a la cantidad. El ano es boca: llamado y apetito, invocación y devoración. Primer grado cognoscitivo del sexo como coito y como alegoría. Los egipcios ya lo saben: la serpiente (el falo, la cantidad discreta flotando y recortando el vacío) es emblema del saber y corona la diadema de los pensantes.

Devorar es digerir, y la serpiente englutida es vuelta a expeler por el ano, como brazo, recreada en brazo. La boca anal se transforma en ano oral. Sólo momentáneamente son, de forma exclusiva, boca oral y ano anal. En esta fluyente metamorfosis, las estrellas son la sangre de la serpiente, la deyección vale por la cola desplegada de un pavo real. Coagulada, expelida, vuelve a ser azul, celestial, estelar. Un gallo picotea la cerviz de un león que pretende leer el libro de la vida. Todo entra y vuelve a salir, reconvertido. El resultado de la digestión vuelve a ser alimento. El eterno retorno.

Ouroboros es, en este estado, una serpiente con cola de pavo real, emblema de Juno, diosa del saber, saber por la metamorfosis que culmina en la deyección anal. Pero, por su boca, sale el falo, columna del dios Término, quien vuelve a ser lo que tiene medida, lo que tiene término. Lo rodean llamas de azufre que adormecen a los amantes, y vuelve a cumplirse la cópula. La cantidad discreta en el vacío, etc., etc.

Nada es inocente en el poema pedagógico. Comer, copular, defecar y la infinita serie de operaciones en lo real, son, a la vez, símbolos y alegorías de Otra Realidad.

TERCER MODELO: SIMBOLISMO Y ALEGORISMO

A la vez que copulan, los amantes son Ouroboros y emblematizan el funcionamiento del universo. Aquí habría que agregar un etcétera infinito, eterno como el retorno de los finitos componentes del mundo en la teoría retornista del tiempo. Es que todo, en el relato de Lezama, abraza la doble dimensión: la inmediata y la alegórica. Es como en los textos medievales, donde nada puede ser tocado ni nombrado sin suscitar, al mismo tiempo, el valor que las cosas y los seres tienen en un nivel de alegoría y de símbolo. Todo remite a otra cosa, todo se trasciende. Todo lo perceptible, ordenado por el concepto señala, simbólica o alegóricamente, hacia un plano de significación segunda. Las cosas son lo que son y, a la vez, tienen otra realidad que las desquicia. No están al fondo de la realidad, sino que apuntan a ese otro escalón del mundo, que es un sistema de significaciones abstractas al cual se llega descifrando el discurso de la alegoría.

Por ejemplo: una puerta es una puerta, evidencia de lo positivamente real. Es una estructura de madera que cumple unas funciones en una casa. Pero, a la vez, como animada por un significado, o varios (tal vez, una operación del Verbo que anima a una realidad que, de otra manera, sería inerte), la puerta es un significante alegórico: «la puerta cobra un fácil animismo, organiza su lenguaje... el lenguaje de la puerta». Pensando en la casa como espacio iniciático primordial, ya analizado, es fácil ver que la puerta es como la introducción en ese espacio, el signo que delimita el pasaje de un estado a otro de la iniciación.

Los hombres, los personajes, los simulados sujetos del relato, son meros soportes simbólicos de este proceso de alegorización. Están en la realidad y en la temporalidad histórica como excusas de un significado simbólico, para representar otra cosa que no son ellos mismos. Un hombre remite a otro, que, a su vez, también es un mero soporte simbólico, y así, espiraladamente, hasta el infinito. Ello explica que las identidades, en el relato de Lezama, sean fácilmente desplazables y completamente sustituibles. Aquí no hay «caracteres» ni «personalidades» identificables, personalmente atribuibles, fijos, como en la novela sicológica clásica. Uno vale el otro, todos son por remisión a una alteridad de sí mismos. «Mi hermana era mi madre muerta y la que había ocupado su lugar... la identidad en el mismo continuo de transparencia.» Transparencia: a través del Uno veo al Otro, no hay opacidad personal.

El lugar por excelencia para el ejercicio de este alegorismo son las ya analizadas liturgias sexuales. En especial, la prolija secuencia del acto sexual entre Ynaca y Cemí. Los amantes se encuentran dentro de un círculo que traza la mujer con un pie (círculo mágico: iniciación, revelación). Se dice que ella tiene «una gravedad sacralizada», lo cual previene sobre el carácter ritual del suceso. Los amantes se desnudan. La oficiante quema las ropas del hombre. Las caricias trazan «signos cabalísticos» sobre los cuerpos. La mujer rocía el cuerpo del hombre con agua, según consejos —otra vez— religiosos: el credo de Zoroastro. Interviene el Nasu zoroástrico y el sexo del hombre es una cruz flamígera. El fuego es recorrido por sierpes de fuego. Otra vez la figura de la serpiente, imagen del proceso cósmico. Esta vez no es Ouroboros, sino la *kundalini,* el fuego que, en zigzag, asciende por la columna de vértebras, según la creencia hindú. Como en el caso de la puerta, el falo remite a dos significados alegóricos, esta vez en un contexto ritual. Luego, una nueva transfiguración, y el sexo del hombre es el *lingam* oriental y el caduceo griego, nuevas figuras de serpiente. Por fin, el objeto es significante de cinco planos alegóricos, donde lo serpentino remite a cinco realidades religiosas distintas. Consumado el orgasmo, la ceremonia termina cuando la amada viste al amante con ropas nuevas, iguales a las que abrasó al comienzo del rito. La iniciación dentro del círculo se consuma: el iniciado cambia de estado y ello se significa en la mutación del ropaje.

Un par de transposiciones alegóricas más puede servir para ilustrar este procedimiento en Lezama. La cabeza es, a nivel simbólico, un conjunto de corolas. Las corolas simbolizan, a su vez, la esfera egipcia y la griega. Un significante remite a tres niveles de significación simbólica. Por fin, esta pirámide de símbolos, a un significado alegórico: la cabeza-corola-doble esfera es el número de oro de los pitagóricos.

El falo: el significante fálico remite a significados simbólicos sucesivos: as de bastos (elemento adivinatorio de los naipes), espada, llave (con las connotaciones múltiples que se quiera). La incisión del falo en la vagina es la operación creadora original en la cubeta primordial del mundo: de ella surgen planetas y planetoides. Alegóricamente, se llega al cielo, al componente estelar de lo sexual.

Esta dinámica doble (del significante al significado simbólico, al haz de símbolos y de éste a la alegoría, al haz alegórico) tiene otra contrapartida: el complemento entre lo histórico y lo arquetípico.

Así como en toda realidad «real» hay el señalamiento de un par de realidades «otras» (la simbólica y la alegórica), en todo objeto peculiar hay un sustrato arquetípico.

Es corriente pensar la oposición entre lo peculiar y lo arquetípico como una aporía, un enfrentamiento insuperable. O se está en el espacio de la historia, donde todo es absolutamente concreto y ocupa un punto intransferible del tiempo, o se está en el espacio del arquetipo, donde todo está dado al comienzo, inmutablemente, y se repite en una continuidad estática, sin decursos ni progresos.

La opción de Lezama —centrar el relato en la figura de Oppiano Licario— permite intentar una síntesis. Oppiano es el personaje «adámico» por excelencia, el hombre único en la soledad completa del cosmos, en el momento primordial de la creación. No tiene semejantes, nadie se le parangona, es la peculiaridad absoluta. «Partía de que él no le interesaba a nadie, para poder escoger con severa libertad las cosas de que se rodeaba... la justificación de su vida fue la búsqueda de esas excepciones morfológicas, él sabía que la fuerza vibratoria, ese vacío y ese refuerzo, el espacio vacío desalojado por la expansión de la fuerza cohesiva, que aflora y nos da la mano, haciendo una pareja, siquiera sea momentánea, entre nuestro yo y lo desconocido como excepción, como vacío insuflado de nuevo por esa parte de nuestro yo que se entierra, nos lleva nuestras piernas o se sumerge en el agua, nos borra el rostro con una máscara con infinitas mordidas.»

Oppiano es el hombre histórico (peculiar, incomparable) asentado sobre la base arquetípica (genérica, insondable). Lo lleva hacia ella la atracción del enigma que dinamiza la vida de la historia: «...sabía que no había secretos, pero también sabía que había que buscar esos secretos». La tarea de vivir es volverse hacia esa parte sumergida del yo histórico, la «máscara con infinitas mordidas» que oculta, por fin, el rostro concreto del sujeto.

De la base arquetípica, a su vez, sube otra fuerza, una emanación simpática que vincula ambos niveles de la personalidad: el «personal» y el «impersonal». Es, de nuevo, una suerte de animismo cósmico, tal vez el Verbo, tal vez un imponderable que tiene que ver con la vida misma, entendida como un sistema que cumple un vaivén hasta del lado de la muerte. «Todas esas emanaciones que se desprenden del curso de una vida, que son percibidas por las personas que están dentro del mismo *sympathos,* y que los muertos apoyados tan sólo en la fragilidad sinuosa pero persistente de los recuerdos, conservan y elaboran para llegar a los vivientes en una forma que no sabemos llamar despiadada o placentera.»

No es infundado ni caprichoso, pues, no es un mero recurso retórico o estilístico, el constante ejercicio connotativo que une a los personajes de Lezama con figuras arquetípicas, con mitos, en el sentido de que lo mítico es, también, la configuración inmutable que narra la leyenda mítica. Todos son lo que son, en la historia y, además, significan símbolos, alegorías y configuraciones arquetípicas y míticas.

Los ejemplos pueden proliferar. La policía viene a buscar al padre de Palmiro y es su ananké. El adolescente que se inicia en el sexo es Argos, con mil ojos dirigidos a todos los objetos excitantes. Delfina corriendo es una euménide. Cidi Galeb acaricia un gato que es el Charmides platónico. Licario comprende que fue Enoc. La casa de Ynaca Eco es una nueva arca de la Alianza. Un hombre con un ojo emparchado se vuelve misterioso como el bufón ahorcado del Tarot. Por fin, la fórmula que resulta más expresiva de la doble dimensión de Licario: su posición «era en extremo peculiar y arquetípica».

QUINTO MODELO: UNA TEORÍA DEL ARTE

Como buen poema pedagógico o novela instructiva, este texto incorpora alguna reflexión sobre sí mismo como pieza de literatura. No sólo se compone y se exhibe, sino que reflexiona teóricamente sobre sí. También instruye en este sentido: sobre su naturaleza y su función en el mundo y en el más allá arquetípico que con él se vincula.

El arte tiene una suerte de poder alquímico, de transustanciación con respecto a la «realidad» que le sirve de referente. No la refleja, pero se ocupa de ella, logrando un paso cualitativo que, obviamente, genera una nueva realidad. A su vez, esta transmutación liga la realidad percibida con los «otros» niveles de lo real, con la Otra realidad de lo Real. Mitos, arquetipos, figuras simbólicas y alegorías recuperan su señoría al valer como componentes ineludibles del discurso literario. Lo son a nivel retórico (o sea como extremos que hacen que el discurso exista como literatura) y a nivel «trascendente», ligando la figura transmutada del mundo con los estratos de una realidad trasmundana. Este ejercicio de transustanciación recupera, para el mundo, su contenido primordial. El arte, como el sexo (igualmente litúrgicos) actúan como gestos de revelación: los velos se levantan, hay una aproximación a la verdad. Para los griegos, la verdad es *aletheia*, alzamiento de velos.

Lezama teoriza expresamente: «...es en la forma artística donde se puede lograr la piedra filosofal, que cuando el artista logra la infinitud en la correlación habrá adquirido la materia primordial».

Ejemplo: la secuencia de la sardina. Champollion alza la sardina desde una fuente azul hasta el cielo azul, la come y, al caer, su esqueleto se transforma en una figura de Juan Gris y, luego, en un Vermeer de Delft. La sardina huele mal y el dueño de casa la tapa con un sombrero. El sombrero también se transmuta: es el sombrero del retrato de Arnolfini, que pintó van Eyck.

SEXTO MODELO: EL BARROCO

Decir que Lezama es barroco es una banalidad. Interesa ver cómo y por qué lo es. *Oppiano Licario* propone, en este sentido, algunas claves ineludibles.

El mundo barroco es, esencialmente, un sistema descentrado (o, por mejor decir: acéntrico, sin centro) y en movimiento. Es la imagen de un universo sin eje, donde todo puede ocupar el lugar de otra cosa. Con los elementos ya explicados (las sustituciones personales, las transferencias de identidad, el disparo de lo peculiar hacia lo arquetípico, etc.) se advierte que el barroquismo es un rasgo distintivo de carácter en Lezama.

Pero hay más. Gestualmente, puede distinguirse el barroco como un arte manierista extremo, donde el artificio (que existe en todo arte, por definición) es exaltado como único componente de la obra. De igual manera, puede decirse que el arte clásico gesticula su «naturalidad», se exhibe como totalmente incorporado al sujeto que lo ejerce, en un estado de placidez donde el artificio aparenta no regir. Del romanticismo podría decirse que gesticula no ser arte, o sea artificio que se muestra o se disimula, sino ser «expresión de contenidos puros», mero vehículo de sentimientos, pasiones, ideas, impulsos, voliciones, etc.

El barroco de Lezama no es una simple opción estética. No se escoge porque es más bello, por una preferencia estilística, porque es más acorde con el espíritu del tiempo, etc. Es una imposición de la teoría del mundo que subyace a su obra. Es la última consecuencia, ineludible, de una ideología.

La correlación barroco-manierismo (el gesto barroco de mostrarse, constantemente, como «arte artificial») está figurada por Lezama expresamente: «El despliegue de formas de un altar barroco se ha comparado al *ojo calmo del ciclón.* Un ojo que crece como un embudo cuya boca recepta todos los retablos de la navidad y las escarchadas constelaciones reducidas a mágicos parches de tarlatana. Un ciclón reducido en ingenua tarlatana escolar es la primera definición parentoria del barroco americano. Definición que estará siempre como una nuez en el relleno del estofado de más amplia perspectiva ambulatoria y acumulativa.»

La búsqueda de inútiles secretos, de secretos inexistentes, la necesidad de esta búsqueda, organiza un arte en que la transmutación de los contenidos y los desplazamientos continuos en dirección a ninguna parte resulta necesariamente barroco: lo inútil de la búsqueda, lo inexistente del objeto buscado, crea una estética de la inutilidad, una estética, enfatizada de lo estético. Este pliegue de lo inútil sobre sí, de lo estético sobre sí, es ya una voluta barroca.

Debajo de esta entrelazada superficie, la imagen del mundo es una nueva exigencia de barroquismo. La tierra es una esfera cuyo centro es un espejo, o sea nada central, nada propiamente centrante. En el espejo se reflejan todas las líneas radiales del contorno, que vuelven a huir y dispersarse, sin reposo «abarrocándose». Movimiento, dispersión y carencia de auténtico centro son los soportes cosmológicos del barroco.

Además, el espejo es un productor de *Faux semblants,* de falsas perspectivas, de *trompe l'oeil,* elementos todos muy caros a la imaginería barroca. Las cosas se transmutan en imágenes fieles que no son las cosas, que son su ficción, su artificio. Su sustancia se cambia, aunque su forma permanezca. El lugar del centro, ocupado por el espejo, hace que el mismo centro sea apariencia y simulacro de tal, despojando a todo el contorno de límites ciertos y de quietud, generando el movimiento barroco, infinito e inquieto por naturaleza. Los sentidos se desplazan, las metáforas protagonizan el discurso. Alrededor de un centro simulado, todas las formas son accidentales, contingentes, sustituibles. Y estos movimientos de sustitución siguen organizando el indetenible espectáculo del barroquismo.

El espejo, centro ficticio del mundo, adquiere el valor del elemento generador por excelencia. Todas las formas del mundo caben en la barroca alegoría del espejo en semiluna, en cuya superficie arde una llama fálica y que es visitado por un dios colérico. El espejo empieza a girar y su cristal recibe un chorro espermático (¿del falo llameante que contiene?, ¿del dios visitante o irritado?) La imagen se genera, reflejo de las materias germinales, semillas de cosas. El espejo contiene, para tal fin, un elemento alquímico (transmutante) de gran relevancia: el azogue. Mirada ficticia, lo centra un ojo. De nuevo: es un ojo simulado, un centro falso. Más barroquismo, más manierismo aún.

El propio simbolismo y alegorismo ya mentado ayuda a resolver barrocamente el texto. Si el mundo es un sistema de símbolos que remiten a un nivel de significados encubiertos por la alegoría, a un mundo-otro donde reinan mitos y arquetipos, el discurso recoge estos símbolos dándoles una consistencia metafórica, simbolizándolos con símbolos literarios. Un símbolo se pliega sobre otro, reiterando la voluta, forma barroca por excelencia. «...nada más fascinante que el poema mudo, formado de figuras que se vuelven sobre sí mismas y se queman como la cera... Se lee al derecho y al revés, por el centro de la esfera, en el túmulo... la total victoria de la poesía contra los entrecruzamientos del caos.»

En este mundo sin centro y sin camino recto, el sentido temporal también sufre un proceso de transmutación y de requiebro en voluta. Los términos clásicos (pasado, presente, futuro) se alteran, se sustituyen, se superponen. Hay cursos temporales, pero son simultáneos e intercambiables. Un personaje de Lezama puede, así, decir: «Estamos adelantándonos al ajedrez del futuro.» O, ahondando en lo mismo: «Lo increado creador actúa como turbación, cerramos los ojos y ya están volando los puntos de la imagen. La suma de estos puntos forma el espacio imago y lo convierte en un continuo temporal. Observe que este proceso no es más que la increada futuridad buscando la instantaneidad presente... La linealidad y la fuerza de atracción buscan la línea divisoria entre lo increado y lo configurado, o lo que es lo mismo, los puntos de la imagen al actuar en el continuo temporal borran las diferencias del *aquí* y *ahora,* del antes creado y del *después* increado.»

Esta opción del barroco (esencialmente quieto, con una turbulencia de volutas alrededor pero sin dirección y, por lo mismo, sin auténtico movimiento: desplazamiento) problematiza la construcción de la novela. Una novela barroca parecería empresa imposible, porque el desarrollo consabido de lo novelesco está, históricamente, ligado a una concepción lineal y progresiva del tiempo que lleva, por etapas iniciáticas, al héroe, de un estado a otro. Lo simultáneo, la desjerarquización del antes y del después, promueven, la abolición del viejo espacio novelesco. La cantidad novelable se vuelve una «dimensión sagrada». Como tal, un más allá del espacio y del tiempo. «Hasta llegar a la instantaneidad el tiempo que viene del futuro avanza retrocediendo. El presente que avanza hacia el futuro no tiene sentido, pues ya es pasado, pero el futuro que viene hacia el presente es el continuo temporal que la instantaneidad del presente no interrumpe, pues el tiempo, ni aún críticamente puede fraccionarse, ya que la imagen actúa en la eternidad.»

Cabe concluir que el artista, al situarse en este tiempo sagrado (el tiempo primordial de los mitos) transmuta la realidad mundana y hace del mundo una totalidad también sagrada, donde las volutas del gesto barroco valen como suntuosa plegaria. Y eso, finalmente, es lo que logra el trunco poema pedagógico que para siempre se llama *Oppiano Licario.*

[*Texto Crítico,* 13 (abril-junio 1979), pp. 112-125.]

IV

LOS CUENTOS DE LEZAMA

EUGENIO SUÁREZ-GALBÁN GUERRA

UNA OBRA IGNORADA:
LOS CUENTOS DE LEZAMA

Indudablemente, no pertenece Lezama a esa raza de novelistas (Henry James, Thomas Mann, William Faulkner) capaz de sintetizar en un cuento lo que en una novela elabora con detenimiento y amor a cada paso [1]. Indudablemente también, si Lezama llega a la novela por razones poéticas más que narrativas [2], con mayor dificultad habrá llegado al cuento, género que prefiere el desarrollo nítido de un suceso, a la variedad y flexibilidad que caracterizan a la novela [3].

Por esas razones poéticas, y otras, igual de peculiares a la estética de Lezama, llama la atención ante todo la misma existencia de estos cuentos, pero no deja de extrañar también el olvido en que se les tiene. El propio «Etrusco» parece compartir este olvido, no muy distante del rechazo incluso, por lo que se deja deducir de sus palabras en cierta ocasión: «Ahora A. empezará a agobiarte con cuentos míos. A mí me han dado una lata

---

[1] Para parafrasear la descripción de la «ley épica», o novelesca, que en cierta ocasión diera Schiller a Goethe, conforme recuerda Wolfgang KAYSER, *Interpretación y análisis de la obra literaria,* Madrid, Gredos, 1961, p. 460.

[2] Según ha repetido muchas veces el propio Lezama en diversas entrevistas, por ejemplo, en la titulada «Lezama Lima: el mundo de la imagen», que apareció primero en *Cuba internacional,* enero de 1971, y que nos llega reproducida en el número homenaje a Lezama de *Diván,* n.os 2-3 (septiembre 1978), pp. 20-36, y p. 31 para lo que nos interesa ahora.

[3] No es el momento, por supuesto, de volver a plantear la antigua polémica de los géneros literarios y su validez. Por supuesto también que damos por sentado aquí la viabilidad de un estudio basado sobre el género como método general. Incluso en el caso de una literatura agenérica —y la de Lezama sería un excelente ejemplo—, el contraste entre esa libertad de normas y las pautas genéricas puede ser ya esclarecedor.

horrible... Dan una lata insoportable estos peticionarios editorialistas» [4]. Palabras que, aun cuando dirigidas en contra de los trámites editoriales, contrastan fuertemente con la preocupación cariñosa que, bajo semejantes circunstancias, dedica a su producción novelesca [5]. Y si bien es verdad que en otra ocasión sí muestra —aunque sin gran insistencia— alguna curiosidad por el destino editorial de sus cuentos [6], también lo es que no los incluye en la bibliografía suya en las que sí incluye, no obstante, su labor como editor de varias revistas [7].

La crítica se contagia de este olvido por parte de Lezama: tampoco su hermana, Eloísa, incluye los cuentos en su bibliografía, al menos de manera explícita, ya que sí figuran aludidos bajo «Ediciones de recopilación»; pero no merecen una categoría aparte en esa bibliografía como tales «Cuentos», a pesar de que —una vez más— sí lo merecen las «Revistas que dirigió», y hasta las «Entrevistas», al lado de las más esperables «Poesía», «Novelas» y «Ensayos» [8]. Cintio Vitier, por otro lado, se limita simplemente a excusarse por no haber comentado los cuentos en su «Introducción» a las obras completas de Lezama [9]. Pero la oscuridad en torno al cuento lezámico es aún mayor.

Para empezar, el propio Lezama no parece recordar el número exacto de cuentos que escribió, o al menos que publicó: en la primera carta citada (vuelva a verse la nota 4) habla de tres [10], pero las tres ediciones que manejamos ofrecen un número mayor. Luego, tampoco ellas se ponen de acuerdo en cuanto al número correcto: las de Montesinos y Calicanto, es verdad, incluyen ambas cinco cuentos, pero la última añade otro escrito

[4] *Cartas* (1939-1976), Madrid, Orígenes, 1978, p. 287. Ya José Angel VALENTE, en su «Prólogo» a *Juego de las decapitaciones* (Montesinos, Barcelona, 1982), título con el que se presentan los cuentos de Lezama, se había fijado en estas palabras (pp. 10-11).
[5] Véanse, por ejemplo, las cartas correspondientes a las pp. 97 y 113 de *Cartas,* para citar sólo dos casos.
[6] *Ibidem,* pp. 135-136, donde le menciona a su hermana, Eloísa, el proyecto de Ángel Rama de editar los cuentos, y le hace preguntas al respecto, ya que Rama se halla en ese momento en Puerto Rico, donde vive Eloísa.
[7] Véase *Ibidem,* pp. 165-166. De hecho, esta labor editorial encabeza la lista, en la cual no figuran ni *Paradiso* ni el *Oppiano,* pues para esa fecha aún no habían sido publicados, aunque Lezama menciona que el primero saldrá pronto.
[8] Véase «Bibliografía», en su edición de *Paradiso,* Madrid, Cátedra, 1980, pp. 97-99.
[9] Publicadas en dos tomos, y en México, Aguilar, 1975, para el tomo I, donde se halla dicha introducción de Vitier. Véase la p. 64.
[10] A saber, «Fugados», «Juego de las decapitaciones» y «El patio morado».

que titula «Autorretrato poético», siendo su título original «Confluencias», obra perteneciente a *La cantidad hechizada* [11]. Mientras que el editor argentino afirma que «Autorretrato poético» pertenece a «Confluencias» (siendo en realidad, y más bien, el mismo trabajo, como hemos dicho), para aún mayor confusión, al final de su «Prólogo», así como en la cuarta de portada, sin aclarar nada respecto a ese escritor particular, advierte simplemente que los textos de esta edición son «en su mayoría cuentos», pero para advertir igualmente y acto seguido que «ya se sabe que en la prosa de Lezama es siempre temerario aventurar definiciones sobre formas narrativas» [12]. De modo que, en definitiva, nunca queda claro si «Confluencias» ahí es considerado un cuento más por el editor, aun cuando sea verdad que al cambiarle el título a «Autorretrato poético» y al colocarlo al principio de la colección, parece querer indicar un escrito de tipo autobiográfico e introductorio a la figura y obra de Lezama. El asunto, no obstante, y para repetirlo, se presta a cierta confusión, y si pasamos ahora a la edición de Aguilar, notamos que falta uno de los cinco títulos, a saber, «Para un final presto» [13].

La verdad es que ni siquiera se ha fijado bien el texto definitivo de estos cuentos [14], y de tener que lamentar algo de la edición de Montesinos (además de varias erratas), sería que su prologuista, José Angel Valente —bien capacitado para ello— se limita a una breve (y poco concreta) introducción, sin tocar para nada el problema textual mencionado, aun cuando haya que reconocer de antemano que no se trata de una edición crítica.

Además de intentar resumir con todo esto la historia de unos textos (tema siempre preñado de posibilidades ante la interpretación de los mismos), ese olvido de parte de Lezama y de la crítica en cuanto a sus cuentos, suscita ya una serie de preguntas de no menos posibilidades frente a Lezama y su obra. ¿Quería el gran

---

[11] Conforme se puede apreciar en las ya citadas *Obras completas,* I, pp. 1208-1128, «Confluencias» es el último escrito de *La cantidad hechizada.* Si la editorial Montesinos, como ya vimos, elige el título particular de un cuento de Lezama para toda la colección, Calicanto hace lo mismo, pero variando el título y cuento, prefiriendo *Cangrejos, golondrinas,* Buenos Aires, 1977.

[12] Véase p. 8 de este prólogo sin firma.

[13] Véase II, pp. 1229-1280, titulándose la colección simplemente «Cuentos» ahora.

[14] Como señaló recientemente Eduardo HERRERO en su reseña de la edición de Montesinos, que apareció en «Libros», *El País* (4 de abril de 1982), p. 5, haciendo hincapié en la posibilidad de que el descuido original de Lezama se haya multiplicado en sucesivas ediciones.

habanero olvidar de veras esos cuentos? Aunque hemos visto que no les presta mucha atención, tampoco manifiesta el deseo de que no vuelvan a imprimirse. Le molesta la idea de tener que prepararlos para una segunda edición [15], pero en ningún momento da a entender que dicho proyecto podría perjudicar su obra y figuras literarias. Entonces, posiblemente, ¿consideraba Lezama estos cuentos, aunque dignos en general, como una especie de digresión respecto al resto de su obra narrativa? ¿Sería por eso que los condena —o casi— al olvido y la indiferencia? O, por el contrario, ¿será cierto que estos cuentos encierran «un muestrario de lo que sería su gran prosa novelística»? [16].

Que es cierto, ya lo han indicado los pocos críticos que se han ocupado —sumariamente como sea— del cuento lezámico [17]. Comprobar detenida y detalladamente las razones que convierten, en efecto, estos cuentos en un preludio preciso por parte del joven Lezama de lo que sería su narrativa futura, es lo único que pretendemos ahora. Hacerlo dentro de los límites obligados, impone limitarnos nosotros a un solo cuento, aunque creemos que el análisis que posibilita este texto particular es representativo y aplicable, pues, al resto de los cuentos en general.

Para empezar, y continuar, con esta nota general, conviene ante todo cuestionar —siquiera para matizar— la idea de que en Lezama «los hechos, los actos humanos son siempre insignificantes y accesorios, superfluos» [18]. Si sometiéramos estos cuentos a un «descubrimiento» de contenidos, semejante al que hace años llevó a cabo Dámaso Alonso en cuanto al Polifemo gongorino [19], apreciaríamos unos temas y acciones bastante visibles, aun cuando tenga que ser tras un esfuerzo considerable, y tras más de una lectura. La fuga y andanzas de los muchachos de «Fugados», la conjunción de guerra y magia en «Juego de las decapitaciones», la lucha de pandillas y grupos en «Para un final presto», el problema —revestido una vez más dentro de lo mágico— de Eugenio Sofonisco y su mujer, víctima de extraños (y simbólicos, claro está) males en «Cangrejos, golondrinas», y hasta el destino

---

[15] Tanto, que ni corrige los textos, según apuntaba HERRERO en ibidem.

[16] Como sostiene HERRERO, ibidem.

[17] Por ejemplo, además de Herrero, VALENTE, art. cit., p. 11.

[18] Mario VARGAS LLOSA, «Paradiso: una suma poética, una tentativa imposible», en Pedro Simón, editor, Recopilación de textos sobre José Lezama Lima, La Habana, Casa de las Américas, 1970, p. 172.

[19] Especialmente en el capítulo X de su Góngora y el «Polifemo», Madrid, Gredos, 1961, tomo I, pp. 196-218.

trágico (y tan difícil de discernir en la lectura) del loro de «El patio morado»: los contenidos están ahí, brindan un asidero al lector de donde agarrarse, pero,

> Aquí llegamos, aquí no veníamos
> fijo la nebulosa,
> borro la escritura,
> un punto logro y suelto la espiral [20].

Nunca mejor que en estos versos de Lezama está descrito su proceso literario y narrativo, el cual se da ya en esos cuentos. La acción, la trama, el suceso, se deslizan, como allá en *Paradiso* o en *Oppiano Licario,* hacia la imagen, la metáfora, el símil. Y, lo que es aún más contradictorio ante el concepto del cuento, el elemento racional se evade [21], la palabra se ausenta de lógica: se fija la nebulosa, se suelta la espiral, llegamos a donde no veníamos. También en esto resulta Lezama un antigongorino [22]. Porque si el cordobés es casi siempre descifrable debajo y detrás del lenguaje y la gramática, el cubano no siempre encuentra un orden racional en su desorden lingüístico-barroco (lo que vuelve a imponer ese aire manierista, naturalmente).

Un año antes de *Muerte de Narciso,* considerado la primera obra publicada de Lezama de carácter no ensayístico, aparece el

---

[20] José LEZAMA LIMA, «Aquí llegamos», *Fragmentos a su imán,* Barcelona, Lumen, 1978, p. 74.

[21] VARGAS LLOSA, art. cit., p. 169, aun cuando Lezama prefiere hablar de lo «prelógico» (véase «A partir de la poesía», que forma parte de *La cantidad hechizada,* en *Obras completas,* II, p. 821).

[22] En el citado número de *Diván* se encuentra un trabajo de Federico Jiménez Losantos, cuyo título ya anuncia este aspecto de la obra de Lezama: «El antigóngora.» En todo caso, y como señala Eloísa (*art. cit.,* p. 31), el propio Lezama ya había puntualizado ciertas diferencias entre su obra y la del poeta cordobés, con quien tantas veces se le ha relacionado de manera demasiado apresurada. Que Lezama intente aclarar donde Góngora ocultar (diferencia básica que el propio cubano traza entre él y el cordobés, en *ibidem*), no puede negar lo que estamos a punto de repetir, o sea, que Góngora resulta más descifrable que Lezama, al fin y al cabo. Al enigma lingüístico gongorino añade Lezama una visión y un orden «prelógicos», para decirlo ahora en sus propios términos (vuelva a leerse la nota 21). Aunque seguimos utilizando la palabra «barroca» para referirnos a Lezama y su obra, el concepto de manierismo no resulta muy aplicable en muchas ocasiones, idea que desde luego sólo podemos proponer aquí, y dejar para otro estudio su elaboración. Piénsese, por ejemplo, en la técnica y pintura de El Greco, y después en ciertas estructuras de lengua y pensamiento lezámico, y quizá se adquiera alguna noción de por dónde se desarrollaría semejante trabajo.

cuento «Fugados» en la revista *Grafos* [23]. Justo treinta años después, *Paradiso* volverá a poner en marcha un tipo de escritura básicamente igual a la que se registra ya en ese primer cuento, que viene a ser, en realidad, y como acabamos de ver, la primera publicación conocida del cubano en lo que a los géneros creativos respecta.

Por lo tanto, el juego y la fascinación lezámicas con la onomástica parece manifestarse con el del personaje principal, Luis Keeler, apellido ciertamente algo raro para un cubano. El de Armando —Sotomayor— se presta más fácilmente a una interpretación, pues es mayor que Luis, pero a su vez, en obvio juego conceptista (aunque disimulado por una pequeña digresión entre muletillas), Carlos será «mayor que Armando» (p. 21) [24]. Con lo cual se aprecia otro juego conceptista, pues Carlos, quien carece de apellido, al ser el «mayor», se convierte en «Carlomagno», conclusión reforzada por el texto, donde Carlos, además de imponer los conceptos de «obligación» y «esclavitud», habla «imperiosamente» *(ibid)*. Atravesada del todo la selva lezámica (que aún oculta sus misterios), finalizada la primera lectura del cuento, sigue sin revelarse ningún motivo por la elección de ese apellido de Luis. Y, por supuesto, no es fácil resignarse a la idea de que se trata tan simplemente de un apellido extraído de la realidad no sólo por la mencionada afición onomástica de Lezama, sino asimismo porque, de los dos apellidos que figuran en el relato, es el único que se repite varias veces, y de manera al parecer consciente, ya que sólo hacia el final del cuento se dará esa insistencia en presentarnos a Luis con su apellido.

Aun reconociendo el peligro de caer en una interpretación excesiva, el lector se ve impulsado a procurar descifrar la intención de Lezama, escarbando ya bien en las leyendas carolingias, ya bien en la mitología clásica —tan cara a Lezama— en búsqueda de algún parentesco onomástico que pueda ofrecer alguna explicación; o acaso buscará la respuesta en la semejanza fonética entre ese apellido y la palabra inglesa para asesino *(killer),* dejando, acaso también, que su mente divague respecto a cualquier posible alusión al cuento de Hemingway «The Killers», publicado unos nueve años antes. No queremos con esto insinuar ninguna respuesta, sino más bien reflejar el proceso —peligroso, pero necesario— que exige un escritor en el que se unen

---

[23] VALENTE, art. cit., p. 11, n.º 2, ofrece las fechas de los respectivos cuentos.
[24] Citamos siempre de la edición de Montesinos.

un bagaje cultural riquísimo, una visión estética complicadísima y un manejo lingüístico no menos complejo. Proceso que empezamos a registrar en su primer cuento, aunque no limitado, ni mucho menos, a ese enigma onomástico. De hecho, la curiosidad que suscita inicialmente el apellido de Luis, se verá incrementada a medida que se desarrolla el cuento, por las posibilidades que pueda encerrar frente a una mayor y mejor comprensión de un contenido que nos elude constantemente. Y es que ya se ha puesto en marcha la típica escritura lezámica: a una red intrincada de imágenes, metáforas y símiles, ha entrado en juego el concepto de lo incondicionado, la confusión deliberada en el uso de pronombres, e incluso ese peculiar empleo de la primera persona, que surge a veces de repente y de la nada en la narrativa de Lezama. Es así que se impone, desde este primer cuento, ese fenómeno, tan ligado a la lectura de Lezama, o sea, la relectura.

A la caza ahora de palabras e ideas que puedan señalar senderos abiertos hacia las expectativas relacionadas con el género del cuento, podemos ir notando cómo se van formando constelaciones de vocablos: «desmemoriado», «saltar», «borrar», «grito», «fijeza» y sus equivalentes, destacan tanto por su reiteración como por las relaciones que entre sí van revelando paulatinamente, y tanto en sus variantes lingüísticas como conceptuales. Aplicado primero a las letras de un escudo (p. 16), después resultará que también los muchachos se adjetivarán como «desmemoriados» (p. 19), para volver a aplicarse el término en forma de prosopopeya al calificarse las olas de «desmemoriadas» asimismo (p. 22). Comienza el encadenamiento de imágenes: Luis contempla la gota de agua que corre por ese escudo de letras desmemoriadas, para saltar «desapareciendo» (pp. 15-16). El concepto de salto y desaparición —que nos remite al de fuga en el título— se registrará dos veces, y en seguida, en el próximo párrafo, justo cuando aparece por primera vez el otro fugado, Armando: en el recuerdo, el agua salta de las casas al suelo, donde se borra, y en un símil, una idea que se dirigía recta a adivinar su objeto, al topar con las paredes del colegio, salta al mar, borrándose igualmente (p. 16). Hacia el mar, o el malecón más bien, se dirigen los niños. Gota-agua-idea-niños: las imágenes de la fuga se multiplican, el relato parece responder —al menos por el momento, y tal cual algunos poemas— a la ilustración de su título, más que a ninguna trama.

Salto y desaparición: de estas dos ideas que suman a fuga, es a la última, naturalmente, a la que viene a reforzar la idea de lo desmemoriado, es decir, la de lo olvidado. En el caso de las letras desmemoriadas del escudo, parece ser que Lezama quiere aludir a cómo el efecto de la brisa y de las lluvias borran las letras, las cuales así «surgían ya con esfuerzo» (p. 16). En cuanto a los muchachos y a las olas, se trata de una frustración de finalidad, de no llegar a una meta concreta: «Luis y Armando habían llegado frente a las olas un tanto desmemoriados; aquello parecía no ser su finalidad» (p. 19); «Siguió con la mirada la curva de los paredones, que parecían inútiles, pues las olas desmemoriadas se detenían en un punto prefijado,...» (pp. 21-22). «Agua evaporándose» (p. 16), «onda de vapores exenta de recuerdos» (p. 19) [25]: todo apunta hacia un destino borroso, como esas letras desmemoriadas, destino cambiante —valga la paradoja— como ese agua que toma la forma de vapor, que se *fuga* en el vapor, diríamos en mayor consonancia con el título y las imágenes del cuento, o como ese destino al que no llegan ni niños ni olas, porque también el destino se fuga.

En el ejemplo de las olas desmemoriadas, veíamos ya el concepto contradictorio al de fuga, el de lo fijo, el cual también engendrará su cadena de imágenes. «Incitación», «tedio» (p. 20); botón fijado, opuesto a botón improbable *(ibid.);* «Carlos —la obligación con el nombre, la esclavitud a la línea y al punto—», en plena contraposición con lo que poco antes se lee: «Ningún punto fijo podía obligarlo, cualquier línea clareadora era tan alargada que moría en el agua electrizada» (p. 21); ola marmorizada que «busca el tazón de alabastro cuando dos manos viajeras deciden desembarcar a la misma hora» *(ibid.);* la gaviota que se esconde en un punto geométrico, o que entra «como flecha albina en un gran globo de cristal soplado» (p. 22); «La fijeza del alga», pero también «su carrera invisible hacia el paredón musgoso» (p. 23), «alga verde cansado, gris perla, adivinanza congelada, secreto que fluye» *(ibid.).* El cuento ahora parece querer presentar el concepto detrás de su título a través de su opuesto, oscilando constantemente entre imágenes de movimiento y otras de fijeza [26].

---

[25] Reynaldo GONZÁLEZ, en «José Lezama Lima, el ingenuo culpable», *Recopilación,* p. 229, cita a Lezama hablando del concepto de la evaporación, y su vigencia a lo largo de siglos como «tendencia para anegarse en el elemento neptunista o ácueo del cuerpo».

[26] Innecesario es recordar el título lezámico *La fijeza,* poemario de 1949 (y

Ahora bien: si hasta ahora las series que engendran imágenes, desde «desmemoriado» a «fijeza», a través de «saltar» y «borrarse», enfilan su mensaje de tipo metafórico hacia el concepto de fuga, ya bien directamente, ya bien mediante un contraste con su opuesto, al llegar a la constelación configurada por la clave verbal «grito», las cosas cambian. Más que hacia la fuga en sí, parece orientarse la escritura ahora hacia el conocido problema lezámico de lo causal y lo incondicionado: «La última gota se demoraba en el escudo de la joyería, hasta que al fin caía tan rápidamente que la absorción de la tierra daba un grito» (p. 17). El eslabón de imágenes aquí descubre una vivencia oblicua, al menos en potencia: gota-niño salta, tierra da grito. Al contrario después, «Las huidas del colegio son el grito interior de una crisis» (p. 19), y el asunto adquiere ahora un aire sicológico en esa imagen de tipo causal huidas-grito interior de crisis, o viceversa, crisis engendra huidas. Pero volverá a romperse toda reminiscencia de lo lógico en un próximo encadenamiento de imágenes: «No había oído los gritos, los menudos papeles blanquísimos que al huir le tiraban a la ola» *(ibid.)*. Y cuando en el último párrafo se nos dice: «Hubiera sido decoroso dar un grito, pero en aquel momento se vaciaba la jaula de los cines» (p. 24) [27], posiblemente triunfe de nuevo algún sentido de lógica (ya que el grito asustaría, llamaría la atención). En todo caso, la frase con que termina el cuento parece invertir otra vez el orden causal: «Dar un grito le hubiera costado partirse un pie o adivinar los últimos cabeceos de las algas o como circula la sangre en los granates» (p. 25). Ciertamente, el primer caso (grito-partir pie) refleja esa inversión causal, mientras que los dos restantes, aun dentro del contexto textual (texto lezámico, «jeroglífico» [28], pues), resultan, en efecto, oscuros también en este sentido.

La serie grito, con su implicación de miedo y violencia, insertada dentro de otros temas y alusiones de semejantes características (ambiente tormentoso, cadáver de marinero flotando en las

---

poemario a veces en prosa, a lo Verlaine, insinuando ya paradójicamente la negación de lo fijo-genérico).

[27] Buen ejemplo de la indefinición del texto de estos cuentos, pues mientras la edición de Calicanto ofrece asimismo «cines» (p. 57), la de Aguilar brinda «cisnes» (II, p. 1268). No es fácil decidirse aquí, pues ambas palabras caben dentro del contexto del texto.

[28] Término que se reconocerá en seguida como de Lezama también, aunque lo cogiera prestado de Pitágoras. Véase de *La cantidad hechizada* «Preludio a las eras imaginarias», p. 810, en *Obras Completas,* II.

aguas (p. 18), con su posibilidad de preludio de otra tragedia similar, etc.), bien podría suscitar de nuevo aquella intriga respecto al apellido «Keeler». Pero si elegimos esa intriga como ejemplo, y punto inicial, para retomar la lectura (sin ser, por supuesto, el único ejemplo, o enigma que nos incita a la relectura), al buscar claves que esclarezcan el misterio, nos vimos sumergidos en otros temas y problemas. De suerte que, también aquí, en la primera publicación creativa de Lezama, la relectura «no hace sino desdoblarse en espacios y ecos» [29]. También aquí Lezama desafía el concepto más elemental de género. También aquí los lectores pueden decir, con Reynaldo González, que han disfrutado de «la flexibilidad juguetona de un idioma que puede arrastrarlos a una aventura poética ilimitada, que se sucede a sí misma y parece no conducir a parte alguna. En todo momento propone imágenes poéticas: a manera de calificativos, como engarce de un suceso con otro... por la pura motivación de paladear (y hacer paladeable) una imagen» [30].

¿Por qué Lezama muestra cierta indiferencia ante sus cuentos? Cuestión de especulación: el inesperado éxito de *Paradiso* lo había absorbido, la preocupación por terminar *Oppiano Licario* lo absorbía asimismo, al igual acaso con *Fragmentos a su imán*. Pura especulación, repetimos, tan especulativo como preguntarse qué fue de la trama de «Fugados», absorbida también y a su vez por un brillante juego de imágenes y otros recursos poéticos. Se nos fuga «Fugados», por así decirlo, como se nos fuga siempre Lezama (aunque se trata siempre también de una fuga seductora, apréciese bien la paradoja).

En fin, una vez más:

Aquí llegamos, aquí no veníamos.

[*Coloquio internacional sobre la obra de José Lezama Lima*, II, Madrid, Editorial Fundamentos, 1984.]

---

[29] Julio ORTEGA, «Nuevas notas», *Relato de la utopía*, Barcelona, La Gaya Ciencia, 1973, p. 89.
[30] Art. cit., p. 222.

V

LA OBRA POÉTICA

FINA GARCÍA MARRUZ

LA POESÍA ES UN CARACOL NOCTURNO (EN TORNO A «IMAGEN Y POSIBILIDAD»)

Cuando le preguntaron qué era para él la poesía, contestó: «Un caracol nocturno en un rectángulo de agua» [1]. En seguida empezó a ironizar sobre su intempestiva declaración: desde luego, un caracol nocturno no se diferenciaba «gran cosa» de uno diurno, y lo del rectángulo de agua era «algo tan ilusorio como una aporía eleática». Los que lo conocimos más de cerca sabemos lo habitual que le era decir algo en serio y burlarse después ligeramente de la rotundidad de cualquier definición, como si recordase lo de nuestro Varela, que la idea que no puede definirse es la más exacta. Le gustaba llevar sus sentencias más allá de lo irrebatible o lo discutible, que fueran tomadas como puntos de partida, «como un movimiento de alfil», aunque uno sospechase que en esa risueña improbabilidad se jugaba su destino, su ganarle definitivamente la partida a la muerte.

Por eso, maestro, nos permitimos contradecirlo. Usted sabía mejor que nadie que no era lo mismo un caracol diurno que su nocturno caracol haciendo su espiral en lo oscuro. Todo el que haya frecuentado su poesía sabe que ella hizo del descendimiento órfico en las sombras condición misma de la ascensión de los cuerpos a la luz:

En el hermosísimo capítulo de la *Odisea,* donde Ulises desciende a las profundidades para contemplar a su madre muerta, ve cómo la sombra de su madre lo esquiva, a pesar de su patético esfuerzo por acercárse-

---

[1] *Recopilación de textos sobre José Lezama Lima.* Selección y notas de Pedro Simón, Serie Valoración Múltiple, La Habana, Casa de las Américas, 1970, p. 17. La pregunta le fue hecha por Ciro Bianchi.

le. Pero al fin oye la voz más querida que le dice: Hijo, no permanezcas más en este sombrío valle: *asciende pronto a la luz* [2].

La relación con lo que parece esquivarlos (*Enemigo rumor,* «cuerpo que se constituye en enemigo, y desde allí nos mira»), que a la larga rinde «estela o comunicación inefable» [3], está en la raíz misma de su poesía, desde el sumergimiento inicial de *Muerte de Narciso* hasta toda su interpretación de la historia americana, en la que aparece este mismo contrapunto integrador de lo que se sumerge, como Quetzalcóatl, ocho días bajo tierra y de allí se alza, a manera de la ascensión de Cristo, a un mayor y definitivo esplendor.

Su poesía pareció comenzar por el mito, no por la historia, desde su verso inicial, «Dánae teje el tiempo dorado por el Nilo» [4], pero ya aparece en él «el tiempo», no aquél que se agota en el acontecer inmediato, sino aquél que parece avanzar en sentido contrario, para hallar en la fuente de los orígenes, como su Narciso, ese instante de supremo, riesgo en que el cuerpo penetra su propia imagen, y la conoce, haciéndose uno con el río del devenir. Narciso se fuga, pero «sin alas», a una «pleamar» que no podemos menos que identificar con la plenitud del tiempo. Por ello de Penélope, que también «teje el tiempo» destejiéndolo, dice: «Ninguna ruina se conserva de la sala de los pretendientes, y en cambio la inexistente tela sigue en manos de los tejedores.» Librada de la ruina, su espera misteriosa salva la casa, crea el espacio nupcial de un encuentro.

El tema de la «imago» —pues prefiere hasta en el término latino o griego la cercanía de las fuentes— y su relación con el cuerpo; de lo inexistente —que no es lo mismo que lo fantástico o irreal— y su relación con lo que «debe» realizar su ser y ocuparlo, es, quizá, el tema central de toda su búsqueda de un cono-

---

[2] José LEZAMA LIMA, *Imagen y posibilidad.* Selección, prólogo y notas de Ciro Bianchi, La Habana, Letras Cubanas, 1981.

[3] Carta a Cintio Vitier, citada en *Diez poetas cubanos,* La Habana, «Orígenes», 1948.

[4] Todos los versos de J. L. L. citados en este trabajo proceden de sus *Poesías completas,* La Habana, Letras Cubanas, 1970. Las demás citas suyas están tomadas de las compilaciones de Pedro Simón y Ciro Bianchi. En cuanto a las citas martianas, véanse los tomos 14 (p. 20), 21 (p. 56), 22 (p.84) y, para los *Versos sencillos,* el tomo 16 (pp. 61, 65, 68), de las *Obras completas de José Martí,* La Habana, Editorial Nacional de Cuba, 1963-1973. Las dos citas martianas del último párrafo pertenecen al *Cuaderno de Apuntes 6,* tomo 21 (p. 191) y al *Diario de Campaña,* tomo 19 (p. 243).

cimiento y aun de una ética, por la poesía. Recuerdo que en una ocasión en que me interesé por su juicio sobre *La verdad sospechosa,* de Alarcón, pude comprobar, a través del escaso interés que mostró por el tema, que en realidad nada podía haber más ajeno a esa gravitación por la que la imagen se mostraba capaz de engendrar un hecho y habitarlo —como en su escena preferida de la llegada del Quijote a la casa de los Duques— que el desencadenamiento de una situación dramática real a partir de un falso sucedido. Mucho más cerca que de este «enredo» meramente teatral —Lezama nunca intentó el teatro— estaba de la integración del mito griego a la tradición cristiana que intentara Sor Juana Inés de la Cruz en su auto *El divino Narciso.*

En Lezama, la poesía no crea un doble, un reflejo derivado, sino busca, «entre el río y el espejo», su propia identidad, a través de una penetración en lo desconocido. Al hacer descansar lo diverso en la unidad, los emparejamientos pueden volverse infinitos, ya que en él lo griego *(terateia* y metamorfosis) estaba impulsado por las sentencias paulinas («La caridad todo lo cree»), aunque sospechamos que la suya, cubanísima, creía unas cuantas cosas más que las que soñaron Ovidio o San Pablo. («Porque A es igual a A, este ciervo es aquel árbol, esta capa es el escudo de Aquiles».) Si el hombre, como Dafne, perdió su identidad, no podía conformarse con ser trocado en árbol, sino lanzarse a su búsqueda. La poesía busca un nuevo emparejamiento de la sangre con el espíritu, que —como en el anuncio angélico a la doncella— «cubre con su sombra» para generar un nuevo nacimiento, del cual el divino sería suprema imagen. Lejos de incomunicar estos dos reinos, Lezama partió desde un principio de la confianza en que sólo un sumergimiento en lo oscuro seminal sería capaz de lograr, mediante un trabajo de metamorfosis creadoras, esta especie de identidad universal. Hay una enorme relación entre la afirmación martiana de que el *principio* de los conocimientos humanos es el Universo, su «Todo es análogo», su «orden ascendente de semejanzas entre todo lo creado», y «el análogo infinito» de Lezama, el «análogo que busca su desconocido». Esta búsqueda de una identidad perdida necesitaba de lo que él llamó el *eros* relacionable de la metáfora, de una progresión tan infinita como la totalidad inalcanzable del conocimiento mismo. De la muerte de los mártires dijo Martí: «No se muere: se siembra.» Con ese «Gran Semí» del mito tamanaco, con ese espíritu de nuestros héroes invocado por él en «Nuestra América», que sembraría, «por las islas dolorosas del mar, la semilla de la América nueva», con aquel «dios de las semillas» indígena que integrara Sor Juana al pan eucarístico, con estas esencias, sí tuvo que ver nuestro José Cemí, que buscó, desde el inicio, ese único impulso creador que unificaba la necesidad de fabulación y la creación de un nuevo cuerpo, el germen, y «el semen de la luz cognoscente», y cuyo último libro, *Imagen y posibilidad,* comienza con una frase que pudiera servir de corona a toda su obra: «La imagen es la causa secreta de la historia.»

Desde las primeras «Señales» origenistas mostró un radical rechazo, de raíz martiana, a toda dicotomía entre «cultura» y «vida», y su poesía conjuró teresianamente el peligro sumo de toda imagen, que es volverse idolátrica, al lanzar «los ídolos de cobre» echándolos a navegar por el río, eterna imagen del fluir temporal sin término, por obra de lo que siempre impedirá hacer de la poesía un reino autónomo, «por obra del amor llagado».

Si es verdad que en Lezama el tema de la «imago» parece sustituir lo que en Martí es «el acto», más que reemplazarlo, lo anuncia. La verdadera sustitución —y ésta sí es una radical diferencia— es la del mundo de la voluntad —el hombre como «creador de sí» martiano— y el de la gracia. Quizá la voluntad en él se manifiesta más bien como una terquedad vasca en romper los momentos de esterilidad histórica por la obra poética o como un reto a la caridad de los dioses fecundadores. No es raro que el tema de la esterilidad lo tentase («mulas enterradas en mi jardín», «rapsodia» para el mulo que al fin vence la maldición original plantando árboles en el abismo) como la ruptura de un hechizo. Su contestación a los que se escandalizaron con algunas páginas de *Paradiso,* que las experiencias escolares narradas en su novela pertenecían a un mundo anterior a la escisión del bien y el mal —lo que hacía de toda imagen poética una especie de segunda inocencia—, no significaba la negación de la responsabilidad moral, ningún permiso «gidiano» para situarse «más allá del bien y del mal», como algunos entendieron con una alegría sobresaltada de escolares fugados, sino todo lo contrario: situaba a la imagen exactamente «más acá», en esa indistinción que pueden alcanzar, en la belleza de algún lienzo maestro, las imágenes de Magdalena y de María o de Judas y el Bautista. De ninguna manera Lezama extiende al «acto» las leyes de la imagen, justificando una especie de ética autónoma, ya que ve proceder arte y vida de una misma raíz. Sólo que el arte, en cuanto crea un espacio de justicia y belleza que todavía no ha alcanzado la historia, se convierte en ese «nuncio de lo venidero» de que hablara

Martí, y que Lezama prefirió llamar «una nueva habitabilidad del paraíso». La bondad no es en Lezama fruto de un ejercicio ignaciano, de una épica de la voluntad, sino un don de la gracia que algunos seres, sin esfuerzo alguno por su parte, poseen, como la madre y la hermana de su *Paradiso*. De ahí la ligera burla de la señora Augusta ante el escándalo que produce a la señora del ministro protestante Mr. Squabs, el robo infantil de unas nueces. El bien es parte de ese árbol edénico que aún no había escindido la Vida de la elección de un fruto prohibido. Está situado ontológicamente «antes» del mundo de las tentaciones. No es una bifurcación, sino una continuación de una naturaleza perdida que algunos seres aún no han interrumpido. Por eso en su novela, aun cuando Fronesis, que representa la eticidad, está visto como antípoda luminosa de Foción, que representa lo arremolinado y caótico, el personaje principal de la tríada es Oppiano Licario, que representa el conocimiento, el que conduce a la plena realización y comunicación de lo invisible y lo visible, o sea, a la absoluta visibilidad del cuerpo ya totalmente ocupado por la luz. Por eso dijo que su novela era una «summa», nada menos que la imagen de «la aventura total del hombre», lo que podría ser la definición misma de la historia. La desarrolla a través de los «distintos círculos» que van de lo más cercano —el mundo de lo familiar— a lo más lejano —lo estelar, la luz, el conocimiento—, pasando por la salida, o el riesgo, de las tentaciones —mundo de la elección moral—, es decir, «un recorrido pendular» —lo que no nos permite suponerlo fuera del tiempo— entre «la pesadumbre del círculo y la alegría de la espiral».

Ello nos remite de nuevo a la imagen que escogió para visibilizar la poesía, comprobando nuestra sospecha de no estar ante una metáfora más, ya que el caracol es a la vez una forma fija, lograda, y una forma caminante, que sugiere, en su espiral truncada, una ascensión en principio infinita: buen símbolo entonces de la comunicación entre los dos reinos, de la ruptura de los «distintos círculos» por la línea errante o espiral que los atraviesa y trasciende. La «imposible aporía eleática» que inmoviliza al río heraclitano al situarlo en tan difícil estrechez no sería sino su reto más estimulante. A veces se dijera que en Lezama «la forma» es, a la vez que heraldo del acto, esa «cierta posesión que es dable» a la que aludiera Claudel, y de la que esperase eso que en el mundo católico es la «obra» de salvación. ¿No escribió una Oda a la ascensión de la Forma? «Hasta que una persona no se constituye en su visibilidad, como un colibrí pinareño o un caracol de Nuevitas —escribió—, no logró soplarla por la boca, reencontrar allí un alma.» ¿Y por qué lo del rectángulo de agua? Sería relativamente fácil asociarlo con el «cono de agua» o «cuarta parte de la medianoche» que aparece en uno de sus poemas y que, sin duda, representa la zona nocturna más cercana a la llegada de la luz (de aquí que la llame la «pertenencia más exquisita» de lo que su corazón sintió como «un gran puente»). La poesía se situaría entonces en ese cuadrante del reloj que está siempre «antes» de la reiteración de un nuevo recorrido circular, o sea, en ese espacio de espera de una iluminación más alta y más definitiva. Pero no quisiera disgustar a Lezama proponiendo una explicación que no fuese sino otra forma de «redondearse en lo explícito inmóvil», en lo que termina sin misterio, desvelando demasiado esta que crea una definición insuperable de su poesía, pero que él, tan poco amigo de estos acercamientos, se apresuró a difuminar con una irónica sonrisa.

Más lezamiano sería acercarnos a su definición, como lo hizo él mismo, no por vía de desarrollo lineal, sino por puntos tangenciales. Sor Juana llamó *El caracol* a un tratado de armonía que quedó definitivamente perdido. Siglos más tarde, escribió Darío: «En la playa he encontrado un caracol sonoro», que podría servir de símbolo a las sonoridades armónicas que caracterizaron al modernismo, si no dijese en su verso último, como quien descifra un secreto, que el caracol la forma tenía «de un corazón». Y en una vuelta más alta de la espiral, Martí, en plena organización de nuestra guerra libertadora, diría: «Si entre los cubanos no hay tropa bastante para el honor, ¿qué hacen en las playas los caracoles, que no llaman a la guerra a los indios muertos?» Siempre pensé que a Lezama habría de gustarle este descendimiento al mundo de los muertos para mover a los vivos mediante un instrumento músico que era a la vez un instrumento de batalla, y fue para mí muy emocionante saber que en uno de los libros de su casa, hoy Museo, apareció la frase copiada de su puño y letra. No creo entonces le disgustase que relacionáramos su obra con un tratado de música perdido en el virreinato, encontrado por el gran indio de las manos de marqués, y puesto finalmente en las suyas, ya que recordó que a la muerte del héroe, Quetzalcóatl, preocupados los dioses por quién habría de morar en la tierra, oyeron el consejo: «tañe mi trompeta de caracol y cuatro veces llévalo a su redondo asiento de esmeraldas», y él también fue, como llamara a Góngora, ese «trompetero de la gloria» que cantó «los vencimientos de la muerte universal» con el color de lo siempre renaciente, de lo que lleva poesía e historia —verde errante de Casal o verde claro de Martí— a su definitivo asiento en la esmeralda.

No creo necesario rastrear a todo lo largo de su obra los ejemplos que atestiguan esta relación entre lo que parece ocultarse y después aparece agrandado, entre lo invisible y lo visible, a que lo sensibilizó la pérdida prematura de su padre en su niñez, narrada en *Paradiso,* sobre todo cuando recordamos su ligera burla de lo «exhaustivo» en un examen. Para Lezama, probar algo exhaustivamente era hacerlo ininteresante. El conocimiento estaba para él más cerca de ese «toque delicado» de San Juan de la Cruz, capaz de despertar en nosotros una cadena de resonancias. Todavía nos parece oír su matinal saludo: «¿Qué tal de resonancias?», que se desentendía, risueño, de lo que se desplazaba demasiado en el sucedido inmediato, para extraer de él algún fragmento que sólo se le hiciera discernible al proyectarlo un poco más allá. La infinitud marina del conocimiento parecía exigirle, más que el deseo de abarcarlo conceptualmente, el de ser penetrado por ella: buscaba arrancarle, como a su tiburón de plata, un bocado paladeable que le permitiera conocer por incorporación, robar una rama y convertirla en flauta: es decir, no la creía accesible por una explicación, sino por una música, por una modulación equivalente. Por ello quisiera proponer, más que una tesis sobre algún aspecto de su obra, su modo mismo de acercarse a la poesía, no el desciframiento de un cuerpo de imágenes o de ideas, sino más bien su incesante ruptura en «anillos y fragmentos», ya que él se acercó también así a los textos ajenos, desinteresándose de su coherencia circular interna, para buscar tangencialmente su relación con otros órdenes poéticos u otros sistemas. Su lectura no era lineal, sino algebraica, buscaba interrelaciones inesperadas, como quien frota maderos para el salto de la chispa inmortal intermedia. Todos recordamos esas sentencias que llamaríamos oraculares, que extraía de su propio contexto como a un pez sacado de sus aguas, y que mostraba todavía aleteando entre las manos, en el espacio de luz de su peligro mayor. Su mirada poética parecía estar quebrando siempre, como la lanza del centurión a los ladrones, las coyunturas lógicas, como si la coherencia verdadera de cada discurso estuviese en su relación con otro u otros, y no en su propio orden cerrado. La marcha de esos «fragmentos a su imán», o «Eros de la lejanía», la podríamos identificar como una segunda iluminación intelectual si no fuera también apetito de posesión, deseo de la «luz penetradora de los cuerpos bruñidos», deseo del cuerpo glorioso. Todos recordamos lo libremente que se tomaba la obligación de la cita textual, sus increíbles «versiones» poéticas, que no deben haberle desarrugado del todo el ceño a San Jerónimo, «patrón de los traductores».

Había en ese aparente capricho —sólo fatal, decía Martí, en artistas de segunda categoría— una confianza inaudita en la poesía —que no confunde con el poeta y sus textos—. Para Lezama no existía más que la poesía, pero la poesía era sencillamente ese único impulso creador que recorre la naturaleza y la historia hacia su definitivo esplendor. Hablaba de «el mundo hipertélico de la poesía», pero ello no podría autorizarnos a una lectura cifrada, ya que su fuerte realismo nos la mostraba a la vez como un «en sí» y algo que iba «más allá de su finalidad». Identificaríamos el ritmo de su penetración como un contrapunto incesante entre una reducción y una desmesura. Es un conocimiento que se reduce para abarcar un área mayor, pero no, como lo hace la razón abstracta, por categorías, sino por vía poética, a través de la imagen. Su avance es ondulatorio, se sumerge y se alza sin cesar como la onda, interrumpe su respiración como buscando el aire de más arriba, con ritmo que a un tiempo se contrae como se expande hacia la línea del horizonte. La poesía es una paciencia y un *súbito,* como el conocimiento de amor. Su «dulce acometida» es más rápida que la del animal de caza y más lenta que la flecha infinitamente detenida de Zenón («Más que lebrel, ligero y dividido...»). Su «son», que sólo el poeta oye, parece estar «del tiempo enemistado», pero es sólo para extraer, de su fluencia sucesiva, esos fragmentos de mayor irradiación que permiten entrever una totalidad desconocida, como esos corpúsculos de luz en que se subdivide el diamante o nos entrega la noche estrellada, o esos escudetes en que la piña se eriza y fragmenta rindiendo sólo su ácida dulzura al que primero le descabeza el penacho retórico. «Lo enorme tiene que ser conjugado por una inverosímil pequeñez», dijo del corpúsculo del azúcar que obtiene la alquimia de nuestra industria madre. En ella alaba también la integración de lo más lento y lo más rápido, la paciencia del buey y la energía eléctrica, en que todo se conjuga para la obtención de la dulzura de ese «uno primordial» del que todo parte y a que todo busca dirigirse.

Lo que quisiera proponer entonces es la reducción a unos cuantos puntos discontinuos que puedan servirnos de guías virgilianos para ese «descenso a los *ínferos»,* para decirlo con frase cara a su gran amiga María Zambrano, como la que reconcilia al hombre con la luz unitiva al final de su «Noche insular». Una búsqueda de ese *logos* de la imaginación que intentó Lezama y al que aludió Martí, a propósito de Moreau, que nos libre a un tiempo de los demonios paralelos de lo sólo razonable o lo sólo absurdo. Ni el «sin sentido» —que ya en la *Alicia* de Carroll jugaba con su reina de barajas a cortarnos a todos la cabeza—, ni la búsqueda erudita de las posibles relaciones entre el bosque y la serafina, invocando la mediación del de los pies ligeros y la tortuga del Pabellón de la Armonía Suprema, una mezcla de las sentencias de Lao Tse y la Enciclopedia Británica. Se trata de situarnos frente a su poesía como él enseñó a hacer con las ajenas a unos pocos iniciados en su delicioso Curso Délfico. Éste constaba de una Obertura palatal —esto lo decía con una sonrisa siempre— que era un simple abrir el apetito de la lectura, sin obligarse a un orden; una «Suma de excepciones morfológicas», como la intentada por Licario, que también supongo abarcaría esos emparejamientos con lo desemejante capaces de estimular la penetración por la sorpresa, y un «Curso délfico propiamente dicho» —el subrayado de estas dos últimas palabras era ya del todo irónico— que también, supongo, dirigiría la atención hacia ese cuarto cuerpo, ya no aditivo, que está más allá de lo que se revela, lo que se oculta y lo que hace señales. Como respondiera al aventajado discípulo y compilador de este libro, Ciro Bianchi, a quien tanto debemos todos, su sistema podía calificarse de «locura», supongo que en sentido paulino. Quijotesca locura, descomedido intento, alucinada lectura, echando a andar la imagen heroica por la extensión casi manchega del conocimiento, hacia la «aventura sigilosa» de una nueva salida al alba.

¿Cómo se acerca Lezama al hecho literario, al hecho plástico, al hecho histórico? Su «sistema» es siempre el mismo. Sólo por eso puede dársele tal nombre a un comportamiento tan inusual como poco sistemático. Su medio de penetración, ya lo hemos visto, es la poesía, y esto se dice pronto, pero no se ha intentado, al menos en la forma en que él ha querido hacerlo, nunca. Pues no se trata de esa «crítica creadora» que suelen hacer los poetas, que intenta responder a la belleza no con un análisis, sino con más belleza, lo que ha dado lugar a páginas de gran penetración. También el mito es una explicación del mundo, pero se sitúa en un tiempo anterior a la historia: la coherencia de sus imágenes se cierra sobre sí misma con una claridad perfectamente armoniosa: es una historia que se convierte en imagen poética, no en una imagen poética que busca encarnar en un cuerpo histórico. Su lectura de *Las soledades,* de Góngora, por ejemplo, no tiene nada en común con ese desciframiento de imágenes o alusiones mitológicas del estudio magistral que hiciera Dámaso Alonso. Le interesa cómo la imagen se detiene y cómo se impulsa. Le interesa cómo el rayo de luz se apodera de cada cuerpo, no para deslizarse, sino para refractarse como en un escudo. Le interesa ese sentido que a la vez se nos revela y se nos oculta sólo el instante suficiente de su apoderamiento, porque iluminar y enceguecer a un tiempo es viejo oficio del exceso amoroso de luz. Así, habla en Góngora de «el goticismo de su luz de alzamiento». Jamás obvia la relación de la poesía con el poeta —no la relación biográfica o psicológica entre poeta y poema—. Interroga por eso, como a otra «forma» de la visibilidad de su fuerza creadora, su rostro de «malhumorado lince», obligado por la chatura de sus contemporáneos a no poder seguir la «sierpe» de su aventura poética hasta el fin. Le interesan esos fragmentos que no buscan ser interpretados, sino recorridos por la luz y en que la palabra parece pretender algo inaudito, como la estrofa que cita y que le impresiona como «la simultánea traducción de varios idiomas desconocidos», de «Ministro, no grifaño, duro sí», la de «los Acroceraunios montes no», que termina con ese reto a lo imposible que parece lo único que podría saciarlo: «Oh Júpiter, oh tú mil veces tú.»

Hay en Lezama lo que llamaríamos la imagen que no regresa. Porque el «cuadrado pino» de Góngora vuelve siempre a su sentido inicial de «mesa». Las metáforas pueden ser más audaces, elevarse a la segunda o la tercera potencia, pero al cabo «los raudos torbellinos de Noruega» nos vuelven bastante dócilmente a la mano como halcones. En Lezama hay un momento en que el nexo lógico, la referencia inicial, se nos pierde, pero en que presentimos que no nos está proponiendo un desfile onírico, como en la aventura surrealista, cuyo sumergimiento en el subsconsciente generador muestra una excesiva proximidad a su envés lógico explícito, y aun contribuye a rendir su más íntimo secreto, ni tampoco una delectación puramente verbal, ya que sentimos en esos momentos, en la forma, cómo el idioma se le atensa y arisca, y más que rodar por las sílabas adquiere una mayor dureza y resistencia que cobra allí su supremo riesgo, que se aventura a la búsqueda de un sentido que no alcanza, pero del que espera, como de toda aventura por lo desconocido, el suceso prodigioso. La imagen en Lezama no sólo no regresa a su sentido inicial, sino que prolifera y se aleja cada vez más de ella, busca, como él dice, «un hechizamiento», un faraónico «dilatarse hasta la línea del horizonte».

La voluptuosidad o disfrute de este «señor barroco» no se confunde con ninguna disimulada inercia, no se detiene en un paladeo de la imagen, sino que la vuelve incitación al viaje o penetración de lo desconocido, y aun hace de esta relación uno de los caracteres diferenciales de lo americano. En un gongorista menor del siglo XVII mexicano destaca esta mezcla de sensualidad y rigor, así como distingue entre nuestro «barroco insular» y el jesuítico, jugando a cambiar el orden en el verso que sirvió de lema a un certamen poético («Ardiendo en aguas muertas, llamas vivas»). Un gesto gracioso de nuestra danzarina mayor le aclara un vitral de Amelia Peláez, cómo fragmenta o integra de otro modo los elementos de la casa colonial cubana, o le explica nuestra historia, mejor que un texto íntegro. Un retrato como el que le hizo a su madre Arístides Fernández puede revelarle «la fabulosa resistencia de la familia cubana», menos adusta que la hispánica, esa mezcla de fineza y resistencia por la que el viejo troncón estoico se deja recorrer, como nuestra ceiba, por el vuelo del colibrí. Le interesan, en fin, esos pintores nuestros que al sensualizar la geometría «llegan a lo germinativo». El deleitoso gongorismo de Lezama tiene que pasar por la difícil prueba de un riguroso ejercicio que lo acerca a la «noche oscura» de San Juan de la Cruz, ya que busca el ser conducido, por vía iluminativa, a una unidad primordial, si bien saltándose la vía purgativa de los sentidos, o más bien haciendo de lo frutal, anticipo paradisíaco, lo que acerca su expresión —¿no dijo que su barroquismo tenía una raíz gótica?— a esa mezcla de lo místico y lo barroco que, según nos recuerda, ya señalara Unamuno en Martí.

Pero para no ampliar el término «místico» —siquiera sea reduciéndolo a ese mero apetito de esencias o «fervor del conocimiento» con que Lezama se lo aplicó a Ortega, tan desdeñoso del misticismo español—, preferiríamos situarlo en otra integración: la del barroco y el romanticismo americano, no el de la segunda época, de inspiración francesa o española —Musset, Bécquer—, que fue entre nosotros más crepuscular y añorante, sino con nuestro primer romanticismo, el de los «Soles y rayos de Bolívar», de Heredia, y después Martí, deudores de los héroes libertarios byronianos; del que dijo por boca de Darío —cuyo modernismo pareció ser también un anti-romanticismo—: «¿Quién que Es, no es romántico?», o sea, con un romanticismo de esencias, que fue sólo un «movimiento de libertad» que comenzó por la palabra y acabó en la historia, que no en balde hizo a Martí llamar «hijo» a Darío. No es raro que Lezama, siempre acechando lo germinal americano, se interesase tan poco por los virtuosismos métricos de Darío y se quedase con la raíz indígena, viéndolo finalmente con «la bondad de un dios del maíz».

Entre ese «germen» inicial y aquel «Eros de la lejanía» se sitúan esas fulguraciones de lo intermedio que son los hechos poéticos o «lo histórico creador», capaces de excepcionarse «para dejarse acariciar» antes de ser atrapados por la muerte, como en ese poema que podría explicar toda su poética, «Ah, que tú escapes», que sitúa el conocimiento de amor en ese «instante raro», anterior a su huida, que deja entrever, como en un relámpago, su «definición mejor». La raíz lúdica de esa búsqueda hace más inaccesible un verso de Lezama a alguien que quisiera sólo entenderlo, que el proponérselo a un niño. ¿Qué significa esto del sacacorchos, esto del enano, esto del violín? Ello basta para poner su imaginación como ante un reto frente al cual el juego de adivinanzas resultara una etapa demasiado pueril ya superada, a lanzarse a enlazar con una sola línea esa serie de puntos discontinuos que sólo al final descubren un sorpresivo rostro o esa rápida jerigonza en que la supresión de una sílaba va dando de sí otra frase entera y el sentido es centauro de dos naturalezas, una conocida y otra oculta. Ya Quevedo se burlaba de esas «jerigóngoras» que Lezama convierte en su «Danza» en esa música desconocida que Mozart tuvo que crear bajo el impedimento de los pelucones dieciochescos. No se trata de convertir semejante órgano de asociaciones en un juego infantil, sino de no ignorar la sonrisa que guía su voluntad de conocimiento, que no es nunca hazaña grave y cejijunta, sino confianza de la ligereza que requiere toda penetración verdadera. Contra las apariencias, estamos en el extremo más distante posible de ese *Juego de abalorios* adulto que hace del entrecruzamiento de temas y referencias culturales esa Arcadia sin inocencia que tan sagazmente pintara Herman Hesse, y que hizo temer melancólicamente a Lezama que su obra pudiera convertirse en «materia de cursos» y no en cursos de la materia hacia ese «esplendor formal» que toda poesía busca.

Esos instantes excepcionales que, en un texto poético o en un período histórico, alcanzan su plenitud de una forma, aun cuando parezcan sumergirse o naufragar sin sucesión visible, provocan una cadena de resonancias, una nueva irrupción de lo naciente, que hace engañosa la aparente enemistad de los condicionamientos causales y lo que Lezama llama «el incondicionado poético», ya que se trata sólo, como advierte en la primera línea de *Imagen y posibilidad,* de una causalidad más *secreta.* Al buscar ese «punto errante», mediador, como el cocuyo, nuestro «animal carbunclo», entre lo viviente y lo estelar, que nos convida a penetrar el bosque oscuro, al partir de ese punto rotativo cuyo sueño toca sólo en la hoja escogida, y asciende cada vez a zonas de más luz, sin sobresaltarse por el caos de lo intermedio, Lezama nos obliga a ver en su descendimiento a los «orígenes» sólo la búsqueda de ese único impulso creador que está en la raíz lo mismo de las fabulaciones míticas que de la naturaleza o la historia, traspasándolas con un desconocido fulgor. Por eso dice: «Gota, germen, corpúsculo, esfera trocándose fluencia, cuerpo, participación, logrando la epifanía verbal por la que el cuerpo se vuelve signatura.»

Pocos repararon, junto a esas «epifanías verbales» de que se mostró tan gustosa *Orígenes,* las «Señales» que mostraban por el envés la secreta relación con nuestro acontecer inmediato, así como el hieratismo aparente de toda «signatura», lo que la convertía en señal, en participación, en traspaso a un cuerpo puesto a flotar en el río del devenir más distante. En *Imagen y posibilidad* se recogen esas significativas e inatendidas «Señales», y otros textos en que se acerca a nuestra plástica, nuestra poesía e historia, un periodismo menos elaborado que el de sus prodigiosos *Tratados en La Habana,* pero que por lo mismo muestra en forma más desnuda su pensamiento, textos que no se cuidó siquiera de enviar a sus *Obras completas* —siempre amigo de retirar de sus fortalezas los puentes levadizos—, pero en los que acaso están algunas de sus páginas más esclarecedoras, las que ya no ocultan en el «tema» de la insularidad el constante fervor patrio.

Una de las causas que más han contribuido a apartar a la obra de Lezama del ámbito de la historia y presentarla como una especie de infinita fabulación, un acto de magia en que el pañuelo se convierte en paloma para mostrar al final sólo una chistera, vuelta del revés, parte, creo, de la contradicción entre Lezama-lector y Lezama-creador de poesía. La lectura fue en él, como la buena mesa o la buena conversación, una voluptuosidad; la creación, una persecución devoradora. «Los poetas —escribió Martí— no deben estar entre los voraces, sino entre los devorados.» Creo que Lezama hubiera podido hacer suya esa frase. En una polémica con Jorge Mañach, en que hace gala de una ironía demasiado visible y afiebrada para ser realmente displicente, le dice:

Dispénseme, pero su fervor por la *Revista de Avance* es de añoranza o retrospección mientras que el mío por *Orígenes* es el que nos devora en una obra que aún respira y se adelanta, como la exigencia voraz de una entrega esencial.

No se trata del típico enfrentamiento juvenil a la generación anterior. Para Lezama no ya la revista, sino la cultura misma, era un estado de concurrencia poética en que cada obra personal importaba sólo por la forma como había «acrecido su levadura». Lejos de hacer de su sistema un todo, tendía a hacer de todo sistema fragmento de una unidad mayor que nos era a todos desconocida —tanta humildad había en el fondo de su inmensa ambición intelectual—, y creía en «el final entono de todas las generaciones en la gloria». Por eso la poesía que identifica con la penetración del hombre en esa «oscura pradera» del conocimiento, reconocía en medio «ilustres restos, cornetas, mil funciones»; era, a la vez que una cena convidante, una sustancia «devoradora casi», imantándonos, jamás una retrospección. Quería intentar entre todos «algo de veras grande», «una teleología insular», en que cada punto diferenciado, lejos de aislarse en sí mismo, fuera un punto infinitamente relacionable: el resultado era la unidad. De ahí su irónico: «La ínsula distinta en el Cosmos o, lo que es lo mismo la ínsula indistinta en el Cosmos.» Ningún enfrentamiento de «lo americano» frente a «lo europeo» o de otra cultura, ningún enfrentamiento entre generaciones o distintos modos expresivos, ninguna dicotomía de arte y vida, de poesía culta y poesía popular. Le aburría la monserga de lo claro y lo oscuro. Respondía sencillamente que había día y noche. No subestimaba al pueblo creyéndolo incapaz de comprender «lo cualitativo sin mixtificaciones», como había entendido el teatro griego o la coral bachiana, porque «es más fácil que el campesino saludable comprenda lo oscuro creador que la bachillería internacional». Decía que la sentencia más profunda dicha por un cubano fue la del humilde soldado mambí al que preguntaron si podía entender a Martí y contestó: «No entendíamos todo lo que decía, pero estábamos dispuestos a morir por él.» Este poeta, de expresión tan distante a la poesía social explícita, dejó un inigualado elogio del obrero nuestro del azúcar: «Este hombre trabaja en la luz.»

Esta contradicción entre sus gustos o afinidades poéticas y su labor creadora ha motivado no pocos equívocos. Ya nos referimos al de su «gongorismo», demasiado visible para ser secretamente generador; pudiéramos añadir otros: el de su «proustianismo», por ejemplo. No hay duda que su casa misma, la relación con su madre, su asma, y hasta su vieja sirvienta Baldomera que algo recordaba a la Francisca de Proust, hacían casi inevitable la asociación. Pero en Lezama el sumergimiento voluptuoso en el mundo de las sensaciones no regresaba al punto de partida —siquiera fuese después de abarcar en su círculo toda una época, como en aquel incomparable poeta de la memoria que llegaba a alcanzar por ella un orden fuera del tiempo—, lo que hace de su búsqueda de «lo perdido» una aventura distinta. De ahí que Lezama echara de menos en Proust que «el desfile de sus impresiones» no lo hubiera llevado a crear lo que llama el mito de una verdad paralela. En tanto Proust disfrutaba del habla de su vieja sirvienta como de un «primitivo» de una pureza preferible al habla de sus amigos cultos. Lezama se enorgullecía de que la suya, castellana, rezase en el latín que oyera en su iglesuca natal, es decir, que orase en un idioma desconocido. Para Lezama, la explicación de la conducta no la entregaba al examen sutil de los mecanismos del carácter, sino su participación mayor o menor en una gracia primera, que sólo volvería discernible la revelación final: mientras tanto, se divertía, como lo haría el mismo Proust, con los posibles parecidos de la cara del murciélago y Juan de Austria... Recuerdo cuánto lo satisfizo la respuesta que le dio Baldomera, a la que un día preguntara: «¿Por qué, si usted no tiene ninguna familia, guarda su sueldo íntegro todos los meses, sin darse el menor gusto?» A lo que ella contestó oracularmente: «Si usted, que es doctor y ha leído tantos libros, no lo sabe, ¿cómo quiere que yo sepa para qué lo guardo?» Para Lezama, una voluntad que ignora su finalidad era de naturaleza poética y sólo una respuesta indescifrable podría constituirse en esa «verdad paralela» que podría acercársele. Su sentimiento de «lo perdido» estaba vinculado a la naturaleza, no al tiempo suyo personal; por eso buscó refugio en lo único que quedó intacto de esa pérdida, que es la imagen, pero una imagen que por eso mismo busca ávida su encarnación en la historia. Su memoria se aleja cada vez más de lo que la motiva, busca no un reencuentro, sino una transfiguración: «Mi memoria prepara su sorpresa —escribe—, gamo en el cielo, rocío, llamarada.»

Del mismo modo, su «casalianismo» —error crítico en que caí en mi primer acercamiento a su obra, también guiada por una similitud de gustos y aun de vida equivalente— era más aparente que real. Su casa, con humedad de gruta marina y luz de pecera, parecía mostrar, en su abigarrada confusión de libros, figurillas de jade o metal, muebles demasiado grandes para lo reducido de la sala, restos del naufragio de una casa mayor, una variante del cuarto con máscaras japonesas y grabados de Moreau que tenía Casal, vástago también de un bienestar familiar perdido. Los dos eran ironistas de su pobreza. Casal llamaba a su latón «mi tina de mármol rosa», como Lezama llamaba a una enorme pieza de cobre «mi cenicero etrusco», con una carcajada. Un mismo frío parecía recorrerlos, un mismo gusto por insertar lo cubano distinto en lo universal, pero lo desconocido era en Lezama un reto alegre, y no, como en Casal, un taciturno deseo de aniquilación. Pero, sobre todo, Casal partía de una escisión de arte y vida, pureza e impureza, de raíz maniquea, que daba una excesiva simetría a sus contrastes (cieno-rosa; fuego-nieve), a la que sólo salvó de quedar en medallón parnasiano no sé qué impreciso fulgor, qué temblor de esencias, eso que Lezama quiso apresar con el color de sus ojos, «la chispa verde de su verde errante», en el poema que le dedicó, y que seguía viendo —como el cigarrillo que quedó en su mano instantes después de su prematuro descenso al «sombrío valle»— todavía encendido en la muerte.

Su actitud pareció «casaliana», su poesía «gongorina», cuando estuvo en realidad más cerca —pese a las obvias diferencias— de Martí que de Casal, como —pese a los obvios parecidos— de San Juan de la Cruz que del racionero cordobés. Basta pensar en su búsqueda de un conocimiento por «noche oscura», en el solitario «nadie parecía», que incluso dio título a una de sus revistas poéticas. De ahí su cita juanina sobre la búsqueda del sentido como «ejercicio de pequeñuelos», porque «si es espíritu, ya no cae en sentido, y si es que pueda comprenderlo el sentido, ya no es puro espíritu», aunque creo que aquí Lezama se vale de que en español «sentido» es a la vez mundo sensorial (que es como más comúnmente lo usa San Juan) y significación, sacando la frase del contexto místico para aplicarla al conocimiento poético, quizá para alejar tan sólo un poco a la crítica académica y quedarse con esos «exegetas andaluces» que pedía para sí Rubén Darío. Pero ninguno de los equívocos que han rodeado a su obra queda más definitivamente desmentido en este libro que el de su supuesto ahistoricismo, ya que ejemplifica hasta qué punto no tuvo tema más constante que el de la encarnación de la imagen en la historia. Ahora bien, ¿en qué forma peculiar lo hace, cómo se acerca a nuestra propia historia? Este libro nos muestra varios ejemplos.

En «Céspedes: el señorío fundador» no se detiene, como lo haría un historiador o un sociólogo, en la sucesión de hechos biográficos, o en su contexto social y político. De ninguna manera ignora estos condicionamientos: se trata sólo de una diferencia de método. Lo que Lezama destaca siempre no son las series causales, sino las excepciones poéticas: no el movimiento en que se suceden, sino el impulso original de que parten, y los hechos, al parecer aislados, en que ese movimiento creador adquiere la visibilidad de una forma que permite confiar en su perdurabilidad y en su incesante renovación. No se trata siquiera de que Céspedes es el hacendado que se excepciona, el que, como recordara Martí, antes incendia sus propiedades que busca perpetuarlas, sino de la elección de unos cuantos hechos excepcionales de su vida en que su «señorío», no el heredado, sino el fundador, se manifiestan. Lo que Lezama busca siempre es el corpúsculo más pequeño de iniciación. En otro texto explica mejor esta pertenencia excepcional de algunos hombres a una clase determinada, una primera división por gestos o por actitudes que logra el fenómeno (ahora inverso al caso de Céspedes, que pasa a ser voluntariamente un desposeído) del guajiro que se acerca silbando a una valla de gallos: su ligereza cae mejor al dueño que la gravedad del cetrino o hirsuto empecinado, obtiene «promesa de secretos labrantíos» y casa con la hija, por lo que se trueca de pronto en dueño de tres ingenios, aunque a la hora de la muerte, dice, venga «un guajalote cabeceando como una góndola» —lo que ya sugiere una especie de Caronte animal—, le frote los labios con la espuela estrellada de su antiguo caballito y le exija la canción de adentro, el silbo original que todavía puede salvarlo. «Que estos hechos —dice— son orgánicos dentro del mundo que los motiva, lo revela su característica más valiosa, es decir, que vuelven y se reiteran, que son necesidad afanosa de reintegrarse y reincidir en la unidad.» Siempre creyó que las excepciones morfológicas creaban nuevas series, lo que no es ignorar la división posterior y estratificada de las clases, ni cómo las más fuertes obran contra las más débiles o desposeídas, sino entonar la certeza de un dinamismo mayor que las recorre y que sólo avanza excepcionándose como un discontinuo esplendor. Mientras Mañach, en su *Indagación del choteo*, intentaba un estudio psicológico de las causas sociales y políticas que, sin duda, motivaban esta reacción popular del cubano frente a la frustración de nuestra república, después de la gesta de Céspedes y la de Martí, Lezama, en su aparente apartamiento, proponía un descenso a los puntos fundacionales de nuestra historia, capaces de sacarnos de su laberinto circular, confiando sólo en un nuevo impulso creador. «Lo que fue para nosotros integración y espiral ascensional en el siglo XIX, se trueca en desintegración en el XX», en que ya no se trataba de diez familias beneficiadas, sino que «hoy —escribe en 1949— son cien las que salen de cada gobierno girando contra su propio banquero, que es la hacienda pública». Poco esperaba de los sucedidos políticos. Todo de una irrupción más honda de «lo histórico creador». Buscaba, como un ciego, en la estrechez y ahogo de aquella circunstancia, esta fuerza de creación primigenia, y confiaba mientras tanto en «la justa pobreza», el «contentarnos con poco», en medio de la desatada ambición, lejos de «seducciones y facilidades». Este aislamiento fue poco entendido, ya que también pocas veces se afanaba en explicitarse.

Por eso es preciso reiterar la atención en su texto «Secularidad de Martí», escrito el mismo año en que la llamada «generación del Centenario» iba a dar un giro en redondo a nuestra historia. Lezama no se detuvo, en el número que le dedicó *Orígenes,* en su prodigioso órgano verbal, o en sus ideas, como tantos otros estudiosos de las más variadas tendencias estéticas, filosóficas o políticas, sino en su «impulsión histórica», en cómo la semilla de su sangre sumergida permitía avizorar «las cúpulas de los nuevos actos nacientes». ¿Quién hubiera podido ver entonces la relación secreta de esa frase y el juicio en que un joven aseguraba a sus captores que el verdadero autor intelectual del asalto al «castillo ensangrentado» —cuya visión tuviera el autor de los *Versos sencillos,* cuando «el águila de Washington» empezó a cernirse sobre nuestros pueblos de América— había sido José Martí? Con esa imperturbable mezcla de inocencia y clarividencia histórica que lo caracterizaba, había escrito Lezama: «Sabemos que la generación de *Espuela de plata* es esencialmente poética, porque su destino dependerá de una realidad posterior.» ¿Quién podía ver la relación (no causal) de dos idiomas tan distintos como el de la imagen y el acto sino aquel que parecía tener cosido al pecho lo de Pascal: «Reconciliación total y dulce», o estar oyendo siempre la música de su frase preferida sobre la resurrección, que podría extender a la historia: «Lo creo, porque es imposible»?

Veamos cómo actúan «las progresiones de la metáfora» en el mundo lezamiano, los puntos germinales que escoge para explicar nuestra historia. Cuente el historiador, señale el geógrafo en el mapa, los antecedentes e itinerarios del Descubrimiento. Siga, uno a uno, los sucesos y fundaciones: Lezama se acerca al espejo rectangular de unas cuantas imágenes. Las «ínsulas extrañas» hicieron notar su cercanía a los que avanzaban más allá de lo conocido —desoyendo el *non plus ultra* de las columnas de Hércules, el forzudo— por modos fragmentarios. En el Diario del Navegante se precisa que oyeron pasar pájaros toda la noche, o creyeron ver un ramo de fuego en medio del mar. Historia y fábula empiezan a fundirse. Cuando Lezama llama a «nuestra verdadera tradición americana, la de impulsión alegre hacia lo que desconocemos», habrá que subrayar la palabra «alegre», ya que lo americano no podía estar sólo en ese aventurarse más allá que hizo posible el encuentro de dos mundos, pues este impulso venía de afuera, sino en su fusión con una novedad desconocida que lo trocaba en sorpresa, la de una hermosura y una tierra nuevas. Descubre allí «el espacio gnóstico», aquel que devuelve en la respiración —negada al mineral y a la tierra— una comunicación con el Verbo, y donde una naturaleza inocente, aún no enemistada con el hombre, busca su *logos* tejiendo el tiempo con ese espacio aspirado. El cronista de Indias trata en vano de captar esa diferencia de árboles y frutas porque se acerca a ellos por parecidos o semejanzas comparativas, sin alcanzar, en su aparejamiento con lo desconocido, lo realmente naciente. Lezama interroga otra imagen: la breve anotación que describe el pelo de nuestras indias: «seda de caballo», para precisar una primera diferencia: la alianza de vigor y suavidad que distingue el valor indio del hispánico. No busca sucedidos, sino esencias. Detengámonos en otro punto de su lectura por imágenes: el Castillo de la Fuerza, bastión colonial construido para fortificar la isla contra los ataques extranjeros. Lezama lo llama uno de los centros de más imantación de la ciudad. Detengámonos antes en la ciudad aún vacía que presenció su emplazamiento, no sin dejar de anotar de pasada que la campana del torreón del Castillo servía a la vez de toque de alarma y de toque de queda o cierre de las murallas.

El amor de Lezama a su ciudad le hizo convertirla a toda ella en metáfora. Sus tratados son «en La Habana», como lo son sus «Pensamientos». Allí, su «Catedral amadísima» hace a su patrón San Cristóbal llevar, visible sobre su hombro, al Ismaelillo griego, al Niño-Amor de la aljaba, hacia la otra ribera. De torres desiguales, las salientes columnas dan a la fachada de piedra como una ondulación marina. No se ha destacado el influjo de la cercanía del mar en la poesía de Lezama. La respiración anhelante de las aguas se dijera que recorre su acento y decide su amor a las metamorfosis marinas, sin duda más audaces que las de Ovidio. En el Castillo de la Fuerza, convertido después en Biblioteca, leyó mucho Lezama en su adolescencia. Tuvo que excitar su imaginación, pues más de una vez lo cuenta, saber que en sus torres esperó durante años Inés de Bobadilla a su esposo Hernando de Soto, que ya había muerto, y cuyo cadáver había sido desenterrado, para que no fuese profanado por los indios, y puesto a navegar por el río. No cabría imagen mejor de la nueva causalidad que a sus ojos engendra la poesía, que la de este primer «hechizado» nuestro, que ha sido rescatado de la muerte y puesto a navegar en una fluencia infinita, o aquella espera de la esposa que hace posible que venga a visitarla en sueños en la torre más alta del Castillo. Hernando de Soto es entonces para Lezama «nuestro primer genitor por la imagen», figura contrapuesta a la de Vasco Porcallo de Figueroa, preñador de indefensas negras e inditas, dueño de la sucesión sin misterio. No interroga la totalidad de su biografía, presumiblemente la de un colonizador como los otros, sino que se acerca a este gesto de posible virtud primigenia y, por tanto, capaz de abrirse en círculos cada vez mayores: Hernando de Soto ha regalado inmotivadas riquezas a Ponce de León, el buscador de la Fuente de Juvencia, vence su desconfianza con una dádiva inmerecida, «con el indescifrable gesto bueno, sólo leíble en la tierra de los prodigios y el eterno renacer». Un simple gesto de lo incondicionado poético puede generar y genera otros semejantes en el tiempo. En tanto Porcallo engendra para la muerte, Hernando de Soto es «el regalador de la sobreabundancia», puede seguir, aun muerto, navegando por el río. Misterio de la espera y la gracia generando el suceso prodigioso. Con ellas señala no causas directas, sino que establece relaciones metafóricas en las que puede leerse, como en la poesía misma, sobre el sentido textual, el idioma de la luz.

Así, en «Céspedes: el señorío fundador» asistimos de nuevo a la búsqueda de estos focos germinales que van, de modo discontinuo, iluminando nuestra historia, a través de tres detenciones de la imagen del que llamamos los cubanos «el Padre de la Patria», ya que contestó a la proposición española de no fusilarle al hijo si desistía de su propósito de liberar a Cuba, diciendo, con sencilla dignidad, que todos los cubanos eran sus hijos. La primera experiencia pertenece a la juventud del héroe:

Ha corrido un zorro con la nobleza escocesa y la opulencia misteriosa de los highlanders. Allí, como en un siempre agrandado por los caracoles de su venatoria, su señorío se expande ligero y preciso con la nobleza del ojo en acecho.

Lezama encuentra en este hecho, a un tiempo real y simbólico, una posible reducción metafórica de su cacería del «zorro» colonial, la imagen incipiente de un señorío que todavía no se manifiesta en su despliegue mayor, sino que «se expande ligero» en «un cotidiano azar que se deja acariciar» por un instante. Así, los «reflejos del zorrillo que aprieta los dientes ya sanguinolentos» ante la superior nobleza del ojo que lo acecha, muestran la suficiente luz como para prefigurar los hechos posteriores, como lo anticipan «las preciosas exclamaciones» de «las damas añorantes con gajos en los terciopelos» que contemplan «la prueba bizarra del torneo», en que ya las telas opulentas se mezclan con gajos silvestres y las damas son «añorantes» como pudieran serlo nuestras criollas. He aquí un día que se excepciona «para ejercer su soberanía sobre las ruinas posteriores». Cuando decide, «presionado por la majestad a la española», entrar bajo palio en Bayamo, comprende, con rapidez criolla, que está «en la obligación de crear una nueva tradición» en que la majestad ya no es solemne, sino tierna, como la entiende el cubano, es «una fiesta, un lujo de la amistad, una frase imprevisible». Su caballo caracolea entre las sonrisas de la vecinería que se inclina para darle paso. Así, su «señorío» deja de hacerse visible, se vuelve «secreto, ingobernable». Al destejer una tradición, una costumbre del tiempo, teje otra, que se escapa de ser apresada por la trama cariñosa y más imprevisible de su hilado. Ya el zorro ha empezado a apretar los dientes en retirada.

La segunda imagen es la de Céspedes escribiendo a su esposa, que le ha mandado la fotografía de sus mellizos:

El niño tiene toda la cabeza del asesinado Oscar. La niña revive en ella todas las facciones de mis hijos, de suerte que mirándola a ella los veo a todos, de ninguno le falta una línea.

La frase le sirve para establecer sus «coordenadas». El hijo muerto del héroe reaparece en la semejanza con el otro niño (recordamos el poema que tradujera Martí: «El hijo del rey ha muerto, / Ha muerto el hijo del rey!»). La doble imagen se nos invierte para destejer la sucesión que atrapa la muerte y regalar una sobreabundancia. Pues ahora surge de las profundidades «con la cabeza del asesinado Oscar», la compañía de una niña que ya extiende su parecido a toda la familia. En una segunda «progresión» de la imagen, la Revolución del 68 es la de «una inmensa familia», la de un nuevo emparejamiento con lo invisible, en que los muertos reaparecen en «el mismo coro y la misma semejanza coral», «con la pinta que les permite ser reconocidos en la eternidad». La muerte del hijo, como piedra que se siembra en las aguas, extiende sus círculos, convierte nuestra guerra en «un interminable parentesco», «una dinastía de primos». Nuestro poeta se adentra en una dimensión cariñosa de lo cubano, que va dando forma a nuestro destino y lo clarifica. Compone entonces, como un pintor, el lienzo de Céspedes por superposición y transparencia de diversos planos: los elementos del festejo campesino cubano, el color azul de los «túnicos» de nuestras criollas, el caballito cucalambeano, la cariciosa búsqueda de ese traspaso de lo familiar a lo histórico, o esa extensión del paisaje europeo de las experiencias juveniles del héroe, al bosque cubano:

Las retretas isabelinas trasladadas al bosque, purificadas sin bustos y entretelones. Es la otra gente, están al lado del río, soltando cohetes, cantando con lazos azules en los guitarrones, caracoleando preguntón el caballito atrabiliario.

Las «opulentas salas» de su Bayamo natal, «entre velones y bandejas», se extienden ahora por todo el paisaje cubano, con alegría nueva. Su señorío se vuelve misterioso. Escribe que vive ahora en «una choza o a la intemperie», come «los reptiles más inmundos», anda vestido «de manera grotesca, pero honesta», para terminar con la ausencia señorial de queja: «No tengo necesidades.»

Tras el intermedio boscoso de este intercambio epistolar con la esposa, vemos precisarse la tercera imagen: «Su destino lo va retocando», nos dice. Enseña a leer a un campesino, juega al ajedrez para tejer la espera. Pero ahora es el zorro el que lo sorprende entre el río y la ladera aromosa del café. Se escuchan unos tiros. No se detiene nuestro poeta en lo que se lleva la muerte, sino en el punto en que la pérdida se convierte en ganancia para siempre. Ahora dice misteriosamente, ya «la torre cuida al Rey». Ya puede poner sobre su escudo, en que la luz penetra «los cuerpos bruñidos», las palabras de su linaje: «Pertenece a los que han entrado muertos en la ciudad prometida.» Su definitivo lugar, ganado al tiempo, es el escrito por sus cabellos al rozar con su sangre la tierra, por lo que termina, sobrio: «Su historia entre las rocas.»

Céspedes es el fundador de un linaje en el espíritu, de una familia más misteriosa y definitiva que la de la sangre. Un primer cumplimiento de aquel «primer genitor por la imagen» que podía, muerto, seguir navegando por el río. Su sumergimiento obligaba a la ascensión de sus círculos agrandados sobre las aguas, obligaba a continuar el ritmo de la naturaleza. Es la perenne lucha de las fuerzas de creación y las interruptoras, de la muerte. «A veces ruge el mar y revienta la ola, en la noche negra, contra las rocas del castillo ensangrentado: a veces susurra la abeja merodeando entre las flores», escribe Martí. Una resistencia de lo leve, creando una nueva fuerza. La imagen de Céspedes y de Agramonte, la madrugada de la Demajagua, imantan, desde su adolescencia, a Martí: son esos hombres de los que dijo que llevaban en sí el decoro de un pueblo y, al concentrarlo, lo volvían fuerza irradiante. El sumergimiento de la «impulsión histórica» de Martí, en los primeros años de la República, su sangre, que fuera derramada junto a un dagame, árbol que da una flor «amada por las abejas», se volvería de nuevo fundación sobre la roca. No es extraño que Lezama, atento siempre a estos ritmos de crecimiento de la imagen, destaque estos versos martianos: «Duermo en mi lecho de roca / Mi sueño dulce y profundo: / Roza una abeja mi boca / Y crece en mi cuerpo el mundo», ya que volvía a tratarse de una dormición aparente que se tornaba escala de Jacob, gota de dulzura primordial en crecimiento ascendente.

Este libro, *Imagen y posibilidad,* aparecido el último, cuando ya su obra parecía cerrada, clarifica como ningún otro «su destino posterior», el que enraíza su «infinita posibilidad» en lo que llamara Martí «la ley del incesante, del radical, del ahondador, del infatigable movimiento», frase en que observamos un idéntico ritmo entre lo que ahonda y lo que se extiende. Tampoco en Lezama hay «detención» posible, de aquí que la idea misma de «ley» agrande la rotación de sus círculos hasta esa plenitud de los tiempos que llamó la «metáfora suprema de la resurrección». Es decir, que no es un infinito que se muerde la cola, que se cierra como círculo, sino que asciende como espiral. Y retorna, acrecido después del difícil viaje, a la casa encendida.

No he usado caprichosamente esta imagen final de una casa encendida. En el mundo lezamiano, «la ciudad» es hipóstasis de la casa. Lo familiar, envolvente y caricioso, es esencial, pero no debe retenernos demasiado: Recordemos su verso: «Ay del que no marcha esa marcha donde su madre ya no le sigue, ay.» ¿Y por qué es preciso abandonar la casa sino para reencontrar su verdadera identidad agrandada en una coralidad, para que crezca, en su cuerpo, el mundo? La casa se va hipostasiando, en el umbral de la muerte, en la casa encendida al final de *Paradiso,* junto a un tiovivo infantil, se va acercando a una plenitud del conocimiento que llama con mil nombres, «la casa de las estalactitas» de la sabiduría china, la andina «casa de los secretos», «la ciudad tibetana», Tebas la de las cien puertas, que sólo se abren al que desciende al corazón de lo profundo, «la médula del saúco». Lo que en el mundo vegetal es «el despertar arbóreo», es en el de la historia «la entrada del héroe en la ciudad». La ciudad es siempre en Lezama símbolo de esa casa proyectada hacia una lejanía que la completa: entrar en ella es entrar a un espacio iluminado por mil luces, puntos discontinuos que concurren a formar una unidad mayor. La anticipa lo que en la cultura oriental es «la contemplación del cielo estrellado», de que nos habló tantas veces, y en la occidental la leonardesca «perspectiva aérea». También la llamó, en el orden angélico, «nuestro despierto para la música». Es esa unidad que concilia lo diamantino espacial con el trabajo de sucesivas metamorfosis temporales: de ahí también su preferencia por la cuarteta martiana: «Todo es hermoso y constante, / Todo es música y razón, / Y todo, como el diamante, / Antes que luz, es carbón», sentencia que, por aliar razón y música de las esferas, dijo que podría figurar entre las de Pitágoras, el del muslo de oro. «Se nos fue la vida hipostasiando» —escribió con alguna melancolía, pero en seguida, con esa dilatación y contracción que forman el ritmo de su poesía, añade—: «haciendo de los dioses un verano», que es la estación en que se prueba el fruto maduro y la luz es más fuerte.

Si Martí es para Lezama, como decía con tristeza, «el héroe que no pudo entrar en la ciudad», era también el único entre nosotros que había alcanzado «la casa del *alibi»*, el «estado místico en que la imaginación puede engendrar el sucedido». De nuevo lo más lejano y unitivo se contrae a la imagen inicial de «la casa», para llevarla hacia su más alto grado de realización.

«Tocó la tierra, la besó y creó una nueva causalidad, como todos los grandes poetas.» Cuando, después de la gesta de la Sierra, el bosque echó a andar, como en *Macbeth,* para el asalto a «la fortaleza maldita», escribió:

El 26 de julio significa para mí, como para muchísimos cubanos, tentados por la posibilidad, la imagen y el laberinto, una disposición para llevar la imposibilidad a la asimilación histórica, para traer la imagen como un potencial frente a la irascibilidad del fuego, y un laberinto que vuelve a oír al nuevo Anfión y se derrumba.

Son estos hechos, cumplidores de lo genitor de la imagen, los que pueden dar vueltas cada vez más adelantadoras de la espiral. ¿Cómo se explica, por ejemplo, Lezama la gesta del «Che» a través de las imágenes que pudieron imantarlo? En su página «Ernesto Guevara, Comandante nuestro», escribe:

Las citas con Tupac Amaru, las charreteras bolivarianas sobre la plata del Potosí, le despertaron los comienzos, la fiebre, los secretos de ir quedándose para siempre. Quiso hacer de los Andes deshabitados la casa de los secretos.

Estas imágenes, tan pronto descienden a sus puntos germinales como se abren a una geografía estelar, van de lo más cercano, el sabor de los alimentos maternos, hasta la búsqueda de su identidad en el más completo y lejano esplendor, que es preciso habitar volviéndolo de nuevo caricioso. Tejen tiempo y fábula para engendrar lo naciente:

El uso del transcurso, el aceite amaneciendo, el carbunclo trocándose en sopa mágica. Lo que ocultaba y dejaba ver era nada menos que el sol, rodeado de medialunas incaicas, de sirenas del séquito de Viracocha, sirenas con sus grandes guitarrones. El medialunero Viracocha, transformando las piedras en guerreros y los guerreros en piedras.

Lo criollo está presente, en medio de toda esa épica, en la alegría de esas sirenas con grandes guitarrones, que, a diferencia de las clásicas, no hacen olvidar al héroe la ribera natal, sino antes bien lo impulsan a consumar la no acabada Odisea americana. Con ellas Lezama muestra el mismo voluntario y risueño anacronismo de Silvestre de Balboa, que en el primer poema escrito en la Isla ya vestía a las divinidades griegas con las «nahuas» de nuestras indias. El héroe es imantado por las figuras legendarias de nuestra historia, que a su vez son concentraciones de la fuerza popular que los trasciende. Es vencido, pero su imagen acrece la posibilidad de engendrar nuevos «actos nacientes». Posibilita la promesa —hecha a la credibilidad en lo imposible y la marcha por el desierto— de un cuerpo y una tierra nuevos. Su muerte y sacrificio vuelven su imagen, nos dice, «uno de los comienzos del prodigio, del sembradío en la piedra».

Véase el increíble «tejido» de la imagen temporal en Lezama. Aquel «Castillo de la fuerza», imagen del poderío colonial, ya iniciaba una primera metamorfosis en nuestra tierra frente al robusto clasicismo, columnario y excesivamente hercúleo, que aseguraba que no podía haber nada «más allá». En una segunda vuelta de la espiral, la escalera de caracol se bifurcaba en dos fuerzas: una, grosera, engendrando en lo sucesivo circular, y otra de más fino hilado y resistencia, cuyo sumergimiento se volvía capaz de continuar navegando en una fluencia temporal infinita o encuentro nupcial en la torre más alta del Castillo. Encuentro entre lo que espera para completar su ser y lo que se presenta como inexistente, creando el espacio de lo que «debe ser», la paulina «sustancia de lo que esperamos». Esa imagen buscaba ser ocupada por un cuerpo, creaba esa posibilidad. Nuestras sucesivas guerras libertarias se vuelven de modo ya no figurado, sino visible, signos de esa fuerza secreta que siembra en la piedra, que funda sobre las aguas un ramo de fuego, pero no escapan a ese ritmo de descensos aparentes y alzamientos súbitos. Después de la frustración de nuestra guerra, que dio comienzo a la era republicana, ¿qué hechos volvieron a ser «genitores»? El primero, la Revolución del 30 contra la tiranía machadista, que para Lezama abrió en nuestro siglo «la era de la infinita posibilidad», nuevas resonancias en la palabra y en el acto. No han valorado bastante los que vieron la obra de Lezama al margen de nuestro acontecer histórico, que situara por sobre toda su labor de creación poética su participación en aquella manifestación del 30 de septiembre, que costó una vida heroica y puso en riesgo la suya propia. Que haya declarado que «ningún honor» consideraría más alto que el que se ganó para siempre aquel día. En su lectura por la imagen ve aquella escalinata universitaria, enriquecida por la procesión que llevaba al obrero muerto, como río de piedra que «descendió hasta la Maestra» para fecundar la gesta de la Sierra. De nuevo, un sumergimiento aparente engendra otro hecho creador. Así, el asalto al Moncada, como él prefiere decirlo, cuando las huestes bisoñas se lanzaron al asalto de la fortaleza maldita, no fue un fracaso; fue una prueba de la posibilidad de la imagen de nuestro contrapunto histórico al lado de la muerte, prueba mayor, como tenía que ser. Son las trágicas experiencias de lo histórico creador.

Una fuerza sin raíces «tenía que ser» derribada a la larga por lo que llamó «el sembradío en la piedra» que no deshace el tiempo, lo cual se enlaza con aquella inmotivada caridad que sembró la primera semilla, «depositando la región de la fuerza en un espacio vacío». La entrega de la sangre mártir a la tierra que besa crea una nueva causalidad que impide su anegamiento, se vuelve «historia entre las rocas», piedra de fundación verdadera, traspaso de sucesión natural a sucesión histórica creadora. Su ruptura de los «encadenamientos» de los hechos lo convierte en el poeta de las libertades irruptoras. Deja al historiador contar las causas, él canta los orígenes, la ley del «traspaso de una plenitud sucesiva» que empieza ya en la alabanza de nuestras frutas, va de la naturaleza al arte, como a las Playitas o Las Coloradas, de los momentos poemáticos a los hechos más gravitantes de nuestra historia. Es siempre ese buscador de nuestra expresión, americanidad o cubanía, que no procura lo distinto para aislarlo, sino para acrecer con ello la universal levadura; ese crítico que puede leer en un dato fragmentario un vislumbre de lo esencial, como cuando dice que Zenea hizo de un sólido tema de Gallegos una transcripción para flauta, explicándonos su poesía, y hasta su trágico final, en que la flauta de su niñez fuera convertida en trampa por el tocador maligno, impidiendo clarificar su destino. Es ese lector infatigable que se hace dispensar la insistencia en lo linajudo del término «órfico» para apuntar, a la cubana, en «Orfismo de Escardó», que nuestro poeta espeleólogo, prematuramente muerto, ponía a secar la camiseta única, antes de entrar en la cueva, en la hoja de la malanga. Es, por último, ese «peregrino inmóvil» en una biblioteca, que asegura, sin pestañear, que la sangre derramada de un mártir no sólo «segrega historia inmediata, caliente como un vuelco de energía solar», sino que es también «categoría filosófica», «por lo menos tan importante y más creadora que las diecisiete categorías morales encontradas por Kant con lujo de metodología pura y ceño arañado de celibato», dando a esta palabra un valor maliciosamente polivalente, ya que no alude sólo a un mero dato biográfico, sino relacionable para nosotros con el rechazo martiano a la expresión que no engendra un acto.

No es raro que sea en ese mismo Castillo de la Fuerza donde Lezama imagine a nuestra danzarina suma, Alicia Alonso, y que allí evoque esa bifurcación, a que ya aludimos, de la fuerza primera en aquella brutal que engendraba para la muerte. Ella, dice, con un simple giro de danza, no sólo puede explicar un vitral nuestro, sino la salida de los sucesivos laberintos: «Baila nuestra historia.» ¿Cuándo un movimiento de perfecta gracia danzarina no logró vencer la pesadumbre de lo gravitante con una levedad nueva? También la torre de este Castillo fue coronada por una menuda figurilla, casi danzante, que algunos llaman «La Noble Habana» —aunque este nombre sea también el de la Fuente de la India—. En realidad, las dos la representan. Pero ésta, ya criolla, se apoya gentilmente en una enorme Llave de la Ciudad que no parece dispuesta a entregar. Es la llamada Giraldilla habanera. Su cuerpo, más bien pequeño y redondeado, muestra un gracioso gesto de desafío. Los botines coloniales que calza, ligeramente fanfarrones, están labrados con delicadeza. Parece mirar a un fortachón invisible al lado, que no logra asustarle el pecho combado de paloma ni lo risueño de la cabeza, que ladea y alza a la luz. Bien pudiera ser esta Giraldilla lejana antepasada o «genitora por la imagen» de ese delicioso duende protector de la Isla que es su «ángel de la jiribilla», «diablillo de la ubicuidad», talismán contra lo solemne, «hociquillo simpático», que Lezama convirtió en vaso de esencias de tanta secreta cubanía:

Ángel nuestro de la jiribilla, de topacio de diciembre, verde de hoja en su amanecer lloviznado, gris tibio del aliento del buey, azul de casa pinareña, olorosa a columna de hojas de tabaco.

El día en que nuestro José Cemí se sembró para siempre en la tierra cubana, Cintio invocó en el cementerio habanero ésta que siempre nos ha parecido su más conmovedora página, aquélla en que pidió por el cumplimiento de nuestro destino:

Ángel de la jiribilla, ruega por nosotros. Y sonríe. Obliga a que suceda. Enseña una de tus alas, lee: Realízate, cúmplete, sé anterior a la muerte.

Esta página fue escrita a raíz del júbilo del triunfo revolucionario. «Mostramos —dijo entonces— la mayor cantidad de luz que puede, hoy por hoy, mostrar un pueblo en la tierra.» Y como a un infante al que se pide que recuerde una lección de la que él es ejemplo, pero que en su inocencia aún no conoce, le dice con dulzura:

Repite: lo imposible al actuar sobre lo posible engendra un posible en la infinitud.

Aquel triunfo

rompió todos los hechizo sombríos, trajo una alegría, pues hizo ascender, como un poliedro en la luz, el tiempo de la imagen, los citaredos y los flautistas pudieron encender sus fogatas en la medianoche impenetrable.

No pretendemos hacer de su obra poética sólo un preámbulo a una o varias sucesivas fulguraciones de lo histórico, pero sí señalar que ningún otro momento de nuestro acontecer republicano le suscitó semejante confianza en la posibilidad de «exorcizar la medianoche». No se podría afirmar, sin desconocer su sistema poético mismo, que ningún surgimiento ocasional de una imagen ya ocupada por la luz pudiera sustraerlo a la definitiva confianza en su destino posterior, su eco agrandado. Su poesía se acercó al río del devenir histórico, vislumbrando siempre, «más allá de las toscas insuficiencias de lo inmediato», el riesgo y belleza de un huidizo fulgor. La plenitud de un momento histórico no es para él diferente a la de un fruto de la naturaleza: no se bifurca nunca en una negación que lo prohíbe, sino que se salva de lo que lo acecha por la impulsión primera, por el diálogo con su propio origen:

Si tapásemos todos los espejos por donde la muerte transita, las frutas de nuestro trópico, al volver a los comienzos, alcanzarían la plenitud de su diálogo en ese tiempo mitológico.

Su confianza en todo lo que participa de una plenitud se vuelve irreversible, ya que se impulsa en un tiempo anterior, en «los comienzos del prodigio», y es imantado una y otra vez por la línea del horizonte. En ese curioso texto anticolonialista que es «Pensamientos en La Habana», advierte que quisieron incinerar nuestros dioses, nuestra rebeldía,* «vernos desnudos», pintarrajearnos, burlarse de nuestra miseria, sin ver que es «la miseria desnuda», como dijera otra vez, la que puede provocar «la caridad del rocío, la visitación de los dioses fecundadores».

Su muerte ha dado ya plena claridad a su figura. Hace años

escribíamos: «Su poesía, como un alegre coche que no sabemos adónde va, pero que pasa por lugares espléndidos.» Hoy ya sabemos que ella es algo más que aquel espejo al que de jóvenes nos acercamos, «como los niños enlutados de las *Iluminaciones* veían el libro de las maravillosas imágenes». «Bienaventurado el que tuvo maestro», recordó a propósito de la visita de Juan Ramón a nuestra Isla. Sí, creo que tuvimos la ventura de haberlo tenido cerca, su modo tácito de enseñar sin explicaciones, sin pretensión de sistema excluyente, sin ostensibles estímulos, porque al joven, decía, había que descubrirlo y encubrirlo, para que no se sobresaltase, con aquellos métodos que tenía a veces como de maestro de la vieja sabiduría *zen,* que lo llevaron finalmente a identificar al poeta con su cuidador del germen.

«De todos soy deudor —recordaba con San Pablo—, de griegos y de romanos.» Podríamos añadir de etruscos y de egipcios, de Tertuliano y de Pascal, de Nicolás de Cusa y su «docta ignorancia», ya que creyó que sólo es cierto lo que nos sobrepasa y que lo máximo y lo mínimo se corresponden por razón de gracia y justicia mayor. Pero lo que creo que finalmente impidió a Lezama hacer de su inmensa curiosidad intelectual un fin en sí misma fue el susurro materno, «la voz más querida», el «hijo, asciende a la luz» odiseico, y sobre todo la decisiva imantación de la imagen paterna de José Martí, en quien nuestra poesía se confundió con nuestra historia. Creo que pensaba en él cuando, con ese ligero estremecimiento que recorría a veces su palabra, ese jadeo asmático que le impedía cualquier agitación, nos dijo una vez: «Sé que no espoleé mi caballo por el camino real», glosando una vieja canción popular cubana. Hoy, de nuevo, nos permitimos contradecirlo, recordando la advertencia que hizo a los sordos desde sus primeros textos: «Sabemos ya hoy que las esenciales cosas que nos mueven parten del hombre, surgen de él.» Su palabra, que al final de su frase parecía adoptar, con una cortesía anhelante, la forma de una interrogación, nos sigue diciendo: ¿Es posible el conocimiento por la poesía? ¿Enseña más de ética que todas las categorías filosóficas la sangre de un oscuro héroe en una plaza perdida? Creyó que la poesía de los otros formaba parte de la nuestra. Esperó la iluminación total del conocimiento sólo de esa plenitud coral, «suma de secretos» o casa de todos al fin encendida que llamó, contraponiéndola al heideggeriano «ser para la muerte» —y perdón por la más obligada pero indispensable de sus citas— «el ser para la resurrección».

Quiero terminar recordando esa sabiduría de la espera que lo acompañó toda la vida, impidiéndole confundir los sumergimientos accidentales con la bondad de las esencias, y lo llevó a ver en las contracciones y dilataciones el ritmo mismo de la historia como del corazón. Él, que se atrevió con todos los demás, cuando le preguntábamos: ¿Cuándo nos va a dar al fin su ensayo definitivo sobre Martí?, contestaba invariablemente, avergonzando a los que hemos nutrido la ya copiosa bibliografía martiana: «Todavía, todavía debo esperar.» Se le acercaba por destellos. Repetía su «Tengo miedo de morirme sin haber sufrido bastante», como quien debiera penetrar una música indescifrable. Se remontaba al *Libro de los muertos* egipcio para ver si le daba la clave del final destino de alegría en la última línea de su Diario de campaña, donde anota que Valentín —conjurando la esterilidad de la higuera— le trajo «un jarro hervido en dulce, con hojas de higo».

[Recopilación de textos sobre José Lezama Lima, pp. 243-275.]

LA POESÍA DE JOSÉ LEZAMA LIMA Y EL INTENTO DE UNA TELEOLOGÍA INSULAR

Las obras poéticas de Brull, Florit y Ballagas, perfectamente justificadas y salvadas en sí mismas, carecían de virtud fecundante para las generaciones posteriores. Salvo el contacto inicial de Florit con Feijoo, de escasa refracción, como veremos, en las orientaciones definitivas de este último, ningún poeta importante pudo hallar impulso, ni siquiera polémico, en aquellas órbitas cerradas, estrictamente personales. Basta hojear la colección propiciada por Juan Ramón Jiménez, *La poesía cubana en 1936,* para comprender que la derivación inmediata era un vino cada vez más flojo, más aguado. Lo mismo habría de ocurrir en España con la generación correspondiente —la de Lorca, Alberti, Guillén, Salinas, Cernuda, Aleixandre—, que no ha podido engendrar sucesión válida. La explicación en ambos casos es idéntica (aunque tal vez se agrava en el nuestro): son generaciones de epígonos, que hacen una poesía de mucha calidad, pero derivada, sin arranque primigenio y raigal. Son, en definitiva, herederos y diversificadores, de primero, segundo o tercer grado, de las intuiciones poéticas sucesivas y el impulso fecundante central de Juan Ramón Jiménez. Por eso algunos de los más jóvenes por estos años, animados de un oscuro instinto, nos dirigimos directamente a ese venero juanramoniano que entonces algunos podían juzgar como un retraso formativo, como algo que se situaba en el *antes.* Pero ese *antes* era una verdadera raíz, un verdadero comienzo, contenía un Eros poético original que podía, precisamente por la distancia, provocar nuevas fuerzas liberadas del causalismo inmediato y a la postre cerrado de los epígonos. En España se plantea de otro modo el mismo fenómeno y después de la guerra civil los más jóvenes buscan roca de salud en Antonio Machado, en Miguel de Unamuno y en César Vallejo, mientras las levaduras juanramonianas hallan más ávido destino en América. Pero entonces aparece entre nosotros, por los años de la visita de Juan Ramón, la figura realmente fabulosa de José Lezama Lima (1910). Cuando digo «fabulosa» no lo digo en hipérbole, sino reviviendo con exactitud la impresión de aquellos años. Lezama no empezaba su discurso en verso o prosa desde el mismo plano que los otros. No había en él la menor continuidad con lo inmediato anterior, pero esa fuerza de ruptura, o más bien de irrupción, no lo encerraba tampoco, a pesar de las apariencias, en un contrapunto polémico. Su espacio y sus fuentes no estaban en relación esencial ninguna con la circundante atmósfera poética. Su tiempo no parecía ser histórico ni ahistórico, sino, literalmente, fabuloso. Así, no nos sorprendía, aunque es el verso más sorprendente con que haya empezado jamás un cubano un poema, el inicio lejanísimo y sin embargo familiar de su primer cuaderno, *Muerte de Narciso* (1937): «Dánae teje el tiempo dorado por el Nilo.» No nos sorprendía, era ya una familiaridad ganada sin esfuerzo por él y para todos, con el tiempo original de la fábula y, a través del cuerpo del poema, con la incorporación barroca de ese tiempo. Un tiempo original, es decir, un verdadero principio. Nuestra poesía, como si nada hubiera ocurrido, tomaba contacto, soñadoramente, con el anhelo mítico inmemorial que estaba en la imagen renacentista de la isla y, poniéndose al amparo de la virgen que es fecundada por el rayo de luz y de los pacientes oros de los transcursos naturales, comenzaba de nuevo matinalmente su discurso. Si *Espejo de paciencia* encuentra el contraste barroco de lo mitológico y lo indígena, *Muerte de Narciso* se sitúa en la naturaleza mítica de abierta encarnación barroca. Aquel «sentimiento de lontananza» de que ya le hablaba Lezama a Juan Ramón en su «Coloquio», es el que sitúa al poema en la reminiscencia de la imagen mítica de la isla, remontando nuestro tiempo al tiempo fabuloso de la fecundación y la paciencia. Basta por otra parte contrastar el gongorismo gitano de Lorca o los ejercicios retóricos de Alberti en homenaje a Góngora, con el verso de *Muerte de Narciso,* para comprender que estamos muy lejos de los fenómenos literarios de influencias, derivaciones o revalorización. La libertad y apertura de la palabra de Lezama en este poema, nos avisaban ya oscuramente sobre un barroquismo que no era el previsible. Cuando Karl Vossler estuvo en La Habana se asombró del prolijo y deleitoso conocimiento de clásicos menores que tenía Lezama. Su incorporación poética de la cultura lo llevaba a buscar nutrición e impulso en las fuentes originales de la lengua. Ya veremos el sentido que alcanza en él esa incorporación cultural. Pero sentíamos que aquella erudición, si le daba respetuosa reverencia para los maestros del barroquismo español, no era causa suficiente de estrofas como ésta:

Granizados toronjiles y ríos de velamen congelados,
aguardan la señal de una mustia hoja de oro,
alzada en espiral, sobre el otoño de aguas tan hirvientes.

Dócil rubí queda suspirando en su fuga ya ascendiendo.
Ya el otoño recorre las islas no cuidadas, guarnécidas
islas y aislada paloma muda entre dos hojas enterradas.

El río en la suma de sus ojos anunciaba
lo que pesa la luna en sus espaldas y el aliento que en halo convertía.

Esa humedad terrígena que entreabre la corteza fogueada de las palabras, esa regalía bien cifrada que no necesita los martinetes formales para demostrar su señorío, antes bien inventa a cada paso la forma de relaciones mágicas y deleitosas, como la testa de la piña nunca repetida, siempre sorprendente, y que iba a ser también el secreto de los señoriales *Sonetos infieles,* nos avisaba el punto de partida distinto, inderivable, del barroquismo de Lezama. Pero es ahora, veinte años después, cuando él mismo nos ha dado la explicación e indicado el linaje en sus conferencias sobre *La expresión americana,* señaladamente en su caracterización del señor barroco criollo y en su intuición del espacio americano como un «espacio gnóstico abierto»: es decir, abierto a la nupcialidad cognoscitiva y fecundante de la forma. Por eso dice: «Las formas congeladas del barroco europeo, y toda proliferación expresa un cuerpo dañado, desaparecen en América por ese espacio gnóstico, que conoce por su misma amplitud de paisaje, por sus dones sobrantes.» Así desde el principio el mito de la insularidad, que no era un fenómeno a buscar en nuestra lírica, como suponía Juan Ramón, sino la reminiscencia de la imagen mítica de la isla americana, se integra con ese paisaje de generosas transmutaciones, con ese espacio donde la semilla formal hispánica se abre a una tradición de piedras convertidas en guerreros, objetos convertidos en imágenes, como el ejército del inca Viracocha, y una futuridad desconocida.

Este concepto de futuridad nos trae a otro de los rasgos vocacionales de Lezama. La inspiración misma de su poesía lo lleva a convertirse pronto en fundador de revistas como *Verbum, Espuela de Plata, Nadie Parecía* y *Orígenes,* que durante doce años ha sido, creo, la mejor publicación de su género en lengua española. Lezama, aunque también lo sea, no es esencialmente el poeta que se aparta para hacer *su* obra. Hubo siempre en él una vocación de constructor, de fundador, una apetencia de coralidad. Así fue formándose en torno suyo, a través de soplos, oscuras adivinaciones y encuentros inexplicables, por modo totalmente mágico, una misteriosa familia de amigos, con su inevitable franja de enemigos sucesivos y relevados, que lo han hecho el centro de la vida poética cubana en los últimos veinte años. Pero este fenómeno, que pudiera interpretarse como signo generacional, es preciso completarlo con otras dos observaciones: la primera, que hay mucha más diferencia entre los integrantes de este grupo que entre los de la generación anterior; la segunda, que, si su taller abarca desde Lezama, nacido en 1910, hasta Lorenzo García Vega, nacido en 1926, poetas aún más recientes se han sentido a sus anchas en el espacio, el impulso y la magistral compañía de Lezama. Esto indica que, en la medida en que las mezquindades del medio lo permiten, se ha intentado superar las fatalidades cronológicas para integrar lo que el propio Lezama ha llamado «un estado de concurrencia poética», donde, sin programa ni estética previa, dentro de la más viva libertad individual, se acrezca el granero común y se avizoren las tierras desconocidas. Para esto era necesario un centro de gravitación situado más allá de los causalismos visibles y un emplazamiento de la poesía como absoluto medio cognoscitivo. Es ésta la primera vez en la República que, sin actitudes iconoclastas ni polémicas, por el peso natural de las cosas, se rompe la madeja del determinismo generacional: de ahí la simpatía y libertad con que hemos podido juzgar a nuestros predecesores lejanos e inmediatos, aunque sin renunciar a las ganancias de una perspectiva definida, que a su turno mostrará el reverso de unas limitaciones igualmente definidas. Es también la primera vez que la poesía se convierte en el vehículo de conocimiento absoluto, a través del cual se intenta llegar a las esencias de la vida, la cultura y la experiencia religiosa, penetrar poéticamente toda la realidad que seamos capaces de abarcar. Aquí está la explicación del empeño de este Curso, en el que nos hemos propuesto descubrir las esencias de lo cubano a través de la expresión poética. Porque la poesía se ha vuelto para nosotros un menester de conocimiento y únicamente de sus testimonios esperamos la verdad.

Todo esto empezó a hacerse posible cuando en 1939 Lezama fundó *Espuela de Plata* y cuando, dos años más tarde, publicó *Enemigo rumor*. Yo me siento impotente para comunicarles a ustedes lo que este libro significó en aquellos años. Leerlo fue algo más que leer un libro. Su originalidad era tan grande y los elementos que integraba (Garcilaso, Góngora, Quevedo, San Juan, Lautréamont, el surrealismo, Valéry, Claudel, Rilke) eran tan violentamente heterogéneos que si aquello no se resolvía en un caos, tenía que engendrar un mundo. Esto último fue lo que sucedió; y no sólo un mundo para él, sino la posibilidad para todos de comenzar su periplo en la crecida súbita de la ambición creadora, en la oscuridad original de los dones, en la vertiginosa esperanza de lo desconocido. En *Experiencia de la poesía* recogí algunas páginas de un interminable trabajo en el que yo daba mi testimonio de las primeras lecturas de *Enemigo rumor*. Aquel trabajo quedó inédito, en parte se ha perdido, y hoy sólo tiene para mí un valor, digamos, de época, como el testamento de un adolescente. Comentaba allí uno por uno, los poemas del libro.

Los poemas pasaban ante nuestros ojos como misteriosos donceles, con una fineza y lentitud de sobrepasada égloga «Ah que tú escapes», «Una oscura pradera me convida», «Puedo mirar», «Doble desliz sediento». La sustancia eglógica de la isla, tan graciosamente insinuada en *Los baños de Marianao* de Ignacio Valdés Machuca, en los idilios de Poey y en la *Égloga cubana de Plácido,* se remonta aquí, superando toda superposición cultural, a su lejanísimo tiempo reminiscente. Por allí transcurren, como en el primer día de la creación, «los animales más finos», los paradisíacos animales «de paso evaporados»: serpientes, gamos, antílopes, que ya sólo podemos encontrar en el impedido sueño de la inocencia, en las sorpresas nocturnas de la memoria, a través de la sutil ironía con que la belleza envuelve al ser desterrado, como una niebla impalpable. Así la égloga infusa en la mirada revela, con remota cortesía, su raíz sagrada, teológica. El paseo delicioso por los jardines del tiempo y los palacios de las metamorfosis tiene la secreta melancolía soñadora del exilio. Pero no es un exilio demoníaco, rencoroso, bastardo, sino por el contrario señorial y confiado en las virtudes conciliadoras de la luz. El hastío y el desdén casalianos dejan de ser aquí actitudes subjetivas, personales, para convertirse en divinidades impasibles del irónico destierro. El poeta transcurre frente a ellas, levemente tocado por su humedad pero también apoyándose en la pesadumbre de su fabulosa realeza, en su «silencio opulento como un manto olvidado». Todos los elementos reminiscentes de lo cubano —égloga, nostalgia, lejanía— se restituyen a su tiempo sagrado y a su sentido teogónico, presidiéndolos la confianza en el misterio de la mediación: «Deípara, paridora de Dios.» «Oye: tú no quieres crear sin ser medida.» («Soneto a la Virgen»).

Quisiera ahora leer y comentar con ustedes, página por página, este libro inolvidable, con el cual se inicia una época de nuestra expresión. Volver al convite gentil de los sonetos, al suntuoso responso de «Queda de ceniza», a la nocturna edificación infinita de «Un puente, un gran puente», con su gigantesca nostalgia, a la gloria de colecciones marinas regaladas por las «furias suaves» en «Suma de secretos», donde la ingravidez, la levedad, la suavidad rumorosa del litoral cubano gravitan en torno a la cortesía sagrada de la muerte: «Su cortesía de diosa giradora siento.» Volver, en fin, a ese fresco del Giotto, de colores robustos y tiernos, «San Juan de Patmos ante la Puerta Latina», donde el argumento supremo, el que va a fundirse con la gracia del martirio y la fundación católica, procede también del misterio insular, deshaciendo el causalismo romano:

Llegaría otra prueba y otra prueba,
pero seguirían reclamando pruebas y otras pruebas.
¿Qué hay que probar cuando llega la noche
y el sueño con su rocío y el rumor que vuelve y abate,
o un rumor escondido en las grutas, después en la mañana?

No pudiendo hacer el comentario moroso, prefiero intentar comunicarles el nuevo planteamiento de la poesía que en este libro se realiza, tal como hoy lo veo, y algunos ejemplos de esa nueva visión aplicada al conocimiento de lo cubano y al ensanchamiento de sus posibilidades cognoscitivas, verificándose así el ideal que esbozaba Lezama en uno de los aforismos del primer número de *Espuela de Plata:* «La ínsula distinta en el Cosmos, o lo que es lo mismo, la ínsula indistinta en el Cosmos.»

Aquel rumor tan largamente oído en la naturaleza insular por nuestros poetas del siglo XIX, aquel rumor agreste que ya en Casal se vuelve un rumor misterioso del trasmundo que lo llama y lo arrastra fuera de la asfixiante realidad, en Lezama se constituye absoluto rumor inapresable de la poesía misma. Su primer libro, publicado en 1941, se titula *Enemigo rumor.* ¿Por qué «enemigo»? Porque, para él, como nos decía en bellísima carta tres años después: «Se convierte a sí misma, la poesía, en una sustancia tan real, y tan devoradora, que la encontramos en todas las presencias. Y no es el flotar, no es la poesía en la luz impresionista, sino la realización de un cuerpo que se constituye en enemigo y desde allí nos mira. Pero cada paso dentro de esa enemistad, provoca estela o comunicación inefable.» Examinemos detenidamente los contenidos de esta declaración.

En abierto contraste con la poesía como ausencia, víspera o fuga, de Brull y de Ballagas, o con el *ya* redondamente posesor de una realidad ceñida por contornos claros, de Florit, para Lezama la poesía encarna como *sustancia devoradora* de toda realidad. La encontramos, dice, en todas las presencias, pero esto no significa que sea, ella misma, una presencia disfrutable; antes bien, tan pronto la vemos, penetra con su presa en lo invisible, o establece una distancia mágica, intraspasable, como un nuevo cuerpo, una nueva realidad «que se constituye en enemigo y desde allí nos mira». Ese *allí* es la distancia dolorosa que el poeta no puede nunca atravesar. Hay una enemistad original, de raíz sagrada, entre la criatura y la sustancia poética. No olvidemos que el hombre es, por definición, en todas las instituciones primigenias, el expulsado. Pero hay también una atracción irresistible entre la criatura y la sustancia poética. Ese cuerpo enemigo, siempre a la misma distancia, no cesa de mirarnos. Su mirada fija *(La fijeza* se titula el segundo libro de Lezama), significa un desafío y un llamado. Cada vez que respondemos a él sin traicionarlo con fáciles soluciones subjetivas, impresionistas o románticas, penetrando en las tensiones y resistencias de esa enemistad y fascinación sagradas, como un navío en desconocidos mares, provocamos «estela o comunicación inefable».

La poesía se sitúa entonces, no en lo que nos sucede ni en la culpa subjetiva, sino en el pecado original y en lo que el acaecer desplaza como realidad que desconocemos:

No es lo que pasa y que sin voz resuena
No es lo que cae sin trampa y sin figura,
sino lo que cae atrás, a propia sombra.

El pecado sin culpa, eterna pena
que acompaña y desluce la amargura
de lo que cae, pero que nadie nombra.

(«Invisible rumor», II)

Si el poeta, dentro de esta concepción de la poesía, quiere ser fiel al desafío de la sustancia inapresable, tiene que renunciar a esas posesiones provisionales (forma regular, sentido lógico, armonía, unidad) que acaban en frío contorno insuficiente, y respetar el Eros que lo arrastra. El impulso poético es insaciable como el amor, que «cumpliendo su fruto sólo viene —a su forma—, y de nuevo desespera». Esa esencia insaciable (porque lo que persigue sólo rinde un inerte simulacro a la posesión), le da a la poesía de Lezama una avidez profunda, que sin embargo no lo disipa, al estilo romántico o surrealista, en sobresaltos o sonámbulas acometidas, sino que lo centra señorialmente en su ojo barroco. Al desafío inmóvil responde con la avidez regia. La batalla se libra en el cruce de las miradas, en la distancia enemiga. Por todo esto, frente al ideal de perfección, de límites claros, de posesión de lo hermoso («el pájaro en la mano», que diría Jorge Guillén), típico de la generación española e hispanoamericana anterior, exclama:

> Oh tú impedido, sombra sobre el muro,
> sólo contemplas roto mi silencio
> y la confusa flora de mi desarmonía.

> Yerto rumor si la unidad maduro,
> nuevo rumor sin fin solo presencio
> lo que en oscuros jirones desafía

(«Invisible rumor», III)

La sustancia poética, en suma, no está en las voces del mundo aparencial («abejas de apariencia y desvarío»), pero tampoco en sus configuraciones intelectuales («ilusa cisterna del entendimiento»). Está en ese «extraño silbo» que en medio o detrás de las voces se detiene y nos detiene; en ese discurso que no se estanca como linfa de la forma sino que se restituye incesante al misterio; en ese ser que vislumbramos por «el rostro huido en frío rumor». Pero que no se evapora como rocío sobre las cosas, sino que desde allí, *su allí,* nos mira.

Dicho en otras palabras, la poesía no es para Lezama un estado efusivo del alma, ni una cualidad de las cosas, ni mucho menos el culto de la belleza. La poesía es el reto sagrado de la realidad absoluta. Ese reto nos conmueve, le da una fascinación distinta a las cosas, nos enamora de la belleza del ser, pero a ninguna de estas instancias debemos responder como ante realidades con las cuales podamos dialogar. La respuesta tiene que ser la respuesta del artesano: una jarra; o la respuesta del *honête homme:* una reverencia, o la respuesta del músico: una Fuga, o la respuesta del estratega: una batalla. Así concibe Lezama sus poemas, respuestas simbólicas, fuera de todo determinismo, en una especie de señorial cortesanía trascendente, donde la creación adquiere la distancia trasmutadora de un ceremonial.

Veamos algunos ejemplos de motivación cubana. Sea el primero, «Noche insular: jardines invisibles». ¿Cómo responde Lezama al desafío de la noche de la isla? No describiendo, no alabando, no meditando, no emocionándose. Su respuesta es hacer con palabras un festejo nocturno fabuloso, más cerca, digamos, de las danzas de *Dafnis y Cloe* de Ravel que de la *Noche en los jardines de España* de Falla. El poeta se apodera de la inspiración nocturna cubana y a partir de ese apoderamiento trabaja con absoluta libertad, obedeciendo sólo a las leyes musicales de su creación. Lo paradisíaco y eglógico se mezcla en esta noche con una atmósfera de castigo, de destierro sagrado, de prisión aciaga:

El mundo suave despereza
su casta acometida,
y los hombres contados y furiosos,
como animales de unidad ruinosa,
dulcemente peinados, sobre nubes.

No podrá hinchar a las campanas
la rica tela de su pesadumbre,
y su duro tesón, tienda
con los grotescos signos del destierro...

...el rocío que borra las pisadas
y agranda los signos manuales
del hastío, la ira y el desdén.
Su rumor nadando por el techo
de la mansión siniestra agujereada.

Cenizas, donceles de rencor apagado,
sus dolorosos silencios, sus errantes
espirales de ceniza y cieno...

Tú, el seductor, airado can
de liviana llama entretejido,
perro de llamas y maldito,
entre rocas nevadas y frentes de desazón
verdinegra, suavemente paseando.

Las uvas y el caracol de escritura sombría
contemplan desfilar prisioneros
en sus paseos de límites siniestros,
pintados efebos en su lejano ruido,
ángeles mustios tras sus flautas,
brevemente sonando sus cadenas.

Un drama teológico se desarrolla detrás de este poema de apariencia preciosista. Las visiones son nefastas. Un «amarillo helado» preside al pueblo dormido en su condenación. La belleza alcanza una especie de clasicismo infernal:

El agua con sus piernas escuetas
piensa entre rocas sencillas,
y se abraza con el humo siniestro
que crece sin sonido.

Lentamente las potencias luminosas avanzan por el lado del mar, insinuando su gloria a través del humeante amanecer:

La misma pequeñez de la luz
adivina los más lejanos rostros.
La luz vendrá mansa y trensando
el aire con el agua apenas recordada.
Aun el surtidor sin su espada ligera.
Brevedad de esta luz, delicadeza suma.

Se anuncia la alegría matinal, mitológica, de la isla siempre descubierta como en una alegoría marina del Renacimiento:

La mar violeta añora el nacimiento de los dioses,
ya que nacer aquí es una fiesta innombrable,
un redoble de cortejos y tritones reinando.

Esa llegada de la luz adquiere un sentido de teodicea, de reconciliación en la gracia de lo visible. El aquelarre onírico se bate en retirada:

Iníciase los címbalos y ahuyentan
oscuros animales de frente lloviznada:
a la noche mintiendo inexpresiva
groseros animales sentados en la piedra,
robustos candelabros y cuernos
de culpable metal y son huido.

Como en un auto medieval, la luz triunfa de los monstruos y graciosamente restablece la justicia apolínea del ser:

Dance la luz reconciliando
al hombre con sus dioses desdeñosos.
Ambos sonrientes, diciendo
los vencimientos de la muerte universal
y la calidad tranquila de la luz.

Pero este comentario basado en pasajes no puede darnos la sugestión musical del poema, su giro voluptuoso y lento, su propagación de remolinos ardientes y calmos, su respiración de marea. Lezama ve en la noche insular, detrás de los aéreos jardines, palacios y orquestas, el drama teológico del destierro. Mientras más opulento y sensual es este fingido paraíso («cantidades rosadas de ventanas»), más sentimos el sabor de la expulsión («ironizando sus préstamos de gloria»). Es el reino del «desobediente son», del «tiempo enemistado». Y así podemos descubrir, verso por verso, el sentido espiritual de este poema que tantas veces se ha considerado como un mero ejercicio retórico. Pero tampoco es aquel sentido lo más importante para mí. Con esos temas el poeta realiza su encarnación verbal de la noche cubana, y al entregárnosla, no lo hace hablando en primera persona, ni siquiera diciéndonos: «mirad, oíd, lo que he visto y oído», sino al estilo del Maestro que ha compuesto una «música nocturna» para otros visibles señores, que desde luego no somos nosotros; y es su infinita cortesía la que nos permite asistir al festejo.

Veamos ahora cómo se enfrenta Lezama con un paisaje cubano en «El arco invisible de Viñales», incluido en su segundo libro, *La fijeza.* Quien lea este poema buscando reacción inmediata, descriptiva o subjetiva ante el paisaje, quedará defraudado. Al principio se nos muestra, como el *solo* de flauta u oboe sobre el cual se va a tejer el *cannon* de la *fuga,* una escena sencilla: mientras el poeta contempla el valle, un muchacho campesino le ofrece por diez céntimos una estalactita, una piedra cristalizada de las grutas de Pinar del Río. El poeta acaricia la piedra «con redorada lentitud», mientras imagina o el propio muchacho le dice que guarda el dinero en una «botella llena de cocuyos». Ya de regreso, «después que el aguacero se sentó en su trono de diversidad», empieza a hervir en su imaginación la novela del muchacho del mirador. Entonces ve pasar «por debajo de su sueño»:

el otro hermano, saltimbanqui picassita, con una lánguida nota azul:
la madre que abanicó la puerta para alejar a una lagartija;
el otro hijo de risita, sobre la nieve como los gatos.
Y la hermana que antes de ir a visitar a su soldado,
pasó por allí para no hacer ruido, para no despertar.

Le robaron la magia de las monedas,
las que sirven para coserlas en un traje
o para sumergir sus testas en harina.

Son cuentos que le hizo el muchacho o que él conjetura en su circunstancia. Poco importa ya. Cada elemento de esta esbozada novela comienza a hincharse y sobreabundar con sus asociaciones e imágenes ocultas, liberándose de la inercia de la primera realidad para entrar en otra danza de enmascarados. Sueña el poeta despierto lo que imagina que el muchacho sueña dormido, traduciéndolo al sueño libre de las imágenes, que gravitaron en torno a la fuerza adquirida por la impulsión verbal desde el vacío del mirador. Porque ese vacío iniciaba un arco en el espíritu, que la palabra debe completar: de aquí el poema, la respuesta al desafío del valle. El elemento «soldado» de la novela entrevista, de pronto salta para unirse con la sensación más secreta que le ha producido el paisaje. Pinos enanos, guerreros ocultos, batalla:

Los pinos—venturosa región que se prolonga del tamaño del hombre—,
breves y casuales,
encubren al guerrero bailarín conduciendo la luna
hasta el címbalo donde se deshace en caracoles y en nieblas,
que caen hacia los pinos que mueven sus acechos.
El enano pino y la esbeltez de la marcha, los címbalos y las hojas
mueven por el llano la batalla hasta el alba.

Todas las imágenes anteriores empiezan a girar ahora en torno a este nuevo centro. El valle se llena de «guerreros escondidos detrás de esas hojas», que intervienen también en la novela soñada. Si la hermana del muchacho, la novia del soldado, había dado aquel rodeo «para no despertar», pero entonces ella, u otro, le robó las monedas que se cosen en el traje o se entierran en la harina, ahora la novia es el alba:

Para no despertar el alba traía lluvia y la luna
enfriaba el juramento de los guerreros y secuestraba el metal al fuego.
Los guerreros llegaban y desaparecían con el antiguo traje
bordado de monedas, extraídos de la harina del almacén.

Y el poema, después de este despliegue inaudito de imágenes soñadas por la imaginación reminiscente, finaliza de golpe con el dato inicial que lo impulsó, como si todo hubiera sido una visión absorta mientras el muchacho hablaba:

Y el garzón del mirador muestra su estalactita: la suya vale diez céntimos.

Así el paisaje y la escena que lo enmarca se convierte en un punto de partida al cual se vuelve después de haber hecho entrar sus elementos en el reino de las metamorfosis, desarrollándolos en un vasto *ricercare,* al modo como lo hizo Juan Sebastián Bach con el tema propuesto por Federico el Grande. El nombre de esta estructura musical barroca, *ricercare,* predecesora de la *fuga,* significa literalmente buscar, explorar, inquirir. El poema de Lezama es también una aventura, una exploración de las posibilidades escondidas en los elementos visuales y novelescos del paisaje, una vez desprendidos por la imaginación de sus configuraciones sensibles y fácticas. No se trata sin embargo de levantar una fantasía caprichosa sobre la realidad, sino de, respetando la poderosa y oscura sugestión inicial de las cosas, completar la otra mitad invisible del arco que ellas inician, mediante una creación de raíz reminiscente. Como Bach en la dedicatoria del *Ofertorio musical,* podría decir Lezama de este poema, metafóricamente: «Por mandato del Rey, la canción y resto, resuelto con canónico arte.»

Análogo procedimiento —tema y variaciones o desarrollo sinfónico sobre un *leit motiv*— hallamos en otros muchos poemas de Lezama, como «Pensamientos en La Habana» («Mi alma no está en un cenicero»), «Rapsodia para el mulo» («Paso es el paso del mulo en el abismo»), «Danza de la jerigonza» («¿oye alguien mi canción?»). Otras veces, como en «Los ojos del Río Tinto», «Ronda sin fanal y Desencuentros», la forma preferida es la *suite.* Pero hay siempre en el movimiento giratorio, circular, de su discurso poético, una propensión definida al tratamiento contrapuntístico de los temas. Su libertad imaginativa no es nunca una disipación excéntrica (fuera de centro) ni una simple apertura a las fuerzas del subconsciente onírico, sino un encarnizado mirar la fijeza vertiginosa que lo mira. Ese vértigo se resuelve muchas veces en el aludido movimiento giratorio de avidez unitiva. Ya apunta en un pasaje de «Noche insular»:

ciudades giratorias, líquidos jardines verdinegros,
mar envolvente, violeta, luz apresada,
delicadeza suma, aire gracioso, ligero,
como los animales de sueño irremplazable...

Adquiere fanático volumen de danza de la muerte con el nocturno bestiario que cierra *Aventuras sigilosas:* «El guardián inicia el combate circular.» Y se torna ganancia central del *templo* del poema a partir de *La fijeza*. Contrapunto, *ritornello, suite,* danza circular. Pero lo que gira puede ser una batalla: ¿no decía Napoleón que la más bella maniobra no alcanza a compararse con el movimiento de los astros? Y lo que gira puede ser el torno del artesano, donde la materia rota para obedecer y se concentra para preñarse de más soplo. Así la experiencia sensible y la experiencia intelectual, vueltas las dos, arcilla húmeda girando en los dedos del poeta:

> Acostumbrado el barro a las caricias se entreabre,
> el cuerpo de la jarra se contrae para crecer,
> y el deleznable cuello semejante a la boca de la tambocha
> reclama una esbelta longura para oír las brisas superiores.
> Es la materia la que reclama su excepción
> si el contrapunto de los dedos está quieto en su humildad.

(«Aguja de diversos»)

La fuerza de un poeta está en la fuerza de sus contradicciones. Así la humildad es el método creador de este poeta imperial, imperativo. Humildad en el sentido del artesano, que sabe que no puede prescindir de la materia, aunque tampoco rindiéndose a las leyes de su resistencia, que harían imposible la creación. El artesano y la materia tienen que entrar en un respetuoso desconocimiento de la resistencia, para alcanzar las nuevas gravitaciones, como una nueva inocencia, de la creación. Por eso nos dice Lezama:

> Si la ruptura comienza por prescindir de la materia,
> el capricho se hace sucesivo y se regala en la proliferación.
> La resistencia de la materia tiene que ser desconocida
> y la potencia cognoscente se vuelve misteriosa como la materia
> en su humildad. Deseosa comprobación del tacto artesano
> que actúa rigiendo y mantiene su propiedad misteriosa.

(Idem)

Pero esa materia es, repetimos, para el poeta que responde al desafío de la sustancia inapresable, todo lo que en la experiencia sensible y en la experiencia cultural se nos aparece configurado en sensaciones, escenas, dichos, sentimientos, o bien datos históricos, interpretaciones especulativas, formas artísticas. Por eso hemos escrito en otro ensayo: «El problema de la recreación, de la *realización* poética del mundo, es el que ha preocupado centralmente a Lezama. Si Martí busca las *leyes,* si Casal expresa el desamparo, si Florit anhela la serenidad contemplativa y Ballagas canta la criatura vulnerable, Lezama quiere vivir el *absoluto* de la poesía, de la realidad trocada en poesía. Este aspecto vital ha sido descuidado en los acercamientos a su obra, muchas veces de apariencia cultural y hasta libresca, [...] En ella, en efecto, la vida aparece imaginada (a través de la hipérbole y las asociaciones incesantes) mientras la cultura aparece vivida. Por eso aquí un estilo asimilado vale tanto como un recuerdo, una alusión no es menos entrañable que una experiencia. Lecturas y sensaciones, imágenes mitológicas, históricas y personales, símbolos y anécdotas, se integran en el hiperbólico mundo de Lezama, buscando la resistencia de otra naturaleza, de otra naturalidad donde todo haya sido trasmutado en relaciones y sentidos poéticos.»

«Buscando la resistencia...» No está Lezama por cierto en la tradición de la ingravidez, de la intrascendencia, de los suaves rumores. El suyo, como hemos visto, es un único, invisible y enemigo rumor que desde *allí* lo mira. Integra en cambio la lejanía con la resistencia en la fijeza de ese *allí.* No una lejanía que se posa nostálgica en la línea del horizonte, sino una lejanía resistente, cerrada, tensa: tal es su espacio lleno de signos herméticos presagiosos, su intuición del acto fundacional hispánico penetrando con el orbe teológico en las coordenadas americanas. Así dice:

No caigamos en lo del paraíso recobrado, que los hombres que venían apretujados en un barco que caminaba dentro de una resistencia, pudieron ver un ramo de fuego que caía en el mar porque sentían la historia de muchos en una sola visión. Son las épocas de salvación y su signo es una fogosa resistencia.

Mundo gravitante el suyo, donde las palabras, adquieren cada vez más corpulencia y espesura; donde «seguro, fajado por

Dios, entra el poderoso mulo en el abismo»; donde el sabor del mundo se organiza como los tubos, ángeles, y trompetas, pesadumbre alada, de un órgano barroco.

«Buscando otra naturaleza, otra naturalidad...» Sería un error pensar que en la poesía de Lezama todo es elaboración imaginativa. Como hemos visto en el caso de «El arco invisible de Viñales», hay siempre un escalón sensible donde el poeta se apoya y al cual vuelve. Sus sensaciones, tan intensas que rondan lo obsesivo, suelen ser el verdadero *logos espermatikós* de sus imágenes. Rara vez permanecen en su primario estado sensitivo, pero entonces nos demuestran la punzante frescura original de los datos sensibles que maneja Lezama. Por ejemplo en este pasaje de «El encuentro», húmeda escenografía levemente asqueada:

En la desenvoltura de una palma,
sacude la lluvia breve y atardece.
Sacude la lluvia al gallo intempestivo
y muestra el maíz como un ojo de venganza.
Los dioses en el atardecer cosen su manto
y el paño de cocina tendido en su espera
es intocable. Aún está húmedo
y ondean las arrugas momentáneas,
de la mano sobre el gallo.
Telón de fondo:
la humedad en el paño de cocina.
Primer plano:
el gallo desprecia la aurora.

O bien, en el mismo poema, esta visión venturosa, sobrecogedoramente sencilla:

Es la hoja roja que cae en las meriendas campestres
y una solemne brisa la levanta y la deposita en el río.

O bien, en «Doce de los órficos», uno de esos poemas de Lezama que no parecen hechos para leerlos sino para entrar en ellos como en una monstruosa edificación sagrada egipcia o hindú, de pronto el silencioso rasguño sensitivo que nos detiene, que nos despierta al otro sueño, como una mano suave en el hombro:

Sensación final
del rocío: alguien está detrás.

Las sensaciones reminiscentes de lo cubano, se acumulan en la colección titulada «Venturas criollas». Pero aquí las cosas hierven como en su noche germinativa. Sentimos esa realidad cruda, un poco destemplada, hiriente; ese despego de huraño ardor que ya se traslucía en el último Diario de Martí:

Cada parcela se adentra a su pocillo,
cada color tiene su boca de agua.
Vender las tierras bajas con pozos falseados
es un tapabocas, esconder puercos por las palmas.

Las tierras restallan en su espiral, con ladrillos
viejos se cubren las ijadas, y el pocero,
seco elemental, enjutado, pendula la necesidad,
y va por dentro, mano a la raíz de la lechuga.

El pocero se descuida de las persianas del pozo.
Cuando hace alcohol, la tierra seca el agua,
y el agua enjuta se trueca en la lombriz.

El pocero se fue a ver una hija que nadie la tenía,
por la mañana cambió la cinta carmelita del sombrero.
Cuando regresa, el recién puerco cava y llora en el melón.

Como en los guajiros del Diario de Martí, en este pocero el mismo fuego despegado, la misma sabiduría campesina que se oye como en sueños, en la equivalencia de las generaciones: el enjuto hombre malicioso, rudo y sutil («y va por dentro, mano a la raíz de la lechuga»), hablando extraño en la crudeza existencial de la intemperie (puercos, palmas, lombriz, hija, cinta del sombrero, melón), o en la sombra del portal que la subraya como un agrio destierro.

A veces el recuerdo en sus metamorfosis tiene un encantamiento de ternura que también ardientemente se despega, se distancia y dicta:

El papalotero, a trechos, tachonazos,
colores secos de pronunciación secada.
El morado, de alfombra natural, tornadizo;
el azul corbata, vitral de monóculo, camello.

¡Qué papalotes feéricos, de papel de China y güín, en los ojos del maravillado niño! Las barras de colores son exactas.

Ahora irrumpe lo grotesco cubano, casi totalmente archivado desde las sátiras del *Cucalambé,* con estos fantasmales desmoches para el jinete parejero:

Por los alrededores y el descampo el tirasábanas,
los mugrientos alza vistas tuercen el enredo.
La palma clava a la nube y se va vistiendo,
salen el chato calaverón, la escoba alada y la planicie del manteo.

El jinete paluchero «silva a boca tapada, sueña a pierna serpentín en el clarín de su degüello», se resbala, se afinca, finge caerse y «se ríe en la romanza». Finalmente en su grotesco tierno escapa:

Ensaliva los estribos para sutilizarse en el recuerdo.
Su llegada se hizo con lluvia a lo furtivo
y se despide mugiendo su trotera que no suena.

Un airado idioma que venía desfondando sus repletos serones y soltando su quevedesca tarabilla americana desde el «Encuentro con el falso» en *Aventuras sigilosas* y «el truchimán de espina hipóstila — cuece mazorral los vanos dobles», en los «Desencuentros» de *La fijeza,* hasta las «paginitas de sumalele inflando ombligo de chilindrón» o «jorobadito, verde palucho, de rencorete, en viruelero» en «Aguja de diversos», deja también aquí sus costurones de una seca medievalidad nocturna de rompe y rasga, que sin embargo da el *roto,* la carcajada, el ojazo también americano de la noche cubana de fantasmas y bandoleros:

La tierra llovida entinta los escudos,
la luz poblana rasga y firma el sabanón
y la milicia lee el pliego clavado en las tabernas.

Como dice Lezama en una de sus memorables conferencias sobre *La expresión americana:* «La espuma del tuétano quevediano y el oro principal de Góngora, se amigaban bien por tierras nuestras, porque mientras en España las dos gárgolas mayores venían recias de la tradición humanista, en América gastaban como un tejido pinturero, avispón del domingo que después precisamos aumentando y nimbando en la alabanza principal.» El barroquismo alegre, gustoso o rabioso, de ese impulso americano popular que él ha estudiado tan bien, informa cada vez más su idioma, y en estas «Venturas criollas», lejos ya de su primer gongorismo de caricioso regodeo, más a solas con los abultados trasgos quevedescos, aplica esas ganancias a la hurañez tierna y el ardiente despego cubano. Refiriéndose a un pasaje de poesía gauchesca, insiste: «Ahí el idioma está tomado por su alegría, no por la tradición humanista que le llega en un momento en que se ve obligado a destellar.» Sus hallazgos son de aumentativo que conlleva una expansión, «fandangazo»; por diminutivo que lleva una graciosa contracción, «hizo sonar los cueritos». El mismo fenómeno podríamos ejemplificarlo, salvando las distancias de intención creadora, en el lenguaje poético de Lezama a partir de *La fijeza,* añadiéndose las deformaciones verbales, también con mucha tradición americana de un barroquismo reventón, primigenio, de fuerza natural, sin herencia humanista. Y en las «Venturas criollas» que ahora comentamos, cogiendo esencias coloquiales, infiernillos lastimosos, desabridas horas cabeceantes:

Le rebuscaron balas y tapones,
pequeño tapándose las sienes:
el bobito, frente de sarampión, mamita linda.

La mal marida trabucó en el baile
y el bicarbonato se le fue a sus anchas.

Se encamina con piel tirada y larga
al cafetucho: lluvia de lluvia sorprendente.

La iguana y el caballo truecan verde carnoso,
color igual al mosquito del tabaco.

No olvidamos la llegada de los primos con ese aroma familiar de agridulce reminiscencia, de íntimo festejo presagioso que en la infancia tenían los desplazamientos de la familia y la llegada del otoño:

Volteadas las lunas del ropero, cascan
chisteras y bastoncillos contados en tristura.

Nadie parece que llegará:
La sitiería entona gallos y doctrinas
y decide despertar entre dos escaleras.

«Las Venturas» acaban con las mágicas sensaciones nocturnas resueltas en el temblor friolento de la yerba:

la yerba baila en su pequeño lindo frío.
un trotico aleve, de lluvia, va haciendo hablar las yerbas.

Sí, sería un grave error pensar que no hay una profunda fijación sensitiva en el mundo poético de Lezama. En «Venturas criollas» reaparece, a su modo, todo lo que presentíamos de roto, ardiente, destemplado, crudo, en el machetazo que degüella a la jutía del Diario de Martí. Pero Lezama no protagoniza ese desamparo seco; lo mira desde cierta distancia, lo señorea con familiona realeza criolla de gustador secretamente ávido. Pero tiembla, también, secretamente. Todo este mundo de sensaciones cubanas se desplegará con su consecuente metafísica y teología en la vasta novela *Paradiso,* cuyos capítulos publicados nos dan idea de la decisiva importancia que tendrá para iluminar la experiencia poética de Lezama y su visión de los sabores y sentidos de la isla. La sustancia novelesca, pacto del tiempo subjetivo y el tiempo metafórico, círculo mágico donde se puede objetivar la confesión, apuntaba ya en *Aventuras sigilosas,* poema de argumento esotérico, resuelto más bien como una cantata para un *ballet,* con el tremendo «Llamado del deseoso»:

Y ¿de dónde huimos, si no es de nuestras madres de
quien huimos.
Que nunca quieren recomenzar el mismo naipe, la
misma noche de igual ijada descomunal?,

y la voluptuosa apretura alucinante del «Tapiz del ciego», y el inolvidable divertimiento de Cocardasse y Passepoil (Lagardére en la redoma de Bertrand), una de las páginas más absolutamente inspiradas de Lezama. Pero en *Paradiso* (cuyo comentario, como el de *Aventuras sigilosas,* no me es posible aquí), sin perjuicio de los prodigiosos retratos y el henchimiento reminiscente de las sensaciones, hallamos ese mundo que hemos sintetizado como *experiencia sensible,* continuamente integrándose con la otra mitad del todo poético que Lezama persigue en el horizonte de su ambición creadora; es decir, con su *experiencia vital de la cultura.* Y esta integración es precisamente lo típico de su poesía y de su pensamiento.
Hemos visto cómo la ausencia de finalidad en que cae la vida

republicana, el círculo vicioso de una agitación política sin sentido histórico profundo, la volatilización del destino y la consiguiente, pavorosa nada (o dígase causalismo, facticidad, banalidad, absurdo) en que ha venido a parar el país, constituye el muro donde se han estrellado los esfuerzos de algunos poetas nuestros por rescatar la finalidad en el reino autónomo de la creación verbal. Pues bien, en la primera carta que recibí de José Lezama Lima, en enero de 1939, recuerdo que me decía: «Ya va siendo hora de que todos nos empeñemos en una Teleología Insular, en algo de veras grande y nutridor.» Estas palabras me sonaron entonces oscuramente. Hoy creo comprenderlas.

El intento de Lezama, el verdadero alcance de su obra, se ha ido aclarando a través de una serie de ensayos: X y XX, «Las imágenes posibles», «Exámenes», «Introducción a un sistema poético», «La dignidad de la poesía». De entrada, para él, la poesía no puede ser un predio autónomo ni un refugio. Recordemos que, al contrario, ya en la primera carta citada la concibe como una «sustancia devoradora». Su propósito, entonces, no es aislarla o rescatarla, sino penetrar con ella la realidad, *toda la realidad* que sea capaz de visualizar una pupila poseída por lo que él mismo ha llamado «la curiosidad barroca americana». Hemos visto la libertad, la ausencia de compromisos histórico-dialécticos, que rige las asimilaciones culturales en nuestros mejores poetas. En la visión de Lezama, la cultura universal es ofrecida por primera vez al americano como una fiesta o como una tragedia: ambos contenidos se funden en el distanciamiento doloroso de su voluptuosidad. Pero no se trata del disfrute de un banquete que no hemos merecido, sino de sacar a la cultura de sus fríos encadenamientos aparentes, de su cerrazón de hecho consumado (pues quien dice cultura dice historia), para hacerla entrar en el impulso perennemente generador del sentido poético. Esto sólo será posible si encontramos la *liaison,* el enlace, en un punto común que encierre la virtud germinativa original de ambas esferas: historia o cultura de un lado, del otro poesía. Ese punto medio y esa fuerza germinal totalizadora los halla Lezama en la *imagen:* «La imagen como un absoluto, la imagen que se sabe imagen, la imagen como la última de las historias posibles.» Hallado ese centro de gravitación, todo empieza a girar en torno a él. Un dato histórico, un sucedido, una escena, una interpretación de la cultura o una leyenda, pasado su escasísimo tiempo de vigencia causalista y factual, sólo puede vivir como imagen. Pero es que su nacimiento mismo lo debe a la participación seminal de la imagen, término del Eros metafórico, en el tiempo histórico del ser.

Por metáfora entiende Lezama la capacidad que hay en el hombre de dirigir sus pasos hacia la claridad de la *anagnórisis*, del reconocimiento. Esa capacidad se funda en la intuición del misterio de las analogías, que lo lleva a «tender una red para las semejanzas, para precisar cada uno de sus instantes con un parecido». Pero el reino de la analogía es el umbral de la *imagen y semejanza*, origen sagrado de todo lo que es. Por eso dice: «Va la metáfora hacia la imagen con una decisión de epístola; va como la carta de Ifigenia a Orestes, que hace nacer en éste virtudes de reconocimiento.» Lo que se reconoce se torna imagen. Lo que hace posible ese reconocimiento es la metáfora. Pero ya no estamos hablando sólo de la metáfora verbal, sino también de la histórica. El rey que encarna en sí las posibilidades de reconocimiento de su pueblo en la imagen de la realeza medieval, encarna una sustancia metafórica, es decir, mediadora, interpretativa. Por eso dice Lezama: «Luis XI vivía frente al pueblo como una metáfora.»

Precisado el misterio de la metáfora y el centro de la imagen como gravitación última de toda realidad, falta comprender que ella no se produce sólo como un *a posteriori* para la síntesis de la memoria, sino que está en el origen de todo lo que es o ha sido y que su fuerza germinativa sólo se detiene en apariencia. El historiador, el sociólogo, el mismo filósofo de la historia, trabaja con imágenes dadas, cerradas, inalterables, a las cuales quiere apresar dentro de la imagen de su interpretación. Se mueven estos investigadores en la *natura naturata* de la imagen. Toca al poeta (y sobre todo al poeta americano, *hijo natural* de la cultura, en el doble sentido de la expresión), descubrir su *natura naturans:* el estado naciente de la imagen que identifica historia y poesía, lanzándolas a un remolino de perpetuas fecundaciones. Porque la imagen entonces se revela como el reino de lo *posible,* donde el pasado alumbra su futuridad poética absoluta, su plasticidad en las manos de la *sustancia devoradora* que posee la mirada del poeta, a través del «oscuro desafío» del ser. De ahí esas conjeturas, esas «imágenes posibles» con que parece divertirse Lezama, pero con las que en el fondo quiere penetrar, dentro de una sola resistencia, la poesía de la historia y la historia de la poesía: el ente indivisible, la fijeza de la imagen, el único rumor. De ahí esas escenas sometidas a lo que él llama «la prueba hiperbólica»; por ejemplo, el campesino que va a ser golpeado por el intendente, imagen en cuyos radios se quiere apresar el sentido poético incesante de la cultura egipcia. O bien los relatos falsos, como el de Julio César asistiendo disfrazado de mujer a la fiesta de la *bona dea* en casa del Pretor. No es un simple divertimento (aunque tampoco deja de tener ese gustoso exceso), sino el modo de apropiarse una mentira que, en su posibilidad, alumbra mejor la verdad que los hechos verdaderos conocidos. «El asistente disfrazado de mujer no fue César, sino Clodio; éste no mandó ningún billete irónicamente amenazador como César, sino gimió, compró a los jueces y consiguió el apoyo de Hortensio, florido amigo de Cicerón. Las asociaciones posibles han creado una mentira que es la poética verdad realizada»: en este caso, muy concreto por cierto, la verdad de la imagen contrapuntística César-Cicerón en la historia romana.

Lo que Lezama ofrece, en suma, es un método de conocimiento de la historia a través de la poesía como reino germinal de la imagen. Ese método lo ha aplicado en deslumbrantes visiones de las culturas egipcias, china, griega, hindú, medieval, moderna, contemporánea. Lo mismo le sirve para descubrir en la antiestrofa o coro de las madres de Rimbaud y de Verlaine el secreto del destino que tejen esos cuatro personajes en lo oscuro, por detrás de sus actos visibles, centrados por la mediación testimoniante de Isabel, la hermana de Rimbaud; como le sirve para apoderarse del destino de Martí a través del relato de un emigrado: «De pronto atravesó la sala el hombrecito, arrastraba un enorme abrigo. Inmediatamente esa pieza, ese gigantesco abrigo, comenzó a hervir, a prolongarse, a reclamar, inorgánico vivo, el mismo espacio que uno de aquellos poemas.» Las madres de Rimbaud y de Verlaine, el inmenso abrigo de Martí, el cigarrillo encendido en los dedos muertos de Casal, tienen la misma potencia iluminadora que la rama de tamarindo en las manos del intendente egipcio o el dicho de aquella cultura cuando moría el monarca: «se hundió, decían, en la línea del horizonte».

Pero, como se desprende de la fuerza totalizadora de sus intuiciones, no es sólo un método lo que nos ofrece Lezama, sino en definitiva un sistema. A la posibilidad germinativa, poética, no le basta el regodeo de las conjeturas iluminadoras ni el reconocimiento metafórico de la realidad. Lo posible puede llegar temerariamente, dando el salto supremo, hasta el absurdo: pero no el absurdo existencialista de la ausencia de sentido, sino todo lo contrario, el absurdo como sobreabundancia inexplicable del sentido. El absurdo como esplendor y exceso, en la intención de la tremenda frase de Tertuliano: «y murió el Hijo de Dios: es cierto porque es absurdo». Aquí precisamente el absurdo es lo que tiene *más* realidad. Es el absurdo encarnado, espléndido, gravitante. A imitación de esta imagen, la imagen poética absoluta, quiere Lezama plantear el destino de la poesía. Y así nos dice ya en Exámenes: «Si la metáfora como fragmento y la imagen como incesante evaporación, logran establecer las coordenadas entre su absurdo y su gravitación, tendríamos el nuevo sistema poético, es decir, la más segura marcha hacia la religiosidad de un cuerpo que se restituye y se abandona a su misterio.»

Los pasos de su pensamiento, creo, están claros: de la metáfora mediadora al reconocimiento de la imagen como centro y germen de toda realidad, sin dualismos inertes; de la imagen a la posibilidad como estado naciente de todo lo que es, engendrando su consecuente método de conocimiento; del método a una nueva visión de la cultura; de esa visión, necesariamente, a la integración de un sistema poético del mundo, fundado en la posibilidad última, que es el imposible encarnado, el gravitante absurdo, la sobreabundancia de sentido del ser. No podemos entrar aquí en el comentario de los textos más recientes —«Introducción a un sistema poético» y «La dignidad de la poesía»— donde Lezama se adentra con espléndido arrojo en la conquista de esas tierras desconocidas. Hierve aún demasiado su palabra para que podamos serenarla en rendimiento didáctico. Mi propósito ha sido sólo darles a ustedes una idea de la magnitud y el sentido de la gesta poética de Lezama. No se trata ya para él de escribir poemas más o menos afortunados, sino de convertir la actividad creadora en una interpretación de la cultura y el destino. La poesía tiene, sí, una finalidad en sí misma, pero esa finalidad lo abarca todo. La sustancia devoradora es, necesariamente, teleológica. Es así como, aparte de la validez intrínseca de sus creaciones y hallazgos, intenta Lezama conjurar la ausencia de finalidad contra la cual ha venido debatiéndose nuestra poesía republicana.

De Casal tiene, pero abriendo sus radios a dimensiones que aquél no sospechaba, la pasión absoluta del destino poético. De Martí, la ávida curiosidad integradora, el *pleno* de la lengua, y el sentido hispánico de resistencia y fundación. Un ardiente frío lo recorre, una voluptuosidad trágica, un distanciamiento doloroso, una ternura criolla de regaladas horas con resguardo vasco. Es el único entre nosotros que puede organizar el discurso como una cacería medieval. El único capaz de desfruncirle el ceño a don

Luis de Góngora. La Habana se enorgullece de este señor de la poesía que la ilustra y la funda de nuevo en el esplendor de la imagen. Pero es también el único que ha saboreado en ella la soledad prometeica de la roca nocturna, que oye siempre en el festejo las voces antifonales del día de la ira.

Nosotros damos gracias por su gracia, por su plenitud.

[Recopilación de textos sobre José Lezama Lima, La Habana: Casa de las Américas, 1970, pp. 69-89.]

REINALDO ARENAS

EL REINO DE LA IMAGEN

Ahora que el fatigante vocerío de los vecinos despiadados y de los transeúntes inoportunos se ha ido disolviendo, se ha ido como recogiendo, sin ellos mismos saberlo, bajo la misteriosa señal del crepúsculo. Ahora que las voces están distantes; suenan como distantes, apagados, los gritos, puede uno dar algunos pasos por la playa; puede uno caminar un rato y sentarse luego, y respirar este breve silencio, esta breve calma, este breve hechizo de la luz violeta con que el trópico suele, por un instante, deslumbrarnos. Ahora que la claridad no resulta dolorosa; ahora que los árboles y el mar gimen sin querer destacarse, sin egoísmo, respetando a los otros que también quieren gemir sin ser molestados. Ahora, en este breve respiro que nos concede la calma, uno puede detenerse y pensar; uno puede cerrar los ojos (abrir los ojos) y mirar. Uno puede empezar a interpretar. Uno puede empezar a amar.

Pues cuando todo eso sucede, cuando, tan raramente, se provoca ese hechizo, se produce esa luz, se recogen las voces, uno empieza a sentir el verdadero ritmo de las cosas: la verdadera gravitación de las cosas que los chillidos y los estruendos cotidianos, generalmente, no nos permiten observar. Mas si alguien oye esa vibración; si alguien puede, a pesar de todo, escuchar ese ritmo que está un poco más allá; que solicita del silencio y de la participación del silencio, que solicita de la belleza y de la apreciación de la belleza, entonces es que ha llegado el amor. Es decir: han llegado el ritmo y la imagen. Ha llegado, sobre todo, el receptor de ese ritmo y de esa imagen: el que atiende y vigila. ¿Y quién es el que vigila sino el que espera? ¿Y quién es el que espera sino el que cree? ¿Y quién es el que cree sino el que crea?

¿Y quién es el que crea sino el poeta? Es decir, un ser misterioso y terrible, un elegido. Poeta es una condición fatal que se convierte en dicha sólo cuando logra expresarse cabalmente. Para el poeta, expresar su condición es ser. Los poemas que *son* están por encima de todo tiempo y de todo terror ocasional (sin ser ajenos a los mismos), instalados en el gran tiempo y en el gran terror permanentes.

Pero ¿cómo expresarse? ¿De qué manera y en qué oportunidad: para quién y cuándo? Y sobre todo, ¿cómo hacer que nuestra expresión perdure, cómo lograr expresar nuestra verdadera autenticidad? ¿Cómo seguir un camino que no existe y que si existe no es el nuestro, pues es el otro por el cual otro ya transitó? ¿Cómo inventarnos un verdadero camino que nos conduzca al verdadero sitio? ¿Y cómo saber si llegamos a algún sitio; cómo, en fin, empezar el viaje?

El caso de José Lezama Lima, en Cuba, también sirve para contestar esas interrogaciones. Y otras más. Pues en Lezama tenemos a uno de nuestros más auténticos ejemplos de audacia y heroísmo intelectuales. Y este último detalle es, quizá, el primero que debe señalársele a un creador de su dimensión y de su situación geográfica. El heroísmo intelectual se manifiesta yendo en contra de todos los engranajes asfixiantes, y de los encapuchados de siempre que siempre rechazarán toda innovación creadora. La actitud de Lezama ante la vida y el arte (que es siempre una misma cosa) solicita, imperiosamente, para definirla, del sobrecogedor versículo bíblico: *voz que clama en el desierto.*

A los veintiún años de edad escribe *Muerte de Narciso,* donde ya aparecen todas las muestras de su estilo. Sucesivamente funda las revistas literarias más importantes de toda la época republicana: *Verbum, Espuela de Plata, Nadie parecía* y *Orígenes.* Toda la cultura cubana fluye en ellas. También la indiferencia oficial y pública se manifiestan ante ellas. Cuando Lezama, en aquellos tiempos republicanos, publicaba algún ensayo memorable sobre la cultura egipcia o nos mostraba a las madres de Rimbaud y Verlaine como antistrofa o coro (no es necesario señalar de qué tragedia), quedaba, al principio, sorprendido de que nadie le hiciese un comentario sobre sus trabajos; trabajos a los cuales él dedicó meses de acuciosa investigación y toda una vida de amorosa interpretación. Él no esperaba un elogio gratuito u ocasional. Esperaba una crítica. Esperaba, inclusive, un rechazo. Pero nada de eso se producía, pues, sencillamente, Lezama estaba centrado en un plano mucho más elevado que la realidad físicamente compartida. No es que sus palabras cayeran en el vacío, es que, tristemente, nadie entonces se preocupaba por recogerlas, y mucho menos por interpretarlas. Contra la indiferencia y luego contra los ataques, que seguramente estimulan más que la indiferencia, luchó este hombre solo; contraponiendo el choteo, a la pereza y a la superficialidad, *El arco invisible de Viñales* o su inmutable *Rapsodia para el mulo.*

Huérfano a los ocho años y con una familia que sostener, ¿habría tiempo para enfrentar el terror cotidiano y a la vez descifrar el terror ancestral? Lo hubo. Y por eso su obra es el mejor reconocimiento a su actitud intelectual: contra la modorra de los débiles que tratan de justificar sus esterilidades apoyándose en las miserias de su época, está la obra del poeta, del creador, que escribe, sencillamente, por una necesidad ineludible; que escribe, sencillamente, por un llamado imperioso e inexcusable. En eso ha consistido siempre la labor del poeta: hacer una obra perdurable a pesar de su época. Los otros, los que tienen que esperar el cambio social, o el relevo de las tribunas, bien pueden seguir esperando, nadie espera por ellos.

Pero ya, nombradas esas vicisitudes, padecidas (y por padecer) por muchos, podemos preguntarnos en qué consiste el sistema poético de Lezama, cuál es su nueva visión del mundo, cuáles fueron los resultados de esos desgarramientos; qué consuelos nos ofrece este nuevo extrañado que ahora muchos leen, otros los admiran sin leerlo, y pocos lo entienden. En primer lugar, es preciso decir que Lezama Lima es uno de los casos más misteriosos de nuestra literatura, quizá solamente comparable con Zenea, por quien el poeta, más joven, siente una justificada devoción. Y al decir misterio no quisiera que se confundiera esta palabra con la palabra *hermetismo,* ni con la gastada expresión de «escritor difícil»; quisiera, si resulta imprescindible que para comprender un concepto haya que compararlo con otro, que éste se confundiese entonces con el concepto de *profundidad.* «Lo que he podido escribir», nos dice el mismo Lezama, «me ha parecido siempre un misterio, un reto que alguien me hacía, al cual a veces podía contestar» [1]. Ese alguien que reta es la sensibilidad del poeta, colocada siempre ante las angustiosas y eternas interrogaciones; ese alguien que reta son también el estupor y las señales inapresables que nos lanza siempre el tiempo.

[1, 2, 3, 4, 5, 6] Los textos citados aparecen en el libro *José Lezama Lima, Valoración Múltiple,* Casa de las Américas, 1970, y *José Lezama Lima, La cantidad hechizada,* ed. Unión, 1970.

Para comprender a Lezama, es conveniente decirlo desde un principio, nada hay mejor que leer sus propias interpretaciones sobre sí mismo, que, dicho sea de paso, constituyen los mejores ensayos que se han escrito sobre su obra. «Soy yo», nos dice, «el espíritu atolondrado por esos aparentemente confundidos emigrantes, el que escucha, persigue y suma de nuevo el algodón y el perfume de la vainilla, la oscilante lámpara y el ancestral amarillo de los encajes»[2]. Aquí tenemos al poeta convertido ya en el descubridor que eterniza con su mirada, que define, con imágenes perdurables, las cosas y los acontecimientos que le son allegados. Su estilo no es más que una profunda visión que marcha de acuerdo a su sensibilidad. Su estilo es, en fin, una verdadera claridad. Su claridad.

Alguien me dijo una vez que Lezama era un poeta coloquial, pues, según esa persona, escribía tal como hablaba. Desde luego, respondí, es un gran poeta coloquial; es decir, uno de los pocos poetas actuales en el cual su estilo es su propia vida; él mismo, su persona y su concepto del mundo. Hay una enorme diferencia entre los poetas y escritores que «se hacen de un estilo» y aquellos que sencillamente *poseen un estilo*. Éstos, en los que su estilo es un modo de pensar y ser, de interpretar y describir, son muy raros hoy en día, y, sin embargo, son los únicos que todo cuanto hacen resalta inmediatamente por su autenticidad. Los otros logran a veces párrafos brillantes, pero en algún momento se descubren las costuras, aparecen los remiendos propios del que no posee tela suficiente y toma de la ajena. En la literatura cubana, en este siglo, el caso de José Lezama Lima como estilista es solamente comparable al caso de José Martí en el siglo XIX. En los dos, el sello de la autenticidad, de lo personal universal, de la visión propia y trascendental, impregna todos sus escritos. ¿Pudo Martí a los dieciséis años, cuando escribió *El presidio político,* haberse ya «fabricado» un estilo? ¿Pudo Lezama a los veintiún años, cuando escribió *Muerte de Narciso,* haber acaparado ya toda la taimada astucia del viejo escritor de gabinete para construirse una retórica que los justificase? No, ninguno de los dos tuvo tiempo para hacer tal cosa. El estilo en ellos es, sencillamente, su primera condición de creadores. El innato misterio que se escapa a todo encasillamiento, y a la vez se presta a todas las interpretaciones.

Toda la armoniosa discordancia del poeta americano; toda la auténtica sofocación delirante del poeta americano; toda la desmesura onírica del poeta americano aparecen, aún más enriquecidos, en la obra de Lezama: profecía e imagen, delirio e imagen, dulzura e imagen, memoria e imagen, misterio e imagen, interpretación e imagen, *ritmo e imagen*. No creo que exista un medio más breve para definir a José Lezama Lima. O sí, existe otro en el cual aparece claramente todo lo que he señalado en este párrafo, su misma obra:

«El día que podamos establecer un esclarecimiento entre el ocio y el placer, la verdadera naturaleza será habitada de nuevo, pues en ambos coexiste la espera de lo estelar, el mundo de la infinita abertura, pues la cabal relación del animal con su ámbito no ha sido todavía profundizada y desconocemos la manera cómo se establecen las interrelaciones del verbo universal, pero algún día el mundo de la *nosis* y de la *physis* serán unívocos. Una sorpresa en el curso de las estaciones. Lluvias, lluvias. El hilo frío al acostarnos nos da su primer rechazo, tenemos que apretar más la almohada contra la mejilla para sentir la dulzura del apoyarse, sensación como de navegar contra una resistencia que se puede vencer. El sueño al prolongarse ocupa nuevos fragmentos nocturnos.

La lana nocturna, con lentitud sigilosa, se apodera del hilo diurno y el chivo sigue bailando, pero ya no en el rayo de sol. Lo oculto, la cerrazón, lo resguardado, abren sus puertas y ofrecen la nueva y silenciosa suntuosidad de un nuevo mercado. Las monedas de algodón sin tintineo, adquieren telas mágicas. Los bultos, guardados en el almacén, se acercan a las cuatro hogueras que brillan en los cuatro ángulos del mercado, son ahora rostros arracimados. Lo oculto, lo oscuro al llegar la nueva estación se configura, es el niño que sale todas las mañanas de su casa, es el poema de Whitman. Y vuelve y hace su relato. Se pierde y sigue en su relato ¿Lo oyen?»[3].

Espero que nunca me vea obligado a tener que definir lo que estimo que es la poesía. Hay tantas cosas que señalar. Y todas sirven para convencer. Pero si no me quedara otra alternativa, diría que la poesía es una *originalidad que deslumbra*. Y eso es lo que aparece en el párrafo citado. Desde luego, muchos puntos pueden ser tratados partiendo de esta obra: la interpretación de una sociedad determinada, la visión de una época, etc. Pero hay que decir que esta obra, independientemente de esos valores, es hermosa y fundamental, y uno puede leerla y disfrutarla sin necesidad de replegarse a los mezquinos cánones a los que el tiempo siempre quiere someternos, confundiéndonos.

Originalidad que deslumbra, ritmo e imagen. Toda la obra de

Lezama tiene la dimensión de un árbol extraño y frondoso donde siempre aparece el autor, vigilando desde el mismo centro. El ritmo y la imagen son los misterios que con mayor intensidad pueden obsesionar a un poeta. Imagen que es en Lezama la clave de la salvación; ritmo, que es el requisito indispensable para desarrollar esa imagen. Pues no debemos olvidar que Lezama comparte la concepción pascaliana de que «como la verdadera naturaleza se ha perdido, todo puede ser naturaleza»[4]. Ante ese estupor, la imagen es lo único que puede salvarnos, pues ella, al poder recrear esa naturaleza perdida, sustituyéndola, se coloca, como obra de arte, por encima de la realidad perdida que sustituye, se convierte en algo eterno, se convierte en una *sobrenaturaleza*. ¿Qué es entonces la sobrenaturaleza de la cual Lezama tanto nos ha hablado? Es el fruto de un don prodigioso, la obra del poeta. La unión de lo que fue (naturaleza perdida) más lo que uno hubiese querido que fuera (imagen) forman lo que uno desea, es decir, la obra de arte, la sobrenaturaleza. Luego, el ritmo: el requisito indispensable para que se produzca la fusión entre esas imágenes. La melodía es en este caso parte imprescindible de la trama.

Y es que la imagen y el ritmo, como en todo gran poeta, debe ser lo primero que ha de observarse si queremos interpretar la obra de Lezama, si queremos comprenderla y disfrutarla. Si se tuviese en cuenta que en la poesía de Lezama más que la intención de las palabras, más que la palabra en sí, lo que le importa es el conjunto armonioso que forman las mismas, esa originalidad luminosa, se evitarían los equívocos, a veces hasta bien intencionados, en que han caído algunos de los que han tratado de llegar a su obra deteniéndose en la palabra y no en lo que organizan las mismas. Para poder interpretar una obra de arte hay que situarse dentro de la misma (tal como lo solicitaba Martí), identificarse con ella, vivir si es posible dentro de ella; llegar a ella, no como el que llega a un problema matemático en el cual basta conocer las reglas establecidas para descifrarlo, sino como el que llega a una región inefable en la que cada rumor, cada resonancia, si menos se ajustan a los sonidos ya escuchados, con mayor motivo deben cautivarnos. Vivimos en una época donde son muchos los fabricantes, pero pocos los creadores. Cuando la obra de un creador cae en manos de un manufacturero, éste trata enseguida de someterla a las leyes de su construcción; y si no se ajusta a esas leyes, la ataca o la rechaza, la evade o trata de reducirla a su baja dimensión interpretativa. Entonces surgen las

muletillas que se esconden tras las palabras conocidas: hermetismo, oscuridad, o la mezquina teoría de que en la novelística
cubana predomina un solo personaje, la palabra. Argumentos
manejados por manufactureros y traficantes que no tienen la
modestia o la dignidad de callarse ante lo que no entienden y en
vez de seguir fabricando, según el formulario, sus fugaces en-
gendros.

Toda obra de arte participa del misterio de la esfinge. Su sonrisa o su mueca; en fin, una expresión inefable colocada fuera del
tiempo. El poeta que se hace digno de esta comparación es porque ha habitado siempre una soledad inexpugnable (a veces insoportable). Pues el hombre que toca el misterio y lo engrandece,
conoce muy poco sobre sí mismo. Sólo en ese breve instante en
que se produce el hechizo, la obra de arte, halla consuelo su
intransferible desasosiego. El hecho de ser un solitario es, sencillamente, uno de los requisitos más elementales para tocar o
llegar por momentos a lo trascendente.

Ahora la obra de José Lezama Lima goza de un reconocimiento universal, y, desde luego, los ensayos y las compilaciones,
los artículos y las entrevistas, muy pronto sobrepasarán, en dimensión física, el grueso de su obra. Pero quizá no esté de más
decir que ningún ensayo, por brillante y acucioso que sea, servirá
de nada al lector si éste no se acerca a la obra con el amor y la
sencillez con que uno debe acercarse siempre a todo lo hermoso,
a todo lo misterioso. Pues lo mejor de un libro no es lo que no
señalan los críticos, ni muchas veces, lo que se propone el autor;
lo mejor de un libro es aquel pasaje cuya lectura nos recupera el
árbol perdido de la infancia, la voz de la familia perdida en la
niebla de la infancia, la música que forman las palabras y que
nos recuerda otra música que ya creíamos irrecuperable; la tristeza que forman unas palabras y que de pronto nos deposita ante
nuestra verdadera tristeza; el sabor o el olor de las cosas saborea-
das u olidas en otros tiempos, o aquel pasaje, aquella cadencia,
que anuncia en nosotros la inminente llegada de un nuevo terror, o el descubrimiento de una felicidad que estaba allí, donde
ahora podemos encontrarla.

O no es nada de eso, sino la intolerable revelación (para
quien aún atiende más allá de los aullidos y consuelos instantáneos) de sabernos siempre en el único sitio: el infierno.

La obra de José Lezama Lima forma un conjunto indisolu-
ble, una sola unidad cuya configuración total culmina, pero no
concluye, con *Paradiso*. No porque *Paradiso* supere a los libros

publicados anteriormente por el autor, sino porque esta novela es una totalidad que unifica los libros anteriores. *Paradiso* define el destino de toda la obra de Lezama. Poco a poco, a medida que uno va adentrándose en esa obra, se comprende que como todo gran poeta (pienso en Whitman, pienso en Proust, pienso en Pound) Lezama no ha hecho más que construir un gran libro, que es como el caudal de una corriente maravillosa. Desde *Muerte de Narciso* hasta *Dador,* incluyendo, desde luego, los libros de ensayo, forman la obra de un personaje, de un poeta de quien sabíamos su modo de pensar y sentir, pero aún desconocíamos muchas cosas de su vida. *Paradiso,* a través de Oppiano Licario, nos pone de pronto frente a ese personaje desgarrado que escribía grandes ensayos y poemas memorables. *Paradiso* nos acerca más a la obra anterior de Lezama, la configura totalmente, pues ya no sólo estamos frente al poema o frente al ensayo, sino frente a Oppiano Licario, el Ícaro. El *nuevo intentador de lo imposible.* El que nos ha entregado, y nos entrega, *el incesante complemento de lo entrevisto y lo entreoído* [5], el poema. La sobrenaturaleza.

El tiempo, que misteriosamente construye las vicisitudes y los consuelos, también construye la trama; primero aparece el poeta; luego, las ideas del poeta; y finalmente, ya en la verdadera madurez, el rostro y la vida del poeta. Pues, ¿quién sino el tiempo pudo haber sido el cómplice de esta armonía?

Paradiso es la exuberante reconstrucción de la vida de un poeta, trabajada con una dignidad memorable en la que la distancia y la memoria juegan papeles fundamentales. Distancia que contribuye a hacer las valoraciones más justas; memoria que cubre de prestigio, de poesía, lo que, cuando fue, fue sólo un acontecimiento familiar, un hecho cotidiano. Así como de la inmediatez sólo surge, generalmente, la crónica, del recuerdo, de la distancia, surge la poesía.

Siendo, pues, *Paradiso* esa reconstrucción minuciosa y grandiosa de toda una vida, en la cual, desde luego, participan los demás, y con ellos la ciudad inmediata y el universo en general, no se puede esperar menos de que en ella aparezca esa vida, esa ciudad y ese universo tales como son, sin tener en cuenta las limitaciones propias del buen burgués y del buen marxista, cuyas preferencias estéticas generalmente convergen. La infancia, la vida familiar, los juegos de la juventud, las variadas relaciones sexuales aparecen aquí no con la intención de criticar a un tipo de sociedad determinada, ni de exaltar, ni tampoco con la intención de moralizar, de «señalar el pecado», como han pensado algunos, apoyándose en las ideas religiosas del autor. Lo que aparece en *Paradiso* aparece, sencillamente, porque también está en la vida. No hay una intención moralizante a través de un pensamiento religioso; no hay una crítica deliberada a la corrupción de una época. La corrupción o la moral, para un poeta, no creo que tengan mucha relación con la cópula establecida entre dos cuerpos que se desean. «Para mí, con la mayor sencillez», nos ha dicho Lezama, «el cuerpo humano es una de las más hermosas formas logradas. La cópula es el más apasionado de los diálogos y, desde luego, una forma, un hecho irrecusable. La cópula no es más que el apoyo de la fuerza frente al horror vacui»[6].

La obra de Lezama no se detiene en *Paradiso*. Leyendo sus últimos textos pienso que si *Paradiso* nos ofrece la visión, todas las dimensiones del poeta y del ensayista, la obra que continúa es como un ensayo, como una interpretación sobre la vida de Oppiano Licario. Tendremos, pues, la obra del esteta. La visión del poeta sobre el poeta, donde ficción y realidad, como ocurre siempre en el verdadero creador, se encargarán de entregarnos una realidad más perdurable.

José Lezama Lima, Jorge Luis Borges y Juan Rulfo (ejemplos de la mejor literatura hispanoamericana) fulminan ese endeble concepto, extremadamente elemental, que consistía en trasladarle al narrador americano las tareas que realizaron hace quinientos años, aproximadamente, los cronistas de Isabel la Católica. Una imagen poética irradia más realidad que centenares de minuciosas descripciones...[7].

La novela americana debe ser, como toda obra de arte, algo hermoso y profundo. Los demás son puntos de vista particulares, de cada narrador respecto a su obra, y no del arte ni de la novela. Padecemos la mala costumbre de inventarnos constantemente nuestras propias teorías que, además, queremos que se acaten como tablas sagradas. Y cada creador justifica, con ideas más o menos felices, su modo de crear, olvidándose que la creación artística se justifica por sí misma, y que una novela mala, aun cuando la respalden las más elaboradas teorías «paisajísticas» o estéticas, no llegará a trascender jamás ni servirá para nada. Ale-

---

[7] José Martí, el más grande de nuestros poetas, no fue un cronista, sino un fijador de imágenes, un captador del paisaje trascendente. Él funda —con la urgencia de quien sabe que pronto perecerá— nuestro paisaje sin historia, y lo hace por la vía de la poesía, de la síntesis radiante.

jo Carpentier, que se considera un escritor barroco, afirma categóricamente que la novela americana debe ser épica y barroca. El surrealista dice que América es el continente por excelencia para el desarrollo del surrealismo; el mago y el delirante solamente defienden la parte que les corresponde; el desarraigado enarbola su desarraigo; y el épico afirma que nuestra literatura debe ser épica y realista con la misma pasión que el escritor crítico combate toda literatura que no sea crítica. Quizá, y no quiero verme de pronto formulando yo también una teoría, lo mejor sería comenzar a pensar si todos esos conceptos, todas esas teorías, por lo demás muy útiles, pero incompletas, forman, todas ellas unidas, el misterioso e inasible cuerpo, la verdadera condición de este continente que es todo y nada a la vez; tradición y desconcierto, fe y desasosiego, raíz y desarraigo, ternura y violencia. El rostro de la dicha y del espanto, el de la extrañeza y el de la afirmación. El rostro de la mutación y el del destierro confluyendo en un tiempo, en una realidad instantánea, en un presente donde pasado y futuro se mezclan, haciendo transitar sus estupores.

Cada escritor debe encontrar desde su propio medio, y a partir de su experiencia vital, la realidad, el mundo que le corresponde. Ya la idea de un solo concepto que defina la novelística hispanoamericana es en sí detestable (nada tiene que ver con la literatura de fundación), pero este concepto se ha limitado aún más y ya, para muchos, no se trata siquiera de una novelística común, sino de un tema común. De modo que algunos, queriendo hacer un libro de arte, editan un libro de historia. Por lo demás, todas las teorías literarias tienen una vida extremadamente limitada. Así que si afirmamos que la novela latinoamericana debe ser épica y barroca, para poder describir el paisaje y la historia, cuando ya este paisaje y esa historia hayan sido relatados, ¿qué hará entonces el novelista? Que cada cual invente o descubra su propia retórica, es correcto, que trate luego de evitar que los demás se inventen o descubran la suya es extremadamente fastidioso. Más que un modo de relatar, lo que debe ser común al escritor latinoamericano, es, quizá, un modo de sentir, un modo de padecer. El desarraigo, la violencia, el escepticismo, la soledad, la infamia siempre renovada del siempre renovado invasor deben decirle más al poeta que los siete mil metros de altura que mide, creo, el Aconcagua, o la capacidad hidráulica del Orinoco.

¿Influye el paisaje en el hombre? Claro que influye. Pero eso no implica que debamos olvidar al hombre y aferrarnos sólo al paisaje, ya que el hombre es, en definitiva, el único que padece esas condiciones (ni los árboles ni los animales son cosmopolitas) y el único que las puede modificar. ¿Por qué hacer del hombre americano un elemento más del paisaje? ¿Para divertir al extranjero que no puede por sí mismo treparse a algunos de nuestros cerros más escabrosos? ¿Acaso nosotros les pedimos a los escritores del norte de Europa que se limiten a describirnos las diversas variaciones de su clima, o las distintas tonalidades de la nieve, cosas que por lo demás muchos de nosotros ignoramos? Que cada cual haga lo que le parezca es siempre el mejor consejo, y el más sincero.

Si el europeo quiere conocer nuestras cascadas o ver una ceiba tiene ya a su alcance excelentes libros de geografía y botánica (además de la actitud servil de algunos narradores). Yo, como creador, prefiero contarle mi terror, mi concepto de la belleza y del espanto; cosas que quizá perduren o por lo menos son más imponderables que una información sobre la desembocadura del Orinoco o la descripción de los diversos pliegues que contiene a veces una hoja de malanga. Lo fácil no nos interesa.

Pues para nosotros, escritores jóvenes que confiamos en el verdadero uso de la palabra, y no pensamos traicionarla, José Lezama Lima ilustra su pensamiento magnífico de que sólo a través de lo difícil (a través de la tenacidad y la honestidad cotidianas) se obtiene el verdadero triunfo, la verdadera estimulación. Ya el ritmo de su imaginación ha pasado a enriquecer el mito de la Isla. El hecho de saber que él aún existe, que aún podemos disfrutar de su presencia y de su conversación, que son partes principalísimas de su obra, es decir, de su vida, es un privilegio, un consuelo, que raramente el tiempo tiene la gentileza de ofrecernos.

La Habana, julio 1970.

[*La Gaceta de Cuba,* 88 (diciembre 1970), pp. 23-26.]

ROBERTO GONZÁLEZ ECHEVARRÍA

APETITOS DE GÓNGORA Y LEZAMA *

Lezama invoca con frecuencia a Góngora en sus ensayos, y en *Paradiso* Góngora es una de las figuras que los personajes mencionan con insistencia en sus discusiones literarias. Lezama ha dedicado además un largo y espeso ensayo, «Sierpe de don Luis de Góngora», a la obra del cordobés, y otro, «La curiosidad barroca», al período en que se inscribe su obra [1]. La crítica, por su parte, no ha perdido la oportunidad de proclamar a Lezama barroco, ni ha dejado de acudir a Góngora como punto de referencia al enfrentarse a las ya proverbiales dificultades de la escritura lezamiana. Se ha tratado casi siempre de gestos rituales, ya que desde los simbolistas, toda poesía difícil ha sido comparada con la de Góngora; en la mayoría de los casos, como en el de Neruda, para suscitar más confusiones que aclaraciones. Pero el caso de Lezama parece ser distinto, y el gesto ritual se justifica tal vez por la insistencia con que el escritor cubano se refiere a Góngora, analiza su poesía, especula sobre su vida privada, medita sobre el impacto de su poesía en distintas épocas. Quien lea a Lezama no podrá dejar de notar que Góngora es una figura clave en su obra, ni podrá eludir la sospecha de que su poética está de alguna manera vinculada a la del cordobés.

* Leído en el *Simposio sobre José Lezama Lima*, celebrado en la Yale University el 14 de abril de 1972, bajo los auspicios del Antilles Ressearch Program de dicha institución, y publicado en la *Revista Iberoamericana*, 51, 1975, pp. 479-91.
[1] «Sierpe de don Luis de Góngora», *Órbita de Lezama Lima*. Ensayo preliminar, selección y notas de Armando Álvarez Bravo, La Habana, ed. Unión, 1966, pp. 256-90; «La curiosidad barroca», *La expresión americana*, Madrid, Alianza, 1969, pp. 43-82.

Lezama deja en sus ensayos numerosas huellas que permiten reconstruir la historia de su interés por el barroco y por Góngora en particular. En la página inicial de «La curiosidad barroca» recuerda cómo, después de haber sido anatema en el siglo pasado, el barroco ha sido utilizado en el nuestro para designar fenómenos tan disímiles en apariencia como la pintura de Rembrandt y las matemáticas de Leibnitz, y, dice Lezama con sorna, «hasta algún crítico excediéndose en la generalización, afirmaba que la tierra era clásica y el mar barroco [2]». Lo que quiere destacar Lezama con su broma, que va sin duda dirigida a Eugenio D'Ors, es que el barroco se ha convertido en panacea en este siglo. Pero es en esa panacea donde se hace comprensible su obra, y su interpretación de Góngora, según veremos.

En términos generales, la popularidad del barroco en el siglo XX se remonta a las vanguardias (específicamente al expresionismo alemán, como ha señalado Wellek), que encontraban en toda desmesura o aparente incoherencia un deleite que oponer al tranquilo realismo burgués del siglo anterior [3]. Pero podemos con mayor precisión aludir a un auge del barroco en el mundo hispano que comienza en los años veinte, no sólo en la literatura de creación, sino también en la crítica. No hay más que tomar nota de las referencias de Lezama en sus ensayos para percatarse de que fue asiduo lector de la *Revista de Occidente,* y de las ediciones hechas por el equipo de la *Revista;* hablo no sólo de las alusiones a Ortega mismo, sino también a Spengler, a Scheler, a Hegel, a Worringer. Fue sin duda en la *Revista de Occidente* donde Lezama primero leyó a algunos de los más conocidos exégetas del barroco (casi todos alemanes): a Wölfflin, a Eugenio D'Ors, a Worringer y a Spengler. Todos estos críticos y pensadores, que fueron promovidos activamente por Ortega a través de la *Revista de Occidente,* tuvieron un impacto extraordinario sobre la vanguardia hispanoamericana, y sobre la cubana en particular [4]. Desde luego, no podría dejar de mencionarse, como fe-

---

[2] «La curiosidad barroca», *op. cit.,* p. 46.

[3] «I would be hesitant to dogmatize about the exact reasons for this revival of German baroque poetry; part of it may be due to Spengler, who had used the term vaguely in *The Decline of the West,* and part is due, I think, to a misunderstanding. Baroque poetry was felt to be similar to the most recent German expressionism, to its turbulent, tense, torn diction...», *Concepts of Criticism,* ed. Stephen G. Nichols, Jr., New Haven, Yale University Press, 1964, p. 76.

[4] Para más detalles sobre este punto, ver mi «Isla a su vuelo fugitiva: Carpentier y el realismo mágico», *Revista Iberoamericana,* 40 a 86, 1974, pp. 9-64. En

nómeno paralelo a la generación española del '27 que, como es sabido, resucitó a Góngora en el tercer centenario de su muerte, y de la que surge su más asiduo y brillante exégeta, Dámaso Alonso. Y en ese mismo contexto habría que añadir un elemento que ha recibido relativamente poca atención: la popularidad del barroco entre los escritores hispanoamericanos contemporáneos de diversas edades (conocida es, por supuesto, la afinidad que algunos modernistas, Darío, Martí, sintieron por la poesía barroca). Borges, por ejemplo, dedica elogiosas páginas a Quevedo, y un poema a Gracián, amén de la presencia de Cervantes en toda su obra. Alejo Carpentier se declara barroco, menciona repetidas veces en sus ensayos la picaresca española, y cita a menudo a Lope. Carlos Fuentes cita varias veces a Calderón en *La Muerte de Artemio Cruz*, y en *Aura,* la joven protagonista se trueca en la anciana Consuelo en brazos de su amante, escena que recuerda aquélla de *El mágico prodigioso* de Calderón, en que Justina se convierte en cadáver en brazos de Cipriano. Octavio Paz, en *Salamandra,* escribe todo un poema que es una glosa del célebre soneto de Quevedo «Amor constante más allá de la muerte». El propio Lezama, en «La curiosidad barroca», propone que el barroco es el primer movimiento artístico americano, y su estudio entronca con la tradición historiográfica iniciada en los años cuarenta por Pedro Henríquez Ureña y Mariano Picón Salas. En la actualidad, Severo Sarduy intenta lanzar un puente teórico entre el barroco y la modernidad por las afinidades en la cosmología de ambas épocas.

Cuando en la página antes mencionada de «La curiosidad barroca», Lezama menciona la matemática de Leibnitz, lo hace sin duda recordando a Spengler. Para Spengler, uno de los primeros pensadores en desarrollar una teoría global sobre el barroco en este siglo, «El siglo clásico de esta matemática barroca [...] es el siglo XVIII, que empieza con los descubrimientos decisivos de Newton y Leibnitz y sigue con Euler, Lagrange, Laplace, hasta llegar a Gauss»[5]. Y es que Spengler establecía una distinción radical entre las matemáticas griegas, o clásicas, que funcionaban a base de números que representaban entidades concretas, y las matemáticas occidentales o fáusticas, que se lanzan al infinito

---

Las eras imaginarias, Madrid, Editorial Fundamentos, 1971, Lezama refuta el historicismo representado sobre todo por los filósofos mencionados.
[5] *La decadencia de Occidente,* tr. Manuel García Morente, Madrid, Espasa Calpe, 1966 [1923], I, 117.

por números —verdaderas metáforas que representan relaciones abstractas: «Para el espíritu antiguo no hay más que un número entre el 1 y el 3; para el espíritu occidental, hay una colección infinita» [6]—. La distinción entre estos dos tipos de representación en Spengler nos permite explicar una afirmación en principio sorprendente que Lezama hace sobre Góngora:

La luz de Góngora es un alzamiento de los objetos y un tiempo de apoderamiento de la incitación. En ese sentido, se puede hablar de goticismo de su luz de alzamiento. La luz que suma el objeto y que después produce la irradiación. La luz oída, la que aparece en el acompañamiento angélico, la luz acompañada de la transparencia de los ángeles al frotarse las alas. Los objetos en Góngora son alzados en proporción al rayo de apoderamiento que reciben. Solamente que ese rayo y alzamiento se ven obligados a vicisitudes renacentistas. El furor de ese rayo metafórico es de impulsión gótica, apagado por un reconocimiento en fabulario y usanzas grecolatinas [7].

En *La Decadencia de Occidente,* Spengler había dicho que «El gótico y el barroco son la juventud y la vejez de un mismo plantel de formas» [8], ya que para él, el gótico es la primera manifestación estilística del alma fáustica lanzada hacia el infinito (por oposición al alma antigua, de proyección concreta). Pero la fuente común de Spengler y Lezama es aquí Wilhelm Worringer, a quien Lezama sigue punto por punto en la cita anterior, y en gran parte del ensayo sobre Góngora.

Worringer distinguía cuatro manifestaciones del arte: el arte del hombre primitivo, que según él es pura abstracción, la imposición de un orden para enfrentarse al terror de lo desconocido, del mundo que se presenta como peligro; el arte clásico, que representa la satisfacción en el conocimiento, y por lo tanto, la plácida aceptación de la realidad y sus formas; el arte oriental, que es un abandono al no-conocimiento y a la sensualidad; y el gótico. El gótico es el punto intermedio entre el arte primitivo y el arte clásico: «Y así —dice Worringer en *Formprobleme der Gotik* (1912)—, el dualismo del hombre primitivo que teme al cosmos, que ya no es lo suficientemente fuerte como para negar la vida, que ya ha sido debilitado por un conocimiento que no obstante le niega aún la completa emancipación, se resuelve en

---

[6] *Ibid.,* p. 116.
[7] «Sierpe de don Luis de Góngora», *op. cit.,* p. 258.
[8] SPENGLER, p. 267.

— 297 —

una confusa manía de éxtasis, un ansia convulsiva por fundirse en un rapto supra-sensible, en un *pathos* cuya esencia específica es la falta de mesura»[9]. Es decir, el gótico se debate entre la imposición de una linearidad abstracta, ascendente y trascendente, y la presencia y fuerza de las formas de lo real y sensual. Para Worringer, como después para Lezama, el arte del Renacimiento, con su carga de humanismo clasicista, atenúa momentáneamente el trascendentalismo retorcido del gótico, pero éste renace en el barroco, que es el arte del anti-humanismo, trascendente una vez más, que aspira a un gozo de lo eterno en las convulsiones del éxtasis. Anhelo de trascendencia y presencia de lo sensual: estos dos elementos que Worringer aisla como los componentes de una dialéctica gótica nunca resuelta en síntesis, son las bases sobre las cuales Lezama desarrolla su ensayo, «Sierpe de don Luis de Góngora».

Toda esta historia reverbera en Lezama, tanto en sus ensayos como en sus poemas y en *Paradiso*. No podemos prescindir de ella, a riesgo de otorgar una falsa originalidad a sus postulados. Y, sin embargo, tampoco podemos agotar con esa historia la lectura que Lezama hace de Góngora. Lezama no es un manso seguidor de modas literarias o filosóficas; por el contrario, si algo tiene su obra, en cualquier género, es que rompe con todo hábito literario, y desafía las mejores y más tenaces tentativas de exégesis académica. Góngora, evidentemente, forma parte de un contexto dado, de toda una estética vanguardista que lo convierte en paladín de la poesía pura y hermética. Pero el papel que desempeña en la obra de Lezama es todavía más complejo y rico en

----

[9] El libro de Worringer aparece en 1912, bajo el título *Formprobleme der Gotik;* en 1907 se había publicado un preámbulo teórico intitulado *Abstraktion und Einfülung*. Ortega, en el verano de 1911, dedicó una serie de artículos a Worringer en *El Imparcial,* en los que resume las teorías del alemán, y años más tarde hace publicar en la *Revista de Occidente* varias traducciones. Además de Lezama, Carpentier se refiere a Worringer en varias ocasiones en su columna «Letra y Solfa», publicada durante los años cincuenta en *El Nacional* de Caracas; en «El acoso», el joven estudiante de arquitectura piensa en un libro que debe ser *Formprobleme der Gotik:* «¿Por qué no tenían los hombres de hoy aquella antigua providencia de 'Acogerse a lo sagrado', de que se hablaba en un libro sobre el Gótico?» Cito por *Guerra del tiempo,* México, Compañía General de Ediciones, 1966, p. 250. Severo Sarduy me ha indicado que todavía en los años cincuenta, el grupo de escritores que colaboraba en *Ciclón* hablaba de «simpatía y abstracción». Agradezco a mi colega de Cornell, Urbain De Winter, algunas sugerencias iniciales sobre Worringer. Cito aquí por *Form in Gothic,* tr. Sir Herbert Read, Nueva York, Schocken Books, 1969, pp. 68, 79.

sugerencias. La lectura que Lezama hace de Góngora es más crítica que la generalmente practicada por la vanguardia —no una simple aceptación de la poética del cordobés, sino una amorosa exégesis que a la postre sirve a Lezama para mostrar la falla de la poesía gongorina. Es decir, el punto a partir del cual él intenta forjar otra poética.

Hay un pasaje oscuro y sugestivo en «Sierpe de don Luis de Góngora» que pueda servir de vía de acceso a esta segunda lectura: «Faltaba en Góngora a esa penetración de luminosidad la noche oscura de San Juan, pues aquel rayo de conocer poético sin su acompañante noche oscura, sólo podrá mostrar el relámpago de la cetrera actuando sobre la escayolada. Quizás ningún pueblo haya tenido el planteamiento de su poesía tan concentrado en ese momento español en que el rayo metafórico de Góngora, necesita y clama, mostrando dolorosa incompletez, aquella noche oscura envolvente y luminosa [10]». ¿Qué quiere decir Lezama al hablar de «dolorosa incompletez»? ¿Se tratará aquí únicamente del contraste entre la fe de San Juan y el supuesto nihilismo gongorino? Es posible. Pero creo que hay, además, una intuición que tiene tanto que ver con la poesía como con la fe, aunque ésta también desempeña un papel importante en el sistema lezamiano. Para comprender lo que sugiere Lezama en ese pasaje se impone hacer un rápido recorrido por la poesía renacentista.

En la poesía de Góngora, evidentemente, culmina un proceso que tiene su origen más inmediato en Petrarca. El petrarquismo surge de impulsos contradictorios que van creando una fisura cada vez más ancha a medida que avanza el Renacimiento. Petrarca deriva un nuevo lenguaje poético a base de elementos que tiene a su alcance —la tradición provenzal que le llega por el *dolce stil nuovo*, el legado clásico— pero que no son fácilmente armonizables. Por un lado su clasicismo lo lleva a acuñar un lenguaje poético vernáculo que aspira a la perfección atribuida a la poesía latina. Por esa vertiente Petrarca va hacia una codificación cerrada de la poesía. Por otra, Petrarca busca centrar ese lenguaje en una presencia concreta, en un aquí y ahora que es la individualidad de un yo lírico manifestándose a través de ese lenguaje. La perfección formal que apetece Petrarca conspira contra la innovación, que puede crear la desarmonía, pero que es la diferencia mediante la cual la presencia centralizadora de ese

---

[10] «Sierpe de don Luis de Góngora», *op. cit.*, p. 271.

yo lírico puede llegar a revelarse. Hoy se puede comprobar que Petrarca, a pesar de sus testimonios en contra, pulió con esmero y hasta con neurastenia flaubertiana sus *Rimas;* y que, como Juan Ramón Jiménez, nunca se sentía satisfecho ante la última de las muchas (y potencialmente infinitas) versiones de sus poemas. Es perceptible hoy al leer su poesía la tensión hacia fines sólo armonizables en el más elevado plano de abstracción conceptual: el ansia de perfección formal de estirpe platónica y clásica, y el amor insatisfecho, que en sus más altos vuelos, también alcanza alturas neoplatónicas. La fusión entre el yo lírico y el código a través del cual se expresa es sólo posible a ese nivel de abstracción.

En los epígonos de Petrarca en el siglo XVI, el lenguaje cada vez más perfecto llega a convertirse en un código autónomo que significa cada vez menos, que libre ya de toda traba centralizadora, se entrega a sus propios giros. Podemos, en efecto, hacer el experimento de tomar un soneto de Petrarca sobre un tema dado y agrupar a su alrededor en un mismo plano sonetos de Garcilaso, Ronsard, Spencer y Quevedo, que no parecen sino glosas del «original», variaciones y juegos. En Herrera, como es sabido, ya hay un esfuerzo consciente y expresado con autoridad teórica, de forjar una lengua poética autónoma. Su contemporáneo, Fray Luis, que sin duda tomó conciencia del problema, apeló a una fórmula filosófico-teológica de anclar ese lenguaje, y afirma lo siguiente en *De los nombres de Cristo:* «La poesía inspiró Dios en los ánimos de los hombres para con el movimiento y el espíritu della levantarlos al cielo, de donde ella procede; porque poesía no es sino una comunicación del aliento celestial y divino» [11]. Como la música de las esferas, la música verbal del poema emana del aliento de Dios, no de la voz del poeta. Fray Luis tiene que suponer una fuerza externa que cifra sus poemas, anulando su propia presencia, y su propia voz como elemento centralizador. De ahí el tono «frío» que con frecuencia se ha atribuido a sus poemas.

El proceso que comienza con Petrarca es de desarraigo del lenguaje poético. Ante la perfección cada vez mayor de la poesía, del vernáculo domado a las exigencias del nuevo clasicismo, la voz lírica queda anulada, no se reconoce ya en el liso cristal de su propia creación. El lenguaje gira en torno a sí mismo y a su,

---

[11] *De los nombres de Cristo,* ed. y notas, Federico de Onis, Madrid, Clásicos Castellanos, 1956, I. 174.

aunque vasto, limitado universo alusivo, como un planeta desprendido de su órbita. Cuando llegamos al barroco, ya ese lenguaje es un lenguaje demente, alienado, que apunta a un vacío entre el poeta y el mundo, y entre el poeta y su propia creación; un lenguaje que ha perdido toda capacidad referencial, que no significa sino el abismo entre las palabras y el ser. Por ello, no parece fortuito que muchas de las figuras que aparecen en la literatura eglógica del Renacimiento y el Barroco sean seres alienados, excluidos de la armónica belleza del *locus amoenus* que generalmente los rodea, ni que el tema de la locura tenga tanta preponderancia durante esos dos períodos. La «incompletez» de que habla Lezama con respecto a Góngora tiene que estar vinculada a este proceso, que podemos analizar brevemente en fragmentos de dos poemas señeros: el canto XXIII del *Orlando furioso,* y un conocido pasaje de la Égloga II de Garcilaso.

En el canto XXIII, como es sabido, Orlando encuentra, primero una multitud de mensajes de amor grabados por Angélica en la corteza de los árboles, luego una cueva donde ella y Medoro han consumado su amor. En las paredes de la gruta, Orlando encuentra un poema escrito en árabe (que Ariosto se toma el trabajo de decirnos, «así como el latín bien lo entendía»), en que Medoro canta su satisfacción (cito por la traducción de 1550 hecha por el capitán Jerónimo de Urrea):

> Ledas plantas, fresca agua, yerba bella,
> Cueva umbría de gran frescura ornada,
> Do Angélica gentil, hija doncella
> De Galafrón, de mil en vano amada,
> Desnuda entre mis brazos gocé de ella,
> Por la comodidad que aquí me es dada [12].

Con esperanzas de que no sea cierto lo que sospecha, Orlando busca albergue y da con una choza, también cubierta toda de mensajes de amor, ya sin duda escritos por Angélica («esta letra conozco, no lo dudo»), y allí le cuentan en hirientes detalles lo que él menos quería escuchar. Al amanecer, Orlando regresa a la cueva:

---

[12] *Orlando Furioso.* Dirigido al Príncipe Don Philipe Nuestro Señor, traducido en romance castellano por don Ieronymo de Vrrea. An se añadido breves moralidades arto necesarias a la declaración de los cantos, y la tabla es muy más aumentada. A Lyon en Casa de Gulielmo Roville, 1550, p. 204. He modernizado la puntuación y la ortografía.

Donde escribió Medoro el epigrama,
En ver su injuria escrita así presente,
Se enciende tal que en él quedó drama
que no fuese odio, rabia, ira furiosa.
La espada aquí sin más sacó famosa,
Cortó el escrito y mármol presuroso.
Hasta el cielo las rajas han subido.
Desdichada cueva y sitio umbroso
Do Angélica y Medoro se vio imprimido [13].

La locura de Orlando se manifiesta ante la escritura, emble-máticamente grabada, fijada, en el mármol, que canta lo impensable, que es la plenitud amorosa, y la coincidencia de esa plenitud con la inscripción del poema: plenitud en la unión física no abarcable por el lenguaje petrarquista, y sólo posible aquí por el disloque producido por la ironía y el humor. El pasaje está lleno de sugerencias: la escritura en árabe, que distancia a Orlando de ese poema de plenitud, la saturación, la repetición interminable de mensajes, grabados en los árboles, en las paredes de la choza, en la gruta, en la fuente, como si el mundo real fuese incapaz de contener esa escritura prohibida, que es la de la saciedad. La locura de Orlando es ante el lenguaje pletórico; su agresión es contra esos signos que desbordan la realidad con mensajes que cierran la fisura, la ruptura entre lenguaje y significado. Es sólo en la locura o en el humor y la ironía que la «incompletez» logra completarse.

En la Égloga II, emulando posiblemente a Ariosto, Garcilaso ofrece una escena de locura igualmente sugestiva [14]. La égloga ha suscitado algunas críticas negativas por su desmesura, desarmonía y extraña complejidad [15]. La primera parte relata los infortunios de Albanio y su locura de amor por Camila; en la segunda, el mago Severo ve en una urna (especie de Aleph borgiano) toda la historia de la casa de Alba. Las dos partes de la égloga se miran

---

[13] *Ibid.,* p. 206.

[14] Para un estudio detallado y erudito de las relaciones entre Ariosto y Garcilaso, y en particular entre la Égloga II y el *Orlando,* véase R. O. JONES, «Ariosto and Garcilaso», *Bulletin of Hispanic Studies,* 39, 1962, pp. 153-67.

[15] «Aparte de ese interés y de las expresiones del lenguaje vulgar tan abundantes en ella, la Égloga II ofrece un caudal de temas renacentistas utilísimo para fijar la ideología de Garcilaso. Es cierto que las calidades poéticas de la obra no son uniformes», Margot ARCE DE VÁZQUEZ, *Garcilaso de la Vega. Contribución al estudio de la lírica española del siglo XVI,* 2.ª ed., Río Piedras, Ediciones de la Universidad de Puerto Rico, 1961, p. 26.

como reflejos especulares: la historia del joven Alba será como una repetición de la de Albanio. No cabe duda, por la longitud y complejidad del poema, que fue ésta la obra más ambiciosa de Garcilaso, y a mi entender la que más claramente apunta hacia Góngora. Pero quisiera sólo destacar la escena de la locura de Albanio; escena genial en la que no vemos por cierto al Garcilaso sobrio y mesurado que la crítica alaba. Albanio se encuentra con Camila después que ésta ya lo ha rechazado, y trata de explicarse una vez más ante ella; pero Camila no lo deja y trata de escapar. Albanio la agarra por una mano, forcejean, Camila grita que Albanio le va a romper un dedo, y finalmente escapa. Albanio pierde la razón:

> Descargado me siento de un gran peso;
> Paréceme que vuelo, despreciando
> Monte, choza, ganado, leche y queso.
> ¿No son aquestos pies? Con ellos ando.
> Ya caigo en ello, el cuerpo se me ha ido;
> Sólo el espíritu es éste que ahora mando.
> ¿Hale hurtado alguno o escondido
> Mientras mirando estaba yo otra cosa?
> Una figura de color de rosa
> Estaba allí durmiendo: ¿si es aquella
> Mi cuerpo? No, que aquella es muy hermosa [16].

El forcejeo entre Albanio y Camila, la insólita alusión a la fractura del dedo (donde no deja de haber cierta comicidad), todo este desorden no puede ser más chocante en el ambiente eglógico en que se desarrolla la acción. Recuérdese además que es también en esta égloga donde Garcilaso, al narrar el matrimonio del joven Alba, emplea el verso «ardiendo y deseando estar ya echado», que tanto irritó a Herrera, quien escribió en sus *Anotaciones:* «que muy ajeno es de su modestia y pureza, y que deslustró mucho la limpieza y honestidad de toda esta descripción» [17]. Y es precisamente en esta égloga donde parece haber un

[16] *Obras,* edición y notas, Rafael Lapesa, Madrid, Clásicos Castellanos, 1963, p. 70.

[17] *Ibid.,* p. 100, nota al verso 1416. El comentario de Herrera dice: baxisimo i torpe verso en numero e sentencia. Esto no sé como lo dixo Garci-Lasso, que mui ageno es de su modestia i pureza; porque deslustró mucho la limpieza i onestidad de toda esta descrición. Cosiste la onestidad de los vocablos ó en el sonido ó en la voz d'ellos ó en su significado que nombres ai que dizen cosa onesta i se siente resonar desonestidad en la misma voz; pero la ocenidad i

desdoblamiento claro en la lengua poética de Garcilaso. En un momento dado, durante un diálogo entre Albanio y Salicio, el primero le pregunta a su amigo: «¿Para qué son magníficas palabras? / ¿Quién te hizo filósofo elocuente, / Siendo pastor de ovejas y cabras?»[18] Este distanciamiento irónico apunta a la fisura, a la ruptura en el seno del lenguaje poético que la locura de Albanio manifiesta en el interior de la égloga —égloga escindida, como se ha visto, en dos partes en que se pretende igualar una serie de sucesos históricos y contemporáneos y una ficción pastoril—. La armonía es imposible, como el amor de Albanio, que lo lleva a la incoherencia, a la afasia, y, por último, a la locura. La cómica y grotesca separación de cuerpo y espíritu destaca la separación: entre la facticidad del lenguaje y su imagen abstracta; el yo desprendido de Albanio es el que habla y nombra como fuera de sí esa carne que le han robado y desde la cual no puede expresarse (después de este episodio, Albanio se queda dormido y no vuelve a hablar en el poema). El desorden de este gran poema de Garcilaso es su rasgo más revelador. La distancia entre esa carne rosada, el cuerpo de Camila que Albanio cree es ahora el suyo desasido, y el yo que la nombra, sin poderla recuperar, sin poderla asimilar, es el germen del barroco poético. De la Égloga II de Garcilaso a las *Soledades,* de Albanio a ese peregrino sin nombre no hay más que un paso.

torpeza no sólo no a de estar en las palabras, mas ni en la significación, porque siempre se a de cubrir en la oración la torpeza de las cosas; i si se cubre, como se entienda, satisfaze i agrada», *Garcilaso de la Vega. Las églogas con las anotaciones de Herrera,* París, Librería de la Vda. de Ch. Bouret, 1939, pp. 219-20. Lo interesante aquí, por supuesto, no es la censura moral de Herrera, sino la correspondencia que establece entre torpeza moral y poética. Elías L. RIVERS estudia la presencia del mito de Narciso en la Égloga II, y dice: «The soul's mistaken pursuit of the body is thus a frustrating error, for only a beauty at its own, or a higher level can satisfy the soul. This is precisely the division between soul and body which Albanio imagines as, in his madness, he looks at his reflection in the water; and the results are similarly frustrating. It is the carnal nature of Albanio's love for Camila which Nemoroso says must be cured by Severo's Platonic lessons concerning the true nature of the soul (vv. 1094 and 1127: 'y restituye'l alma a su natura'. 'Que volvió el alma a su naturaleza'). Unlike the *Ovide moralisé* tradition, which condemned Narcissus as representing willfully conceited self-love, the Neoplatonic tradition sees him as inadequate self-knowledge, substituting for the soul its inferior reflection, or hypostasis, the body, as the object of true love», *Hispanic Review,* 41, 1973, p. 303. En el poema, desde luego, no pueden aislarse tan nítidamente esas tradiciones, sino que, por el contrario, queda la torpeza que emerge del enfrentamiento entre lo concreto carnal y la idea de belleza.

[18] *Obras, op. cit.,* p. 46.

Creo que se puede resumir el proceso que he venido describiendo con un brillante párrafo del libro de Leo Spitzer sobre *La Dorotea* de Lope:

El lenguaje barroco no es sino un lenguaje que aprovecha la radical inconexión de todos los lenguajes con la belleza. Un lenguaje que ensancha el abismo entre el ser y la apariencia y que dora lo feo o lo malo con un nimbo de belleza. Nunca olvidaré aquel relicario de una iglesia granadina que llena una sala entera; que con el brillo del oro, del cristal y la luz eléctrica, parece el vestuario de una elegante cortesana. Mientras que en cada cajita se encuentran huesos y otros restos de santos. [...] A esa belleza de nimbos pertenece el oropel del lenguaje culterano y conceptista, cuyas «pseudo-palabras» el mismo poeta conoce muy bien, por eso puede muy bien escribir en barroco. O lo que es lo mismo, hacer que sus personajes hablen en barroco y que ellos mismos critiquen su lenguaje. El poeta conoce lo oportuno y al mismo tiempo lo inoportuno de estos embellecimientos [19].

El lenguaje a que desemboca el petrarquismo es uno en que la búsqueda de fusión y la conciencia de la ruptura conduce a la asimilación de lenguajes diversos, desarmónicos, como ya se ha visto en la Égloga de Garcilaso. Es el lenguaje de la falta de plenitud y de la plenitud perseguida en la sobreabundancia y la superfluidad; que señala el vacío, la ausencia de voz centralizadora, como Albanio apunta a su cuerpo fuera de sí: una figura rosada, demasiado hermosa para ser suya.

San Juan, como sugiere Lezama, es el polo opuesto de esta tendencia; o tal vez la vertiente complementaria. San Juan está consciente de la falla del lenguaje, de la imposibilidad de expresar la plenitud que persigue:

Ésta es la causa por que con figuras, comparaciones y semejanças, antes rebosan algo de lo que sienten y de la abundancia de el espíritu vierten secretos mysterios que con razones lo declaran. Las quales semejanças, no leydas con la sencillez de el espíritu de amor et intelligencia que ellas lleuan, *antes parecen deslates que dichos puestos en razón,* según es de uer en los diuinos Cantares de Salomón y en otros libros de la Escriptura diuina, donde, no pudiendo el Espíritu Sancto dar a entender la abundancia de su sentido por términos vulgares y usados, habla mysterios en estrañas figuras y semejanças. De donde se sigue que los

[19] *Die Literarisierung des Lebens in Lopes Dorotea,* Bonn y Colonia, Ludwing Röhrscheid Verlang, 1932, pp. 11-12. Agradezco a mi colega de Cornell, Ciriaco Morón-Arroyo, su asistencia en la traducción de este pasaje.

sanctos doctores, *aunque mucho dicen y más digan, nunca pueden acabar de declararlo por palabras,* así como tampoco por palabras se puede ello decir; y assí, o que de ello se declara ordinariamente es lo menos qué contiene en sí (los subrayados son míos) [20].

El movimiento hacia la plenitud lleva, o a la repetición y acumulación de figuras, metáforas —a los dislates, a la locura—, o por la vertiente correlativa y opuesta al vacío, a la noche unánime que borra toda traza. Si por un lado tenemos la hartura, la plenitud nunca alcanzada, por otro encontramos la negación de todo apetito:

Llamamos aquí *noche* a la privación del gusto en el apetito de todas las cosas, porque así como la noche no es otra cosa sino la privación de la luz y, por consiguiente, de todos los objetos que se pueden ver mediante la luz, por lo cual se queda la potencia visiva a escuras y sin nada, así también se puede decir la mortificación del apetito *noche* para el alma, porque privándose el alma del gusto del apetito en todas las cosas, es quedarse como a escuras y sin nada. Porque así como la potencia visiva mediante la luz se ceba y apacienta de los objetos que se pueden ver, y apagada la luz no se ven, así el alma mediante el apetito se apacienta y ceba de todas las cosas que según sus potencias se pueden gustar, el cual también apagado, o por mejor decir, mortificado, deja el alma de apacentarse en el gusto de todas las cosas, y así queda según el apetito a escuras y sin nada [21].

La lisura del verso de San Juan, la ausencia de adjetivos, la reducción del lenguaje a verbos y sustantivos, y a veces sólo a interjecciones, es la otra cara de la heterogeneidad barroca; el silencio sideral en la indiferenciada transparencia azul / el chisporroteo de la luz solar lanzada al infinito, asimilando la algarabía de astros y constelaciones: la afasia de Albanio, momentos después de su locura incoherente; ambos tiempos de un mismo movimiento hacia la recuperación de la voz poética —negativo en San Juan, asimilativo en el barroco. La página en blanco, la página negra, saturada de signos: contrapunteo de silencios.

El peregrino en las *Soledades* —ese «náufrago y desdeñado, sobre ausente» [22]— deambula por el opulento paisaje que lo rodea, excluido. Como atinadamente señaló Pedro Salinas, su his-

---

[20] «Prólogo» al «Cántico espiritual», *Vida y obras de San Juan de la Cruz,* Madrid, Biblioteca de Autores Cristianos, 1964, p. 740.

[21] *Subida al Monte Carmelo, op. cit.,* p. 369.

[22] GÓNGORA, *Obras completas,* Madrid, Aguilar, 1962, p. 634.

toria es un pretexto, el argumento del poema prácticamente nu-lo [23]. ¿Qué sabe el lector del peregrino? Que es un náufrago en un país extraño («el mísero extranjero», página 645, v. 44), que su-fre una pena de amor, y que como sus antecesores en las églogas, aparece aislado (aquí en el sentido etimológico), desarraigado: «Las *Soledades* tal como las tenemos —dice Dámaso Alonso— son más bien una sucesión de escenas pastoriles, con un largo relato histórico, unas bodas rurales, escenas de pesca, de cetrería, unidas sólo, como un hilo continuo, por la presencia de ese pere-grino solitario al que aflige una tremenda desaventura amoro-sa» [24]. El peregrino es un espectador pasivo cuya historia se dilu-ye en las complejas y minuciosas descripciones del contexto, de las propiedades de la brújula, de los descubrimientos marítimos, de todo, en fin —las anunciadas cuatro soledades iban a ser un poema cósmico, total—. Las *Soledades,* que significativamente nunca fueron terminadas, aspiraban a ser, pues, un poema que lo contuviese todo; una especie de *summa* poética en la que todo fuese nombrado, y que agotase el registro de posibilidades meta-fóricas del lenguaje.

La ruptura que se ha venido observando en la tradición pe-trarquista llega en el poema de Góngora a su más aguda manifes-tación. El lenguaje recargado, retorcido, no es un lenguaje que denote una presencia, sino un lenguaje que busca la plenitud en sí mismo —el peregrino no puede ser sino *pre*-texto, o *con*-texto. Aislado como aparece en esa isla desconocida —rodeado por «el húmido templo de Neptuno» (v. 478)—, el peregrino proyecta la imagen perfecta de la alienación. En su *Histoire de la folie à l'age classique,* Michel Foucault ha consignado la relación entre la navegación y la locura, en términos que parecen de singular per-tinencia al peregrino de las *Soledades:*

El loco es el Pasajero por excelencia, es decir, el prisionero del pasaje. Y la tierra sobre la cual él desembarcará es desconocida, así como no se sabe, cuando pone pie en tierra, de dónde viene. Él no posee su verdad ni su patria, sino en esa extensión infecunda entre dos tierras que no pueden pertenecerle. ¿Será este ritual el que está por sus valores en los

---

[23] «The narrative part, the story is nothing but a slight pretext. Góngora makes use of it in order to indulge in descriptions of nature, plants, animals, landscape, in order to present dances, festivities, activities like hunting and fish-ing all of the greatest variety...», *Reality and the Poet in Spanish Poetry,* intr. Jorge Guillén (Baltimore, Johns Hopkins University Press, 1966), p. 138.

[24] *Góngora y el «Polifemo»,* 4.ª ed. I., Madrid, Gredos, 1961, p. 115.

orígenes de un largo parentesco imaginario que puede seguirse por toda la historia de la cultura occidental? ¿O es que, a la inversa, este parentesco es el que ha convocado y fijado, desde lo más profundo del tiempo, el ritual del embarque? Una cosa por lo menos es segura: el agua y la locura han estado ligadas por mucho tiempo en los sueños del hombre occidental [25].

El peregrino de Góngora es, pues, en el conocido neologismo de Joyce para pasajero, el *pasencore:* un ser incompleto que surge de las aguas de un mar que si bien no será barroco en sí, parece serlo en su dimensión metafórica.

Al referirse al barroco, Lezama acude a veces, en forma metafórica, al concepto aristotélico-escolástico del húmedo radical, a aquella propiedad de los cuerpos que les da elasticidad y les permite la absorción del mundo externo. Y en «La curiosidad barroca», Lezama ofrece una especie de antología poético-culinaria que presenta con las siguientes palabras: «El banquete literario, la prolífica descripción de frutas y mariscos, es de jubilosa raíz barroca. Intentemos reconstruir, con platerescos asistentes de uno y otro mundo, una de esas fiestas regidas por el afán, tan dionisíaco como dialéctico, de incorporar el mundo, de hacer suyo el mundo exterior, a través del horno transmutativo de la asimilación [26].» Y en *Paradiso,* como ha notado Emir Rodríguez Monegal, «el ritual de la comida desde su preparación hasta su exégesis práctica, ocupa un lugar absolutamente central [27].» Reveladora es, además, la imagen utilizada por Lezama en el notorio capítulo 8 de esa novela, al describir el coito *per angostam viam* de Farraluque y la criada del colegio: «Pero la españolita, con una tenacidad de ceramista clásico, que con sólo dos dedos le abre toda la boca a la jarra, llegó a unir las dos fibrillas de los contrarios reconciliados en aquellas profundidades [28].» Conviene recordar aquí que Santo Tomás, fiel a Aristóteles, aceptaba la teoría de que la creación de una mujer podía ser precipitada por causas externas, como por ejemplo, el viento sur, que es húmedo *(Summa,* p. 92, art. 1), y por lo tanto la creencia de que el cuerpo femenino contiene más agua que el masculino —de donde se deduce es más elástico, como la arcilla de que fue moldeado—. El barroco, pues, es el apetito incorporador, la asimilación. La

---

[25] París, Unión Générale d'Editions, 1971, p. 23.
[26] *La curiosidad barroca, op. cit.,* p. 58.
[27] «*Paradiso* en su contexto», *Mundo Nuevo,* 20, 1968, p. 41.
[28] *Paradiso,* Buenos Aires, ed. de la Flor, 1968, p. 272.

insuficiencia o «incompletez» que Lezama le atribuye a Góngora es un apetito: «Todo vivir en el reino de la poesía *in extremis* —dice Lezama—, aporta la configuración del vivir de salvación, paradojal, hiperbólico, en el reino. Así, don Luis, estático, ocioso, indolente, lejano y litúrgico, fue el creador de un vivir de apetito o impulsión de metamorfosis» [29]. Para Lezama, Góngora ha llevado la poesía hasta el punto en que ésta quiere dejar de ser imagen del mundo para incorporar al mundo: mundo-palabra, sustanciación de la imagen en la poesía. La locura, la «incompletez» de Góngora está en que el apetito ha de ser siempre infinito y circular —serpiente que se devora y hace desaparecer, que se anilla y anula—. Como la serie infinita de números del 1 al 3 de que hablaba Spengler, las posibilidades combinatorias del lenguaje poético gongorino son interminables: «En Góngora —explica Lezama— esa raíz juglaresca hermética tiene vastísima tradición soterrada, sólo su propia parábola, sin alcanzar ese oscuro cuerpo oracular, pues las señales del señor de Delfos surgen en un pizarrón nocturno que tiende afanosamente a borrarlas» [30].

El apetito de Góngora no es tan voraz como el de Lezama, ya que éste quiere convertir la absorción en sacramento, en unión trascendente: «Cuando ese dualismo sea vencido, volviéndose a sumergir en ese infuso espejeante, en que el propio sentido del vivir adquiera una forma más sacramental, un misterio conocido al tocar la carne del hombre, volverá a presentarse la necesidad poética como un alimento que rebasa la voracidad cognoscente y de gratitud en el cuerpo [31].» Quizás la clave para entender la empresa de Lezama, sobre todo en *Paradiso,* no está en Góngora, sino en Quevedo, en esa escena grotesca y sacramental del *Buscón* en que se sugiere que don Pablos está a punto de comer unos pasteles hechos de la carne de su padre, ajusticiado y descuartizado. Hacia esa fusión se dirige José Cemí —Cemí, que yo me inclino a ver, a pesar de la ortografía, como derivado o síntesis de *sema,* signo, y *soma,* cuerpo—. Como el peregrino de las *Soledades,* como Orlando y Albanio, Cemí es un ser incompleto, testigo, espectador, o perplejo partícipe de una difusa historia. Pero la escena final de *Paradiso* evoca el momento de la misa en

---

[29] «Sierpe de don Luis de Góngora», *op. cit.,* p. 275.
[30] *Ibid.,* p. 260. El final de esta cita de Lezama es una deformación de uno de los célebres fragmentos de Heráclito: «El Señor cuyo oráculo está en Delfos, ni dice, ni oculta, sino hace señales», José GAOS, *Antología de la filososfía griega,* 2.ª ed. corregida, México, El Colegio de México, 1968, p. 23.
[31] *Ibid.,* p. 277.

que el sacerdote ingiere la hostia y el acólito suena la campanilla: «Un negro, uniformado de blanco, iba recogiendo con su pala las colillas y el polvo rendido. Apoyó la pala en la pared y se sentó en la cafetería. Saboreaba su café con leche, con unas tostadas humeantes. Comenzó a golpear con la cucharita el vaso, agitando su contenido. Impulsado por el tintineo, Cemí corporizó de nuevo a Oppiano Licario. Las sílabas que oían eran más lentas. Era la misma voz, pero modulada en otro registro. Volvía a oír de nuevo: ritmo hesicástico, podemos empezar» [32]. La voz modulada en otro registro es la del padre ausente, recuperada por mediación del poema de Licario, testigo presencial de la muerte del Coronel en Pensacola. Ahora *podemos* empezar, no *volvemos* a empezar; el texto leído no es sino la vía a ese momento de unión desde el cual se puede postular el texto perfecto, trascendental, después de la unión transmutativa. Al referirse a las catedrales góticas, Worringer hablaba de «trascendentalismo petrificado», Lezama aspira en su obra al milagro —a la encarnación del verbo: «La poesía se hace visible, hipostasiada, en las eras imaginarias, donde se vive en imagen, por anticipación en el espejo, la sustancia de la resurrección» [33].

Esa resurrección no refleja únicamente el notorio catolicismo de Lezama, sino que representa lo más radical de su estética. La resurrección es el mundo de la poesía «substanciada», de la *hipertelia* (más allá del fin) a que se refieren los personajes en varias de sus discusiones, la superfluidad a que hemos aludido. En la estética barroca de Góngora, pero sobre todo en la de Quevedo, ese más-allá-del-fin lo marca el monumento funerario —petrificación de la imagen— o lo escatológico, lo excremental. En Lezama ese más allá es el paraíso de la escritura. La organización numérica de los capítulos en *Paradiso* sugiere el sentido de esa hipertelia. El centro de la novela contiene una progresión significativa del seis al ocho: en el capítulo seis muere el Coronel,

[32] *Paradiso, op. cit.,* p. 617.
[33] *Las eras imaginarias, op. cit.,* p. 30. Lezama recupera a Narciso (ver nota 17) al sacramentalizar la hipóstasis renacentista-barroca. Era esta característica del barroco hispánico lo que atraía a Spitzer y a sus colegas alemanes, según indica en su ensayo «Il Barocco Spagnolo»: «Paganesimo, si può essere, ma paganessimo cristianizzato, che estrae spiritualità dalla carne voluttuosa, che mette al servizio di Dio la carne stessa; la Spagna ha datto veramente *carne* alla seconda persona della Trinità, al *verbo caro factum*», *Cinque Saggi di Ispanistica,* presentazione e contributo bibliografico a cura di Giovanni Maria Bertini. Collaborazione di Roberto Radicadi di Marmorito, Turín, G. Giappichelli, 1962, p. 117.

quien, como Dios, termina su labor en seis jornadas; en el siete aparece el ritual de la comida familiar y la muerte del tío; en el ocho domina la presencia del falo. El falo, el ocho, la serpiente que se muerde la cola, es la superfluidad, el paso más allá de la serie completa de siete números que componen la semana. En el capítulo catorce, el último, se repite el ritual de la comida y muere Licario (como el tío, substituto del padre), pero esta vez la ingestión es sacramental por su alusión a la misa. El capítulo siguiente, que por supuesto, no figura como tal, es el de la escritura de la novela, *es* la novela, y viene a ser la repetición del ocho. Como en Dante el paraíso sólo aparece al final, y por ello Lezama alude a la *Comedia* en la forma italianizada de su título, porque es sólo después de la visión de éste que el poeta-peregrino empieza a escribir el poema. *Paradiso* es ese mundo de la representación pura, pero no idealista, cuando los objetos y los seres, cuando el mundo, después del Apocalipsis, asume forma imperecedera, pero concreta y tangible, en la Resurrección.

[*Revista Iberoamericana*, 51 (1975), pp. 479-91.]

GUILLERMO SUCRE

LEZAMA LIMA:
EL LOGOS DE LA IMAGINACIÓN

> Buscando la increada forma del logos de la imaginación.

Con Lezama Lima todo parece ser formulado nuevamente desde la raíz de las cosas. Comenzando por los signos mismos verbales. En uno de sus ensayos, aborda el tema de la oposición entre la *letra* y el *espíritu*. La sola letra mata, sabemos, según las Escrituras. ¿No ha resucitado el escritor moderno esa misma fórmula, aunque con otras variantes? ¿No sigue funcionando aún en la oposición entre *literatura* y *poesía*, uno de cuyos primeros indicios fue el famoso «Et tout le res*te* est littérature»? Todo ello, observa Lezama, no es sólo una inconsecuencia ética o una manifestación más de la crisis creadora de nuestro tiempo; encierra, sobre todo, un malentendido. La letra mata el espíritu sólo cuando ya éste se ha extinguido. «Cuando faltare la visión, el pueblo será disipado», recuerda Lezama, recordando el «Libro de los Proverbios». Y, con una idea sin duda central en toda su obra concluía ese ensayo afirmando: «Vivimos ya un momento en que la cultura es también una segunda naturaleza, tan *naturans* como la primera; el conocimiento es tan operante como un dato primario. El extremo refinamiento del verbo poético se vuelve tan primigenio como los conjuros tribales» (*Tratados en La Habana,* 1958).

Esta idea es central no sólo por lo que ella contiene en sí misma: vale decir, la visión afirmativa que Lezama tiene de la literatura. Lo es también, y sobre todo, por la desmesura de esa visión. Se trata, en efecto, de algo más que el derecho de existencia de la literatura; algo más incluso que el hacer volver a la letra por sus antiguos fueros. Lo que está formulando Lezama, en verdad, es un sistema poético del mundo, y aun de la historia.

La literatura es una *segunda naturaleza* no porque ella represente o presente lo real, con mayor riqueza o no, lo cual sería para Lezama recaer en un realismo anacrónico. Si ella es representación de algo, lo es de sus propios poderes; su verdadero carácter es lo *incondicionado* y lo *hipertélico:* siempre se libera de sus antecedentes y va más allá de sus propios fines. Lezama cree, como Pascal, que la naturaleza se ha perdido y todo, en consecuencia, puede reemplazarla. «Hay inclusive como la obligación —dice— de devolver la naturaleza perdida. De fabricar naturaleza, no de recibirla como algo dado.» La literatura, más bien, es *sobrenaturaleza:* la imagen no es sólo una manera de ver la realidad, sino de modificarla, de sustituirla. Así, la literatura llega a ser un principio de libertad creadora frente a todo determinismo de la realidad.

¿No es la obra misma de Lezama uno de los más grandes intentos por encarnar esa libertad y esa sustitución, por ser ella misma *naturaleza?* Su obra: vastos desenvolvimientos verbales, imágenes que adquieren un carácter casi absoluto, el orden a la vez fijo y vertiginoso que subyace en toda su trama, lo que, por su parte, se traduce en el movimiento de la dispersión y el reencuentro: un signo que oscuramente se pone en marcha, luego de una travesía imprevisible es rescatado e iluminado por otro; o como diría el propio Lezama, la obra sometida a la «ley de los torbellinos». La impresión de ser *naturaleza* la suscita también el ser una obra cuyo cuerpo o materia se va expandiendo —y concentrando, endureciéndose— con sucesivas acumulaciones y sedimentaciones. De ahí el poder que Lezama reconoce en todo poema: el de crear «un cuerpo, una sustancia resistente enclavada entre una metáfora, que avanza creando infinitas conexiones, y una imagen final que asegura la pervivencia de esa sustancia, de esa *poiesis».* En uno de sus textos en prosa, que de manera significativa se titula *La sustancia adherente,* Lezama propone esta experiencia:

Si dejásemos nuestros brazos por un bienio dentro del mar se apuntalaría la dureza de la piel hasta frisar con el más grande y noble de los animales y con el monstruo que acude a sopa y a pan [...] Al pasar los años, el brazo sumergido no se convierte en árbol marino; por el contrario devuelve una estatua mayor, de improbable cuerpo tocable, cuerpo semejante para ese brazo sumergido. Lentísimo como de la vida al sueño; como del sueño a la vida, blanquísimo.

Como ese brazo sumergido en el mar, el lenguaje de Lezama Lima parece germinar cubriéndose con su propia sustancia y sólo se somete al dinamismo de esa misma germinación. Es posible que la metáfora de Lezama evoque la que empleaba Stendhal para ilustrar su teoría del amor como «cristalización» (o sublimación); la ramita sumergida en las minas de Salzburgo, que se cubría de cristales. Pero las diferencias son notables y ayudan a ver mejor la búsqueda del escritor cubano. Stendhal parte de un hecho observable para ilustrar un proceso psicológico o espiritual; Lezama parte de un hecho sólo imaginariamente posible y que no puede servir de ilustración sino de sí mismo. Así, el brazo sumergido no cristaliza sino en un «cuerpo semejante»: no se convierte en «árbol marino» sino en estatua de «improbable cuerpo tocable». Es significativo, por cierto, que esta última expresión resulte reversible. Si dejáramos: «probable cuerpo intocable», el cambio de las palabras no varía la estructura y mucho menos se resuelve en una transferencia de sentido. Aun invertida, la expresión se refleja y sólo puede reflejarse a sí misma.

Es obvio, por tanto, que la obra erige su total autonomía frente a lo real. Pero si esa autonomía es la ruptura de la causalidad realista, el hecho es que por efecto de lo que Lezama llama *la vivencia oblicua* [1], la obra penetra en «la causalidad de las excepciones»: entonces su irrealidad empieza a cobrar existencia, no porque se mimetice a lo real, sino por las transfiguraciones inesperadas que surgen de su irrealidad misma. La obra, por supuesto, no nos regresa al mundo; nos lo inventa. «Todo está dispuesto —acota Lezama— para un nacimiento, no para una repetición.» Sólo que inventar el mundo consiste en devolverle su *originalidad,* una originalidad, por cierto, muy singular: su tiempo es simultáneamente el pasado y el futuro. La misión de la poesía —dice Lezama— es la de «empatar o zurcir el espacio de la caída». Cerrar las fisuras de ese espacio es ya reunir la imagen del pasado y la venidera: «el éxtasis de lo homogéneo», como la define Lezama. ¿No es, en gran medida, lo que había propuesto también Baudelaire: el progreso como la disminución de las huellas del pecado original?

«Mejor que sustituir, restituir», dirá, por ello, Lezama en un poema. Restituir, claro, no tiene ninguna connotación realista; en el contexto de la obra de Lezama, es evidente que alude a la

---

[1] «Como si un hombre, sin saberlo desde luego, al darle la vuelta al conmutador de su cuarto inaugurase una cascada en el Ontario», en *Órbita de Lezama Lima;* ver también «La dignidad de la poesía», en *Tratados, op. cit.* Cf. bibliografía final.

naturaleza perdida. ¿Cómo, sin embargo, restituir lo perdido sin apelar a las sustituciones y, en consecuencia, cómo practicar tales sustituciones sin aventurarse en lo imaginario? Restituimos algo, pero creándolo, «invencionándolo», para ajustarnos al vocabulario de Lezama. Sólo que esa invención se ve regida por una *ley* que el propio Lezama formula: encontrar las coordenadas entre lo imaginario y lo necesario («entre su absurdo y su gravitación»), entre el *súbito* de la imagen y la *extensión* que ella despliega. Esas coordenadas se inscriben, a su vez, en un movimiento más amplio con el cual Lezama define el acto poético: toda realidad poética desencadena una reacción de irrealidad que, por su parte, quiere encarnar en aquella realidad. La imagen para Lezama, sabemos, nunca es un doble, ni siquiera una sustitución. La imagen es «la realidad del mundo invisible», la resistencia final en que el poema toma cuerpo. Un cuerpo, no lo olvidemos, «adquirido por la sombra de los fantasmas» (Lezama citando a Dante). También en uno de sus propios poemas, él lo sugiere así: «respiro la niebla / de deshojar fantasmas». Un cuerpo, pues, igualmente irreal, un cuerpo que «se sabe imagen», pero que se intuye necesario, gravitante, susceptible de engendrar por sí mismo nuevas gravitaciones. La imagen es una irrealidad que, sin embargo, moviliza y aun polariza al hombre, es decir, al ser más real por excelencia. Todo lo fundamental que ha hecho el hombre, ¿no lo ha hecho en función de una imagen? La pregunta, meramente retórica, es una de las convicciones de Lezama.

Ejercer toda autonomía verbal dentro de un verdadero sistema poético del mundo: esto es, pues, lo que intenta hacer Lezama. Ese sistema abarcaría las dos fórmulas propuestas por Novalis; la poesía como lo real absoluto y la filosofía como la operación absoluta. Más radical aún: sólo ese sistema podría reemplazar a la religión, en la medida, explica Lezama, en que sería «la más segura marcha hacia la religiosidad de un cuerpo que se restituye y abandona a su misterio».

Restituirse y abandonarse a su misterio: se trata de un mismo movimiento con dos fases: lo que se revela y a un tiempo se vela. Es lo que define el carácter mismo de la obra de Lezama, sobre todo su obra poética, que es la que acá nos interesa especialmente. Esa frase nos conduce, por supuesto, a un punto crucial: el hermetismo. Es sabido que Lezama no sólo no niega sino que además reivindica el hermetismo de su poesía. En algunas de sus *conversaciones* lo ha dicho: «mi trabajo oscuro es mi poesía», «mi obra puede considerarse una penetración en mi oscuro» [2]. Tampoco Lezama problematiza este hecho; el sexo, como el arte, es materia concluyente, no problemática, dice uno de los personajes de *Paradiso*. No está demás decirlo: el hermetismo de Lezama es un modo de ser. No depende de una sintaxis, compleja o no, mucho menos del ocultamiento deliberado de una clave que, en sí misma, ya sea clara. Es cierto que Lezama concibe su sistema poético regido por la razón. Esto no debe entenderse mal. Frente a los términos de la escolástica: ente de razón fundado en lo real, lo cual daría en poesía: ente de razón fundado en lo imaginario, él prefiere otra posibilidad: *la poesía como ente de razón fundado en lo irreal*. Por ello Lezama gusta citar una fórmula de Pascal: un arte incomprensible, pero razonable. Sin ser menos lúcida, su opción es evidentemente más radical: aventura no sólo en lo imaginario como imaginable, como virtualidad, sino también en lo no existente, lo no creado; la luz que trabaja sobre todo en los dominios de la sombra. Hay quienes se reconocen en «la suprema esencia y la suprema forma» —dice Lezama en un poema—, pero para confesar que a él sólo se le hace «visible la caída y la originalidad por la sombra y la caída». La suya, pues, es una razón oracular: propone un mundo, no dispone de uno ya dado. ¿Por qué los griegos nos otorgaron el Ser? Esta pregunta que se formula Lezama tiene una doble comprobación: hemos perdido el Ser, pero no podemos vivir sin imaginarlo y no podemos imaginarlo sin fundarlo de nuevo; a su vez, imaginarlo es encontrar su necesidad. De ahí que Lezama se presente a sí mismo, en un poema, «buscando la increada forma del logos de la imaginación». O como advertía antes en un ensayo: «Claro que no se trata sólo de registrar la presencia de las cosas, pero no nos abandonaremos a las ausencias sin tener un sentido para ellas. No es un lujo de la inteligencia zarpar unas naves para contemplar unas arenas no holladas. Que nuestra demoníaca voluntad para lo desconocido tenga el tamaño suficiente para crear la necesidad de unas islas y su fruición para llegar hasta ellas.»

EL ESPEJO DE SU ENIGMA

Encontrar el logos de la imaginación: creo que este intento es lo que explica, en gran parte, el hermetismo de la poesía de Lezama. Ya hemos dicho que ese hermetismo no depende de la com-

[2] Ver *Interrogando a Lezama*, Anagrama, Barcelona, 1971.

plejidad de una sintaxis; tampoco, añadiríamos, de un material verbal oscuro. Muchos de los poemas de Lezama (sobre todo los primeros) son de tal transparencia que su propia claridad los vuelve inasibles; no es exagerado comparar el lenguaje de esos poemas, aun por la fluencia o el ritmo, con el de un Garcilaso o el de un San Juan de la Cruz: tienen la inocencia ellos; una inocencia que puede hacerse más refinada y aun abstrusa a través de giros gongorinos, pero que nunca desaparece del todo. Este lirismo casi renacentista admite fórmulas más intelectuales: otros poemas parecen largos y aun desmesurados tratados especulativos, en los que se alían el presocrático y el tomista, el alquimista y el razonador, el católico y el cristiano de la primera Gnosis —¿cuántas otras alianzas y metamorfosis no ocurren en esta poesía?—. Pero Lezama nunca es un poeta abstracto: con frecuencia, sus imágenes tienen la visibilidad de un destino novelesco; sus poemas, ha dicho él mismo, son metáforas que marchan hacia la imagen final de *Paradiso*. Todavía más: toda su poesía está penetrada de una materialidad muy viva, llena de cosas, comenzando por las domésticas y las de una larga tradición criolla. En verdad, la busca del logos de lo increado nunca excluye lo real inmediato y aún se confronta con él. «Si la ruptura comienza por prescindir de la materia el capricho se hace sucesivo y se regala en la proliferación. La resistencia de la materia tiene que ser desconocida y la potencia cognoscente se vuelve misteriosa como la materia en su humildad», advierte por ello Lezama en un poema. Esta diversidad de intereses y de registros se corresponde con la de las formas propiamente poéticas. Como lo ha señalado Paz: «Se ha dicho que sus poemas son informes. Creo lo contrario: son un océano de formas, un caldo criollo en el que nadan todas las criaturas terrestres y marinas del lenguaje español, todas las hablas, todos los estilos» [3].

Por lo general, pensamos, el hermetismo no es más que un juego sutil o ingenioso de sustituciones: como Góngora, no nombrar la mesa o el halcón sino decir «el cuadrado pino» o «raudo torbellino de Noruega»; o como Valéry, no nombrar el mar y los veleros sino decir «Ce toit tranquille, où marchent des colombes». Parece, en efecto, que todo radicara en eso y por tanto, ya descifrado el código, aun en sus implicaciones más encubiertas o eruditas, el juego resulta un previsible sistema de equivalencias. El aparente triunfo de la hermenéutica nos aleja, sin embargo, de

---

[3] En el prólogo a *Poesía en movimiento,* Siglo XXI, México, 1966.

lo esencial: la magia misma del juego. Esas sustituciones son verdaderas metamorfosis: su valor no reside tanto en la (trans) figuración de un objeto como en las relaciones sucesivas que suscitan; aparte de que muchas veces, como lo ha explicado Valéry, no aluden sino a estados más complejos no nombrados antes, y hasta innombrables. Son, en verdad, como diría Lezama, *naturaleza creada* que nos pone en presencia de una *naturaleza original:* nos hacen ver con los ojos de una imaginación primigenia, que no interpreta sino que practica un continuo sistema de fusiones. ¿Para qué hablar del otro sentido (ritmo, orden sintáctico, composición formal) inherente a la naturaleza misma de todo lenguaje poético, más intenso aún en la poesía hermética? Transponer, pues, lo hermético a un sistema de meras equivalencias, lógicas o no, realistas o simbólicas, sería simplificarlo conceptualizándolo y aun distorsionándolo.

«El juglar hermético, que sigue las usanzas de Delfos, ni dice, ni oculta, sino hace señales», recuerda Lezama [4]. «La flota del vino desea que las aguas no la interpreten», dice también en un poema. Es obvio que su hermetismo se inscribe en este contexto: su poesía emite señales, pero señales que son, símbolos que encarnan en signos, no al revés. Es este poder del signo lo que Lezama subraya. Constantemente en su obra tiende a acentuar lo imaginario como tal, incluso a mostrar al lector el proceso a través del cual una imagen se va gestando. Así, en un poema, habla del tiburón y lo precisa con una metáfora que, si bien va más allá de lo sensorial, nos da una visualidad: «ancha plata en el ancho lomo acelerado»; luego de otra metamorfosis en que el tiburón (ahora es una «lenta columna de impulsado plomo horizontal») surge de las aguas (cumpliendo «su dictado de obturar las deformidades y las noblezas, la mansa plata y el hierro corrugado»), deriva en esta visión de doble fondo:

El humo de la evaporación secretada ha manoteado en la cacerola rocosa, que así aflije a la piedra un toque muy breve del hilo que se ha desprendido de la Energía.

Con la metáfora «el humo de la evaporación secretada», Lezama está aludiendo al tiburón desde dos perspectivas simultáneas: el acto en que surge del mar y en que surge de la imagina-

---

[4] En el fragmento 18, Heráclito decía lo mismo. Otros dos fragmentos suyos prefiguran la actitud de Lezama: «A la naturaleza le gusta ocultar» (17): «A menos que se espere lo inesperado, nunca se encontrará» (19).

ción misma, puesto que para Lezama toda imagen es una «evaporación». Esa simultaneidad de planos nos conduce, pues, a ver el tiburón surgiendo sobre todo desde la mirada que lo mira. Así, nos recuerda Lezama, más que una realidad o una irrealidad, el tiburón es simplemente un *signo,* que, a su vez, emite otros signos: el humo de su evaporación hace que las rocas, como en una culinaria alquímica, se transforme en «cacerola rocosa». El poema todo, en verdad, es un gran hervidero cósmico. Y, contrariamente al título de *Censuras fabulosas,* explicita al final la simbología de los elementos que lo constituyen. «La roca —se nos dice— es el Padre, la luz es el Hijo. La brisa es el Espíritu Santo.» En contra de todas las reglas de una poesía hermética, el propio juglar descifra esta vez su código: lo hace no sólo con cierto abandono irónico en el sentido de hacer impracticable toda hermenéutica, sino también para mostrar otra de las ideas centrales de Lezama: sólo el Símbolo puede dar el signo. Así, las analogías del poema son más *reales* de lo que suponemos; son también analogías de relación: entre la parte (lo natural) y el todo (lo sobrenatural), lo cual hace posible la sustitución entre los dos términos. En otras palabras, la *naturaleza* que nos presenta el poema puede ser perfectamente también el ámbito de lo sagrado.

Más allá de sus semejanzas, el hermetismo de Lezama es muy distinto del de Góngora. No porque el de éste sea reductible a explicaciones, que no lo es finalmente, según Lezama. Sino porque la de Góngora es una poesía que trabaja del lado de la luz. Góngora —dice Lezama— ha creado el tiempo de los seres o de los objetos en la luz: ha preparado, aun sin proponérselo el esplendor de la significación, pero sin entregarse al «humilde del sinsentido», sin alcanzar tampoco el «oscuro cuerpo ocular». Su poesía, en suma, no se interna en la tierra desconocida, no es una afirmación del no nocturno. No otra es la apreciación de un poeta como Jorge Guillén, tan diferente a Lezama. «Sí, lo gongorino se eleva muy lejos de lo órfico. Se trata de un saber y un entender muy definidos» [5].

Guillén, creo, toca el punto esencial: Góngora no es un poeta órfico. En cambio, Lezama lo es, y en grado extremo. Para él no hay saber que no sea, al comienzo, un descenso en el sombrío Hades y que no brote de la «fértil oscuridad». *Paradiso* es la novela de ese descenso; como dice Lezama, la novela de «la

---

[5] *Lenguaje y poesía,* Madrid, 1962.

ocupación por el hombre de su imagen del destierro, del hombre sin su naturaleza primigenia». El destino de su protagonista, José Cemí, es el intento por hacer encarnar una ausencia, la del padre muerto; el intento también por integrar su respiración —de ritmo asmático, atormentado— a la respiración del mundo, al ritmo de la plenitud como sabiduría. Cemí no es tanto el personaje central como el *personaje-centro* (tal como lo había sido igualmente su padre): en él confluyen y se transcienden mutuamente los influjos de sus dos amigos, Fronesis el apolíneo, Foción el demoníaco. Su búsqueda no es sólo impulso de conocimiento; es sobre todo una prueba, una experiencia espiritual. Si Cemí no posee de antemano la luz, la presiente y de algún modo ya la posee; su búsqueda, pues, es en gran parte por confrontarse con la sombra, por asimilar lo oscuro. Redimir la luz en la sombra y no al revés: quizá en ello reside la clave de su destino. De ahí que en el programa que le escribe Fronesis, éste le diga:

> Su nombre es también Thelema Semí,
> su voluntad puede buscar un cuerpo
> en la sombra, la sombra de un árbol
> y el árbol que está a la entrada del infierno.
> Fue fiel a Orfeo y a Proserpina.

El orfismo para Lezama es la experiencia de la totalidad: una transgresión que nunca se queda en la ruptura, sino que busca incorporar lo desconocido en una armonía más tensa. «Todo lo que no es demonio es monstruoso», dice por ello en un poema, cuya paradoja, nos damos cuenta, es sólo aparente. En uno de sus ensayos, Lezama ha distinguido entre el escritor complejo y el complicado. En el primero, dice, se dan «la unanimidad de lo eterno más lo que le llega en el espejo de su enigma»; el segundo se entrega a lo demoníaco sólo como la ilusión exasperada de su propio poder —se entrega, añade, «a las insinuaciones de la serpiente»—. Mientras éste resulta parcial en su visión, aquél es necesariamente órfico: quiere identificarse con el esplendor visible y el subterráneo. De igual modo, en otro ensayo, Lezama subraya la diferencia entre la noche de Parménides, que se aísla en el es, un *es* que no depende de sumergimientos sino que es continuo, el Uno, y la noche órfica cuyo *es* se multiplica en la diversidad y sigue el curso de las estaciones, muriendo y renaciendo continuamente con ellas. «Es, está y será», dice Lezama en tono deliberadamente evangélico. ¿No prefigura Orfeo a Cristo; no estuvo el primer cristianismo ligado al orfismo?

Parece evidente, entonces, que el hermetismo de Lezama está relacionado con esta visión órfica del mundo. Como a Mallarmé, creo que al poeta cubano lo que le preocupa es el «eterno reverso enigmático» de las cosas [6]. En su libro *La fijeza* (1949), hay varios poemas en prosa que tratan de este tema, el cual, por cierto, se inscribe a su vez dentro de una concepción católica.

Desde el momento —dice en uno de ellos— en que Dios («el principio») pareció separarse de lo Otro, los hombres se han dividido en dos grupos: «los que creen que la generosidad del Uno engendra el par, y los que creen que lo lleva a lo Oscuro, a lo Otro». Lezama, por supuesto, comparte más la segunda creencia. El advenimiento de Cristo —que vino a traer la guerra y no la paz, nos recuerda, casi como Unamuno— trastrocó las perspectivas habituales. Con él, «se ponían claridades oscuras. Hasta entonces la oscuridad había sido pereza diabólica y la claridad insuficiencia contenta de la criatura». La poesía, según Lezama, trastrueca también esa simetría de opuestos. Su objeto no es esclarecer un misterio para que éste se vea finalmente reducido, empobrecido, a una verdad clara y distinta. La poesía es un descifrar y un volver a cifrar. La poesía nace de la resistencia que encuentra el *súbito* (la imagen) al querer penetrar en lo *extensivo* (lo real). Pero, advierte Lezama, en el mundo de la *poiesis,* a diferencia de la física, «la resistencia tiene que proceder por rápidas inundaciones, por pruebas totales que no desean ajustar, limpiar o definir el cristal, sino rodear, romper una brecha por donde caiga el agua tangenciando la rueda giradora». O como lo dice en otro poema, de manera más elíptica pero quizá más eficaz y sorprendente: «el dado mientras gira cobra el círculo, / pero el bandazo es el que le saca la lengua al espejo». Parece, pues, evidente: la poesía no es tanto esclarecimiento como revelación, ese instante en que la imagen nos pone ante una totalidad, en que el *bandazo* rompe con la «embriaguez viciosa del conocimiento» y nos hace vivir, ver el esplendor. Aun podría añadirse: la revelación, pero del misterio mismo. No hay claridad separada del misterio: revelar es también velar para que lo irrevelable encarne, sea inteligible en el cuerpo mismo de su oscuridad.

«Lo enigmático es también carnal», afirma Lezama, *Rapso-*

---

[6] ¿No hablaba también Mallarmé de la poesía como una interpretación órfica de la tierra?

dia para el mulo, uno de sus poemas más conmovedores, es la transposición de esa frase. De una construcción en el fondo muy simple, la intensidad del poema reside en subrayar, hasta la obsesión, hasta la perplejidad, una sola línea (de significación, metafórica o léxica) que, sin embargo, va adquiriendo una densidad abismática. Por una parte, no es posible separar en el poema lo descriptivo de lo visionario. Con la capacidad que tiene Lezama para *potencializar* lo real y, esta vez, para hacer de lo entrañable algo estelar, vemos al mulo viajando por el mundo, acarreando y soportando penosa pero mansamente sus cargas; pero vemos sobre todo su destino, su ciega animalidad («oscuro cuerpo hinchado / por el agua de los orígenes») y cuya única redención es el abismo mismo, cuya única gloria es el avance en «lo oscuro sucesivo y progresivo». Por otra parte, no es posible desligar tampoco este motivo del discurso y el discurso como tal. Aquél, en efecto, no es el tema de la metamorfosis sino el de la *resistencia:* nunca el martirio del mulo quiere ser otra cosa que martirio («Las sucesivas coronas del desfiladero / van creciendo corona tras corona»), nunca lo oscuro quiere ser luminoso. Esa resistencia puede resolverse en una grandeza, pero es obvio que ésta no es más que la intensificación de aquélla: el don del mulo «ya no es estéril: su creación / la segura marcha en el abismo». Así también, creo, el discurso funda su significación no tanto en la riqueza verbal como en la reiteración, en la intensificación de la monotonía, de la terquedad rítmica: una sola frase que puede admitir fragmentaciones (pausas) o variaciones (enlaces, recomienzos), pero que casi siempre elude los contrastes, las ramificaciones. Es una sola frase que ejemplarmente progresa hacia sí misma, que es espejo —abismo— de sí misma: «Con sus ojos sentados y acuosos, / al fin el mulo árboles encaja en todo abismo», dicen los dos últimos versos. Comentando este poema en uno de sus ensayos, Lezama observa: «La resistencia del mulo siembra en el abismo, como la duración poética siembra resurgiendo en lo estelar. Uno, resiste en el cuerpo, otro, resiste en el tiempo, y a ambos se les ve su aleta buscando el complemento desconocido, conocido, desconocido.» Así, en este poema, Lezama ha estado celebrando a la vez el misterio del mundo y el de la poesía: el misterio que alcanza su esplendor en sí mismo, que se gratifica a sí mismo. No sólo ello: en todo el poema subyace la imagen *crística* del martirio y de la redención; la ocupación —diría Lezama— del desierto y del destierro para acceder a una visión estelar.

Sólo por el secreto, por el otro lado que ellas suponen, viven las cosas y quizá la verdad de ese secreto no esté tanto en lo que encierra como en lo que nos inspira a nosotros. Aun podemos saber que el secreto es una falsía, pero el asumirlo como tal desencadena ya una necesidad, o una conducta que se vuelve destino. De suerte que lo importante no es la réplica del secreto, esto es, la verdad; lo importante es la contrarréplica: la trama imaginaria que va tejiendo. Hay un apólogo de Pascal al que Lezama alude en uno de sus ensayos y que es, en este sentido, revelador: la historia del náufrago que es recibido como el rey desaparecido y decide obrar como tal, sabiéndose impostor. Lezama comenta:

La certeza del naufragio es aquí la correspondencia al encuentro del rey falso, aceptado violentamente en la necesaria fatalidad de su falsía. He aquí una grandeza que va por encima del ceremonial y del acto de escoger. Devolver en el hombre es intuir el escoger de los dioses. El único indicio que podemos tener de ese escoger de la divinidad, es su correspondencia con el devolver de los humanos. Luego ese devolver es la raíz de la imagen. Devolver con los dones acrecidos en el don de la gracia.

Ya sé que es innecesario advertirlo, pero quiero simplemente subrayarlo; ese impostor es el poeta mismo. De ahí que Lezama titule su último libro de poemas con el nombre de *Dador* (1960). El poeta, en efecto, para él, es siempre un *dador* y lo que cuenta en su obra, o en su destino, es el acto mismo de dar y no lo dado; el impulso germinativo y no el objeto; la transposición imaginaria y no la veracidad realista. Siguiendo este mismo hilo, podría decirse que para Lezama el poeta es el ser que se pone máscaras: no tanto para esconder el (su) rostro como para vivir —según una frase suya, aún más memorable— «en la visibilidad de la conducta y en el misterio de la extrañeza de las alianzas».

Máscara y rostro: otra manera de Lezama de aludir a la relación con lo enigmático y obviar, a un tiempo, ese tema ya trivial de la «personalidad» del poeta —o de los poetas con «personalidad», que es todavía más latoso—. La máscara es un conjuro: un modo de vencer la muerte. Pero ese conjuro nace de un impulso a la vez natural y sobrenatural: nos ponemos máscaras para fluir con el tiempo, no para detenerlo; para oponer a una trasmutación la trasmutación misma. En efecto, dice Lezama, la máscara es «el elemento heraclitiano, mientras que el rostro en la lejanía se fija en un concepto o en arquetipo». Diversidad y fijeza («evaporación y centralización», decía Baudelaire): entre estos dos extremos se mueve el yo del poeta. Como lo aclara Lezama: «Si un ser no se transmuta en su máscara no alcanza nunca el misterio de su yo separado y superior.» Transmutarse en su máscara equivale a disolverse en el mundo; esa disolución, sin embargo, nos depara la imagen de nuestro propio rostro. Dos espirales inversas, como se ve, que encajan una en otra y forman una misma figura circular. El sentido de la máscara corresponde, pues, con el de la metáfora; ambas cumplen las dos fases de un mismo movimiento; metamorfosis y reconocimiento, *anagnórisis*. Es el tema profundo, me parece, de ese poema a un tiempo límpido e inasible que es *Muerte de Narciso* (1937). No por azar es el texto que inicia toda la obra de Lezama.

El tema de Narciso tiene en el poema de Lezama una refracción poco habitual. En efecto, Narciso encarna en el mito la *concentración* del ser; no el mirar sino el mirarse: su reflejo en el espejo de las aguas es un principio de individuación, aunque es también el principio de un saber absoluto: lo universal contra las contingencias, lo permanente contra la cambiante sucesión. El primer aspecto ha sido el tema de una obra de André Gide: *Le traité du Narcisse* (1891), en la cual Narciso logra salvar el peligro del «narcisismo»: movido, al comienzo, por el deseo de conocerse a sí mismo, no se deja fascinar por su imagen y siente, finalmente, que en él pasan, reabsorbidas, las generaciones humanas. En otro texto no menos célebre, Valéry ve en Narciso el drama insoluble entre la conciencia que se busca a sí misma («Mais moi, Narcisse aimé, je ne suis curieux que de ma seule essence») y la imposibilidad de fijar esa conciencia en la fluencia del universo sensible *(Fragments de Narcisse,* 1927). A semejanza con el de Valéry, el Narciso de Lezama también muere, pero esta muerte no es la negación sino la necesaria expansión de la conciencia individual. A semejanza con el de Gide, el de Lezama se identifica con el universo, pero sacrificando su yo, su imagen. Desde la perspectiva de Lezama, en verdad, si Narciso es el intento por alcanzar lo *Uno indual,* su búsqueda parece signada por la imposibilidad (¿o el rechazo?): la de no poder abandonarse a la aventura de lo Otro. Así, contra la voluntad de Narciso, lo que domina en este poema es la apertura hacia el universo. ¿Es por ello que el poema se inicia, inesperadamente, con la alusión a Dánae: «Dánae teje el tiempo dorado por el Nilo»? Un modo de crear, desde el comienzo, el tiempo mítico del poema, pero quizá también un modo de introducir, por contraste, su verdadero tema. ¿No es Dánae el mito de la virgen que, no obstante su clausura, es fecundada por Zeus, simulado en una lluvia de oro? ¿No subyace en este mito la creencia, según Frazer, de que la mujer puede ser preñada por el sol? [7].

La metamorfosis como *disolución* necesaria del yo: esto es lo que predomina en el poema de Lezama. Esa disolución empieza por la del significado mismo, que, a su vez, acarrea consigo la de la conciencia. En efecto, el poema se desarrolla sin una estructura semántica o discursiva muy perceptible; es un incesante entrecruzamiento de motivos y un flujo de imágenes que apenas podemos seguir en un primer momento. Se trata, en verdad, del poema que es sólo imagen; los nexos, las transiciones se borran y el lector, quizá como Narciso, se siente desamparado. En tal fluidez verbal, por cierto, Narciso nunca logra ver su rostro («Vertical desde el mármol no miraba / la frente que se abría en loto húmedo») o si lo ve lo que le parecen son figuras extrañas o aun signos hostiles («pluma morada, no mojada, pez mirándome, sepulcro»). Narciso no se encuentra a sí mismo sino que es devorado por el espejo de lo Otro («el granizo / en blando espejo destroza la mirada que lo ciñe»). El poema, entonces, parece la confrontación entre una ausencia o una sobreausencia, la de Narciso, y una presencia o una sobrepresencia, la absorbente e imperiosa del universo («Una flecha destaca, una espada se ausenta», «Tierra húmeda ascendiendo hasta el rostro, flecha cerrada»). Y, por ello mismo, se ve regido por dos ondas rítmicas: la verticalidad de Narciso, que muere siempre ascendiendo («estirado mármol» «recto sin fin en llamas seco») y la horizontalidad de un espacio que, por su parte, se ensancha cada vez más y se vuelve más abigarrado en sus relaciones. Me pregunto, además, si este espacio no es ya la primera visión que Lezama nos da del espacio americano: no tanto por su desmesura o exuberancia como por la fuerza primigenia con que se hace sentir desde el comienzo del poema: «En chillido sin fin se abría la floresta / al aireado redoble de flecha y muerte». La imagen de la *flecha* es una de las que más se reitera en el poema, como el lector habrá notado por citas anteriores; creo que tiene un doble valor: vida y muerte. Por una parte, es la cifra del impulso elemental del universo; con igual sentido Lezama la emplea en otro texto: «Vegetales creciendo como nuestros deseos, flechas sobre los flamencos.» Por otra parte, es una referencia directa a uno de los

---

[7] En *The Golden Bough* (1922).

motivos del poema: la cacería de un ciervo. Este motivo, por supuesto, es paralelo al de la muerte de Narciso; incluso es significativo que en el poema, ya hacia el final, se nombre por primera vez al adolescente en relación con la consumación de la cacería: «Narciso, Narciso. Las astas del ciervo asesinado / son peces, son llamas, son flautas, son dedos mordisqueados» [8].

A la doble onda rítmica podría corresponder, además, la estructura métrica del poema: las primeras estrofas, de versos más o menos parejos en que tiende a prevalecer el endecasílabo, van dando paso, progresivamente, a otras cuyos versos llegan a lo inconmensurable. «La fundamentación del fuego es la anchura», dirá Lezama en un poema muy posterior. ¿No es notable tal ampliación verbal del poema? ¿No está sugiriendo el debate entre el *cuerpo* del universo y la *conciencia* del personaje? Narciso mismo muere en fuga, pero no ya en la fuente inicial sino en «pleamar». Esa fuga encarna su verdadero drama: el horror ante la diversidad de lo Otro, que de algún modo es su enemigo («Si atraviesa el espejo hierven las aguas que agitan el oído», «Chorro de abejas increadas muerden la estela, pídenle el costado»). Así, la obsesión de su propio rostro le impide a Narciso reconocerse en ninguna máscara. Para decirlo dentro del sistema valorativo del propio Lezama, Narciso es un personaje gótico. Pero su fuga ascendente no es una simple evasión; encarna ciertamente una fase en el proceso de todo artista y, por ello mismo, es también una cifra de las fuerzas germinativas.

En un conjunto de poemas que Lezama atribuye a un personaje de *Paradiso,* titulado en consecuencia *Dejos de Licario,* se dice «Narciso mascado por la niebla ascendente, / vuelven los dioses descensores». En la novela misma hay otras referencias a Narciso; una de ellas la de Foción, quien lo define como «la imagen de la imagen, la nada». Así, la muerte de Narciso en el inicio mismo de la obra de Lezama parece encerrar un valor propiciatorio y simbólico: prefigura el advenimiento de la experiencia órfica. Orfeo: el canto ligero y a la vez terrible, uno y

---

[8] Nueva analogía con Heráclito; en uno de sus fragmentos, éste dice: «El nombre del arco es vida, pero su labor es muerte.» ¿No es posible que la imagen lezamiana de la flecha descienda de esta heraclitiana sobre el arco? La doble visión de ésta encierra un juego verbal: *Biós,* nombre del arco, en griego, sólo difiere por el acento de *Bíos,* vida. También a Lezama le apasionan tales juegos verbales: en un poema, dice: «la espiral del tiburón, primer réquiem», sólo porque se lo sugiere el vocablo francés *requin* (tiburón). Pero ya sabemos que dicho juego fonético tiene una validez simbólica más profunda.

muchos rostros, el descenso en lo Otro, el viaje paradisíaco por lo infernal, la tentación luminosa de lo oscuro. Es decir, todo lo que luego encarnará en la obra de Lezama. De manera significativa, su segundo libro de poemas se titulará *Enemigo rumor* (1941). El propio autor ha explicado el sentido de ese título: el *enemigo rumor* es la poesía misma, que se constituye en sustancia no sólo real, cuerpo del universo, sino también devoradora. Igualmente, podríamos pensar, es el lenguaje de lo otro, ni oscuro ni luminoso, sino secreto, en cuyo ámbito caben simultáneamente la hostilidad y la fascinación. Después de la experiencia de Narciso, Lezama se entrega —se enfrenta— a la experiencia poética como un reto, o una prueba; también como a un espacio abierto (gnóstico, diría él) cuyos signos son la metamorfosis, la diversidad, la yuxtaposición. Las mil máscaras de un solo rostro. Aún en este segundo libro hay una referencia implícita a Narciso; nuevamente suscita la opción entre el universo («ciudades giratorias, líquidos jardines verdinegros, / mar envolvente») o la pura contemplación («el canto desprendido [...] del invisible rostro que mora entre el peine y el lago»).

Quien logre *disolverlo* todo vencerá al tiempo, parece ser una de las creencias de Lezama. Esa disolución no es simplemente la búsqueda, mucho menos el asedio, de la unidad; es sólo el fluir hacia la unidad. «El río subterráneo es descubierto por el pastor a la sombra del sicomoro», dice Lezama en una breve parábola, con la cual quiere subrayar que los verdaderos descubrimientos son el resultado de una fuerza germinativa, necesaria, ajena a la pura voluntad constructiva. Descubrimiento: hallazgo: revelación: todo ello es posible, para Lezama, gracias a una nueva experiencia del *ocio:* dejarse impregnar por el mundo para que a su vez éste alcance su propia inteligibilidad.

Una de las formas de la unidad, la que nos es dable lograr nosotros, es lo que Lezama denomina *lo semejante:* no la identidad de las cosas consigo mismas o entre sí, sino la inextricable trama de la heterogeneidad. La verdadera marcha de la metáfora —acota Lezama en un poema— es restituir «el ciempiés a la urdimbre». Aclaremos que lo semejante es esa urdimbre: una figura que es sólo posible porque cada signo en ella está en función de y en relación con otro signo. Para ilustrarlo con un ejemplo del propio Lezama, que tiene, además, la gracia de una imaginación primigenia:

La hoja despierta como oreja, la oreja
amanece como puerta, la puerta se abre al caballo.
Un trotico aleve, de lluvia, va haciendo hablar las yerbas.

En un ensayo, Lezama concluye evocando una leyenda de la
India: la del río Puraná, en cuyo caudal impreciso concurren los
elementos más dispares, «desemejanzas, chaturas, diamantinas
simetrías, coincidentes ternuras»: ese río que carece de análogos
y de aproximaciones es, sin embargo, el que conduce a las puertas del Paraíso. No se trata, pues, de un río crisol sino de un
hervidero de (con) fusiones; su virtud no está en purificar sino en
acarrear la multiplicidad del universo. Así también, creo, la unidad en Lezama es una continua expansión; la superposición y el
entrecruzamiento, no la reducción o la síntesis. «Todo va hacia
el turbión», dice en un poema. Su propia imaginación requiere
más las bi-trifurcaciones que lo lineal, y hasta la materia proliferante antes que la configurada. Él mismo no deja de reconocerlo:
«Mi representación precisa objetos que la burlen; / los contornos
que no desean segunda naturaleza, / objetos sin equivalencias
formales.» A esa aprensión por lo construido o lo arquitectónico
se debe quizá la textura densa y, sobre todo, el ritmo casi desaforado con que sus poemas nos impresionan por primera vez y
hasta nos rechazan. Esa aprensión es la búsqueda de la aprehensión de todo lo que pertenece al Ser en su originalidad. Por ello
Lezama se pregunta en el mismo poema: «¿La salud del objeto es
su posible reducción / a forma? ¿El acabado alcanza su transfiguración / en la forma? ¿La forma es un objeto?» De nuevo el
método que propone es el del *bandazo,* la revelación que no es
mero conocimiento ni rapto, sino impregnación. «Lo uno tiene
que llegarnos como un bulto / con el cual tropezamos, pues lo
uno se acecha / por exclusión.» Excluir lo uno significa acecharlo
incluyéndolo todo, para luego ver a lo uno reaparecer en su final
esplendor. Lo uno es el imán que hace aparecer nuestra diversidad; es también lo que impide que ésta se entorpezca en lo indis-
tinto, o en lo dual. Pero el acto de incluir es, en Lezama, la
transgresión de todo límite: ya no la sola abundancia sino la
sobreabundancia. «La abundancia —advierte— es el lleno co-
municante, pero la sobreabundancia / es un sacramento, ya no
se sabe de dónde llegó»; añade igualmente: «sólo la sobreabundancia inunda los rostros y los encarna». Digamos que los «encarna» porque los «inunda», no porque simplemente los escla-
rezca. La sobreabundancia, en verdad, está ligada en Lezama a la

intuición de que el secreto no hay que revelarlo sino dejarlo que germine desde sí mismo; recubrirlo con su propio crecimiento y no querer descubrirlo siguiendo tan sólo una clave. Es por lo que en otro poema de *Dador,* llega a decir: «El hilo de Ariadna no destroza el sentido, / sino la sobreabundancia lanzada a la otra orilla carnal.» No se trata, pues, de una simple piedra de toque; se trata de una vasta red de magnetismos. Es también, por supuesto, la contrarréplica de Lezama a una época crítica que no se lanza a la conquista de la isla Afortunada. Sus equivalentes son la desmesura y la hipérbole como una manera de sacudir la duda, no tanto para dar prueba de la fe sino para hacerla posible, a la vez que es una manera de trasponer los límites de la conciencia y volcarnos hacia lo Otro. «Todo lo que no es nosotros tiene que hacerse hiperbólico / para llegar hasta nosotros», dice Lezama. Con lo cual es obvio que está aludiendo también a la naturaleza de su propia obra.

La sobreabundacia puede ser en Lezama una gracia (en el sentido teológico) o un don. No es lo que importa. Importa más saber que él la asume como una manera de existir y que, como la existencia misma, no es «una posesión sino algo que nos posee». En efecto, hay otros poetas de la (sobre) abundancia; pensemos, por ejemplo, en uno contemporáneo y también latinoamericano: Pablo Neruda. No es posible, creo, otro caso más privilegiado. Las acumulaciones de Neruda, sus largos inventarios de la naturaleza, sus encadenamientos metafóricos son un modo de poseer el mundo, describiéndolo aun indirectamente; la realidad sigue siendo, en última instancia, más poderosa que la imaginación y se constituye en su apoyo irremplazable. Lezama, en cambio, trabaja tangencialmente, por impregnación. Cada palabra suya —como lo explica en un poema— puede ser un *apeiron* de arcilla, pero sólo está sostenida «por la respiración nocturna», y el poeta no hace más que hilarlas como un «Parménides ciego tejiendo la alfombra de Bagdad». Quiero decir: Neruda busca la *equivalencia* del mundo y cree en ella; como se ha dicho muchas veces, es un poeta neorromántico y, en cierto modo, «antisignario»: la cosa, lo dado es quizá lo más importante para él («Hablo de cosas que existen, Dios me libre / de inventar cosas cuando estoy cantando»). Lezama, por el contrario, parece buscar más la *modulación* del mundo; su poesía trata, en fin de cuentas, no con la realidad de los seres y las cosas sino con su «respirante diferencia»: así, el mundo sólo puede estar encarnado en la «imagen de la suspensión» que va trenzando el hálito del lenguaje. ¿No se opone todo ello, además, al interés de Neruda por crear la imagen (falsa o no) del poeta no «mediatizado» por la cultura: el poeta que no viene de un libro, o que penetra en la materia antes de toda codificación cultural?

La respiración, el hálito, el pneuma del lenguaje: cualquier lector de *Paradiso* puede percibir la importancia que tienen en Lezama estos motivos. La novela concluye, sabemos, en el momento en que Cemí termina su aprendizaje espiritual y puede entonces iniciar su obra; su destino de artista, intuimos, no será el de la posesión del mundo sino el de la conquista de un ritmo: el de la sabiduría, el de la contemplación del universo. Cemí será ese «Parménides ciego tejiendo la alfombra de Bagdad», de que habla Lezama en el poema antes citado. Respirar (como) el mundo, en efecto no es poseer el mundo o dominarlo, sino iniciar un acto morfológicamente simultáneo. Es, si se quiere, una analogía de relación o de función, no de contenidos [9]. Ese acto supone, en consecuencia, una *distancia* que, sin embargo, puede ser más carnal, más erótica, que la presencia misma. Lezama lo sugiere así en dos poemas: «La erótica lejanía domina la mecida extensión de lo estelar», «sentimos en la lejanía de nuestro cuerpo los imanes de un curso remoto». Imantada, erótica, esa distancia «engendra su propio rostro»; rompe con la causalidad realista e inicia otra: la de la imaginación del deseo, que es también, veremos, la de la memoria. Es esta nueva causalidad (de *excepciones morfológicas,* diría Licario) lo que permite a Lezama pasar indistintamente de lo estelar a lo entrañable, y viceversa. O, más aún, lo que le permite tratar los más refinados artificios de la cultura como si fueran naturaleza pura («lo sobrenatural naturalizante», dice en un poema), así como desencadenar las fuerzas más elementales como si estuviera combinando sustancias alquímicas o cifras del código más secreto. Es justamente en ese punto en que el artificio se vuelve tan necesario como cualquier otra germinación, donde reside lo singular de la escritura de Lezama. Ese punto puede parecer tenso, pero su verdadera tensión reside, más bien, en la capacidad para asimilar toda tensión, para crear la gran conciliación. Barthes habla de una «parole à la fois très culturelle et très sauvage» *(Le plaisir du texte,* 1963). ¿No sería ésta la mejor definición del estilo de Lezama? Ese estilo implica también otra búsqueda. «Quizá en el otro extremo de la cuerda

---

[9] Ver el ensayo de Severo SARDUY en *Escrito sobre un cuerpo,* Sudamericana, Buenos Aires, 1969.

ocupada por el ángel, no esté la bestia, sino esa feliz coincidencia del *otium cum dignitate* del humanismo y el pacer de las bestias.» En ese mismo ensayo, Lezama agrega: «El día que podamos establecer un esclarecimiento entre el ocio y el placer, la verdadera naturaleza será habitada.»

EL ORDENAMIENTO DE LO INVISIBLE

Así se comprende que una de las recurrencias en la obra de Lezama sea lo que podríamos llamar *lo estalactito.* La estalactita —nos recuerda Lezama— es uno de los símbolos más profundos de la eternidad que ha podido inventar el hombre: lo es, por ejemplo, en el taoísmo. Al final de *Paradiso,* por ello, Cemí vislumbra la casa de las estalactitas antes de llegar a la casa donde velan el cadáver de Oppiano Licario (su padre simbólico): lo cual parece prefigurar la resurrección de éste.

Pero la estalactita es también uno de los fundamentos del arte poético de Lezama. Sugiere, por una parte, el refinamiento natural, la cultura que se hace desde la naturaleza misma. En un poema que tiene algo de fabulación novelesca, Lezama evoca la historia de un muchacho vendedor de estalactitas y saltamontes: es sin duda el personaje de una escena costumbrista cubana y el poema alude a una región muy concreta de Cuba, donde hay grutas (Viñales); ese muchacho («doncel», se dice en el poema) es la magia misma que vive en la costumbre y en la pobreza, en la pobreza que lo acostumbra a la magia: el universo para él está finalmente en «su castillo de cuello de cristal», la botella que acaricia antes de dormir y en la que guarda sus cocuyos y las monedas de su comercio. El tema del poema es el del cristal como imaginación y transparencia del mundo.

«Como la fresa respira hilando su cristal», es uno de los versos de *Muerte de Narciso.* La materia que, en su proceso mismo de gestación, va simultáneamente cristalizando. Tras el «verismo» de esta imagen se abre otra percepción más penetrante: cámbiese el vocablo *fresa* por (tan próximo, ¿no?) *frase,* y se tendrá la mejor metáfora de lo que es el lenguaje de la poesía para Lezama: un debate entre la fijeza y la evaporación. La poesía, en efecto, ya lo hemos visto, es un *enemigo rumor:* devora por su propia fascinación y continuamente se nos escapa. El poema, por tanto, no puede ser una mera sucesión de metáforas, sino, además, la creación de un cuerpo resistente, no evanescente, que es la imagen total. Es sobre este proceso sobre lo cual Lezama poetiza en un texto justamente titulado «Poema». Comparado, al comienzo tácita y luego explícitamente, con la labor del gusano de seda, el surco del poema «es su creación: / un poco de agua grabada»; aun tiene que trazar continuamente «círculos de arena / al fulgor de la pirámide desvaída», para que ésta se haga presencia. La escritura es, pues, *congelación* del vértigo de la poesía. Como lo dice Lezama, al final de la primera parte de «Poema»: «El deseo se muestra y ondula, / pero la mano tiene hojas de nieve.»

Lo estalactito: agua grabada: mano con hojas (escritas) de nieve: el poema es *fijeza*. Pero *fijeza* no quiere decir inmovilidad sino éxtasis de la expansión; esta expansión, por su parte, es dinamismo puro: no movimiento dialéctico, sino expansión del éxtasis mismo. El «reino de las imágenes por el artificio del inmóvil conocido», dice Lezama en un poema. En otras palabras, la fijeza es el universo mismo como absoluto o como Dios: un espejo que no refleja, ni refracta, sino que disuelve. Por ello es un espejo que siempre nos burla, como burla a Narciso —como lo devora, más bien—. No podemos cristalizar en nosotros mismos, sino en el (oscuro) esplendor de la diversidad. Tampoco podemos quedarnos en la posesión de los seres o las cosas, sino sólo con su transparencia: la reminiscente imagen en torno de la cual los o las reconstruimos. Es la misma experiencia de los reagrupamientos espacio-temporales que vive José Cemí en uno de los últimos capítulos de *Paradiso* y que él llama el «ordenamiento de lo invisible», el «sentido de las estalactitas»: la simple colocación de una copa de plata entre las estatuillas de una bacante y de un Cupido, creando una nueva armonía donde antes privaba la desazón caótica. «Los días que lograba esos agrupamientos donde una corriente de fuerza lograba detenerse en el centro de una composición, Cemí se mostraba alegre sin jactancias» (Capítulo XI). Había logrado, sin duda, el éxtasis de las relaciones, una nueva visibilidad de la conducta de los seres y de los objetos en el mundo.

Cuerpos visibles: relaciones invisibles creadas por el poeta: también en la obra de Lezama nos encontramos con lo que podríamos denominar, con palabras suyas, «lo semejante ancestral». Me refiero a la *animalia* profusa que puebla sus poemas. No se piense, por supuesto, en un catálogo de la fauna tropical. Sin dejar de ser reales, los animales de Lezama son míticos o, más bien, son animales «cifrados». Constituyen para el poeta una «sedosa colección de signos breves», que él resguarda de la mera contingencia. Así, en un poema los presenta en un ámbito ritual, suerte de extracto subterráneo de la memoria: atraviesan cámaras, saludan a los ujieres y colocan sus cabezas ante «magistrados oscuros, pesados como reyes»; esperan cerca de la corriente —precisa luego Lezama— «la crecida del río / que rellena el oído». Esperan, en verdad, el río, el flujo verbal que les dará una existencia plena. Signos verbales en que cristalizan otros tantos símbolos, sería arbitrario, por tanto, reducirlos a meras proyecciones de un inconsciente atormentado: no traducen ni lo irracional ni lo monstruoso. Son animales órficos, como en cierto modo lo seguían siendo los de la mitología cristiana. Lo que ellos encarnan, en última instancia, es esa fuerza primigenia a través de la cual Lezama aspira a rescatar —a inventar— la naturaleza perdida. Son el instinto puro o, si se quiere, lo oscuro en el que intuimos la luminosidad y hasta el orden y la sucesión del instinto. Por eso Lezama los llama «animales de existir fulgurante o animales de sueño irremplazable». Todo principio axiológico, en efecto, está excluido de la visión de Lezama: tan finos y elegantes son los antílopes como las «serpientes breves, de pasos evaporados». Como un nuevo Orfeo, Lezama establece un secreto entendimiento entre todos ellos; más aún, un entendimiento entre ellos y el hombre, entre la naturaleza y la inteligencia. En un poema irónicamente franciscano, evoca su trato con los animales más inferiores y hasta más «repelentes»; entre ellos, la araña. El trato resulta ser revelador, le descubre al poeta:

que la araña no es un animal de Lautréamont,
sino del Espíritu Santo; que tiene apetito de hablar
con el hombre; que tiene convencimiento de que la amistad
del hombre con el perro y el caballo ha sido inútil
y holandesamente contratada. Si se la dejara subir por las piernas
no en los bordes de la pesadilla sino en el ancla matinal,
llegaría a los labios, comenzando su lenta habladuría secular.

Todo este poema es, además, un ejemplo privilegiado de cómo Lezama es capaz de alcanzar una deslumbrante claridad; de cómo en su poesía la materia va dibujando una insospechable inteligibilidad. El poema, en verdad, es también una visión de sí mismo. «El ámbito de la araña es más profundo que el del hombre, / pues su espacio es un nacimiento derivado, pues hacer del ámbito una criatura transparenta lo inorgánico», dice Lezama en otro pasaje. Como el ámbito de la araña, el del poema es un hilado de relaciones; una actividad que construye, no un objeto construido; tampoco un cuerpo a la vista, sino la mirada que lo va trazando. Así se comprende, una vez más, lo que Lezama quiere proponer cuando habla del mundo regido por un sistema poético: el mundo regido, no por la belleza, sino por el principio relacionante, por el logos de la imaginación.

LA JUSTICIA METAFÓRICA

De ahí que en la poesía de Lezama sea dominante la metáfora del *discurso* en relación con el mundo. «En una misma agua discursiva / se bañan el inmóvil paisaje y los animales más finos», dice en un poema; en otro, habla del «discurso del fuego acariciado». Con lo cual sugiere que no sólo vemos el mundo a través del lenguaje sino que, además lo vemos como lenguaje. Un lenguaje, creo, que en Lezama es sobre todo el de la memoria. O, mejor, que es el lenguaje como memoria.

No sólo la memoria es ausencia de contenidos y presencia de relaciones; también cumple la doble función de acumular y de decantar. «Llenando un cántaro al revés, vaciando, vaciando», se presenta Lezama en un poema. Dentro de esta misma línea de significación, la naturaleza de la memoria parece análoga a lo que Lezama llama el *ocio:* un reposo que parejamente es actividad, una desposesión que es también posesión, y hasta una metamorfosis que no puede realizarse sino como final reconocimiento, como *anagnórisis.* En el último poema de *Dador,* Lezama define el ocio con una visión que, en sí misma, es la del esplendor de la fijeza:

> El ocio tiene el pez invisible, pero saltante en las
>   redes de la planicie,
> no es un paseo entre las máscaras y las jarras, sino
> el alborozo de los rostros en la proliferación de
>   la música.

La memoria, ciertamente, para Lezama, no es una simple posesión sino la única posesión, puesto que ya no se funda en lo poseído mismo. Sólo poseemos —y conocemos, según Platón, advierte Lezama— lo que recordamos. La memoria, en tal sentido, es la resistencia contra el flujo del tiempo; su función, por tanto, es análoga a la de la imagen en el poema: resistencia final —ya sabemos— en que toman cuerpo las sucesivas metáforas. ¿No es también la memoria un poder imaginante y, como el de la imagen en el poema, ese poder no está fundado en la distancia, en la erótica lejanía? En una de las «Sucesivas o las coordenadas habaneras» [10], Lezama da una espléndida y a la vez irónica explicación del nacimiento de los mitos. Para el hombre «bajo especie de actualidad», todos los relatos maravillosos sobre el pasado no son más que mera exageración, «los chisporroteos de lo legendario»; como consecuencia de ello, vive su realidad en la dimensión más rutinaria. Para Lezama, en cambio, se trata de *una segunda vida:* no la hipérbole que parte de lo real para exagerarlo, sino la hipérbole que parte de la memoria para iluminar e intensificar lo real. El ejemplo a que recurre Lezama no podía ser más convencional y moderno; dice:

Finjamos con la ayuda de la lámpara famosa y el mago de Santiago, que han pasado cuatro siglos, y que los que entonces sean caballeros del relato y del cronicón se vean obligados a reconstruir un juego de pelota. Supongamos un informe de los Mommsen de entonces remitido a la Academia de Ciencias Históricas de Berlín, sobre la suerte de la esfera voladora: «Hay nueve hombres en acecho de la bola de cristal irrompible que vuela por un cuadrado verderol». Esa pequeña esfera representa la unión del mundo griego con el cristiano, la esfera aristotélica y la esfera que se ve en muchos cuadros de pintores bizantinos en las manos del Niño Divino. Los nueve hombres en acecho, después de saborear una droga de Coculcán, unirán sus destinos a la caída y ruptura de la esfera simbólica. Un hombre provisto de un gran bastón intenta golpear la esfera, pero con la enemiga de los nueve caballeros, vigilantes de la suerte y navegación de la bolilla [...].

«Hyperbole de ma mémoire», podría decir Lezama con Mallarmé, y ciertamente lo dice en varios pasajes de su obra. En esa hipérbole (el *horror vacui* del barroco), lo personal colinda con lo ancestral y mítico. La memoria no es ya, entonces, resistencia contra el flujo temporal, sino, más bien, afloración del tiempo y aun quizá presencia del tiempo mismo. «Memorizamos desde la raíz de la especie», afirma Lezama en un ensayo; también reitera en un poema: «mi memoria precisa las danzas de mi nacimiento». Aparte de que el regreso a la raíz o al nacimiento del ser no propone ninguna involución, sino el vislumbre de lo primordial,

---

[10] En *Tratados en la Habana, op. cit.*

el reencuentro con un tiempo que ya es todo el tiempo, lo que Lezama busca con la hipérbole memoriosa es penetrar en un crecimiento, en una germinación: inserta las cosas en su verdadera (conocida, desconocida) naturaleza relacionable. Así, en un poema de ambiente habanero (o de mitología habanera, como ya hablamos de mitología bonaerense en Borges) como *El coche musical,* un músico popular no sólo se ve transfigurado en una suerte de danzarín cósmico según el orfismo: sus movimientos están regidos también por el orden cifrado del pitagorismo y aun de la simbología cristiana; toda la fiesta nocturna que él concita, además, se ve finalmente dominada por la relación con lo subterráneo: «Bailar es encontrar la unidad que forman los vivientes y los muertos. / El que más danza, juega al ajedrez con el rubio Radamanto». Todas las metamorfosis, sin embargo, nunca nos hacen olvidar la realidad visible: la fiesta órfica es el carnaval habanero, la danza de las máscaras en que un adolescente «fiestero, quinceabrileño de terror» (¿el propio Lezama?) parece *iniciarse* en el mundo; así como el músico Valenzuela recobra, al final, su exacta realidad: «Es el mismo coche, dentro un mulato noble». De igual modo, hay una figura recurrente en la obra de Lezama (aparece sobre todo en el capítulo XII de *Paradiso* y en el último poema de *Dador):* el dibujo en una jarra (cifra de iniciación para Lezama), cuyas escenas al ser descritas se ven amplificadas, inesperadamente, a una dimensión no sólo real (el dibujo cobra vida) sino también cósmica y mítica. Se trata de una técnica muy similar a la que practica el cine con los cuadros de pintores: la cámara que, al comienzo, toma todo el cuadro con su marco, luego se centra en el lienzo mismo, el marco desaparece y la imagen comienza a adquirir total autonomía y movimiento. Esa técnica es todavía más radical en Lezama y revela el sentido de su arte: por una parte, la capacidad para insertar lo mensurable en lo inconmensurable; por la otra, el poder de organizar el universo según las escalas (próximas, remotas) de la memoria.

Pero ni como resistencia frente al tiempo ni como afloración de éste, la memoria en Lezama es simplemente un resto, lo que queda de algo. Es, por el contrario, una continua creación y tiene, por ello mismo, una dimensión metafórica. Incluso podría pensarse que el prodigio metafórico de Lezama se deriva de la memoria. Como ésta, su metáfora es más penetración en lo invisible que lo visible; en ambas también la urdimbre devora al objeto, lo mítico se sobrepone a lo real. Pero sobre todo la metáfora es posible en Lezama porque la precede la memoria de la diversidad y de la sobreabundancia, una suerte de vasta lectura del mundo. Así, es la memoria lo que conduce, en última instancia, a lo que él llama la justicia metafórica, en el poema *Recuerdo de lo semejante:*

El sobreabundante tiene la justicia metafórica, como
el monarca
hereda y engendra el bastardo, se disfraza y saborea
el regicidio,
confundido con el parodista de Bizancio.

¿No regresamos de algún modo, en este poema, al análogo de Pascal, ya citado al comienzo? En todo caso, es significativo que la justicia de que se habla en él esté signada por lo que aparentemente la contraría y aun la niega: la bastardía, el regicidio, el disfraz, la parodia. Pero no olvidemos que esa justicia es *metafórica,* lo que significa que es impartida por la metáfora y no que sea simplemente «figurada». La metáfora en Lezama, sabemos, supone lo Otro, *lo semejante* que no es sino la trama de lo heterogéneo. La metáfora es lo justo en lo diverso y aun en lo contrario; no está regida por *le mot just,* que precisa y define, sino por la pasión y la fascinación de la sobreabundancia, de la (con) fusión entre todos los elementos opuestos. Esa justicia, por tanto, consiste en metamorfosearse con todos los personajes del drama sin condenar a ninguno; de algún modo, quiere prefigurar así una nueva (la verdadera) justicia cósmica. Con razón ha podido decir Lezama que al escritor sólo se le puede pedir cuenta de la fidelidad o no a una imagen: de ello depende no sólo su destino sino también su ética. Sólo por la fidelidad a una (su) imagen, piensa Lezama, es como el hombre puede habitar el destierro (vale decir, la vida misma) vislumbrando el Paraíso, y sentir esa dicha —de la que habla en uno de sus últimos ensayos— del efímero que puede «contemplar el movimiento como imagen de la eternidad». Es, pues, la justicia metafórica la que prepara para el júbilo *(la fijeza)* del esplendor final, que, y no por paradoja, se ha purificado en lo oscuro y ha encontrado en él su secreto.

En un poema de *Enemigo rumor,* después de confrontar la noche y sus seducciones que son como el ámbito del destierro mismo, Lezama concluye invocando la imagen del esplendor. Dice en ese pasaje:

La mar violeta añora el nacimiento de los dioses,
ya que nacer es aquí una fiesta innombrable,
un redoble de cortejos y tritones reinando.

Dance la luz reconciliando
al hombre con sus dioses desdeñosos.
Ambos sonrientes, diciendo
los vencimientos de la muerte universal
y la calidad tranquila de la luz.

Ese esplendor, lo vemos, es una añoranza, una nostalgia. Es,
por consiguiente, una memoria y, como tal, rige toda la aventura
de la obra de Lezama en su exploración de lo subterráneo. Pero
precisemos: no se trata simplemente de una memoria del pasado,
sino del futuro. ¿Habría que recordarlo? «Todo está dispuesto
para un nacimiento, no para una repetición», ha dicho Lezama.
Ese esplendor, por otra parte, parece aludir también al espacio
americano, incluso al espacio insular de Cuba; sólo que a la connotación geográfica de *lo insular* se superpone en Lezama otra de
carácter mítico: *lo insular* como la imagen de la isla Afortunada,
sobre la cual se debate tanto en *Paradiso;* «la imagen renacentista de la isla Americana», dice Cintio Vitier. Por ello, ya no se
trata del espacio devorador del poema de Narciso, sino del espacio abierto de la gran reconciliación. El espacio donde sería posible encontrar *el logos de la imaginación* o, como lo ha indicado
igualmente Lezama, donde se establecería la identidad entre el
mundo de la *gnosis* y el de la *physis*[11].

[*ECO*, mayo, 1975, pp. 9-38]

---

[11] Los mejores ensayos que conozco sobre la poesía de Lezama y que me han
servido de guía en este texto, son los de Cintio Vitier, Fina García Marruz y
Ramón Xirau.

RAMÓN XIRAU

LEZAMA LIMA O DE LA FE POÉTICA

Al hombre, ser-para-la-muerte de Heidegger [1], opone siempre Lezama Lima el hombre «ser para la resurrección». La actitud de Lezama en cuanto a la posibilidad del conocimiento a través de la poesía —en realidad toda su obra, él mismo lo afirma y reafirma, es poesía— implica confianza; confianza artística y religiosa. Los hombres podemos tener y de hecho tenemos dudas; pero, más allá de las dudas y aun en las dudas mismas se abren las vías del conocimiento: conocimiento del mundo, conocimiento del hombre, conocimiento, sobre todo, de la presencia de Dios a través del hombre y del mundo. En el caso de Lezama, la palabra «conocimiento» se matiza hasta adquirir un sentido personal y, más que barroco, muy rico, lleno de sensibilidad, de sensualidad, de fe, una fe poética que, más allá de la lógica, más allá de los razonamientos, es fe «hipertélica» —una fe que va más allá de los fines naturales para alcanzar fines sobrenaturales o, por decirlo en su lenguaje, la Sobreabundancia, palabra que, a su vez, define su obra—. Ser poeta es tanto un acto del instinto y de la voluntad como una gracia. Es esta fe la que hace creer a Lezama Lima que la poesía es no sólo una forma de conocer sino de verdadero y auténtico conocimiento; es esta fe la que nos hace ver lo que Lezama Lima quiere decir cuando dice que el hombre es un ser-para-la-resurrección.

---

[1] Lezama se refiere a la primera época de Heidegger, la de *El ser y el tiempo*. Ignoro si conocía o no al «penúltimo» y al último Heidegger, cada vez más poético y cada vez más cercano a buscar el ser. Lezama Lima no toma en cuenta la hermosa frase de Heidegger: «Hemos llegado tarde para los dioses y pronto para el ser.» Por lo demás hay coincidencia entre Lezama y *Hölderlin y la esencia de la poesía*. No creo que haya influencias.

Hasta aquí, unas cuantas generalidades introductorias. La obra de Lezama Lima constituye un conjunto coherente, construido con una especial lógica poética opuesta a la lógica clásica de Aristóteles o, incluso, a toda lógica formal. Sería fácil afirmar que el conocimiento es, para Lezama Lima, una forma de la intuición. Pero la palabra «intuición» es sobradamente vaga. Si queremos utilizarla habrá que darle todo su peso y sentido. En el fondo, más que de intuición se trata de fe. Lezama es un poeta de la fe. Su fideísmo es un fideísmo poético. Lezama cree en Dios en términos que desde Tertuliano se repiten: «creo porque es absurdo».

Abarcar los rasgos principales de la visión del mundo —«visión», palabra que puede aplicarse a pocos poetas como debe aplicarse a Lezama Lima— no es tarea fácil. Lezama mismo ha escrito que «sólo lo difícil es estimulante». Dejémonos estimular por la dificultad de su obra y aun por su oscuridad, puesto que Lezama Lima acepta que hay poetas claros y poetas oscuros de la misma manera que en una jornada terrestre hay día y noche. En la obra de Lezama Lima pasamos de lo difícil, pero claro, a lo oscuro, pero intuitivamente inteligible hasta alcanzar la claridad suprema: la de la Sobreabundancia.

Para analizar el universo poético de Lezama, divido el presente capítulo en las partes que siguen:

1. La idea y vivencia de la metáfora y la imagen (idea y sobre todo vivencia que habrá de aclararse en la última parte de este texto);

2. La teoría de las «eras imaginarias», sin olvidar, en este caso y, por cierto, en muchos aspectos del sistema poético de Lezama, sus antecedentes: tanto Orfeo como Vico, tanto la gnosis como las varias doctrinas arquetípicas, uno de cuyos modelos se encuentra, naturalmente, en Platón y en el neo-platonismo;

3. Análisis de algunos de sus poemas.

4. El regreso a la imagen, pero ahora ya definitivamente unida a la semejanza, a la «posible» semejanza de hombre y Dios, sobre todo del hombre poético y del hombre resurrecto.

METÁFORA, IMAGEN

Para hacer «una locura», la de «entender mi sistema poético del mundo, que lo considero un intento de intentar lo imposible» [2], trato de aclarar el significado de la metáfora y de la imagen en Lezama Lima. Si así procedo es porque Lezama mismo afirma que solamente lo increíble es creíble (habremos de verlo: esta relación incredibilidad-credibilidad, es el meollo mismo del pensamiento de Lezama).

Parto de un hecho: «Todo tiempo viviente está respaldado por la palabra creación, es decir, por la poesía.» Pero entender la poesía es en parte, solamente en parte, desentrañar lo que Lezama Lima entiende por metáfora y por imagen. La metáfora implica «transposición», implica metamorfosis e implica analogía. Así, en *Analecta del reloj*, Lezama escribe: «En toda metáfora hay como una intención suprema de lograr una analogía, de tender una red para la semejanza, para precisar cada uno de los instantes en un parecido.» Tal es uno de los aspectos cruciales de la metáfora: «tender una red», en efecto, y mediante ella, algo al modo de Baudelaire —a quien lo acerca no su estética sino el sentimiento del mal y del pecado—, encontrar la correspondencia secreta de las cosas.

Las tres palabras clave de la frase de Lezama son «analogía», «semejanza», «instante». En cuanto «intención» de analogía, la metáfora conducirá a la analogía, es decir a la imagen y también a la semejanza. Antes de tratar de precisar ideas tan imbricadas entre sí y al mismo tiempo tan complejas, hay que precisar algo el significado de la metáfora.

También en *Analecta del reloj* dice Lezama: «Va la metáfora hacia la imagen con una decisión de epístola; va como la carta de Ifigenia a Orestes, que hace nacer en éste virtudes de reconocimiento.» En otras palabras, la metáfora es temporal —es un «ir hacia»— mientras que la imagen es una permanencia, un reconocimiento. Pero el tiempo de la metáfora es tan breve que, por breve, por instantáneo, carece de verdadera duración y carece de permanencia.

Ha dicho Gastón Bachelard que la poesía es la metafísica del instante. Por otra parte, la idea del instante como momento decisivo proviene de San Agustín —en el instante es donde nos salvamos o nos condenamos— y sobre todo, en tiempos modernos, de Kierkegaard, para quien el instante es el tiempo brevísimo en que pueden fulgurar tanto Satanás como la salvación divina; pero la metáfora no es solamente la expresión de un instante: es lo que «actúa como el factor temporal que impide que las entida-

---

[2] *Interrogando a Lezama Lima*, Anagrama, Barcelona, 1971.

des naturales o culturales imaginarias se queden *gelées* en su estéril llanura» *(La experiencia americana).* En esta frase, Lezama Lima relaciona la metáfora con lo que él llama «eras imaginarias». Queden para más adelante. Por ahora lo que importa es el aspecto temporal y, revelado, instantáneo, de la metáfora. Temporal, la metáfora es la analogía de un instante —un instante, por cierto, que conduce a prolongaciones, a misivas, a mensajes, a epístolas, hacia la imagen. La metáfora une y reúne términos opuestos o disímbolos y, dentro del poema, se reduce a ser un momento del poema como dentro del relato o la novela es también un fragmento de novela o relato.

Ciertamente, la metáfora es un momento; es también una intención, un tender hacia la imagen, finalidad de la metáfora misma. En *Las imágenes posibles,* donde Lezama se refiere sobre todo al conjunto de la actividad poética, al definir la metáfora escribe: «Después de haber utilizado los recursos instantáneos de una red de asociaciones, a veces entregados por una voluptuosa extrasensorialidad, es ese sentido que va surgiendo y que termina aclarándose como la prueba hiperbólica.»

¿Qué es la imagen? No basta con decir que es el fin de la metáfora. Habría que decir, más bien, que es la carne misma del poema, aquello que le da cuerpo y consistencia. Pero estas palabras son todavía insuficientes. Digamos, de antemano, que al conjuntar y conjugar metáfora e imagen tenemos ya el sentido de poesía y de su resultado, el poema. Mejor dicho, y en términos de Lezama Lima, nace «la *poesía* en el *poema».*

La imagen implica continuidad: «Así la poesía queda como la duración entre la progresión de la causalidad metafórica y el continuo de la imagen» *(A partir de la poesía).* La poesía es, así, progresión, movimiento y continuidad. La imagen es la que otorga permanencia a la metáfora para que metáfora e imagen representen el doble juego de lo dinámico y lo estable —estable, por lo menos, en la duración de este mundo y de esta vida—. Unidas metáfora e imagen, permiten que la poesía sea, por una parte, hipertélica y vaya más allá de los fines de esta tierra e incluso llegue a ser la explicación de estos fines. Por otra parte, la imagen permite que la poesía sea un verdadero conocimiento. Cuando el poema anda todavía de metáfora en metáfora buscando, por así decirlo, su imagen, «desconociendo su penetración», encuentra en «la llegada primera de la imagen» lo que «le presta a esa penetración su penetración de conocimiento» *(X y XX).* Así se nos precisa una palabra que había quedado vaga; la poesía es finalidad, es además, y gracias a la imagen, conocimiento, es, en efecto, intuición; pero aquí la palabra «intuición» recupera su sentido original: el de ir hacia adentro, el de penetrar, tanto por los sentidos como por la imagen o el intelecto, en el corazón de la realidad poética, modo y fuente de todo conocimiento.

Habremos de ver que este conocimiento, coherente y orgánico, nada tiene que ver con la razón lógica; habremos de ver que la imagen, por una parte, es para Lezama, como para San Agustín la memoria, la imagen de lo eterno; habremos de ver que la imagen es «creíble por increíble». En efecto, Lezama Lima piensa que la poesía es «una mentira». Pero lo que es mentira para la lógica y sobre todo para el sentido común —y en este punto la coincidencia entre Lezama Lima y Octavio Paz es clara— es precisamente, increíble-creíblemente, la verdad.

La imagen es permanencia —tal es en definitiva el sentido de lo que Lezama Lima llama la «prueba hiperbólica»—. Esta imagen es la «cantidad hechizada», es decir, la de las eras imaginarias, y la de su fideísmo poético. En la imagen «se remansa» la prolongación del poema.

De acuerdo en este punto y sólo en él con Aristóteles, Lezama Lima señala que la poesía nace de lo que, en apariencia, es contradictorio pero que en realidad se anuda en este *analogon* de la imagen. Así escribe: «Dentro de este análogo, es donde es posible señalar estas ambivalencias, en ese cosmos de la poesía, y he aquí el gran hallazgo perviviente de su Poética —la de Aristóteles—, señalar que es en la región de la poesía donde *éste es aquél,* donde es posible reemplazar el escudo de Aquiles por la copa de vino sin vino, este árbol por aquella hoguera. El árbol como la sombra de la hoguera petrificada; la hoguera, discutiendo con el viento, mueve sus brazos como hojas» *(Introducción a un sistema poético).* La diferencia principal entre Aristóteles y Lezama —o, en conjunto, entre Aristóteles y la poesía romántica y post-romántica— reside en un hecho que a veces se olvida de puro sabido: la poesía clásica y sobre todo neo-clásica tendía a la verosimilitud y, en este sentido, y a grandes rasgos demasiado generales, a ser una manifestación alterada del sentido común. La poesía moderna —del romanticismo a nuestros días y de manera acelerada— suele ser más subjetiva. Lo cual no implica solipsismo ni ensimismamiento. Tal subjetividad es el sentimiento fundamental que subraya la obra poética de Lezama Lima, poeta cristiano y más precisamente poeta católico.

Metáfora, imagen: poesía y poema. Hasta aquí el sentido móvil de la primera; el sentido permanente de la segunda y el sentido pasajero-permanente del poema.

Pero lo que hasta este punto he escrito no permite entender todavía el significado real de la imagen o, para utilizar el término en el sentido trascendente que le da Lezama Lima, de la *Imago*. La imagen nos remite a las «eras imaginarias». La imagen no es lógica; lo cual no quiere decir que sea irracional; es «ente de razón fundado en lo irreal» *(Playas del árbol)*.

De manera algo enigmática escribía Lezama Lima: «el hombre puede tener el encantamiento que reviste la unanimidad». Veremos la importancia de la unanimidad en los poemas de Lezama. Traduzcamos, por lo pronto, esta frase de apariencia hermética. La poesía se funda en las eras imaginarias. Antes de referirnos a ellas, es necesario una breve precisión. Poco he escrito acerca de la palabra «semejanza»; de hecho, y en el plano de la metáfora, la semejanza se reduce a la relación analógica entre términos distintos y distantes. Pero sería falaz quedarnos a este nivel de interpretación porque la semejanza es ante todo, como habremos de ver, la posible semejanza entre el hombre y Dios.

Quedan así abiertos dos caminos: el que conduce de la imagen a las eras imaginarias y de éstas a la Sobreabundancia, es decir, a la divinidad, y el que conduce de la semejanza poética fideísta de Lezama Lima a la (posible) semejanza entre el hombre y Dios.

Una objeción podría surgir en este punto. ¿Cómo sostener que Lezama es religioso, y especialmente católico, e ignorar la carga extraordinaria de sensualidad, de sexualidad, de vicio que aparece en sus poemas y, sobre todo, en *Paradiso*? La respuesta es sencilla: Lezama está lejos de cualquier angelismo; sabe que el hombre es un ser encarnado y sabe que en el hombre hay mancha, hay «mácula», hay pecado. Podría decirse de Lezama Lima, como Maritain lo dijo de Baudelaire, que es —¿no lo son todos los hombres?— un pecador; pero sobre todo que es un pecador consciente del pecado.

LAS ERAS IMAGINARIAS

Los antecedentes de la teoría de las «eras imaginarias» son varios. Por lo pronto hemos visto cómo Borges, dubitativo, piensa que «acaso» existan arquetipos del pensamiento y la vida humana. Naturalmente, la doctrina de los arquetipos podría remitirnos a Platón, para quien nuestro mundo es la copia, la imitación de las formas. Pero, más concretamente, el antecedente principal de Lezama Lima es Vico. Vico suponía que además de la historia concreta de cada civilización, existe una «historia universal eterna» para cuya interpretación sería necesario encontrar símbolos universales. Vico se adelanta a muchos modernos y contemporáneos —entre ellos C. G. Jung, para quien el inconsciente colectivo es el receptáculo, por así decirlo, de los arquetipos universales de toda conducta humana; entre ellos también Lévi-Strauss, en cuya obra el inconsciente es lógico y de una lógica tal que combina de manera diversa los mismos mitos—. Vico ofrece una doctrina de la historia —¿de la doble historia que ya aparecía en el San Agustín de *La Ciudad de Dios*?—, sin la cual es posible que Lezama Lima no hubiera podido construir su teoría o, mejor dicho, su «sistema».

Sin embargo, las diferencias entre Vico y Lezama Lima son muchas. Tal vez la más importante consista en la afirmación de Lezama según la cual la imaginación es más real que la «realidad» y, sobre todo, que la lógica de esta imaginación no conduce necesariamente a pensar que existan eras imaginarias para todas las épocas. Lezama Lima solamente enumera algunas fundamentales aunque a veces parece querer sugerir que las «eras imaginarias» serían aplicables a todos los grandes momentos que iluminan la historia.

No menos importante es otra clara diferencia entre Lezama y Vico. Éste personaliza los arquetipos en entes míticos que constituirían el fundamento eterno de toda la historia. Lezama Lima no personaliza las «eras imaginarias», si bien en ellas viven y perviven personajes especialmente representativos y eficaces. Menos coincide Lezama con Jung, puesto que para Jung los arquetipos representan si no una persona, por lo menos los grandes modelos inconscientes que guían a la humanidad.

¿Cómo situar la tesis de Lezama Lima? Antes de entrar en algunos detalles es necesario decir que toda la explicación del mundo que Lezama inventa y descubre mediante la doctrina de las «eras imaginarias» y —en última instancia— por medio de la presencia de la divinidad, constituye una reacción no sólo contra el realismo aristotélico sino y sobre todo contra el materialismo y el mecanicismo que se han apoderado de nuestro mundo y que —positivista o marxista, conductista o neo-positivista— pretende reducir la espiritualidad a materia y la vida a una suerte de causación mecánica.

Para Lezama Lima, el mundo de los hechos no es la causa sino el resultado de Imágenes Eternas y siempre permanentes que dan sustancia al mundo histórico, poético y personal. Curiosamente, en este punto por lo menos en cuanto al origen de la poesía, Lezama Lima coincide, sin saberlo acaso, con el mismo Heidegger para quien la realidad humana no es únicamente la de un «ser-para-la-muerte», sino un ser poético cuyo lenguaje remite al reino de los dioses y los mitos. Afirma Heidegger, cercano a Lezama Lima: «La poesía no es solamente un adorno que acompaña la existencia humana, ni sólo una pasajera exaltación ni un acaloramiento y diversión. La poesía es el fundamento que soporta la historia, y por ello no es tampoco una manifestación de la cultura y menos aún la mera 'expresión' del 'alma de la cultura'.» Más cercano aún a Lezama Lima, Heidegger escribe: «Pero los dioses sólo pueden venir a la palabra cuando ellos mismos nos invocan, y estamos bajo su invocación.» Las semejanzas entre este Heidegger y Lezama Lima son sorprendentes. Sin embargo, no hay que dejarse llevar solamente por las semejanzas. Las diferencias existen; entre ellas la principal está en el hecho de que Heidegger va en busca del Ser, del Ser en sí, el Ser absoluto; Lezama Lima, más intuitivo y fideísta, encuentra a Dios en la cumbre de sus imágenes; no al Ser en general que no le concierne.

Para entender más claramente la doctrina de las «eras imaginarias», habría que situar a Lezama Lima en aquella tradición que, por lo menos desde Plotino, dice que la realidad inferior debe explicarse siempre por una realidad superior: así, la materia solamente tiene en Plotino una explicación en el alma del mundo y ésta en el mundo de los Inteligibles (o de las Formas que Plotino hereda de Platón) y éstas en el Uno, realidad última e indecible como toda realidad última cuando se trata de la mística. Si vamos más atrás, en la historia de Grecia, tres tipos de pensamiento han parecido atraer a Lezama: los órficos, los pitagóricos y, en algunas ocasiones, los gnósticos.

Regresemos a las tesis de Lezama Lima. En *La experiencia americana* escribe: «Hay que desviar el énfasis puesto por la historiografía contemporánea, en las culturas, para ponerlo en las 'eras imaginarias'.» Más precisamente, hay que «establecer las diversas eras donde la *imago* se impuso como historia». La imagen participa en la historia y de hecho «hace» la historia. Sorprende a veces a Lezama que alguna de estas grandes imágenes hayan sido descubiertas tardíamente. Le sorprende pero no le hace caer en duda; por lo contrario, si un hecho distante se explica centurias más tarde, lo que sucede es que esta explicación más bien demuestra que las eras imaginarias —y también la poesía— no son «ilógicas». Así en el caso de Troya. Cuando un epíteto homérico es explicado treinta y cinco siglos más tarde por los descubrimientos «alucinados» (entiéndase aquí iluminados e inspirados) de Schliemann, no se trata de un azar. Simplemente se necesitaban treinta y cuatro siglos «para comprobar la veracidad de un epíteto». Dicho en otras palabras: existen «coros» que unen momentos de la historia separados entre sí no por alguna suerte de necesidad histórica sino por una suerte de olvido humano. ¿Es verificable lo que aquí afirma Lezama Lima? Hay que dar dos respuestas a esta pregunta: es verdadero porque es increíble; pero, además, la verificación es posible: no es casual ni azaroso que tengan un mismo sentido la Anábasis y la Grand'Armée. La *Imago,* la «era imaginaria», permite la explicación de «milenios extrañamente unitivos, inmensas redes o contrapuntos culturales», que, por cierto, preceden a la cultura y le otorgan sentido y significación. De acuerdo con Curtius, Lezama Lima piensa que la historia se acercará cada vez más a la «ficción». Hay que atenernos —en cuanto a permanencias históricas— a la «sorpresa de los enlaces» y a «la magia del análogo». En otras palabras, podremos alcanzar a entender las «eras imaginarias» mediante otra lógica, una causalidad imaginativa que no coincide ni puede coincidir con la causalidad mecánica: la causalidad es en Lezama Lima «causalidad hipertélica» [3]. El universo de la Imagen es prelógico, pero no es ilógico.

Podríamos establecer la jerarquía siguiente: la metáfora es el camino hacia la imagen; la imagen es el camino hacia estas largas permanencias y duraciones que constituyen las eras imaginarias; éstas, por último, culminan en la Sobreabundancia, es decir en Dios.

Enumeremos las «eras imaginarias» de las cuales hace Lezama mención explícita. La primera es la que llama era «filogenitriz» que puede encontrarse en las tribus remotas (idumeos, escitas) aludidas en el *Génesis.* Predominan en esta era lo fálicototémico, la sexología angélica, y se encuentran prolongaciones de ella en Boehme y en Swedenborg. La segunda es la egipcia: la «errante sombra egipcia» se centra en Osiris y en los símbolos mortales. Por lo demás, traza Lezama relaciones entre Egipto y

---

[3] Estas citas proceden de *La experiencia americana.*

la China del siglo V, el siglo de Augusto y el cristianismo. Pero Egipto tiene escasa conexión con el cristianismo: «Tendríamos que esperar el *adumbrai,* sombra cargada con la evidencia creadora del Espíritu Santo, para que aquella errante sombra egipcia se extinguiera para siempre» («Las eras imaginarias: los egipcios»). Tercera época, o «era»: la de Orfeo y los etruscos, era que habrá de ocuparnos más adelante ya que es supremamente importante para Lezama Lima. A estas eras se añaden, sucesivamente, la que remite a China, el mundo prehispánico, el catolicismo —caridad y gracia que también se comentará más adelante—; la de América, simbolizada fundamentalmente por dos figuras: Sor Juana, Martí.

Estas agrupaciones, en apariencias azarosas, son para Lezama las condiciones de algunos grandes momentos de la historia. Son también, por su poderío —lo que Lezama llama con frecuencia el «potens»— condición de la poesía; poesía que, por otra parte, es descubridora de estas «eras». Volveremos, en la última parte de este capítulo, a atender a estas eras imaginarias, y de hecho el sentido último de la poética de Lezama —poética fideísta— en busca de fundamento en la Sobreabundancia. Pero aquí es necesario un breve paréntesis.

Veamos el universo de Lezama Lima a partir de algunos de sus poemas. Advierto, antes de presentar —más que analizar— unos cuantos poemas, que no pretendo, naturalmente, llevar a cabo un estudio completo de la poesía de Lezama. Esta poesía —a veces difícil, a veces incluso verdaderamente oscura— importa aquí como tal pero me interesa principalmente para ver, desde la vertiente del poema, cómo y en qué sentido la poesía de Lezama es conocimiento. Para él presentación e intención de los poemas son, por lo demás, compatibles. Oscuridad; en efecto, el mismo Lezama ha dicho, en sus declaraciones de *Interrogando a Lezama Lima,* que cuando se siente claro escribe ensayo y, cuando se siente oscuro, escribe poesía.

POEMAS

De *Muerte de Narciso* (1937), *Dador* (1960), pasando por *Enemigo rumor* (1941), *Aventuras sigilosas* (1945), *La fijeza* (1949), además de las 244 páginas de poemas no publicados en libro e incluidos en *Poesía completa* [4] (y además de recientes y

---

[4] Instituto del Libro, La Habana, 1970.

hermosas décimas publicadas en la revista *Diálogos*) hay, en la obra poética de Lezama Lima una suerte de continuidad que muchas veces se contagia de hermetismo. Barroco, sí, pero también sensual, asociativo de experiencias muy personales, muy subjetivas y también de mundos o «eras» diversas y distantes en el tiempo y en el espacio, Lezama Lima da a veces la impresión de haber construido nuevos objetos para colocarlos en el mundo, objetos que se inician con esta «Sierpe de don Luis de Góngora» —también Lezama contribuyó al retorno a Góngora— que se llama *Muerte de Narciso*.

Elijo, para tratar de comprender más que interpretar la obra de Lezama y sobre todo para ver de qué manera y modo contribuye a conocer la realidad —o esta irrealidad más real que lo que solemos llamar real. Veamos cuatro poemas, cuatro momentos de esta sigilosa y voluptuosa aventura lírica: «Una oscura pradera me convida» (poema de *Enemigo rumor*); un poema en prosa, «Noche dichosa» (de *La fijeza*); «San Juan de Patmos ante la puerta Latina» (de *Enemigo rumor*) y «Recuerdo de lo semejante» (de *Dador*). Los dos primeros poemas son breves —muy complejo el primero y también muy hermoso, más directa la parábola que constituye el segundo. No son breves los dos restantes, representativos de una tendencia frecuente en Lezama que le lleva a escribir poemas extensos.

Transcribo «Una oscura pradera me convida». Paso después a comentar el poema:

> Una oscura pradera me convida,
> sus manteles estables y ceñidos,
> giran en mí, en mi balcón se aduermen.
> Dominan su extensión, su indefinida
> cúpula de alabastro se recrea.
> Sobre las aguas del espejo,
> breve la voz en mitad de cien caminos,
> mi memoria prepara su sorpresa:
> gamo en el cielo, rocío, llamarada.
> Sin sentir que me llaman
> penetro en la pradera despacioso,
> ufano en nuevo laberinto derretido.
> Allí se ven, ilustres restos,
> cien cabezas, cornetas, mil funciones
> abren su cielo, su girasol callando.
> Extraña la sorpresa en este cielo,
> donde sin querer vuelven pisadas
> y suenan las voces en su centro henchido.

Una oscura pradera va pasando.
Entre los dos, viento o fino papel,
el viento, herido viento de esta muerte
mágica, una y despedida.
Un pájaro y otro ya no tiemblan.

«Una oscura pradera me convida» conserva algunas huellas de *Muerte de Narciso:* espejo, agua, «aguas del espejo». También conserva algunos giros gongorinos: «su girasol callando». Pero el poema es, en un principio, la declaración de una amplísima apertura; apertura al mundo, apertura a la pradera oscura y convidante —un convidar que muy bien podría ser una forma de atraernos, metáfora a metáfora, hacia la imagen—. Pronto se altera la pradera vista desde el balcón del sueño; se convierte ahora en esta exactitud de los «manteles estables». A partir del sueño, nueva alteración de la pradera cuando sabemos que los objetos que la constituyen se adormecen. Renovadamente, Lezama Lima, en esa red de metáforas nocturnas, y estáticas, nos dice que memorizamos desde siempre y que lo que memorizamos es movimiento («gamo en el cielo»), frescor («rocío»), cambio y alteración que estalla en una «llamarada». Memorizamos, acaso, desde los orígenes de la especie. Pero, ¿hasta qué punto se trata de metáforas estáticas? El poema es movilidad, lo es aún más desde la penetración en la «pradera silenciosa». El poeta no siente que nadie le llame; lo cual no significa que no exista un llamado, llamado secreto de este «laberinto derretido» que precisamente deja de ser laberinto al derretirse «despacioso» del poema; desaparecen los laberintos; el poema destruye, anda en busca de verdades ciertas, de imágenes precisas. Estas imágenes son, en la pradera ya hecha conciencia —conciencia y memoria—, formas del recuerdo revivido, de historia-muerte que la imagen revive y reaviva para recuperarlas («Ilustres restos / cien cabezas, cornetas, mil funciones / abren su cielo, su girasol callando»). En este punto Lezama Lima es acaso autobiográfico: lo que recuerda es su infancia en aquel campo militar que le obsesionó para siempre.

¿Pradera? Metáfora y metamorfosis. En lugar de la pradera, el cielo, un cielo que podría ser otra imagen de la pradera; cielo misterioso que parece ser un centro del mundo, un «centro henchido». Suenan voces, rumores. La pradera se mueve: «una oscura pradera va pasando». ¿Pradera?, ¿cielo? Más bien muerte: «Herido viento de esta muerte.» Pero la muerte, «una», es mágica y es una despedida: ¿despido al mundo?; ¿despido a la muerte? Silencio: «Un pájaro y otro ya no tiemblan.»

«Una oscura pradera me convida» es uno de los poemas más hermosos de Lezama Lima. Nada puede sustituir su lectura, su sabor a magia, su mezcla de luz y sombra, mirada y tacto, su constante alternación y mezcla de movimiento y reposo. Nada cambia ya a la imagen. Esta pradera-cielo, esta pradera inmóvil y movida, esta pradera muerte, sucesión y quietud, tiempo fugaz y tiempo congelado. ¿Inexplicable el poema? Ciertamente podría admitir otras lecturas que las que acabo de intentar. Se trata, sin duda, de un poema más sugerido que *dicho,* un poema en el cual la oscuridad es esencial y sin embargo nada hay en él que remita a lo inefable: en el poema está todo lo que el poeta quiso decir y dice. Ha escrito Cintio Vitier a propósito de toda la poesía de Lezama Lima: «La poesía de José Lezama Lima expresa la realidad como un hecho carnal en el idioma, y a través de una mirada que no interpreta ni organiza en líneas lógicas ni sentimentales su objeto, sino que prefiere dejarlo en su místico *exterior* y reducirlo a sustancia paladeable de lo desconocido.» En otras palabras: no se trata tanto de entender el mundo, sino de tener un mundo frente a nosotros; el conocimiento es, en este caso —lo es en muchos poemas de Lezama, no en todos—, esta «sustancia paladeable» que nos permite gustar y aprehender más que comprender lo que Vitier llama «su místico *exterior*». Digámoslo nuevamente, con Vitier: «el poeta busca una imitación verbal de la insondable apariencia» [5]. La poesía hecha de apariencias y, podría añadirse, de apariciones, nos entrega una imagen completa; hay que tratar de gustarla, sentirla, «paladearla». Las apariencias no engañan: la realidad está en las apariencias siempre que, sin acabar de alcanzarla, entremos en ellas.

«Noche dichosa» es un poema-relato. En él sabemos que «La choza a la orilla del mar por una noche ha guardado el cuerpo desnudo del pescador solitario». El hombre está soñando con un «sueño inquieto». El pescador despierta, está despierto: «Al destellar sus ojos, ya su cuerpo se levantaba del lecho: buena manera de contestar al rayo de luz con el movimiento del cuerpo.» Hermosa imagen esta que nos hace ver con toda claridad de la mirada la relación entre el destello de los ojos y el rayo de luz. El pescador se hace a la mar. «En sucesivas conversaciones con los

---

[5] Las frases de Cintio Vitier están citadas en José Olivio JIMÉNEZ, *Antología de la poesía hispanoamericana,* Alianza Editorial, Madrid, 1971.

peces dormidos su cuerpo avanza riéndose de sus reflejos.» Su cuerpo, en movimiento, es como una «señal perseguida» que implica «dignidad». El pescador se convierte en peregrino. «Cuando llega y la tierra sigue silenciosa y nocturna, pero el peregrino la toca con su frente...» Tocar, palpar, conocer con los sentidos y las imágenes sensibles. Regresa el pescador-peregrino: «Su cuerpo transfundido en una luz enviada parece manifestarse en una Participación, y el Señor, justo y benévolo, sonríe exquisitamente.» Los hombres, pescadores-peregrinos, pueden contar con la presencia del Señor. Esta presencia la conoce el poeta o, por lo menos, la vislumbra. En efecto, el peregrino se pregunta para terminar el poema: «¿qué ha pasado por aquí?»

«San Juan de Patmos ante la Puerta Latina» es un largo poema de aspecto histórico y legendario. Ante la Puerta Latina, la que «ganaría» San Pablo («pero la verdad es que Juan de Patmos / ganaría también esta Roma»), San Juan «está fuerte / ha pasado días en el calabozo». Nada más claramente narrativo que esta hipótesis de la llegada a Roma. San Juan es fuerte porque ha contemplado las «formas del Crucificado». Opuesto a Narciso, opuesto también al Mal, San Juan no vacila ante la «tibieza miserable del agua y la fidelidad miserable del espejo». Amigo del agua y del aceite hirviendo, está Juan martirizado, mosaico bizantino o acaso miniatura gótica. Pero su martirio, prolongado en otros martirios, no convence a Roma. Los romanos «seguirán reclamando pruebas y otras pruebas». Juan de Patmos —exilio y muerte— no exige pruebas como no las exige el hombre de fe, ni las exige este hombre de fe, que es Lezama Lima:

> ¿Qué hay que probar cuando llega la noche
> y el sueño con su rocío y el rumor que vuelve y abate
> o el rumor satisfecho escondido en las grutas después
> de la mañana?

Todo se ilumina porque poesía y cristianismo son revelaciones, dones del Dador. Bastan las evidencias: «la nube que trajo a San Juan va extendiéndose por la caverna». Juan de Patmos es una presencia sin demostraciones. Nuevamente andamos en el camino que conducirá al verdadero sentido de la imagen y semejanza: el hombre hecho a imagen de una y a posible semejanza de la otra.

En la poesía de Lezama Lima hay muchos elementos sensuales, de una sensualidad a veces irónica, a veces llena de tentación y mácula. No se trata de una poesía que niegue el mal: lo confiesa como también lo confiesa en *Paradiso*. Es sin embargo una poesía que trasciende el mal. Para Lezama Lima, como para Kierkegaard, el infierno es también una visión deformada y espantosa de Dios; el pecado puede conducir a Dios.

«Recuerdo de lo semejante», largo poema de la última época de Lezama, es, en su longitud, en sus referencias y enigmas gnósticos, neo-platónicos, un poema oracular.

Ha dicho repetidamente Lezama Lima que en su poesía y su concepción poética del mundo se opone al dualismo. No podía ser de otro modo para quien, ortodoxamente, cree en la encarnación del espíritu. «Recuerdo de lo semejante» es un poema conceptual y aun en ocasiones, abstracto. Da una idea muy precisa, sin embargo, del universo poético-religioso de Lezama Lima.

La pregunta inicial del poema es ésta:

¿Hay una total pluralidad en la semejanza?

Parecido a los estoicos escribe irónico Lezama: «Creer que la pluralidad se opone a la semejanza / es olvidar que las narices forman el olifante...» ¿Tendencia al panteísmo? Mucho hay de una suerte de panteísmo espiritualista de los neo-platónicos en la obra de Lezama Lima.

El problema es, así, el siguiente: ¿Cómo explicar la pluralidad en un mundo que es esencialmente uno? Es necesario alterar la pregunta: ¿cómo es posible que este multiverso nuestro tienda a formar un mundo único y totalizador? Signos y oráculos, representados en «Recuerdo de lo semejante» señalan hacia la unidad y a ella se dirigen. Poéticamente:

Los treinta mil osos por el bosque reclaman
al que se quedó hablando en su disfraz hacia la muerte.

Teológicamente:

La unidad saborea la trinidad de la planicie bizantina.

Todo se encamina hacia la Unidad: «La imagen... se hace sobreabundancia.» Pero cuando la imagen sobreabunda, va más allá de sí misma. La sobreabundancia no puede ser dicha: «la sobreabundancia es un sacramento».

¿Quién, entre los hombres, recibe la imagen, la semejanza de lo semejante? El «poseso» es quien asume «esa sobreabundancia oscura e indual». El poseso, es decir, el loco sólo en apariencia, es decir, el iluminado, el «entusiasmado» por viejos y nuevos ritos. El hombre, la historia-imagen, el hombre-imagen están hechos —como lo estaba el pescador-peregrino— para la participación; hombre, historia, mundo son «copia de lo homogéneo participado». Pero precisamente porque la sobreabundancia es verdaderamente sobre-abundante e infinita es posible la pluralidad, la «diversidad de cada rostro». La poesía, «indual», se dirige, indicativamente, hacia la sobreabundancia. Todos los rostros singulares participan en un mismo Rostro; todos los rostros son a la vez distintos y unánimes. Signos, oráculos, delfines, «animales más finos», se proyectan hacia la totalidad sin perder su individualidad; encarnan en el Todo sin renunciar a su propia carne particular.

No está en estos cuatro comentarios de la poesía de Lezama Lima la riqueza torrencial de imágenes, referencias, destellos, conceptos, metamorfosis, alianza de términos distantes y aun opuestos, que son parte viva de su poesía. Pero en los poemas aquí presentados se ofrecen cuatro claras tendencias no sólo compatibles sino complementarias: el mundo es milagroso, memorioso («Memorizamos desde la raíz de la especie»), y es mágico; el poema narra, por así decirlo, un mundo que es verdadera encarnación, y el mundo para el saborear; este mundo encarnado no necesita pruebas como las necesitaban los romanos de «San Juan de Patmos»; el universo entero, iluminado por la imagen, gravita, pluralmente, hacia la unidad de Dios. Para que los poemas de Lezama Lima —tantas veces herméticos— se nos entreguen hay que leerlos con ojos, tacto y gusto: constituyen una nueva imagen del mundo, una verdadera «naturaleza sustituida», nueva realidad que ingresa en el poema y en la historia para que a través de la imagen se eleven espiritualmente —también sensualmente— los sentidos, las percepciones, los pensamientos.

Ha escrito Cintio Vitier que Lezama ha ofrecido «la medida máxima del poeta y el escriba; construir con la imagen una casa para todos». Habría que añadir, tan sólo, que esta casa nos conduce a Dios y que la casa, como la choza, el pastor-peregrino, manifiestan a Dios.

Todo lo cual nos hace volver nuevamente los ojos a la Imagen y a la Semejanza, es decir, a las dos formas vivas que nos permiten entender a hombre y mundo.

«La historia de la poesía no puede ser otra cosa que el estudio de las eras imaginarias.» Tanto en la historia que traza de estas eras como en sus poemas y en *Paradiso,* Lezama Lima se muestra hermético. Hay que precisar el significado de este hermetismo porque, sin tratar de explicarlo, no es del todo clara la noción misma de poesía ni serían claras las ideas-vivencia de la Semejanza y la Imagen.

El propio Lezama Lima se ha referido a su hermetismo. Pero la palabra «hermetismo» tiene varios sentidos dentro de su obra: Lezama es hermético porque, ya lo hemos visto, para él es tan natural el escritor claro como el escritor oscuro; en este sentido, Lezama es «hermético» por instinto personal; Lezama es hermético por vocación de barroquismo; lo es también en el sentido en que podría serlo cualquier gran poeta religioso: la experiencia última, por decirlo con San Juan de la Cruz, «se puede sentir mas no decir». Pero hay otro sentido en el cual la palabra hermetismo puede acaso aplicarse, con muchas precauciones, a la obra de Lezama Lima: su afición por las sectas herméticas —orfismo, gnosis principalmente—. El hecho de que existan elementos órficos en la obra de Lezama no debe llevar a sorpresa. En el orfismo se ponen de manifiesto muchas ideas y creencias que, en cierto modo, son pre-cristianas; siguiendo a Tertuliano aun cuando naturalmente éste no se refiera a los órficos —podría decirse que su alma fue *«naturaliter cristiana»* [6]—. Orfeo, que W. K. C. Guthrie prefiere personalizar, fue probablemente de origen tracio. La religión órfica pudo estar ligada a los cultos báquicos pero, en todo caso, vino a civilizarlos y a encauzarlos por vías más espirituales. Orfeo, al tocar la lira, doma a las fieras, aparece en la expedición de los Argonautas, desciende al infierno para salvar a Eurídice. La teogonía órfica es original y lo es, especialmente, comparada a otras teogonías griegas —por ejemplo la de Hesíodo—. Para Orfeo existe —y en este punto la leyenda no difiere mucho de otras leyendas de diversas latitudes— la creación del mundo, aunque esta creación se haga en dos etapas. Pero los órficos son dualistas: la naturaleza es, para ellos, divina y titánica al mismo tiempo. Este dualismo no es definitivo puesto que los órficos piensan que los hombres pueden superar el elemento titánico

---

[6] No hago aquí, salvo breves añadiduras, sino seguir a W. K. C. GUTHRIE, *Orpheus and Greek Religion,* Norton, N. Y.

mediante el desarrollo ascético de su parte divina: en este punto el orfismo sería un antecedente tanto de los pitagóricos como del Platón del *Fedón.* Ciertamente, los órficos creen a veces en la reencarnación pero esta reencarnación es solamente la de las almas pecaminosas. Las almas puras esperan mil años para después salvarse. En el inicio, los órficos creen que el hombre es un ser caído, creen en la existencia de la inmortalidad personal; lo cual, por otra parte, implica la existencia del libre albedrío. No es de extrañar que una secta con características tan curiosamente proto-cristianas interesara a Lezama Lima. De hecho es sabido que el mito de Orfeo interesó profundamente a las primeras comunidades cristianas. Creación, caída, descenso a los infiernos, responsabilidad individual, inmortalidad, constituyen toda una tradición que el cristianismo entenderá en toda su amplitud y, naturalmente, por medio de creencias que muchas veces nada tienen que ver con Orfeo y los órficos. El único punto esencialmente heterodoxo, dentro de la concepción órfica del mundo, es el de su relativo dualismo. El dualismo se manifiesta mucho más claramente entre los gnósticos y los maniqueos. La doctrina más frecuente entre los gnósticos, de Basilides y Marción a los Bogomilos y los Cátaros, es la del dualismo: el mundo, creado por el principio del mal, es malo en sí mismo. Hay que huir de este mundo mediante un aprendizaje que nos conduzca a lo extramundano (al espíritu) y nos aleje de lo mundano (el alma y el cuerpo). Hay que huir del «ruido del mundo» y hay que alcanzar el «llamado» de Dios.

El dualismo tienta a Lezama Lima —así tal vez en el doble San Jorge de *Paradiso*—; pero, en última instancia, *Paradiso,* como toda la obra de Lezama, conduce a la salvación. Tal es, probablemente el sentido de las últimas frases de la novela: «Las sílabas que oía eran ahora más lentas, pero también más claras y evidentes. Era la misma voz, pero modulada en otro registro. Volvía a oír de nuevo: ritmo hesicástico, podemos empezar.» ¿Quiere esto decir que *Paradiso* sea semejante al *Finnegan's Wake;* es decir, que se trata de una novela cíclica? No es creíble. El final de *Paradiso* conduce más bien de la muerte a la resurrección.

Hasta aquí, los términos «imagen» y «semejanza» no han sido claramente distinguidos. En *Las eras imaginarias* Lezama Lima decía que la metáfora nace del asombro y escribía con un humor que le es frecuentemente característico: «Si decimos, por ejemplo, el cangrejo usa lazo azul y lo guarda en la maleta... lo primero, lo más difícil, es subir a esa frase, trepar al momentáneo y candoroso asombro que nos produce.»

Lo que sucede, en realidad, es que el poema funciona en tres niveles: el primero de ellos es el del asombro que produce la metáfora; el segundo nivel es el del asombro ante la totalidad de la frase; el tercer nivel es el paso a la imagen. No es otro el asombro que manifiestan los extraordinarios versos finales de *Muerte de Narciso:*

Ola de aire envuelve secreto albino, piel arponeada
que coloreado espejo sombra es el recuerdo y minuto del
silencio.
Ya traspasa blancura recta sinfín en ramas secas y hojas
lloviznadas.
Chorro de abejas increadas muerden la estela, pídenle el
costado.
Así el espejo averiguó callado, si Narciso en pleamar
fugó sin alas.

Hasta aquí la metáfora y su resultado —también su causa—: la imagen. Pero existe, para Lezama Lima, una realidad aún más alta. Esta realidad es la semejanza. Cuando en algunos textos Lezama Lima habla de la semejanza parece referirse a posibles uniones de términos distantes sea de una era imaginaria a otra, sea dentro de la misma era, sea de un signo a otro dentro de un poema. Pero la semejanza es posible en «eras», «imágenes», «metáforas», porque existe la verdadera Semejanza. Escribe Lezama Lima: «Si somos imagen y podemos ser semejanza situémonos ante la noche... nuestra dilatación como un movimiento metafóricamente expansivo» *(Tratados en La Habana).* El hombre está hecho a imagen del Creador; está en el poder del hombre alcanzar, no la identidad, pero sí la semejanza con Dios, el Sobreabundante indicado y sugerido por nuestras imágenes y, sobre todo, por nuestra naturaleza de ser imagen que está en la raíz misma de las «eras imaginarias» y de las imágenes poéticas.

Lezama, en efecto, no anda en busca de demostraciones. Se contenta con la permanencia de los arquetipos, de los «coros». Y si Lezama Lima no anda en busca de demostraciones es porque sabe que entre los hombres y Dios media la distancia que separa y milagrosamente conjuga lo finito y lo infinito, si es que aquí puede hablarse de distancia.

Lezama Lima se sitúa, y lo hace conscientemente, en las tradiciones fideístas de Occidente. Acaso su diferencia específica y su originalidad personal residan en un solo hecho: el fideísmo de Lezama Lima es poético.

Y Lezama repite con San Pablo: *«Charitas omnia credit»;* y repite con Tertuliano: «lo creíble porque es increíble (la muerte del Hijo de Dios), lo cierto porque es imposible (la Resurrección)».

Y Lezama repite con Vico: «lo imposible, creíble».

Lo increíble posible es que el hombre-imagen pueda llegar a ser Semejanza. Esta semejanza se inicia con la resurrección. Por esto dice Lezama Lima: «adquirí el punto de vista que enfrenta a la teoría heideggeriana del hombre para la muerte... el concepto de la poesía que viene a establecer la causalidad prodigiosa del ser para la resurrección, el ser que vence a la muerte y a lo saturniano» [7].

Hay que creer a Lezama, este hombre de fe poética; hay que creerlo más que interpretarlo o comentarlo. Toda su obra está dirigida a un conocimiento que es re-conocimiento.

Hay que creer a Lezama Lima, sobre todo, cuando habla del hombre como de aquel pescador-peregrino de «Noche dichosa», este hombre que existe por participación.

La poesía es capaz de entender la realidad; es capaz, ante todo, de darle fundamento; es también capaz de cambiarla. Lo dice Lezama Lima: «la poesía, el vehículo que lleva a la semejanza lo unificará todo. Ya empieza a hacerlo».

[*Poesía y conocimiento,* México, Joaquín Mortiz, 1978.]

---

[7] Todas estas citas provienen de *Suma de conversaciones en Órbita Lezama Lima,* ed. Armando Álvarez Bravo, La Habana, 1968.

EMILIO BEJEL

LEZAMA O LAS EQUIPROBABILIDADES DEL OLVIDO*

«Yo soy hijo de la tierra y del cielo estrellado»

ORFEO

Con la pérdida del estado hierático de inocencia los hombres se separaron de los dioses, la tierra se desprendió del cielo. Una vez que acontece esta escisiparidad, la reunión total es imposible, pero queda en los mortales la reminiscencia de su unidad primaria y un irresistible deseo de no abandonar por completo este recuerdo, este lazo semidivino que los engendrara. Orfeo es esa figura mediadora entre lo humano y lo divino que en su aventura por el Hades se encuentra perennemente oscilando del Olvido a la Memoria, de la Memoria al Olvido. Orfeo es el poeta, Lezama vuelca en su poesía una misión tan antigua como el rescate órfico, especie de «saber del no saber», creadora penetración en la riqueza andrógina que se sitúa antes de la significación denotativa. Tanto para la mitología órfica como para el texto lezamiano el *nuevo saber* («saber del no saber») está en la poesía, que como manifestación de las somníferas aguas del Olvido extrae del lenguaje no una sino varias respuestas simultáneamente, multitud de probabilidades de cada sentencia. La vía para lograr tal creatividad no puede ser otra que la purificación, el *teletai,* la mutación germinativa del orden denotado al nivel humano, caído, corrupto. Esta mutación se lleva a cabo en el texto lezamiano a base de una prodigiosa y constante desviación lingüística [1].

* Quisiera agradecerle al profesor Pedro Lastra su ayuda en la redacción de este ensayo y sus sabios consejos sobre poesía.

[1] Para la interpretación lezamiana sobre la mitología órfica, ver su estudio sobre este tema en José LEZAMA LIMA, *Introducción a los vasos órficos,* Barcelona, Seix-Barral, 1971. Justo Ulloa ha analizado detalladamente las interpretaciones de Lezama sobre la mitología órfica. Ver Justo ULLOA, *La narrativa de Leza-*

La desviación que desarrolla la mutación lingüística es particularmente efectiva en la metáfora. El proceso metafórico es una mutación al nivel denotativo que ocurre precisamente para recuperar el sentido (el sentido poético) al nivel connotativo, en un segundo movimiento [2]. El proceso metafórico, pues, desencadena una actividad homóloga a la de Orfeo en su *Katábasis* o descenso a los infiernos. Orfeo desciende al Hades para realizar una especie de mutación o purificación que le permita luego cantar con su lira el *nuevo saber,* la poesía. El texto poético de Lezama es un tejido de metáforas que, al efectuar una serie de mutaciones al nivel denotativo, abre una multitud de probabilidades al nivel connotativo.

La metáfora propiamente dicha se presenta como un enlace desusado (y, por tanto, una mutación) en la que se hace una proyección paradigmática sobre el sintagma y donde se asocian por semejanza términos desiguales, haciendo pasar el significante de una cadena a otra [3]. En la poesía de Lezama se encuentran

---

ma Lima y Sarduy: entre la imagen visionaria y el juego verbal, tesis doctoral inédita, University of Kentucky, 1973, especialmente en las pp. 26-58. En cuanto a la desviación lingüística, se puede decir que es uno de los temas que ha recibido más atención en relación con el lenguaje poético. Para un estudio de la desviación lingüística y el lenguaje poético, ver, entre otros, a Jean COHEN, *Estructura del lenguaje poético,* Madrid, Gredos, 1974; y Samuel LEVIN, «Internal and External Deviations in Poetry», *Word,* 21 (1965), 225-237.

[2] Según Cohen, la originalidad de la «figura de invención» (utilizando el término de Fontanier) reside en la relación entre el $significado_1$ y el $significado_2$ de una relación desusada o metafórica entre dos términos lingüísticos. Ahora bien, la estructura metafórica implica dos tiempos: 1) una violación o mutación del código del lenguaje, «especificándose cada una de las figuras como infracción a una de las reglas que componen dicho código»; y 2) «una restauración de otro orden», que es el orden connotativo poético. Cohen presenta los dos pasos de la metáfora en la forma siguiente:

$$
\begin{array}{l}
\text{nivel} \\
\text{denotativo} \\
\text{nivel} \\
\text{connotativo}
\end{array}
\quad
\begin{array}{c}
Se \\
\downarrow \\
\hspace{-1cm}\rule{1cm}{0.4pt}\; So_1 \\
\downarrow \\
\leftarrow\hspace{-0.2cm}\rule{1cm}{0.4pt}\; So_2
\end{array}
$$

(Se = significante; So_1 = significado denotativo; So_2 = significado connotativo; «impertinencia» o desviación (mutación) que impide el significado denotativo; reducción de la desviación por medio de la metáfora al pasar a un orden más ámplio o connotativo.) Ver COHEN, *Estructura del lenguaje poético,* 113.

[3] Ésta es la definición de la metáfora que da Jacques Lacan. Véase los comentarios sobre este concepto lacaniano en Oswald DUCROT y Tzvetan TODOROV, *Diccionario de las ciencias del lenguaje,* Buenos Aires, Siglo XXI, 1974, 396.

relaciones metafóricas de diversos tipos: entre el sustantivo y el adjetivo, entre el sujeto y el verbo, entre el sujeto y el complemento y entre el verbo y el complemento [4]. Por ejemplo, en «Un fuego suena en parábola», la relación entre *fuego* y *suena* no es muy metafórica, pero entre *suena* y *en parábola* sí lo es. Esta clase de relación entre el verbo y el complemento abunda en los textos de Lezama: «La sonrisa ha caído como una medusa en su chaqueta carmesí» (aquí, además de la relación metafórica de verbo/complemento y de sujeto/verbo, hay un símil que complica aún más el proceso figurado), «Una risota que va saliendo de algún bolsillo desvencijado», «Las excepcionales flautas apolíneas, / soplaban las bromas imantadas de Céfiro y Jacinto», «Así la uva destruye los paisajes morados»... También abundan las metáforas de sujeto/verbo: «El alción, el paje y el barco mastican su concéntrico», «El rojo de lepra une el escondite del Diablo y la alabanza del Señor», «la potencia pellizcando la cornisa marina»... Algunos ejemplos de metáfora de sustantivo/adjetivo son los siguientes: «viento gracioso», «ancianos de polvos de arroz», «la ceguera lasciva», «noche cautelosa de artificios» «bambú confidente»... Como se ve en algunos de estos ejemplos, el proceso metafórico a veces se relaciona con las frases preposicionales, ya que el uso metafórico de las preposiciones es uno de los recursos favoritos de Lezama: «sí de torres», «Torre entre lunas»... En la poesía de Lezama, las metáforas aparecen casi siempre entrelazadas con otros recursos retóricos, alcanzando de esta manera una complejidad sorprendente. En esta poesía encontramos con frecuencia metáforas entretejidas con elipsis. Entre los innumerables ejemplos de metáforas múltiples y elipsis, se pueden señalar los versos siguientes de *Muerte de Narciso* [5], que se prestan a la explicación de uno de sus recursos típicos:

Narciso, Narciso. Las astas del ciervo asesinado
son peces, son llamas, son flautas, son dedos mordisqueados.
Narciso, Narciso. Los cabellos guiando florentinos reptan perfiles.

Primeramente, vemos que se fija la atención en una sinécdoque de Narciso: sus cabellos. Además, por un lado, se establece

---

[4] Para un estudio de los distintos tipos de relaciones metafóricas ver Michel LEGUERN, *La metáfora y la metonimia,* Madrid, Cátedra, 1976.

[5] En este estudio usamos la versión del poema que aparece en José LEZAMA LIMA, *Poesía completa,* La Habana, Instituto del Libro, 1970, 11-16. Todas las citas de los poemas de Lezama provienen de este mismo volumen.

una relación metafórica entre *astas* y *peces, llamas, flautas* y *dedos mordisqueados*. Los dos términos de cada una de las relaciones metafóricas establecidas en este caso están presentes en la comparación. Por otro lado, si tomamos los términos *astas* y *ciervo asesinado* advertimos que carecen de los términos comparativos que le puedan dar sentido. ¿Es el término *astas* una metáfora de *cabellos* y *ciervo asesinado* una metáfora de *Narciso?* Puede ser, pero el poema no establece la conexión directamente. La distancia o apertura entre *astas* y *cabellos* y entre *ciervo asesinado* y *Narciso* es grande. Por tanto, *astas* y *ciervo asesinado* aparecen aquí como elipsis más que como metáforas en el sentido clásico del término. La elipsis posee un significante marcado y otro elidido, oculto. Pero en el ejemplo que acabamos de citar, sin embargo, la apertura de la elipsis no es tan exagerada como en otros casos de esta poesía. La distancia de la elipsis se atenúa algo precisamente por medio de las metáforas intermediarias, ya que *peces, llamas, flautas* y *dedos mordisqueados,* además de ser metáforas de *astas,* se presentan en el texto como términos intermediarios entre *astas* y *cabellos.* Es característico en la poesía de Lezama no sólo la relación elíptica, sino también la combinación de metáfora y elipsis, como hemos señalado en el ejemplo anterior. Ahora bien, los grados de apertura metafórica varían según el caso que se escoja. La relación metafórica entre *astas* y *peces, llama...* no es tan extrema como en otros ejemplos. Tanto *astas* como *peces, llamas, flautas* y *dedos* pueden agruparse dentro de una sub-categoría de términos que podríamos llamar «concretos» [6]. En otros ejemplos de ruptura semántica en la relación metafórica se presenta de manera diferente. En «sonrisas caminando por la nieve» se toma una sinécdoque humana: *sonrisas,* y se le atribuyen cualidades animadas: *caminando por la nieve.* Esta relación metafórica de personificación muestra un encadenamiento poético muy frecuente en Lezama: una sinécdoque que está en relación metafórica con otros términos. Se puede analizar otro ejemplo típico: «como se derrama la ausencia en la

---

[6] La división en categorías y subcategorías lingüísticas ha sido expuesta por varios tratadistas. Samuel Levin, siguiendo a Archibald Hill, considera que la relación metafórica implica una selección desusada entre dos términos pertenecientes a subcategorías diferentes *(«wrong word order»).* Para Levin, las categorías son: el nombre, el adjetivo, el verbo...; y las subcategorías refieren a las clasificaciones convencionales de «concreto», «abstracto», «animado», «inanimado», etc. Ver Samuel LEVIN, «Poetry and Grammaticalness», *Linguistics,* La Haya, Mouton, 1964, 308-314.

flecha que se aísla». La relación entre el sujeto *ausencia* y el verbo *se derrama* es de metáfora sujeto/verbo, y su discordancia semántica es aún mayor que en *sonrisas/caminando* del ejemplo anterior, ya que la *ausencia* es un concepto abstracto, mientras que *se derrama* es un verbo que se agrupa dentro de una subcategoría de términos «concretos». En este ejemplo, como es característico en toda la obra poética de Lezama, las rupturas metafóricas son múltiples y encadenadas. Una vez que se ha establecido la relación *ausencia/se derrama,* se vuelve al plano concreto: *flecha* (en este caso una metáfora verbo/complemento entre *se derrama* y *en la flecha*), y de aquí otra relación metafórica más: *la flecha que se aísla.* La frase adjetivada *que se aísla* está en relación metafórica con *flecha,* por tanto, se ha añadido otra metáfora sustantivo/adjetivo. Un ejemplo de relación metafórica entre el verbo y el complemento es «Dánae teje el tiempo dorado por el Nilo». Entre *Dánae* y *teje* la relación es pertinente, pero entre *teje* y *tiempo* la relación es metafórica. También es metafórica la relación entre *tiempo* y *dorado.* Aquí *dorado* parece ser un adjetivo que modifica a *tiempo* o un verbo en pasado participio cuyo agente pasivo es el *Nilo.* La ambigüedad semántica es tan sólo uno de los muchos ejemplos de hipálages en el texto de Lezama. Es una constante de esta poesía su resistencia a someterse a un desarrollo lineal: por medio de construcciones ambiguas el discurso expresa varias ideas y posibilidades al mismo tiempo. El uso de la hipálage hace que una palabra pueda determinar a muchas otras a la vez. Esto constituye un profundo relajamiento de las estructuras de subordinación que, al emancipar a las palabras de una determinación estricta, las entrega a un plurisemantismo extremo, acercando de esta manera el discurso al polo de las equiprobabilidades [7].

Como la elipsis es la supresión de uno de los elementos (deseo reprimido) en una comparación o relación, puede darse tanto al nivel puramente lingüístico como al nivel anecdótico [8]. Encontramos alusiones elípticas al acto sexual al nivel de la anécdota en varios poemas de Lezama. Casi todos los poemas de *Aventuras sigilosas,* por ejemplo, se fundan en una elipsis sexual.

---

[7] Ver Luce BAUDOUX, «El inconsciente freudiano y las estructuras formales de la poesía», en *Estructuralismo y psicoanálisis,* Buenos Aires, Nueva Visión, 1971, 183. En cuanto al concepto de las equiprobabilidades semióticas, ver Umberto ECO, *La estructura ausente,* Barcelona, Lumen, 1974.

[8] Esta división del texto en niveles responde a una conveniencia metodológica y no pretende implicar una jerarquía logocéntrica.

De hecho, todo este libro es una gran elipsis del acto sexual. Las metáforas y las demás figuras retóricas son, pues, una especie de encadenamiento dentro de un mundo elíptico, elidido, sintomático de un deseo oculto. La elipsis es un recurso reiterado en este poemario porque constantemente se hacen referencias veladas a situaciones eróticas. Estas referencias surgen a la superficie textual casi siempre a manera de síntoma y no explícitamente. En el poema «El puerto» se introduce el tema erótico con una referencia implícita al mito de Don Juan: «el mar quiere decirnos ¿cenará conmigo esta noche?». De aquí en adelante todos los poemas se nutren constantemente de procesos que refieren elípticamente al acto sexual, al útero y al falo. El útero sólo se nombra explícitamente una vez en «Encuentro con el falso», luego se establecen unas relaciones complejas de elipsis y metáforas que se asocian con el órgano sexual femenino: «flor», «fruto», «arco en flor», «uva», «pulga», «galerón», «boca», etc. Las referencias elípticas al falo son numerosas: «sapo», «escualo», «ave», «alción», «barco», «punta de cono», «lépero», «mondadientes», «gallo», «hocico», etc. De las alusiones elípticas al acto sexual, la más llamativa es acaso la que aparece al final del libro: la lucha entre el «hocico del oso hormiguero» (falo) y la «boca del otro animal» (útero). Una vez que se establecen las relaciones elípticas, se desarrollan los poemas a base de metáforas y otras figuras retóricas. La dialéctica del deseo elidido en *Aventuras sigilosas* se expresa desde diversos ángulos en cada poema, explotando de esta manera las infinitas probabilidades de la sexualidad. En «Llamado del deseoso» el énfasis recae en una poetización de la relación más profunda entre el hijo y la madre y las consecuencias de esta relación en la dialéctica del deseo del hombre adulto («el maduro»): «Deseoso es aquel que huye de su madre.» La «teoría» de este poema es obviamente edípica y cae dentro de toda una tradición filosófica (también cosmológica) que basa el deseo en una carencia originaria, en una caída esencial, un *manque-à-être,* una *hamracia,* que funda la *praxis* del deseo humano [9]: «La hondura del deseo no va por el secuestro del fruto. / Deseoso es dejar de ver a su madre. / Es la ausencia del sucedido de un día que se prolonga». En el poema «La esposa en la balan-

---

[9] Desde el concepto aristotélico de *hamarcia,* como la falta de conocimiento que funda la *praxis* del drama humano, hasta Hegel, Marx, Heidegger y Lacan, se ha insistido en una *teoría de la carencia* como fundamento del quehacer humano en el devenir temporal.

za», se describe la relación entre el hombre y la esposa, que se desarrolla como un deseo que es básicamente el deseo del Otro [10]: «Ese afán... de seguir el bocado ajeno.» En su textualidad, «Encuentro con el falso» es un poema más complejo que «Llamado del deseoso» y que «La esposa en la balanza»: el uso de figuras retóricas y el retorcimiento de los cambios de códigos, combinando con una causalidad fónica, dificulta seguir el hilo de la «anécdota». No obstante, es obvio que este poema es profundamente erótico: un agente masculino seduce a una mujer («La cantante de cuatro esperas») a base de repetirle que él es su hijo («yo soy tu hijo»), pero luego aclara la falsedad de esta declaración edípica: «No soy, pero yo digo que soy su hijo.» Esta declaración tan explícita puede interpretarse de varias maneras (como es característico de toda la poesía, especialmente la de Lezama), y entre otras, como una desviación del deseo «normalizado», ya que —nos dice Lacan— Eros, en su fase posterior a la normalización del Edipo, debe borrar esa relación sumergida que lleva al hombre hacia la mujer por vías de la madre censurada por la ley de la prohibición del incesto [11]. Éste es un recuerdo reprimido (elidido) para el consciente. De aquí la ruptura profunda de la gramática sexual que implica la expresión declarativa «yo soy su hijo». También el poema «El retrato ovalado» trata del mismo tema edípico y erótico de la esposa como madre: «Huyó, pero después de la balanza, la esposa se esconde como madre», «El deseoso que huyó paga viendo en la esposa la madre ovalada». Gran parte de la simbología básica y elíptica de este poemario se explica en «El guardián inicia el combate circular» (último poema de *Aventuras sigilosas*). Este libro es un tejido de recursos típicos de toda la obra de Lezama, tanto al nivel lingüístico como al nivel anecdótico. La multitud de códigos en *Aventuras sigilosas,* la lucha de tan variadas oposiciones textuales y anecdóticas, llevan siempre al mismo punto: la poesía como penetración en lo incondicionado, en el *potens* que genera múltiples probabilida-

---

[10] Lacan recalca la idea hegeliana de que el deseo es siempre deseo del deseo del Otro. Ver Jacques LACAN, *Ecrits,* Paris, Seuil, 1966, especialmente: «L'instance de la lettre», «La métaphore dú sujet», etc. Para algunos de estos trabajos en español, ver Jacques LACAN, *Lectura estructuralista de Freud,* México, Siglo XXI, 1971.

[11] Dice André Green, siguiendo a Lacan, que «Eros encuentra su expresión en la prohibición del Incesto». Para un estudio detallado de este tema, ver André GREEN, «La diacronía en el freudismo», en *Estructuralismo y psicoanálisis,* 141-176.

des [12]. La penetración en lo oculto se establece aquí con la analogía del acto sexual, y en especial en la sexualidad erótica donde la mujer se ve como madre y donde se apetecen incestuosamente las hijas de la esposa [13]. La dialéctica del deseo se lleva a proporciones míticas en «El guardián inicia el combate circular», donde el acto sexual es una lucha entre el «hocico del oso hormiguero» y la «boca del otro animal», y en esta lucha la «boca» de cierta manera triunfa sobre el «hocico», logrando así una especie de contrafalo, de contratiempo del mundo consciente [14].

Como es de esperar en una poesía tan decididamente barroca, el proceso metafórico se expresa a veces en sinestesias; «verdes chillidos», «frío verde»... Otras veces la relación lingüística entre los dos términos llega a la figura radical del oxímoron: «llama fría», «las primeras horas que existen o no existen», «los balcones que despiertan sin despertar», «un rumor nunca oído, siempre oído», «vienes o te ausentas»... El oxímoron es un caso extremo de metáfora, donde se exagera la identidad de dos elementos opuestos. Esta oposición hace resaltar una impresión de irrealidad al subvertir de una manera radical el signo aceptado [15]; por eso realiza un viaje elíptico a través de la cinta de Möebius [16]. La ecuación de opuestos que se hace obvia de forma tan llamativa en el oxímoron, constituye un recorrido completo en el proceso de significación humana [17].

En la búsqueda de las equiprobabilidades, la poesía de Lezama también recurre frecuentemente a la inconsecuencia: relación desusada entre los términos de una serie de coordinación. La inconsecuencia puede actuar como *conjunción* o como *disyunción* de tales términos. La primera de estas funciones se logra

---

[12] Sobre el concepto de *potens*, ver LEZAMA LIMA, *Introducción a los vasos órficos*, 117.

[13] En *Aventuras sigilosas* no sólo se establece una sexualidad erótica entre el hombre y la esposa que se ve como madre, sino que además se hacen repetidas referencias a ciertas apetencias incestuosas del hombre hacia las hijas de la esposa. Ver LEZAMA LIMA, *Poesía completa*, 93-118.

[14] Sobre el concepto de *contratemps*, ver Raymond JEAN, *La poétique du désir*, París, Seuil, 1974.

[15] El oxímoron aparece como un caso extremo de metáfora que subvierte violentamente el signo aceptado de la lengua al relacionar en una misma unidad lingüística términos opuestos.

[16] El recorrido completo de la cinta de Möebius llevaría siempre a una ecuación de opuestos.

[17] Se entiende aquí, pues, que la significación se basa en el juego del significante a través de la cinta de Möebius.

por medio de la conjunción y (o sus equivalentes), relacionando términos lingüísticos que normalmente no aparecen unidos, y que a veces pertenecen a distintas cadenas significantes, a distintas isotopías [18]. Los ejemplos de este tipo de inconsecuencia en la poesía de Lezama son numerosísimos y a menudo se entretejen con otros recursos. Sirvan de ilustración los siguientes: «entre labios y vuelos desligados» (aquí el verbo *desligado* produce una antítesis implícita con la conjunción y, pues el sentido semántico de este verbo es de disyunción, mientras que la función de *y* es conjuntiva), «flaco garzón trabaja noche y cielo», «ciego y casi ciego» (no sólo es un uso inconsecuente de la conjunción *y*, sino también una clara e intencionada proposición ilógica del tipo TODO [ciego] = PARTE [casi ciego] [19]. «Apolo y la memoria mustia», «una y despedida»,... La inconsecuencia de disyunción se logra por medio de la o (o sus equivalentes), y también abunda en toda la obra de Lezama: «La mano o el labio o el pájaro nevaban», «de frutos polvorosos o de islas», «La siembra del violín o de la hoja», «viento o fino papel», «violines o perros»,... En este tipo de inconsecuencia, se relacionan o sustituyen términos que normalmente no son sustituibles, ampliando así las posibilidades paradigmáticas de la lengua [20]. Además de la inconsecuencia, recurren a menudo en esta poesía la hipérbole («una oblea paradisíaca»), los desplazamientos de significantes en una misma frase («El amarillo pasa al ojo del tigre canoso») y preguntas retóricas, que surgen con frecuencia en el lugar donde se espera una respuesta («Pero ese ser que le acompaña ¿es su seco o su henchimiento? / Anota sus respuestas, no es la máscara, sino en el calendario del reverso»), enfatizando de esta manera el *versus* o regreso poético.

En los poemas de Lezama se presenta en repetidas ocasiones una polifonía de voces que cambia la voz del narrador: se está

---

[18] Cohen define la inconsecuencia como la «desviación consistente en coordinar dos ideas que aparentemente no guardan relación alguna entre sí», COHEN, *Estructura del lenguaje poético,* 167. La inconsecuencia relaciona términos pertenecientes a distintas cadenas significantes o isotopías. Para el estudio de las isotopías, ver Algirdas J. GREIMAS, *Semántica estructural,* Madrid, Gredos, 1971; y del mismo autor, *En torno al sentido* (Madrid, Fragua, 1973).

[19] La ecuación parte/todo es la última verdad de la significación. Negar tal ecuación implicaría una represión que elude el viaje circular del significante a través de la cinta de Möebius.

[20] En este sentido la inconsecuencia aparece como un proceso metafórico (en el sentido amplio del término) en donde se hace una proyección paradigmática sobre el sintagma.

hablando en tercera persona sobre alguien y de pronto este alguien asume la responsabilidad del discurso en primera persona, o el hablante del discurso parece dirigirse a un destinatario y de pronto este destinatario continúa como hablante del discurso [21]. En el poema «Encuentro con el falso», por ejemplo, un agente masculino aparece a veces descrito en tercera persona (como «el hijo falso») y otras, este «hijo falso» asume el discurso en primera persona para seducir a un agente femenino («la cantante de cuatro esperas»). Otra variación de la polifonía mezclada es la que se ejemplifica en «Discurso para despertar las hilanderas» (del poemario *Enemigo rumor*). El poema comienza con una especie de descripción/narración en tercera persona [22]: «Cuando advierte, / leve agitación, fronda inclinada, / va muriendo, color que si pregunta / ... Allí despierta, peina o recorre —convulsa se adormece, suave de torres— verde cabellera, silla de marfil...» En esta sección del poema, como en gran número de textos de Lezama, aparecen entrecruzadas con la descripción/narración una serie de figuras retóricas que resaltan la función expresiva o emotiva, afirmando con esto la subjetividad del lenguaje [23]: «Oh tú de torres, oh tú en la impedida nube alambrada.» Más adelante la intervención subjetiva es total, esta vez para dirigirse a una segunda persona que el texto nunca identifica: «Oh ¿usted cree que la nieve, delgada escama, lámina o sonido, / cuela, en sus bolsillos, mata como arena y dedo gordo?» En el próximo verso el destinatario se transforma en hablante: «Oh sí, yo creo, le diré

[21] Llamamos *polifonía mezclada* a un concepto parecido (pero sin las implicaciones negativas) al que Sartre y otros llaman «cacofonía». En este mezcla de voces, el narrador es testigo y cómplice del personaje al mismo tiempo. En la *polifonía mezclada* además se entrecruzan las voces del sujeto de la enunciación y el sujeto del enunciado, del hablante y del oyente, etc.

[22] La expresión «narración en tercera persona», se usa aquí como una conveniencia metodológica, pero realmente no existe tal cosa como una narración *en tercera persona*. La tercera persona no puede narrar, pues su definición es precisamente aquella persona *de quien* se habla, es decir, el elemento anafórico en un acto de comunicación. Lo que normalmente se llama «narración en tercera persona» es una narración acerca de una tercera persona o cosa, acerca de un *él* o de un *ello*. Para un estudio detallado de esta cuestión, ver Norni TAMIR, «Personal Narrative and its Linguistic Foundation», *Publications of Theory of Literature (PTL)*, 1 (1976), 403-429.

[23] Sobre la subjetividad del lenguaje, ver Emile BENVENISTE, *Problemas de lingüística general,* 4.ª ed., Buenos Aires, Siglo XXI, 1974. Roman Jakobson se refiere a la función del hablante en un acto de comunicación como la función emotiva, que equivale a lo que Félix Martínez Bonati, siguiendo a Bühler, llama función expresiva.

la hora, la nieve no me importa / ni el sueño divisor de cuantos peces perecieron juntos.» En el resto del poema no se sabe si es un desarrollo del discurso del segundo hablante, o si el primero retomó el discurso, o si, por el contrario, es la continuación de la narración «impersonal» del comienzo del poema:

Oh sí de torres, torre y marea que ya la noche exprime.
Torre entre lunas, ósea ofrenda y caramillos de cartílagos
lechosos en caracol destrenzan y martilladas islas afianzan.
Nariz malaya, trampa casi caracol y moaré de pájaros mojados
nieves escrutan en letras señaladas y querella avisada ya sin labios
....
Escalinata es la sal, hacia la luna no pregunta, no despierta,
y el jacinto enterrado y el sollozo del pájaro leves vienen
hilo tras hilo hasta el cartílago de la más fría anémona
que toca y devuelve la testa truncada en flor de la marea.

La polifonía produce un autoenfoque de los puntos de vista del lenguaje además de afectar profundamente la semántica y hasta la linearidad de la anécdota [24]. Esta subversión de la unidad pronominal se relaciona estrechamente con la subversión espacio-temporal. El efecto de «realidad» del signo aceptado de la lengua es el fundamento de la percepción de la cronología lineal y de la «unidad» del sujeto. La linearidad del tiempo y la impresión de la personalidad unitaria del narrador de un discurso son productos de una relación aceptada entre significante y significado, relación que se transmite por ese apuntar a que indica el camino trillado de la sociedad y de la especie. Seguir este camino trillado sería asociar sistemas de significación que, por aceptados y convencionales, limitan las posibilidades de la lengua. La polifonía mezclada en los poemas de Lezama subvierte los fundamentos lingüísticos más básicos, creando de esta manera una profunda ambigüedad que favorece aún más el acercamiento de estos textos a las equiprobabilidades de la lengua.

La poesía de Lezama, como casi toda la poesía, disloca la función indicadora de los *shifters* al prescindir de un contexto «real», ya que esto realiza una mutación del respaldo indicador del *shifter* [25]. Por ejemplo, el poema «Se te escapa entre alon-

____

[24] La semántica y la linearidad de la anécdota en un texto dado dependen en gran parte de la organización de la función del hablante con respecto a las demás voces del discurso.

[25] Los llamados *shifters* son palabras que, como *yo, tú, él, aquí, allí...*, señalan

dras», dice: «Oh, que *tú* seas el fin que entorna los balcones», y no se sabe quién es el hablante ni quién es ese *tú*. Lo mismo sucede con los demás *shifters*. El poema «Son diurno» de *Filosofía del clavel* empieza diciendo: *«Ahora* que ya *tu* calidad es ardiente y dura».* Tanto ese pronombre posesivo *tú* como ese adverbio de tiempo *ahora* carecen de una base indicadora, de un contexto que le dé sentido. ¿Quién es el poseedor de esa «calidad»? ¿Con qué punto de referencia temporal se vincula ese «ahora»? Si se toma de este mismo poema el verso; *«aquella* luna prolongada en sesgo» encontramos un caso semejante, pues no se sabe con qué se relaciona la situación de ese «aquella». Estas rupturas de la función indicadora en la poesía de Lezama son tan frecuentes que habría que citar prácticamente su obra entera para dar cuenta cabal de todos los casos. Pero los *shifters* también poseen una función simbólica, y la polifonía mezclada de la que se trata en el párrafo anterior desdobla y disloca la función simbólica de los pronombres. El *yo*, por ejemplo, aun en el caso de que carezca de respaldo indicador (de un contexto «real»), debe de referir siempre al hablante del discurso, cualquiera que éste sea y cualquiera que sea su situación «real» fuera del texto; el *tú*, debe referir al oyente; y el *él* (o *ello)* al mensaje [26]. Por eso es que si en un mismo texto Lezama mezcla la voz del hablante que dice *yo* con la persona de quien se habla o con la persona a la que se habla, produce un trastoque de la función simbólica de los

situaciones circunstanciales y por eso se diferencian de otras palabras (como casa, por ejemplo) que indican una relación que depende menos de un mensaje o contexto dado. Para comprender el significado completo de los *shifters* hay que saber quién los emitió, cuándo y dónde. «Shifters are distinguished from all other constituents of the linguistic code by their compulsory reference to a given message» (Ver Roman JAKOBSON, «Shifters, Verbal Categories and the Russian Verb», en *Selected Writings II,* La Haya, Mouton, 1970, 130-147. Burks señala que los *shifters* funcionan como símbolos (= signos que representan objetos por medio de una ley convencional) y como índices (= signos que apuntan a objetos). Por esta razón Burks los nombra *índexical symbols* (símbolos indicadores). Esto quiere decir que aunque los *shifters* dependen de un mensaje o contexto específico para su significación completa, poseen además su propio significado. El *yo*, por ejemplo, refiere al emisor de un mensaje, cualquiera que éste sea (Ver A. W. BURKS, «Icon, Index, and Symbol», *Philosophy and Phenomenological Research,* 9, 1949, 673-689). En el poema, como obra de ficción, se disloca la función indicadora, pues se prescinde de un contexto «real» que dé consistencia al *shifter*.

[26] En los textos de Lezama, además de este recurso apuntado en la nota 25, se disloca la función simbólica, pues el hablante del discurso se confunde a menudo con las demás voces.

pronombres personales. También la polifonía que mezcla a la persona que habla, con la persona de quien se habla, implica una confusión o ambigüedad profunda entre pronombres que intervienen directamente en el acto de la comunicación (el *yo* y el *tú*) y la tercera persona o función anafórica *(él* o *ello)* que es de lo que se habla en el discurso.

Otra técnica recurrente en los textos lezamianos es lo que podríamos llamar la *fuga semántica:* un sema tangencial se desplaza de una frase a otra, luego éste u otro sema de la segunda frase se desplaza hacia otra, y así sucesivamente. Para la explicación de este recurso hemos escogido el poema «Ah, que tú escapes», que por su brevedad y reiterado uso de la fuga semántica se presta al análisis de esta técnica:

AH, QUE TÚ ESCAPES

Ah, que tú escapes en el instante
en el que habías alcanzado tu definición mejor.
Ah, mi amiga, que tú no quieras creer
las preguntas de esa estrella recién cortada,
que va mojando sus puntas en otra estrella enemiga.
Ah, si pudiera ser cierto que a la hora del baño,
cuando en una misma agua discursiva
se bañan el inmóvil paisaje y los animales más finos
antílopes, serpientes de pasos breves, de pasos evaporados,
parecen entre sueños, sin ansias levantar
los más extensos cabellos y el agua más recordada.
Ah, mi amiga, si en el puro mármol de los adioses
hubieras dejado la estatua que nos podía acompañar,
pues el viento, el viento gracioso,
se extiende como un gato para dejarse definir.

El poema comienza con una expresión admirativa que se refiere a un *tú* que carece de base indicadora; no sabemos de ese *tú* sino que *se ha escapado en el instante en que había alcanzado su mejor definición.* Así vemos que a este *tú* de los dos primeros versos se unen las ideas de *escaparse,* y este escape sucede *en el instante de su mejor definición.* El tercer verso desarrolla más la idea de la identidad de ese *tú:* es la «amiga» del hablante del discurso. Además, este hablante se queja de que su «amiga» no quiere «creer las preguntas de esa estrella recién cortada». He aquí el comienzo de la fuga semántica, y que se lleva a ca-

bo primeramente por medio de dos desviaciones lingüísticas:
1) quien hace las «preguntas» a la «amiga» es una «estrella», lo
cual constituye una metáfora sujeto/verbo; y 2) se trata de una
«estrella *recién cortada*», que forma una metáfora sustantivo/
adjetivo. Pero esta última metáfora invita a un análisis más detallado, pues no sólo presenta una relación desusada entre un sustantivo y una frase adjetivada, sino que además apunta a un
tercer elemento elíptico o elidido: una flor. Esto se puede intuir
por medio de un *conocimiento previo implícito* (lo que Chomsky
llama *competence*) [27] del código de la lengua española: un conocimiento implícito en este caso de que son las flores y no las estrellas las que a menudo están *recién cortadas*. Además, existe cierta semejanza aceptada entre los pétalos de las flores y los rayos de
luz de las estrellas tal como se representan en ciertas pinturas,
por ejemplo. El quinto verso desarrolla más la idea a partir de la
«estrella recién cortada», diciendo de ésta que «va mojando sus
puntas en otra estrella enemiga». Aquí puede fijarse la atención
en tres elementos semánticos nuevos que aumentan el deslizamiento de la fuga: 1) el hecho de que la *estrella recién cortada*
«va mojando» (metáfora sujeto/verbo); 2) que lo que *moja* son
sus «puntas»; y 3) que estas *puntas* se *van mojando* en «otra
estrella enemiga». En este momento del poema, la fuga semántica se ha deslizado a tal extremo que del «escape» de la «amiga»
se ha pasado a una actividad dramática entre dos estrellas. La
elipsis de la flor parece imperar en esta sección del poema, no
sólo por lo relacionado con la frase adjetivada «recién cortada»,
sino también debido acaso a la implicación de cierta costumbre
asociada a situaciones amorosas: el deshojar una flor («estrella
recién cortada») con los dedos de la mano («puntas» de «otra
estrella enemiga») para saber si la amante lo quiere o no («las
preguntas de esa estrella»). Esto se sugiere, desde luego, como
una de las posibilidades elípticas y de ninguna manera como una
interpretación unívoca tan ajena a la poesía de Lezama. Pero este
mundo elidido de la flor y su relación con el amor perdido es tan
común en la poesía occidental que es difícil no pensar en esta
posibilidad interpretativa. El sexto verso produce una fuga mucho mayor: no parece relacionarse con ninguno de los elementos

---

[27] Ver el concepto de *competence* en Noam CHOMSKY, «Deep Structure, Sur-
face Structure, and Semantic Interpretation», en eds. Danny D. STEINBERG y
Leon A. JACOBOVITS, *Semantic: An Interdisciplinary Reader,* Cambridge, Cambridge University Press, 1971, 183-210.

semánticos previos. El único punto en común entre este verso y el anterior parece ser el sema de *lo húmedo* o *lo mojado,* que se encuentra tanto en el verbo *va mojando* como en el sustantivo *baño.* Este sema de *lo mojado* se desplaza en diversas transformaciones por los próximos seis versos (desde el verso sexto al undécimo). Se implica en el verso séptimo que este «baño», tan codiciado («*si pudiera ser cierto* que a la hora del baño») por el hablante del discurso, se forma no de un agua cualquiera sino de un «agua discursiva» (metáfora sustantivo/adjetivo). Es decir que al sema que hemos calificado de *lo mojado,* se le añade otro elemento semántico: *lo discursivo.* Es la combinación semántica *agua discursiva* la que abarca los elementos que aparecen desde el verso octavo al undécimo, porque en esta *agua discursiva* es donde «se bañan el inmóvil paisaje y los animales más finos»... La fuga continúa aceleradamente en esta serie discontinua de coordinación en la que se relacionan por inconsecuencia términos que normalmente no aparecen encadenados: el «inmóvil paisaje» y los «animales más finos». Como ejemplo de los «animales más finos», el poema nos brinda una fuga semántica sobre la base de otra serie algo discontinua: «antílopes» y «serpientes». Pero como si esto no bastara, a esta serie inconsecuente se añade una nueva fuga semántica que se desplaza con el sustantivo *pasos* (y que aparece aquí como parte de dos frases adjetivadas que modifican a *serpientes*): las *serpientes* son «de pasos breves» y de «pasos evaporados». Todo esto sirve en el poema, como es obvio advertir, no para seguir el hilo de una idea central que aclara un sentido denotado y único, sino como fuga que toma semas tangenciales o secundarios y desde aquí desarrolla otras fugas. Entre el verso noveno y el décimo ocurre un salto semántico que desvía aún más el sentido del poema. La ambigüedad del verbo *parecen,* con el que comienza el verso décimo, es considerable. ¿Quiénes son los que *parecen:* los *antílopes,* las *serpientes, el inmóvil paisaje,* los *pasos* o todos estos elementos juntos? La fuga continúa, y en el verso décimo se inicia —con el verbo *parecer*— la única conexión semántica que enlazará los próximos elementos: «parecen entre sueños, sin ansias levantar los más extensos cabellos y el agua recordada». Al uso ambiguo del verbo *parecer* se ha añadido una metáfora verbo/complemento («parecen entre sueños») para obstruir más el significado denotativo y apuntar hacia el rescate poético al nivel connotativo, a la presentificación por semejanza que es el objetivo de esta poesía. En el verso décimo se dice que el sujeto o sujetos (cualesquiera que éstos sean) del verbo *parecer* levanta(n) «sin ansias... los más extensos cabellos y el agua más recordada», lo cual constituye otra serie inconsecuente. La multitud de recursos de desviación lingüística de estos versos apunta a un encadenamiento y a una aceleración del proceso de fuga. También habría que señalar en este último verso la metáfora sustantivo/adjetivo «agua recordada». Ahora ya el *agua* no es *discursiva* como en el verso séptimo, sino *recordada*. El sema de *lo mojado* (en «va mojando», «baño», «se bañan», «agua discursiva» y «agua recordada») se ha venido desplazando de manera tangencial y oblicua desde el verso quinto hasta su última aparición en el verso undécimo. En el verso duodécimo, el poema parece retomar la idea del comienzo: «Ah, mi amiga». Pero esto es cierto sólo de manera muy parcial. Únicamente la idea de la despedida o el «escape» que se asoció al principio del poema con la «amiga», parece relacionarse de nuevo: «Ah, mi amiga, si en el puro mármol *de los adioses.*» Como no es difícil advertir, aquí se da además una relación metafórica de sustantivo/adjetivo entre «adioses» y «puro mármol». Esta figura parece implicar la *frialdad* de los «adioses» al asociársele con el «puro mármol». El próximo verso (el decimotercero) desarrolla la idea del deseo frustrado del hablante del discurso debido a que su «amiga», en su frío adiós, no le dejó ni siquiera «la estatua que nos podía acompañar». En los dos últimos versos se lleva la fuga semántica a su expresión más radical: la única conexión entre el verso decimocuarto y el anterior es un *pues* tan ambiguo que se aleja de su función lingüística acostumbrada: la de relacionar dos proposiciones de una manera lógica. Con esta engañosa conexión del *pues* el poema logra un profundo efecto de *versus* poético, ya que el lector, luego de transitar por una multitud de fugas que se alejan cada vez más de lo que pudo parecer en algún momento un tema central, llega a esta encrucijada donde la mención *pues* parece anunciar que al fin se dará la clave de un sentido unívoco del poema. Pero sucede lo contrario. Tras el *pues* se introduce un elemento semántico totalmente nuevo y ajeno a los semas anteriores: el *viento.* Este *viento* es además *gracioso,* realizando de esta forma una metáfora de personificación entre un sustantivo y un adjetivo. Para añadir una mayor fuga a todo lo precedente, se termina el poema con un desarrollo de la idea del *viento* diciendo que éste «se extiende como un gato para dejarse definir». El efecto de regreso poético que se logra con esta última y máxima desviación de los dos versos finales, es el recurso que corona y afirma con más energía el proceso de fuga semántica en el poema, multiplicando así en grado sumo las posibilidades de la lengua. Es curioso notar que no sólo la fuga semántica es el recurso dominante en este poema al nivel puramente lingüístico, sino que también uno de sus temas (que aparece tanto en el título como en el texto) trata de una fuga (el «escape» de la «amiga»), logrando de esta manera una coincidencia de códigos y un recurso poético que se manifiesta en diversos niveles.

Los recursos señalados en este estudio, aunque tal vez formen parte de las técnicas más persistentes en los poemas de Lezama, no agotan ni mucho menos el caudal prodigioso de esta poesía. Tales desviaciones acercan los textos de manera alucinante al polo de las equiprobabilidades de la lengua, pero, como es natural, nunca llegan a alcanzarlo por completo, pues esto significaría arribar al cero, a la muerte. Algo estructuralmente similar sucede en la mitología órfica —que tanto sirviera de fuente de inspiración para Lezama—: el nacimiento de Eros proviene de la Noche y del Caos, pero al nacer se le exigen límites que recortan sus posibilidades infinitas. El propio Lezama nos recuerda que la poesía es el encuentro de la concatenación (la causalidad) y lo incondicionado, esto es, que el poema, para instituirse como forma de arte, debe pactar en mayor o menor grado entre las posibilidades infinitas de la textualidad —posibilidades infinitas de Eros, de la sexualidad, de lo incondicionado— y las limitaciones de la expresión temporal en el poema o texto dado. Como se dijo al principio de este trabajo, Orfeo, en su viaje por Hades, se encuentra entre el polo de la Memoria y el polo del Olvido. La Memoria lo llevará al mundo humano, corrupto, consciente, denotado; el Olvido lo transportará al mundo alucinantemente poético de las equiprobabilidades. Si se acerca demasiado al Olvido se le recordará que debe dirigirse al Lago de la Memoria; si se acerca demasiado a la Memoria debe mantener el recuerdo hierático del Ciprés Blanco del Olvido mediante el recitativo: «Yo soy hijo de la tierra y del cielo estrellado.» [28]

[*Hispamérica*, 25-26, 1980, pp. 22-37.]

---

[28] Ver la interpretación del propio Lezama sobre este evento en la mitología órfica, en LEZAMA LIMA, *Introducción a los vasos órficos.*

VI
OBRA ENSAYÍSTICA

ÓSCAR COLLAZOS

LA EXPRESIÓN AMERICANA

Tal vez la primera reacción del lector de Lezama Lima sea un tímido rechazo. Luego vendrá el asombro o la perplejidad. La paciencia será necesaria, en lo que exige de nosotros una obra que no se nos da sino a la cual debemos darnos. Otra escala se cumple en la tentativa del lector por aprehender o acercarse a su mundo, por darle coherencia allí en donde, aparentemente, es dispersión, y sentido en donde parece estar absorbido, engullido, literalmente tragado por una prosa que desata la palabra en sus significados más extraños para integrarla en la imagen sustancial.

No es que los ensayos de Lezama nos produzcan perplejidad como forma de un discurso racional que se nos presenta tras la ampulosidad casi erótica de su lenguaje, sino que el discurso racional, subyacente, viene por vía de un proyecto poético que sin soslayar la teología lo hace literatura y sin menospreciar la rigidez de la Historia la convierte en mito literario. A Lezama hay que leerlo con la seguridad de estar enfrentados a un autor cuya erudición nos puede resultar innecesaria o pretenciosa (y no lo es), con la convicción —esto sí— de estar ante un poeta que ha tomado la historia, la cultura, el mito y hasta la misma experiencia personal —en su anecdotario diario— como posibilidad creativa. Después de la lectura de sus ensayos no sabemos si a la torrencial acumulación de nombres, si a la proverbial congestión de situaciones, si a la confluencia de culturas tercamente olvidadas, deba corresponder este estado de desamparo que nos impide decir: «Estamos de acuerdo.» O proferir: «Es una mentira.» O sospechar: «Podría ser.» A sus ensayos, si de buscar una mecánica propia de la obra literaria se trata para partir de ella en nuestro

— 379 —

propósito crítico, hay que llegar con la prevención de quien prepara una batalla, con la destreza del que memoriza para actualizar, con la disposición menos dogmática. Nos sugiere una obra abierta: en ella la «verdad» no dice la última palabra, la poesía se abre en una sucesión de «imágenes posibles».

Confieso que pensaba, antes de la segunda lectura de *La expresión americana* (La Habana, Instituto Nacional de Cultura, 1957) problematizar con el libro. «Lezama trabaja una crítica congelada en el siglo XIX» —me decía—. «La erudición de esta obra es la cáscara que cubre la imposibilidad de un análisis más profundo.» No obstante, las sospechas siguen en pie y el brazo lo doy a torcer con gesto defensivo. También con modesta perplejidad.

Sin embargo, hay un hecho incontrovertible: la pasión de Lezama por los momentos que recrea, por los acontecimientos que refiere, por los personajes que invoca o por los fenómenos que alude, se vuelve algo más que recuento, algo más que recorrido superficial o acariciar esquivo y pudibundo.

Si repasamos su obra ensayística desde *Analecta del reloj* pasando por *Tratados en La Habana* hasta llegar a *La expresión americana* constataremos una virtud, obsesiva, reiterada: una órbita cultural en la historia de la humanidad y en ella Lezama se desplaza, sólo a ella vuelve regocijado y de ella surgen sus fantasmas. Siendo un hombre en permanente actitud de buceo poético, obsedido por la posibilidad de crear (y ya lo ha logrado) una Poética, sus puntos de apoyo se mueven desde la mitología greco-romana al Renacimiento, del Barroco al arte simbolista. El «Eros cognoscente» de Lezama ha buscado una aventura mayor: «Sólo lo difícil es estimulante; sólo la resistencia que nos reta, es capaz de enarcar, suscitar y mantener nuestra potencia de conocimiento, pero en realidad ¿qué es lo difícil?» La respuesta a este interrogante está contenida en el más breve de sus libros de ensayo, en cinco conferencias pronunciadas en 1957: «Mitos y cansancio clásico», «La curiosidad barroca», «El romanticismo y el hecho americano», «Nacimiento de la expresión criolla» y «Sumas críticas del americano.»

A la afirmación de «sólo lo difícil es estimulante» habría que adicionarle otra, de Jorge Guillén: «Los sueños buscan el mayor peligro.» La dificultad de leer a Lezama ofrece los peligros del sueño: en la zona más oscura de nuestra libertad de lectores su obra nos plantea una separación: lo que es nuestra cultura (nuestra conciencia) y lo que representa el proyecto cultural de Lezama, surgido de una reminiscencia que por momentos se hace sueño.

Al rescatar zonas olvidadas de la tradición y ponerlas en funcionamiento, en relación íntima con una poética contemporánea, tendremos que partir de una base: no es el apriorístico «sería mejor» sino el real *es* que plantea su obra. Para valorarla, intentemos aproximarnos, al menos, al mundo que describe, a las huellas que deja, a los pasos que da, a las zambullidas que ejecuta.

Aquí no se puede nadar contra la corriente. Si cualquier crítica se lo plantea, incluso en el caso de pretender un debate contra una actitud intelectual, deberá partir del mundo que Lezama nos propone, de la manera como él responde a las leyes que lo rigen.

Ya en «Mitos y cansancio clásico» nos advierte aproximándose al *Popol Vuh:*

Lo primero que nos despierta [...] es el predominio del espíritu del mal, los señores de Xibalba ven rodar los mundos, afianzándose su poderío y su terrible dominio de la naturaleza... Impasibles contemplan el fracaso de cuantas tretas se establecen para echar a rodar su mandato, que parece estar implacablemente por encima de la naturaleza y de los animales más sutiles.

Es decir: no es una historia lo que está buscando aquí el crítico sino una mitología. No es lo dialéctico, sino lo ontológico. Tal vez «los hombres del gran enchape clásico» (Mateo Alemán, Gutiérrez de Cetina), a quienes Lezama parece acusar («devorados por la mitología grecorromana, por el período tardío de sus glosadores, no podían sentir los nuevos mitos con fuerza suficiente para desalojar de sus subconciencias los anteriores»), nos devuelvan sus culpas para que las reinvertamos sobre el mismo Lezama: ahogada por la mitología la historia se congela a veces en la literatura. Literaturizado el mito, soslaya a la historia. Y la opción que nos queda oscila en dos supuestos: crítica —en su sentido más contemporáneo— o poesía —en su significación más creadora—. Es decir, allí en donde se hace discurso lógico, exposición racional, pero también libertad para la interpretación arbitraria. Sin embargo, Lezama está cumpliendo su cometido: sacar de la historia lo que le sirve, aunque al final, en cambio de ésta nos encontremos con la libertad imaginativa de su poesía.

No sucede lo mismo en «La curiosidad barroca». El ensayo se empieza con una afirmación perfectamente válida y justa:

«Cuando era un divertimiento, en el siglo XIX, más que la negación, el desconocimiento del barroco, su campo de visión era en extremo limitado, aludiéndole casi siempre con ese término a un estilo excesivo, rizado, formalista, carente de esencias verdaderas y profundas, y de riego fertilizante.» Y aquí el proyecto teórico y el desarrollo expositivo se cumple. Nos probará que el barroco americano está ahí, profundizándose, escapándose de ese «gótico degenerado» acusado por Worringer. Tenso, plutónico, plenario, nuestro barroco está hablando por una naturaleza que lo exige, con una palabra, una imagen, un trazo plástico o una arquitectura que se retuerce buscando la expresión, agotándola, llevándola a sus últimas consecuencias. Y es así como «el banquete literario» nos remite a una zona menospreciada y que Alejo Carpentier ha definido en sus *Tientos y diferencias:* «los contextos culinarios». El regocijo culinario se vuelve conducta cultural; cualquier descripción, racional o poética, nos remite a una antropología social. Allí está la «jubilosa raíz barroca» de las descripciones, vengan de Domínguez Camargo, Lope de Vega, Sor Juana, Fray Servando, Alfonso Reyes o Leopoldo Lugones. En su obstinada búsqueda de confirmación de lo barroco, Lezama le ha estado sacando el jugo a la historia. Seca, agrietada, resumida, la historia le permite la confirmación de una teoría que a su vez se convierte en una práctica de su propio lenguaje. La minucia de Lezama (poeta, ensayista o narrador) traza los períodos de un banquete, sugiere un rito, en el que cada movimiento describe, a su vez, el período siguiente a la conformación de un todo que aquí llamamos fenómeno cultural.

En la confirmación de un planteo («las dos grandes síntesis que están en la raíz del barroco americano, la hispano incaica y la hispano negroide») Lezama acudirá a dos modelos que serán, indudablemente, descritos: el Inca Garcilaso y el Aleijadinho. Si Lezama asocia el barroco con la «lepra creadora», antes habrá sido necesario asociarlo con las «chispas de la rebelión». Nos convence (y qué manera de convencernos eludiendo el discurso racional) de que allí en donde hubo barroco hubo rebelión, allí en donde Sor Juana Inés de la Cruz o Fray Servando han ejercido su rebelión contra el poder constituido, la libertad ha sido traducida en el retorcimiento empecinado de la imagen barroca. Si Octavio Paz historiza el fenómeno Sor Juana en el Capítulo «Conquista y Colonia» de *El laberinto de la soledad,* Lezama ontologiza en sus implicaciones verbales el mismo asunto. Mientras la contemporaneidad de Octavio Paz se da en el movimiento del pensamiento reactualizado, la de Lezama parece congelarse en la visión uniforme de la tradición, cuando ésta está obedeciendo a la órbita de una trama poética neoclásica, barroca, culterana y hasta simbolista de su prosa.

En sus alusiones pictóricas no es el hecho plástico lo que se registra sino la imagen de un momento cultural, así sea pintura renacentista, arquitectura barroca americana o pintura flamenca. Aquí también la crítica juega un papel, obedece a un proyecto primigenio: la construcción, la armada y final conformación de un mundo poético que se trasciende en la tradición, en los encadenamientos de referencias eruditas, en los episodios dominantes del «Occidente Cristiano» que América ha engullido, primero en la imposición colonial, después en la digestión arbitraria; finalmente, el nuevo producto le habrá jugado una mala pasada a la tradición: al desnaturalizarla, la ha hecho americana.

Aquí está su virtud, pero también su limitación: no se enjuicia el pasado; se le recrea, se le narra poetizado. No obstante, *La expresión americana*, sumergida en la conquista o en la colonia, es rescatada en estas referencias. La proeza de Lezama se hace doble cuando verificamos que sin estar trabajando con esquemas de eficacia racional e interpretativa, una América oscura y olvidada, despreciada o codificada se sale de su zona y de su sumergimiento para dársenos de nuevo como acontecimiento cultural irremediablemente nuestro.

«El romanticismo y el hecho americano» será el más lúcido de sus capítulos. La imagen que nos da de ese Fray Servando Teresa de Mier, que logra terrorificar a las jerarquías de su tiempo anunciándonos la presencia de una libertad que rehusaba las ataduras del dogma y los festines represivos de la liturgia, no puede ser más afortunada:

De la persecución religiosa va a pasar a la persecución política, y estando en Londres, al tener noticias del alzamiento del cura Hidalgo, escribe folletos justificando el ideario separatista. Rodando por los calabozos, amigándose con el liberalismo de Jovellanos, combatiendo contra la invasión francesa, o desembarcando con los conjurados de Mina al fin encuentra con la proclamación de la independencia de su país, la plenitud de su rebeldía, la forma que su madurez necesitaba para que su vida alcanzara el sentido de su proyección histórica.

Estas «ocultas sorpresas muy americanas» no sólo las va a registrar Lezama en el cura mexicano, influido y penetrado ya por la madurez del más radical liberalismo romántico, sino en otra figura mayor de nuestra historiografía menor: Simón Rodríguez, el roussoneano caraqueño que había hecho del *Emilio* la cartilla de un magisterio y de Bolívar el presagio del genio libertador. Al describirlo («era feo, excesivo y embulatorio») prefigura su otra imagen: la de su errante fidelidad, firmeza y frustración en un momento de conspiraciones, traiciones y confabulaciones. Lezama acude entonces a sus referencias literarias que tal vez no digan mucho de la personalidad del «maestro»: Swedenburg o William Blake no traducirán la empecinada vocación de este terco destino que se hacía para la libertad en el momento de crisis de la Razón. Sí: es el «héroe silencioso», como lo son todos los héroes que está preparando el romanticismo. Tal vez no se había dado, en tan pocas páginas, la imagen de este desterrado del poder que ha preparado a un solo hombre para ejercerlo en nombre de toda la América meridional. Lezama lo ha hecho. La poesía ha cedido el paso a la lucidez analítica o, posiblemente, el acontecimiento esté exigiendo este marcado acento interpretativo que en el capítulo nos está haciendo de uno de nuestros mayores héroes del XIX.

La historia política cultural americana [—escribe Lezama—], en su dimensión de expresividad, aún con más razones que en el mundo occidental, hay que apreciarla como una totalidad. En el americano que quiera adquirir un sentido morfológico de una integración, tiene que partir de ese punto en que aún es viviente la cultura incaica. La idea del incanato está poderosamente vivaz en las mentes de Simón Rodríguez, Francisco de Miranda y Simón Bolívar, durante el siglo XIX se observa en todas las figuras esenciales de la familia de los fundadores, la tendencia a la aglutinación, a la búsqueda de centros irradiantes, reverso de la actitud de atomización, característica del español en su país o en la colonización.

No hay duda de que si el modernista Casal le da a Lezama el regusto por la palabra que no se entrega con facilidad, José Martí —a veces— parece escurrirle ciertos sentidos de lo americano. Aunque Lezama roce respetuosamente a Martí, al releer el párrafo arriba citado quisiéramos releer también las páginas apasionadas de «Nuestra América».

Me aventuro a afirmar que con este capítulo Lezama ha escapado de los dos polos esquivos en que se mueve su prosa ensayística (la tentación de la historia y la seducción de la poesía) para darnos, en su dimensión americana, las imágenes de un Fray Servando, de un Francisco de Miranda, de un Simón Rodríguez en su significado menos habitual. Nos los descubre en zonas desconocidas: la inmersión del primero en un mundo que prefigura la rebelión; la inserción del segundo en una universalidad que la ejerce y la modesta vocación del tercero cuando la prepara en la enseñanza o en el magisterio, en la fidelidad o en la aventura.

En este capítulo nos damos más fácilmente. La palabra no se nos resiste; podemos entrar en posesión de ella y de sus significados. Sencillamente, Lezama escribe historias, recrea e interpreta acontecimientos. El mito o la imagen (obsesiones sostenidas de su ejercicio literario) se dan por debajo de la historia, subyacen. Casi que podríamos decir: Lezama traiciona el retorcimiento a veces culterano de su prosa para responder a la verdad histórica. Así, van saliendo de su siglo XIX Bolívar, Simón Rodríguez, Francisco de Miranda, José Martí. Al final del capítulo tercero ya no sabemos si la historia ha sido soslayada y abandonada o si, en cambio, a través de una profunda exposición poética Lezama la haya reducido a una imagen:

La tradición de las ausencias posibles ha sido la gran tradición americana y donde se sitúa el hecho histórico que se ha logrado. José Martí, representa en una navidad verbal, la plenitud de la ausencia posible. En él culmina el calabozo de Fray Servando, la frustración de Simón Rodríguez, la muerte de Francisco de Miranda pero también el relámpago de las siete intuiciones de la cultura china, que le permite tocar, por la metáfora del conocimiento, y crear el remolino que lo destruye; el misterio que no fija la huida de los grandes perdedores y la oscilación entre dos grandes destinos, que él resuelve al unirse a la casa que va a ser incendiada.

A estas alturas del discurso literario habremos perdido la pista de la historia: en donde Lezama la insinúa, la desarrolla y la plantea, en ese mismo instante vuelve a congelarla. En su proyecto literario (y aquí está nuestra resistencia, tanto como nuestro asombro, a veces nuestra sosegada molestia) el discurso poético no da su brazo a torcer: prefiere que la historia se reduzca a una «imagen posible», que el fenómeno se traduzca en una especie de epifanía literaria. La imagen aparece, la historia parece estar ocultándose en el mismo momento en que aquélla se cierra.

Ya llegando al final de *La expresión americana* nos encontraremos con el último capítulo («sumas críticas del americano») y Lezama va a volver sobre el *leit-motiv* de su fundamentación teórica: el «eros de la lejanía», la reconstrucción del país por la «ausencia», la permanencia de ciertas formas del barroco americano, la naturaleza viviente de un continente que —según Lezama— sería la engendradora directa de nuestras posibilidades culturales. De entrada, el capítulo parece prepararnos para un análisis de los movimientos literarios que surgen por los años veinte: Lezama torcerá el rumbo y la historiografía irá escapándose. Luego, nos sentiremos desplazados hacia un centro de atención: «En América donde quiera que surge posibilidad de paisaje tiene que existir posibilidad de cultura. El más frenético proceso de la mímesis de lo europeo, se licúa si el paisaje que lo acompaña tiene su espíritu y lo ofrece, y conversamos con él siquiera sea en el sueño.»

Tal vez aquí, al final, nuestros interrogantes se hayan acentuado, tanto como esa modesta perplejidad de que hablaba al comienzo de esta nota «abierta». ¿Es *La expresión americana* un libro de crítica? ¿Estamos ante un libro que ha sido buscado por su autor en la médula misma de su proyecto cultural y construido como una insistencia más sobre la órbita de sus intereses temáticos? ¿Hasta qué punto Lezama ha trabajado una materia prima que, al final, la vemos reconvertida en fenómeno literario más que en interpretación histórica? ¿No podría invalidarse nuestra perplejidad si nos aventuramos a decir que ya aquí Lezama nos ha cerrado las puertas al conocimiento científico para abrirnos a la mitología? ¿En qué medida este lenguaje crítico se ha ido deteriorando en su propia retórica o cómo esta retórica confirma una propuesta superior, según la cual lo que Lezama nos propone es esa imagen trascendente del hecho histórico, traducida en hipérbole? ¿Estamos ante un discurso racional o ante un enunciado poético? ¿Será posible responder, nosotros mismos, a este interrogante que nos plantea la obra lezameana, cuando buscando el discurso crítico hallamos el discurso poético trascendido en imagen?

Ya al terminar esta nota sigue la perplejidad. Caemos en cuenta de que el disgusto, la molestia o el deslumbramiento que nos produce esta prosa abre apenas una discusión: no somos nosotros los que problematizamos con Lezama; es él quien problematiza a veces con nuestra indiferencia o nuestra pasividad de lectores. De ahí que al asumir la crítica de sus críticas, de la pasividad pasemos a la defensiva, de la incondicionalidad a la duda y, tal vez, de ahí a la impugnación. De cualquier forma, el forcejeo persiste: el hermetismo de este lenguaje, regodeante, minucioso y erótico se cierra —a veces— en forma de pudor: se resiste y pretende mostrarnos su inabordable virginidad.

[Recopilación de textos sobre José Lezama Lima, La Habana, Casa de las Américas, 1970, pp. 31-137.]

BIBLIOGRAFÍA

I. OBRAS DE JOSÉ LEZAMA LIMA

1. POESÍA

Muerte de Narciso, La Habana, Ucar, García y Compañía, 1937.
Enemigo rumor, La Habana, Ucar, García y Compañía, 1941.
Aventuras sigilosas, La Habana, Ediciones Orígenes, 1945.
La fijeza, La Habana, Ediciones Orígenes, 1949.
Dador, La Habana, Ucar, García y Compañía, 1960.
Poesías completas, La Habana, Instituto del Libro, 1970; Barcelona, Barral Editores, 1975.
Fragmentos a su imán, La Habana, Arte y Literatura, 1977; México, Biblioteca Era, 1978; Barcelona, Lumen, 1978.

2. NOVELA

Paradiso, La Habana, Ediciones Unión, 1966; México, Biblioteca Era, 1968; Lima, Ediciones Paradiso, 1968 (42 tomos); Buenos Aires, Ediciones de la Flor, 1968; Madrid, Editorial Fundamentos, 1974; Madrid, Cátedra, 1980; Madrid, Alianza, 1983.
Oppiano Licario, La Habana, Arte y Literatura, 1977; México, Biblioteca Era, 1977; Madrid, Alianza, 1983.

3. CUENTO

Cangrejos, golondrinas, Buenos Aires, Calicanto, 1977.
Juego de las decapitaciones, Barcelona, Montesinos, 1982.

4. ENSAYO

Coloquio con Juan Ramón Jiménez, La Habana, Publicaciones de la Secretaría de Educación, Dirección de Cultura, 1938.

Arístides Fernández, La Habana, Publicaciones del Ministerio de Educación, Dirección de Cultura, 1950.
Analecta del reloj, La Habana, Ediciones Orígenes, 1953.
La expresión americana, La Habana, Instituto Nacional de Cultura, 1957; Santiago de Chile, Universitaria, 1969; Madrid, Alianza, 1969.
Tratados en La Habana, Santa Clara, Cuba, Universidad Central de las Villas, 1958; Buenos Aires, Ediciones de la Flor, 1969; Santiago de Chile, Editorial Orbe, 1970.
La cantidad hechizada, La Habana, Ediciones Unión, 1970; Madrid, Ediciones Júcar, 1974.
Esferaimagen. Sierpe de don Luis de Góngora. Las imágenes posibles, Barcelona, Tusquets Editor, 1970.
Las eras imaginarias, Madrid, Editorial Fundamentos, 1971.
Introducción a los vasos órficos, Barcelona, Barral Editores, 1971.
Imagen y posibilidad, La Habana, Editorial Letras Cubanas, 1981.

5. CORRESPONDENCIA

Cartas (1939-1976), Madrid, Editorial Orígenes, 1979.

6. OBRAS COMPLETAS

Obras completas, México D. F., Aguilar, I, 1975, II, 1977 (dos tomos).

7. DIRECTOR DE LAS REVISTAS

Verbum, La Habana, 1937.
Espuela de plata, La Habana, 1939-1941.
Nadie parecía, La Habana, 1942-1944.
Orígenes, La Habana, 1944-1956.

II. BIBLIOGRAFÍA CRÍTICA (Selección)

1. LIBROS

FAZZOLARI, Margarita Junco, *Paradiso y el sistema poético de Lezama Lima,* Buenos Aires, Fernando García Cambeiro, 1979, 180 pp.
FERNÁNDEZ SOSA, Luis F., *José Lezama Lima y la crítica anagógica.* Miami, Ediciones Universal, 1977, 182 pp.
VALDIVIESO, Jaime, *Bajo el signo de Orfeo: Lezama Lima y Proust,* Madrid, Editorial Orígenes, 1980, 126 pp.
VILLA, Álvaro de y SÁNCHEZ BOUDY, José, *Lezama Lima: peregrino inmóvil (Paradiso al desnudo),* Miami, Ediciones Universal, 1974. 219 pp.

GIMBERNAT DE GONZÁLEZ, Esther, *Paradiso entre los confines de la transgresión,* Veracruz, Universidad veracruzana, 1982, 115 pp.

2. HOMENAJES Y RECOPILACIONES CRÍTICAS

Índice, Año 23, 232, Madrid, junio 1968, «José Lezama Lima»: José LEZAMA LIMA, «Infierno», pp. 26-28; «Dos fragmentos de Paradiso», pp. 31-32; María ZAMBRANO, «J. L. L. en La Habana», pp. 29-31; Armando ÁLVAREZ BRAVO, «Lezama, de una vez», pp. 33-34; Manuel DÍAZ MARTÍNEZ, «Introducción a José Lezama Lima», pp. 35-38; CÉSAR LÓPEZ, «Una aproximación a *Paradiso*», pp. 39-41.

Mundo Nuevo, 24, París, junio 1968, «Homenaje a Lezama Lima»: Severo SARDUY, «Dispersión/falsas notas. Homenaje a Lezama», pp. 5-17; José LEZAMA LIMA, «Versos y prosas», pp. 18-32; Armando ÁLVAREZ BRAVO, «Conversación con Lezama Lima», pp. 33-39; Emir RODRÍGUEZ MONEGAL, «*Paradiso*» en su contexto, pp. 40-44.

La Gaceta de Cuba, Año 8, 88, La Habana, diciembre 1970: Luis MARRÉ, «Trocadero», p. 8; Nancy MOREJÓN, «Lezama», pp. 9-11; Pablo Armando FERNÁNDEZ, «Del tabaco y la ceniza», p. 12; Belkis CUZA MALÉ, «En el 60 aniversario de José Lezama Lima», p. 13; David FERNÁNDEZ CHERICIÁN, «Almuerzo con el Príncipe», p. 13; Manuel PEREIRA, «Canto mórfico a Lezama», p. 14; Armando ÁLVAREZ BRAVO, «El viejo poeta en su coche», p. 15; José LEZAMA LIMA, «Desembarco al mediodía», p. 16; «Décimas de la querencia», pp. 17-18; «Inalcanzable vuelve», p. 19; Reynaldo GONZÁLEZ, «Lezama, el hombre que ríe», pp. 20-22; Reynaldo ARENAS, «El reino de la imagen», pp. 23-26; Rosa Ileana BOUDET, «Lanzar la flecha bien lejos», p. 26.

Recopilación de textos sobre José Lezama Lima, La Habana, Casa de las Américas, Serie Valoración Múltiple, 1970, Selección y notas de Pedro Simón: P. S., «Nota», pp. 9-10; «Interrogando a Lezama Lima»; Armando ÁLVAREZ BRAVO, «Órbita de Lezama Lima», pp. 42-47; Cintio VITIER, «La poesía de José Lezama Lima y el intento de una teleología insular», pp. 68-89; Roberto FERNÁNDEZ RETAMAR, «La poesía de José Lezama Lima», pp. 90-99; A. C., «Las puertas del cielo», pp. 100-102; Ángel GAZTELU, «*Muerte de Narciso,* rauda cetrería de metáforas», pp. 103-106; Fina GARCÍA MARRUZ, «Por *Dador* de José Lezama Lima», pp. 107-126; Juan GARCÍA PONCE, «La fidelidad a los orígenes», pp. 127-129; Óscar COLLAZOS, «*La expresión americana*», pp. 130-137; Cintio VITIER, «Un libro maravilloso», pp. 138-145; Julio CORTÁZAR, «Para llegar a Lezama Lima», pp. 146-168; Mario VARGAS LLOSA, «*Paradiso*: una *summa* poética, una tentativa imposible», pp. 169-174; Julio RAMÓN RIBEYRO, «Notas sobre *Paradiso*», pp. 175-181; César LÓPEZ, «Sobre *Paradiso*», pp. 182-190; Julio ORTEGA, «Aproximaciones a *Paradiso*», pp. 191-218; Reynaldo GONZÁLEZ, «José Lezama Lima, el ingenuo culpable», pp. 219-249; Carlos GHIANO, «Introducción a *Paradiso* de Lezama Lima», pp. 250-266; Cristina PERI ROSSI, «Solamente para superdesarrollados», pp. 267-277; Fina

GARCÍA MARRUZ, «Estación de gloria», pp. 278-288; Eliseo DIEGO, «Recuento de José Lezama Lima, pp. 289-290; Octavio HURTADO, «Para llegar al alto amigo», pp. 291-293; Virgilio PIÑERA, «Opciones de Lezama», pp. 294-297; Octavio HURTADO, «Sobre ruiseñores», pp. 298-304; Cleva SOLÍS, «José Lezama Lima», pp. 305-307; Vicente ALEIXANDRE, Luis CERNUDA, Julio CORTÁZAR, Roberto FERNÁNDEZ RETAMAR, Octavio PAZ, «Cartas», pp. 308-316, «Otras opiniones», pp. 317-329; «Bibliografía», pp. 345-373.

Review 74, Nueva York, Center for Inter-American Relation, Fall 1974, «Focus on Paradiso»: *«Paradiso»*, p. 5, José Lezama Lima «Confluences», pp. 6-16; Mercedes CORTÁZAR, «Entering Paradise», pp. 17-19; Julio CORTÁZAR, «An Approach to Lezama Lima», pp. 20-25; Mario VARGAS LLOSA, «Attempting the Impossible», pp. 26-29; Emir RODRÍGUEZ MONEGAL, «The Text in its Context», pp. 30-34; Julio ORTEGA, «Language as a Hero», pp. 35-42; Severo SARDUY, «A Cuban Proust», pp. 43-45; J. M. ALONSO, «A Sentimental Realism», pp. 46-47; Andrée CONRAD, «An Expanding Imagination», pp. 48-51.

Revista Iberoamericana, Vol. XLI, pp. 92-93, Pittsburgh, julio-diciembre 1975, «José Lezama Lima»: Severo SARDUY, «Página sobre Lezama», p. 467; Juan José ARROM, «Lo Tradicional Cubano en el Mundo Novelístico de José Lezama Lima», pp. 469-477; Roberto GONZÁLEZ ECHEVARRÍA, «Apetitos de Góngora y Lezama», pp. 479-491; Guillermo SUCRE, «Lezama Lima: El Logos de la Imaginación», pp. 493-508; Julio ORTEGA, «La Biblioteca de José Cemí», pp. 509-521; Emir RODRÍGUEZ MONEGAL, «*Paradiso*: Una Silogística del sobresalto», pp. 523-533; Enrico Mario SANTÍ, «Lezama, Vitier y la Crítica de la Razón Reminiscente», pp. 535-546.

Cuadernos Hispanoamericanos, 318, Madrid, diciembre 1976, «Recuerdo a José Lezama Lima»: José María BERNÁLDEZ, «La expresión americana de Lezama Lima», pp. 653-670; Esther GIMBERNAT DE GONZÁLEZ, «*Paradiso:* contracifra de un sistema poético», pp. 671-686; Antonio ZOIDO, «Ante *Paradiso* de Lezama Lima (Notas y atisbos de un lector)», pp. 687-712; Felipe LÁZARO, «José Lezama Lima: fundador de poesía», pp. 713-718; «Cuadro cronológico», pp. 718-719.

Poesie, París, Librairie Classique Eugène Belin, 2, troisième trimestre 1977, «Pour Lezama»: José LEZAMA LIMA, «Los Dioses», «Les Dieux», pp. 4-17; Edison SIMONS, Javier RUIZ y Ana MARTÍNEZ ARANCÓN, «Cauda Pavonis», pp. 18-25; María ZAMBRANO, «Hombre verdadero», pp. 26-28; Guillermo SUCRE, «Lezama Lima: Le Logos de l'imagination», pp. 29-33; Gérard de CORTANZE, «Fragments», pp. 34-48.

Texto Crítico, Año V, 13, Xalapa, Veracruz, abril-junio 1979: Noe JITRIK, «*Paradiso* entre desborde y ruptura», pp. 71-89; Walter MIGNOLO, «*Paradiso:* derivación y red», pp. 90-111; Blas MATAMORO, «Oppiano Licario: Seis modelos en busca de una síntesis», pp. 112-125; Hernán LAVÍN CERDA, «José Lezama Lima o la agonía verbal», pp. 126-134; Emilio BEJEL, «La dialéctica del deseo en *Aventuras sigilosas*», pp. 135-145.

Voces, Barcelona, Montesinos Editor, 2, 1982, «Lezama Lima»: Rafael

Humberto MORENO DURÁN, «Un contemporáneo del porvenir», pp. 3-4; Octavio PAZ, «Refutación de los espejos», pp. 5-7; Armando ÁLVAREZ BRAVO, «Orbita de Lezama Lima», pp. 9-29; José Ángel VALENTE, «Lezama Lima y Molinos: dos cartas», pp. 30-32; Severo SARDUY, «Carta de Lezama, pp. 33-41, Rafael Humberto MORENO DURÁN, «Trazos, epifanías, acentos», pp. 42-45; Cintio VITIER, «La poesía de Lezama Lima y el intento de una teleología insular», pp. 46-64; Luis Antonio de VILLENA, «Lezama Lima: 'Fragmentos a su imán' o el final del festín», pp. 65-71; Gérard de CORTANZE, «Lezama Lima: los dientes del piano», pp. 72-76; Juan GARCÍA PONCE, «La fundación por la imagen», pp. 77-89; Rafael Humberto MORENO DURÁN, «El voluptuoso paseo del scorpio por la teoría rosa», pp. 90-97; «Bibliografía», pp. 98-100.

Oracl, Poitiers, Office Régional d'Action Culturelle, 2, 1982, «J. Lezama Lima»: Benito PELEGRÍN, «Lezama Lima, Sisyphe de l'image», pp. 61-65; José LEZAMA LIMA, «Poèmes», pp. 66-67, «Oppiano Licario», pp. 68-74; Severo SARDUY, «I. Lettre de Lezama Lima, II. - Notes a la lettre», pp. 75-84; Cintio VITIER, «Trois Maîtres Cubains», pp. 85-91; Emilio BEJEL, «L'Histoire et l'Image d'Amérique Latine selon Lezama Lima», pp. 92-95; Rubén RÍOS ÁVILA, «L'Image comme Système», pp. 96-100.

Coloquio internacional sobre la obra de José Lezama Lima. Poesía, Madrid, Editorial Fundamentos, 1984, edición a cargo de Cristina Vizcaíno; Alain SICARD, «Lezama en Poitiers», pp. 7-10; Julio CORTÁZAR, «Encuentros con Lezama», pp. 11-18; Alessandra RICCIO, «Los años de *Orígenes*», pp. 21-36; José PRATS SARIOL, «La revista *Orígenes*», pp. 37-58; Esther GIMBERNAT DE GONZÁLEZ, «La curiosidad barroca», pp. 59-66; Eduardo RAMOS-IZQUIERDO, «La era imaginaria de Lezama Lima», pp. 67-76; Herst ROGMANN, «Anotaciones sobre la erudición en Lezama Lima», pp. 77-86; Armando ÁLVAREZ BRAVO, «La novela de Lezama Lima», pp. 87-98; Cintio VITIER, Fina GARCÍA MARRUZ, «Respuestas a Armando Álvarez Bravo», pp. 99-102; Manuel PEREIRA, «José Lezama Lima: las cartas sobre la mesa», pp. 103-122; Rubén RÍOS ÁVILA, «La imagen como sistema», pp. 125-132; Emilio BEJEL, «Imagen y posibilidad en Lezama Lima», pp. 133-142; Dolores M. KOCH, «Dos poemas de Lezama Lima: el primero y el postrero», pp. 143-156; Evelyne MARTÍN HERNÁNDEZ, «Reflejos, reflexiones», pp. 157-170; Carmen RUIZ BARRIONUEVO, «*Enemigo rumor,* de José Lezama Lima», pp. 171-186; Saúl YURKIEVICH, «La risueña oscuridad a los emblemas emigrantres», pp. 187-208; Abel Enrique PRIETO, «Fragmentos a su imán (Notas sobre la poesía póstuma de Lezama)», pp. 209-224; Benito PELEGRÍN, «Tornos, contornos, vías, desvíos y revueltas de un sistema poético», pp. 225-242; Fina GARCÍA MARRUZ, «La poesía es un caracol nocturno», pp. 243-276; Cintio VITIER, «De las cartas que me escribió Lezama», pp. 277-292.

Prosa, Eugenio SUÁREZ-GALBÁN GUERRA, «Una obra ignorada: los cuentos de Lezama», pp. 7-18; Gabriel SAAD, «Teoría de la nube, teoría del Círculo, teoría de la elipse», pp. 19-30; Roberto GONZÁLEZ ECHEVARRÍA, «Lo cubano en *Paradiso*», pp. 31-52; Jolanta BAK, «*Paradiso:* una novela poética», pp. 53-62; Maryse RENAUD,

«Aproximación a *Paradiso:* viaje iniciático y epifanía del sentido», pp. 63-72; Fernando AINSA, «Imagen y posibilidad de la Utopía en *Paradiso*», pp. 73-90; Luz Aurora PIMENTEL, «El árbol en *Paradiso:* la metáfora y su doble», pp. 92-102; Hans-George RUPRECHT, «En marge de *Paradiso:* des champs textémiques de Lezamá Lima», pp. 103-124; Margarita FAZZOLARI, «Las tres vías del misticismo en *Oppiano Licario*», pp. 125-134; Enrico Mario SANTÍ, «*Oppiano Licario:* la poética del fragmento», pp. 135-151; «Apéndice»: José Lezama Lima, «Suprema prueba de Salvador Allende», pp. 155-156; Enrico Mario SANTÍ, «Entrevista con el grupo 'Orígenes'», pp. 157-190; Fernando MORENO, «Complemento bibliográfico», pp. 191-199.

3. ARTÍCULOS Y ENSAYOS (No incluye los trabajos recogidos en este tomo, ni tampoco otros mencionados bajo «Homenajes y recopilaciones críticas»).

ACOSTA, Leonardo, «El 'barroco americano' y la ideología colonialista», *Unión*, La Habana, año II, n.ºˢ 2-3 (1972), pp. 30-63.

ACHÚGAR, Hugo, «Un primer asombro ante *Paradiso*», Brecha, Montevideo, 1, n.º 1, noviembre 1968, pp. 41-42.

ÁLVAREZ, Federico, «Cuba, hoy. Poesía. La poesía cubana actual», *Ínsula,* n.ºˢ 260-261, julio-agosto, 1968, pp. 1 y 23.

ARROM, José Juan, «Lo tradicional cubano en el mundo novelístico de José Lezama Lima», *Revista Iberoamericana,* n.ºˢ 92-93, julio-diciembre, 1975, pp. 469-477.

BAQUERO, Gastón, «Tendencias de nuestra literatura», En *Anuario Cultural de Cuba,* 1943. La Habana, Dirección General de Relaciones Culturales, 1944, pp. 269-272.

BARNATÁN, Marcos Ricardo, «El hermetismo mágico de Lezama Lima», *Insula,* año 25, n.º 282, mayo, 1970, p. 12.

BARRADAS, Efraín, «Lezama Lima y el compromiso social de la obra de arte», *Sin nombre,* Puerto Rico, n.º 1978.

BERNÁLDEZ, José María, «La expresión americana de Lezama Lima», *Cuadernos Hispanoamericanos,* n.º 318, diciembre, 1976, pp. 653-670.

BUENO, Salvador, «La novela cubana de hoy», *Ínsula*, Madrid, 23, n.ºˢ 260-261, julio-agosto, 1968, pp. 1, 21, 24.

—, «Paradiso», *Asomante,* Puerto Rico, 23, n.º 4, octubre-diciembre, 1967, pp. 61-63.

CABRERA INFANTE, Guillermo, «Vidas para leerlas», *Vueltas,* 41, pp. 4-16.

CAMPOS, Jorge, «Fantasía y realidad en los cuentos cubanos», *Ínsula,* n.º 268, marzo, 1969, p. 11.

CONTE, Rafael, «José Lezama Lima o el aerolito», en *Lenguaje y violencia,* Madrid, Al-Borak, 1972, pp. 213-221.

D'ORS, Eugenio, «Una revista cubana: *Orígenes*», *Diario de la Marina,* La Habana, 19 de septiembre de 1953, p. 4.

ECHEVARREN, Roberto, «Obertura de *Paradiso*», *Eco,* n.º 202, agosto, 1978, pp. 1.043-1.075.

EDWARDS, Jorge, «Lezama Lima: laberinto barroco», *Ercilla,* Santiago de Chile, 34, n.º 1802, 31 de diciembre de 1969, pp. 84-85.

FEIJÓO, Samuel, *Azar de lecturas,* Santa Clara (Cuba), Departamento de Estudios Hispánicos de la Universidad Central de las Villas, 1961. p. 147.

FERNÁNDEZ, Wilfredo, «Lezama y el surrealismo», *Enlace,* n.º 2, 1977, p. 5.

FERNÁNDEZ BONILLA, Magali, «Hacia una elucidación del capítulo I de *Paradiso* de José Lezama Lima», *Románica,* Nueva York, n.º 12, 1975, pp. 37-46.

FERNÁNDEZ RETAMAR, Roberto, «Lezama persona», en *Poesía reunida,* La Habana, Unión, 1966, pp. 261-263.

FERRER, Rosario, «*Oppiano Licario* o la resurrección por la imagen», en *Escritura,* n.º 2, julio-diciembre, 1976, Caracas, pp. 319-326.

FIGUEROA AMARAL, Esperanza, «Forma y estilo en *Paradiso*», *Revista Iberoamericana,* 37, n.º 72, julio-septiembre, 1970, pp. 425-435.

FORASTIERI BRASCHI, Eduardo, «Aproximación al tiempo y a un pasaje de *Paradiso*», *Sin nombre,* 5, n.º 1, 1974, pp. 57-61.

GARCÍA NIETO, José, «Dos notas sobre *Analecta del reloj* de José Lezama Lima», *Orígenes,* La Habana, n.º 35, 1954, pp. 63-64.

GHIANO, Juan Carlos, «Introducción a *Paradiso* de Lezama Lima», *Sur,* Buenos Aires, n.º 314, septiembre-octubre, 1968, pp. 62-78.

GOYTISOLO, José Agustín, «Vita di José Lezama Lima *Paradiso*», *Milano: Il Saggiatore,* 1971, pp. XXXVII-XL.

HERNÁNDEZ, Guillermo, Edenia y Juana Amelia, «*Paradiso,* culminación del barroco cubano», en *Papeles de Son Armadans,* 73, n.º 219, junio, 1974, pp. 223-248.

HENRÍQUEZ UREÑA, Max, «El grupo orígenes: José Lezama Lima», *Panorama de la literatura cubana,* La Habana, Ed. Revolucionaria, 1967, pp. 433-435.

LEZAMA LIMA, Eloísa, «José Lezama Lima, mi hermano», *Revista interamericana,* 8, pp. 297-304.

LIHN, Enrique, «Lezama Lima, el monstruo de la poesía cubana», *Ercilla,* Santiago de Chile, 29 de abril de 1959, pp. 51-52.

LÓPEZ, César, «Una aproximación a *Paradiso*», *Índice,* n.º 232, junio, 1968, pp. 39-41.

LUIS, Carlos M., «Coordenadas sobre la poesía contemporánea cubana», *Norte,* Amsterdam, año 12, n.ºs 3-4, mayo-agosto, 1971, pp. 77-83.

MAÑACH, Jorge, «El arcano de cierta poesía nueva. Carta abierta al poeta José Lezama Lima», *Bohemia,* La Habana, 41, n.º 39, septiembre, 25, 1949, pp. 78 y 90.

MENESES, Carlos, «In memoriam: José Lezama Lima (1910-1976)», *Hispamérica.* 5, n.º 15, 1976, pp. 119-120.

MIGNOLO, Walter, «*Paradiso:* derivación y red», Texto crítico, 13, Xalapa, México, 1980.

MORENO FRAGINAL, Manuel, «Lezama Lima y la revolución», *Plural,* 6, n.º 74, noviembre, 1977, pp. 14-18.

MÜLLER-BERGH, Klauss, «José Lezama Lima and *Paradiso*», *Books Abroad,* 44, n.º 1, Invierno, 1970, pp. 36-40.

ORBÓN, Julián, «Ante el próximo estreno de *Forma*» (Ballet con texto de poema de Lezama Lima), *Alerta,* La Habana, 27 de enero de 1943.

PIÑERA, Virgilio, «Cada cosa en su lugar», *Lunes de Revolución,* n.º 39, 14 de diciembre de 1959, pp. 11-12.

PRIETO, Abel A., «Poemas póstumos de José Lezama Lima», *Casa de las Américas,* 112, 1979, pp. 143-149.

QUINTIAN, Andrés E., «*Paradiso* de José Lezama Lima, escritor neobarroco», XVII Congreso del Instituto Internacional de Literatura Iberoamericana, Madrid 1978, pp. 573-582.

RIBEYRO, Julio Ramón, «Notas sobre *Paradiso*», *Eco,* 7, n.º 91, noviembre, 1967, pp. 103-110.

RODRÍGUEZ MONEGAL, Emir, «Sobre el *Paradiso* de Lezama», *Mundo Nuevo,* París, n.º 16, octubre, 1967, pp. 89-95.

ROGMANN, Horst, «José Lezama Lima», *Ibero-Romanía,* Munich, 3, n.ᵒˢ 1-2, mayo, 1971, pp. 78-96.

SÁBATO, Ernesto, «Aprovechar las enseñanzas de los grandes escritores», *Clarín,* Buenos Aires, 3 de octubre de 1968, p. 5.

SÁNCHEZ, Héctor, «José Lezama Lima. *Paradiso.* La corpografía de una realidad caótica», *Razón y fábula,* Bogotá, n.º 15, septiembre-octubre, 1969, pp. 131-133.

SARDUY, Severo, «A Cuban Proust», *Review,* Nueva York, n.º 12, Fall, 1974, pp. 43-45. Aparece también en *La Quinzaine Litteraire,* 15, 1971, pp. 3-4 (texto en francés).

SOUZA, Raymond, «La imagen del círculo en *Paradiso* de Lezama Lima», *Caribe,* 1, Primavera, 1976, pp. 53-79.

TORRIENTE, Loló de la, «Epitafio para un poeta», *Cuadernos Americanos,* México, 36, n.º 2, 1977, pp. 211-227.

—, «Lezama Lima en España», *Bohemia,* n.º 15, 10 de abril de 1970, pp. 28-29.

ULLOA, Justo C., «De involución a evolución: la transformación órfica de Cemí en *Paradiso* de Lezama», *The Analysis of Hispanic Texts: Current Trends in Methodology,* E. Davis e I. C. Tarán, Nueva York, Bilingual Press/Editorial Bilingüe, 1976, pp. 48-60.

VALDIVIESO, Jaime, «Lezama Lima: un alquimista de la novela», *Realidad y ficción en latinoamérica,* México, Joaquín Mortiz, 1975, pp. 133-137.

VARGAS LLOSA, Mario, «*Paradiso* de José Lezama Lima», *Unión,* 5, n.º 4, octubre-diciembre, 1976, pp. 36-60. También aparece en *Mundo Nuevo,* n.º 16, octubre, 1967, pp. 89-90, en *Amaru,* n.º 1, enero, 1967, pp. 72-75, en *La gaceta de Cuba,* año 6, n.º 58, mayo, 1967, p. 2, en *La Cultura en México,* suplemento de ¡Siempre!, 8 de mayo de 1968, pp. V-VII. Jorge Lafforgue, ed., *Nueva novela latinoamericana,* Buenos Aires, Paidós, 1969-1972, 1, pp. 131-141.

VEIRAVÉ, Alfredo, «José Lezama Lima: *La expresión americana*», *Sur,* n.º 325, julio-agosto, 1970, pp. 112-116.

VITIER, Cintio, «José Lezama Lima», *Diez poetas cubanos,* La Habana, Orígenes, 1948, pp. 15-17.

WHITE, Edmond, «Four ways to read a masterpiece: *Paradise* by José Lezama Lima», *New York Time Books Review,* 79, n.º 16, 21 abril, 1974, pp. 27-28.

XIRAU, Ramón, «Introducción a los vasos órficos», *Diálogos*, 8, n.⁰ 4. (46), julio-agosto, 1972, pp. 46-47.

—, «José Lezama Lima: de la imagen y de la semejanza», *Plural*, octubre, 1971, pp. 6-7.

YURKIEVICH, Saúl. *La confabulación con la palabra*, Madrid, Taurus, 1978.

ZAMBRANO, María, «La Cuba secreta», *Orígenes*, año 5, n.º 20, 1948, pp. 3-9.

—, «Cuba y la poesía de José Lezama Lima», *El país*, Barcelona, 27 de noviembre de 1967, p. V.

ZOIDO, Antonio, «Ante *Paradiso* de Lezama Lima», *Cuadernos Hispanoamericanos*, 318, diciembre, 1976, pp. 687-712.

4. ENTREVISTAS

«José Lezama Lima», entrevista por Margarita GARCÍA FLORES, *Revista de la Universidad Nacional de México*, 9 mayo 1967, pp. 15-6.

Cinco miradas sobre Cortázar, Buenos Aires, Editorial Tiempo Contemporáneo, 1968. (Contiene Ana María Simo, José Lezama Lima, Roberto Fernández Retamar, en discusión sobre *Rayuela*.)

«Entrevista de Juan Miguel de MORA con Lezama Lima, autor de la novela Paradiso», *El Heraldo Cultural*, México, 11 febrero 1968, pp. 10-11.

—, *Vida Universitaria*, Monterrey, México, 14 abril 1968, pp. 12-4.

«El peregrino inmóvil», reportaje a José Lezama Lima de Tomás ELOY MARTÍNEZ, *Índice*, Madrid, junio 1968, pp. 22-26.

«Entrevista a José Lezama Lima. Sobre literatura y otros menesteres», por Elsa CLARO, *Juventud Rebelde*, La Habana, 12 octubre 1968.

«Lezama Lima antes de la creación del universo», entrevista por Jean-Michel FOSSEY, *Imagen*, Caracas, 1-15 abril 1968, pp. 8-17.

—, *Información de las Artes y las Letras*, Madrid, 5 septiembre 1968, supl. II, p. 2.

«Entrevista con José Lezama Lima», de Eugenia NEVES, *Ardel*, julio 1969, pp. 29-31.

«Lezama Lima habla sobre *Paradiso*», entrevista de Eugenia NEVES, *Marcha*, Montevideo, 3 octubre 1969, pp. 12-13.

«Un pulpo en una jarra minoana», entrevista a José Lezama Lima por Reynaldo GONZÁLEZ, *Gaceta de Cuba*, La Habana, septiembre 1969, pp. 14-15.

«El momento cubano de Juan Ramón Jiménez», encuesta de Ciro BIANCHI ROSS a José Lezama Lima, Fina García Marruz y Cintio Vitier, *Gaceta de Cuba*, La Habana, 77, octubre 1969, pp. 8-10.

«La novela de una vida (entrevista con Lezama Lima)», por Joaquín G. SANTANA, *Índice*, Madrid, pp. 278-279, 1 y 15 noviembre, 1970, p. 48.

«Interrogando a Lezama Lima», entrevista del Centro de Investigaciones Literarias de la Casa de las Américas, Barcelona, *Cuadernos Anagrama*, 1971.

«Una hora con Lezama Lima», diálogo con Leticia SINGER, *Siempre*, México, 27 septiembre 1972, supl. X-XII.

«José Lezama Lima», entrevista por Fernando MARTÍNEZ LAÍNEZ. *Palabra cubana,* Madrid, Akal Editor, 1975, pp. 51-81.

5. BIBLIOGRAFÍA (orden cronológico)

SIMÓN, Pedro, *Recopilación de textos sobre José Lezama Lima,* La Habana, Casa de las Américas, 1970, pp. 345-373.

FAZZOLARI, Margarita Junco, *Paradiso y el sistema poético de Lezama Lima,* Buenos Aires, Fernando García Cambeiro, 1979, pp. 165-178.

Aspekte von José Lezama Lima, Frankfurt am Main, Suhrkamp taschenbuch, 1979.

FERNÁNDEZ SOSA, Luis F. *José Lezama Lima y la crítica anagógica,* Miami, Ediciones Universal, 1977, pp. 177-181.

ULLOA, Justo C., *José Lezama Lima. Textos Críticos,* Miami, Ediciones Universal, 1979, pp. 115-156.

LEZAMA LIMA, Eloísa, ed. José Lezama Lima, *Paradiso,* Madrid, Cátedra, 1980, pp. 97-104.

VIZCAÍNO, Cristina, ed. *Lezama Lima Prosa,* Madrid, Editorial Fundamentos, 1984, pp. 191-199.

GIMBERNAT DE GONZÁLEZ, Esther, *Paradiso entre los confines de la transgresión,* Veracruz, Universidad veracruzana, 1982, pp. 97-115.

ESTE LIBRO SE TERMINO DE IMPRIMIR EN LOS
TALLERES GRAFICOS DE PEÑALARA, S. A., EN
FUENLABRADA (MADRID), EN EL MES DE
JUNIO DE 1987